21世纪通用法学系列教材

经济法概论

（第五版）

LAW TEXTBOOKS FOR NON-LEGAL MAJORS

主　编　范亚东　范源浩
副主编　王金媛　孙嘉炜　刘　鸿
撰稿人　范亚东　范源浩　王金媛　孙嘉炜　刘　鸿　高志杰　相　征
　　　　姜雪松　肖南云　隋　馨　李　玉　魏　玮　关泰宇

中国人民大学出版社
· 北京 ·

图书在版编目（CIP）数据

经济法概论/范亚东，范源浩主编．-- 5 版．北京：中国人民大学出版社，2024. 7. --（21 世纪通用法学系列教材）. -- ISBN 978-7-300-32994-9

Ⅰ. D922. 29

中国国家版本馆 CIP 数据核字第 2024YM6178 号

21 世纪通用法学系列教材

经济法概论（第五版）

主　编　范亚东　范源浩

副主编　王金媛　孙嘉炜　刘　鸿

Jingjifa Gailun

出版发行	中国人民大学出版社		
社　　址	北京中关村大街 31 号	**邮政编码**	100080
电　　话	010－62511242（总编室）		010－62511770（质管部）
	010－82501766（邮购部）		010－62514148（门市部）
	010－62515195（发行公司）		010－62515275（盗版举报）
网　　址	http：//www. crup. com. cn		
经　　销	新华书店		
印　　刷	北京昌联印刷有限公司	**版　　次**	2014 年 6 月第 1 版
开　　本	787 mm×1092 mm　1/16		2024 年 7 月第 5 版
印　　张	16 插页 1	**印　　次**	2025 年 1 月第 2 次印刷
字　　数	394 000	**定　　价**	52. 00 元

第五版修订说明

党的十八大以来，党中央将依法治国提升至“全面推进依法治国”的新高度，并作出一系列重大决策，提出一系列全面依法治国新理念新思想新战略。党的十九大以后成立了中央全面依法治国领导小组，加强对法治中国建设的统一领导，开始着手负责全面依法治国的顶层设计、总体布局、统筹协调、整体推进、督促落实。《经济法概论》第四版出版后，党的二十大将建设中国特色社会主义法治体系、建设社会主义法治国家确立为全面推进依法治国的总目标，既明确了全面推进依法治国的性质和方向，又突出了全面推进依法治国的工作重点和总抓手，对全面推进依法治国具有纲举目张的意义，中国依法治国思想和理念进一步深化和提升，经济立法和法学研究迈出了重大步伐。

为适应经济法治建设的新步伐和法律、法规的新变化，使教材内容能够与法同行，同时吸纳经济法学界学术研究和教学改革的成果，《经济法概论》编写组根据新颁布、修改的法律、法规、司法解释对本教材进行修改和完善。

第一章，除对相关基础知识进行补充和调整外，根据修订的《中华人民共和国行政复议法》，对行政相对人作了界定，对扩大的行政复议范围进行了补充，明确了行政复议职责统一由县级以上地方人民政府履行，取消地方人民政府工作部门的行政复议职责；根据修正的《中华人民共和国民事诉讼法》，增加了涉外管辖和协议管辖的内容，扩大了回避适用范围；根据《民法典》对诉讼时效进行了补充和完善，调整了民事法律行为制度的体例。第二章对部分内容进行了细化和补充，根据《中华人民共和国市场主体登记管理条例》对登记事项进行修订。第三章根据 2023 年 12 月 29 日修订的《中华人民共和国公司法》，从公司设立、优化公司组织机构设置、完善公司资本制度、完善国家出资公司特别规定、强化控股股东和经营管理人员的责任、加强公司社会责任、退出制度等方面进行了修订。第四章根据《民法典》合同编及其司法解释，补充了其适用范围，对格式条款进行了规范和补充，对合同的保全措施进行了补充和完善，对合同的担保进行了修改和补充。第五章对破产的原因进行了明确，完善了管理人制度，补充了债务人财产的范围和债权的申报范围，细化了一般取回权的内容。第六章扩充了证券市场的内容，根据《上市公司证券发行注册管理办法》的规定，对股票的发行内容和程序进行了修订；根据《首次公开发行股票注册管理办法》对股票发行和上市的内容和条件进行了修订，增加了可转换公司债券的发行内容和股票退市与风险警示等内容。第七章原为票据法律制度，现根据结算实践的发展改为票据与支付结算法律制度，增加了支付结算法律制度和非票据结算内容，并修订了票据法律制度的相关内容。第八章根据社会劳动与保险法律法规的变化，对相关内容作出修订和补充。

本书以习近平法治思想为引领，对各章节中的相应内容根据国家法律法规的变化进行了修改与调整，同时调整了部分章节的编写人员。参加本次编写的人员来自东北农业大学、天津师范大学、哈尔滨商业大学、黑龙江八一农垦大学、哈尔滨师范大学、哈尔滨理工大学、佳木斯大学、哈尔滨信息工程学院、黑龙江东方学院和哈尔滨金融学院等。

本书第五版共分为八章：第一章为经济法基础理论与相关法律制度，第二章为个人独资企业与合伙企业法律制度，第三章为公司法律制度，第四章为合同法律制度，第五章为企业破产法律制度，第六章为证券法律制度，第七章为票据与支付结算法律制度，第八章为劳动合同与社会保险法律制度。

本书第五版由范亚东、范源浩担任主编，由王金媛、孙嘉炜和刘鸿担任副主编。参加本版编写的有范亚东、范源浩、王金媛、孙嘉炜、刘鸿、高志杰、隋馨、相征、姜雪松、肖南云、李玉、魏玮、关泰宇。

本书第五版的编写工作得到了中国人民大学出版社编辑的鼎力支持。值此教材出版之际，谨向他们致以诚挚的感谢！

由于修订时间仓促，书中难免存在瑕疵和不足，敬请广大读者批评、指正。

2024 年 6 月

前言

市场经济需要法律、法规的保障，企业在市场经营中离不开法律、法规。作为为非法学专业学生开设的重要基础课程，经济法概论对于管理者依法经营，以法律武器保护企业自身的权益意义重大。为了适应新形势下对复合型经济管理人才的需求，我们根据全国高等院校经济管理类专业人才培养目标和教育教学特点，结合非法学专业经济法概论课程教学的基本要求，从培养学生综合能力、掌握所需要的专业知识和必要的操作技能出发，将经济法的相关理论知识与案例相结合，实现“教、学、用”一体化，目的在于提高学生的法律意识、经济法理论水平与应用能力；强调对学生的素质教育与创新人才的培养，力图探索出一种具有普遍性的经济法教学模式。来自东北农业大学、绥化学院、哈尔滨理工大学、哈尔滨商业大学、黑龙江八一农垦大学、绥化市卫生学校的教师共同编写了本教材。本教材包括经济法基础理论、个人独资企业和合伙企业法律制度、公司法律制度、合同法律制度、企业破产法律制度、证券法律制度、票据法律制度、劳动合同与社会保险法律制度等内容。

本教材由范亚东、王宏宇担任主编，由相征、孙连彤担任副主编。参加编写的有范亚东、王宏宇、相征、孙连彤、孙立娜、姜雪松、张国富。

本教材可以作为普通高校经济管理及其他相关专业本科、专科学生学习经济法律课程的教材，也可供成人院校、民办独立院校及其他相关人士阅读参考。

目　录

第一章
经济法基础理论与相关法律制度

□ • 学习目标 • □

通过本章的学习，掌握法律的特征、法律规范的概念、逻辑结构以及法律关系的构成要素，掌握民事法律行为制度以及代理制度，熟悉经济法律责任的主要类型以及经济纠纷的解决途径等相关规定。

□ • 引导案例 • □

甲汽车销售公司与乙汽车制造公司签订了一份轿车买卖合同。甲公司的业务员丙由于对汽车型号不太熟悉，因而，在签订合同时，误将甲公司原先想买的B型号轿车写成了A型号轿车。虽然乙公司提供的不是甲公司原想购买的B型号轿车，但A型号轿车销量也不错，所以甲公司按照合同约定提货并支付了货款。

□ • 分析思考 • □

丙的行为属于《民法典》上的什么行为？其效力如何？甲公司在支付货款后是否还能行使撤销权？

第一节　法律的一般知识

一、法律的特征

法律是由国家制定和认可的，以权利和义务为主要内容的，体现国家意志并由国家强制力保证其实施的行为规范的总和。

与其他社会规范相比较，法律具有以下几个基本特征：(1) 法律是调整人的社会行为规范。(2) 法律是由国家制定或者认可的行为规范。(3) 法律是以权利和义务为主要内容的行为规范。(4) 法律是体现国家意志的行为规范。(5) 法律是由国家强制力保证实施的行为规范。

社会主义国家的法律由人民而立，并保护人民的利益。这是社会主义社会法律的基本精神。法律的基本精神既体现了国家性质，也反映了社会矛盾。法律的基本精神是所有权。社会主义国家的法律是为人民服务的工具，而不是统治阶级统治人民的工具。

二、法律规范

（一）法律规范的概念

法律规范是国家立法机关制定或认可、反映由一定的物质生活条件所决定的统治阶级的意志，并由国家强制力保证其实施的一般行为准则。

法律规范作为特殊的社会规范，具有以下几个基本特征：(1) 法律规范是由国家制定、认可的行为规范。(2) 法律规范规定了社会关系参与者法律上的权利和义务。(3) 法律规范具有可重复适用性、适用普遍性。(4) 法律规范由国家强制力保证其实施。(5) 法律规范具有严密的逻辑结构。

（二）法律规范的种类

(1) 按照法律规范的性质和调整方式的不同，可以将法律规范分为授权性规范、义务性规范和禁止性规范。

授权性规范是规定人们可以作出某种行为或者不作出某种行为，以及可以要求他人作出一定的行为或者不作出一定的行为的法律规范，即“可以怎样”。例如，《消费者权益保护法》第8条第1款规定，消费者享有知悉其购买、使用的商品或者接受的服务的真实情况的权利。

义务性规范是要求人们必须作出一定行为、承担一定积极作为义务的法律规范，即“必须怎样”“应当怎样”。例如，《公司法》第64条第2款规定，股东会应当对所议事项的决定作成会议记录，出席会议的股东应当在会议记录上签名或者盖章。

禁止性规范是禁止人们作出一定行为或者必须不作出一定行为的法律规范，即“不能怎样”“不得怎样”。例如，《公司法》第76条第4款规定，董事、高级管理人员不得兼任监事。

(2) 按照法律规范的强制性程度的不同，可以将法律规范分为强制性规范和任意性规范。

强制性规范又称命令性规范，是指法律规范所确定的权利和义务十分明确，不允许人们以任何方式变更或违反的法律规范。强制性规范一般表现为义务性规范和禁止性规范两种形式。例如，《会计法》第36条第1款规定：“会计人员应当具备从事会计工作所需要的专业能力。”

任意性规范又称允许性规范，是指法律规范允许人们在法定的范围内自行确定其权利和义务的法律规范。例如，《公司法》第13条规定，“公司可以设立子公司”。

授权性规范是任意性规范，而义务性规范和禁止性规范都是强制性规范。

(3) 按照法律规范的确定性程度，可以将法律规范分为确定性规范和非确定性规范。

确定性规范是指法律规范的内容十分明确、具体，不需要援引其他法律规范来说明的法律规范。绝大多数的法律规范都属于确定性规范。

非确定性规范是指没有明确规定某一法律规范的内容，需要援引其他法律规范加以说明的法律规范。

（三）法律规范的逻辑结构

法律规范通常由三个部分组成，即假定、处理、制裁，它们是构成法律规范的三个要素。

假定是指法律规范中规定的适用规范的情况和必要条件，只有合乎该种条件、出现了该种情况，才能适用该规范。例如，《公司法》第5条规定：“设立公司应当依法制定公司章程。”

“设立公司”就是该法律规范中的假定部分。

处理是指法律规范中规定的允许人们做什么、应当做什么、禁止做什么的部分。

处理是法律规范中规定权利、义务的行为规则。处理是法律规范的主要内容。如上例中关于“必须依法制定公司章程”的规定，就是该法律规范中的处理部分。

制裁是指法律规范中规定的违反该规范将要承担什么样的法律后果。制裁常常表现在一部法律的“法律责任”部分。如《公司法》第 255 条规定：“公司在合并、分立、减少注册资本或者进行清算时，不依照本法规定通知或者公告债权人的，由公司登记机关责令改正，对公司处以一万元以上十万元以下的罚款。”其中的“由公司登记机关责令改正，对公司处以一万元以上十万元以下的罚款”就是该法律规范中的制裁部分。

一个完整的法律规范中，上述三个要素都是不可或缺的。

三、法律渊源和法律体系

（一）法律渊源

法律渊源，也就是法的表现形式，是指一定的国家机关依照法定职权和程序制定或者认可的具有法律效力和地位的法的不同表现形式。

我国正式的法律渊源可分为以下几类。

1. 宪法

宪法是国家的根本大法，由全国人民代表大会制定，在我国法律体系中具有最高的法律地位和法律效力，是我国最高的法律渊源。我国现行宪法是 1982 年 12 月 4 日第五届全国人大第五次会议通过的《中华人民共和国宪法》（以下简称《宪法》），全国人大于 1988 年、1993 年、1999 年、2004 年和 2018 年先后五次以宪法修正案的形式对《宪法》作了修改和补充。

2. 法律

法律是由全国人民代表大会及其常务委员会制定的规范性文件。其在地位和效力上仅次于宪法，是制定其他规范性文件的依据。法律分为基本法律和一般法律两类。基本法律是由全国人民代表大会制定的调整国家和社会生活中带有普遍性的社会关系的规范性法律文件的统称，如刑法、民法、行政法、诉讼法等法律。一般法律是由全国人民代表大会常务委员会制定的调整国家和社会生活中某种具体社会关系或其中某一方面内容的规范性法律文件的统称，如专利法、文物保护法等。一般法律的调整范围较基本法律的小，但内容较为具体。

3. 行政法规

行政法规是国务院根据宪法和法律，为履行宪法及执行法律规定的行政管理职权的需要而制定的规范性文件。其在法律地位和法律效力上仅次于宪法和法律，但高于地方性法规和规章，通常冠以条例、办法、规定等名称，如国务院发布的《企业财务会计报告条例》。

4. 地方性法规

地方性法规是省、自治区、直辖市以及设区的市的人民代表大会及其常务委员会根据本行政区域的具体情况和实际需要，在不同宪法、法律、行政法规和本省、自治区地方性法规相抵触的前提下制定的规范性文件。有权制定地方性法规的地方人大及其常委会包括省、自治区、直辖市的人大及其常委会，设区的市的人大及其常委会。地方性法规只在本行政区域内有效。

5. 规章

规章包括国务院部门规章和地方政府规章。部门规章是指国务院各部、委及中国人民银行、审计署和具有行政管理职能的直属机构，根据法律和国务院的行政法规、决定、命令，在本机构的权限范围内制定的规章。地方政府规章是指省、自治区、直辖市和设区的市、自治州的人民政府根据法律、行政法规和本省、自治区、直辖市的地方性法规制定的规章。规章是法律、行政法规的补充，内容限于执行法律、行政法规、地方性法规的规定，以及相关的具体行政管理事项。

6. 民族自治地方的自治条例和单行条例

民族自治地方的自治条例和单行条例是指民族自治地方的人民代表大会根据《宪法》和《民族区域自治法》的规定，依照当地民族的政治、经济和文化的特点，依法制定的自治条例和单行条例。自治条例和单行条例的适用范围是该民族自治地方。

7. 特别行政区的法律

特别行政区的法律是指特别行政区依法予以保留的特别行政区原有法律和特别行政区立法机关依法制定的法律，例如《香港特别行政区基本法》《澳门特别行政区基本法》等。特别行政区的法律的适用范围是特别行政区。

8. 司法解释

司法解释是指最高人民法院和最高人民检察院在总结审判实践经验的基础上发布的指导性文件和法律解释。

9. 国际条约、协定

国际条约、协定是指我国作为国际法主体缔结或者参加的国际条约、双边或多边协定及其他具有条约、协定性质的文件。国际条约、协定在我国生效后，除我国声明保留的条款外，对我国国家机关、公民和社会组织具有法律上的约束力。

（二）法律体系

法律体系是指一国的全部现行的法律规范根据法律规范调整对象和调整方法的不同，划分为若干的法律部门，并由这些法律部门分类组合而形成的一个呈体系化的、有机联系的统一整体。我国法律体系由七个主要的法律部门构成，包括宪法及宪法相关法、民商法、行政法、经济法、社会法、刑法、诉讼与非诉讼程序法。

第二节 法律关系

一、法律关系概述

法律关系是法律在调整、规范人们行为的过程中所形成的人们之间的权利和义务的关系。与其他社会关系相比较，法律关系具有以下特征：（1）法律关系是以法律为前提而产生的社会关系。（2）法律关系是以权利、义务为内容的社会关系。（3）法律关系是以国家强制力保证实施的社会关系。

法律关系根据形成所依据的法律不同，可以分为民事法律关系、经济法律关系、行政法律关系和刑事法律关系等。

二、法律关系的构成要素

法律关系由三个要素构成——主体、内容和客体，三者缺一不可。

1. 法律关系的主体

法律关系的主体又称权利主体，是指法律关系的参加者，即在法律关系中依法享有权利和承担义务的当事人或参与者。享受权利的一方称为权利主体，承担义务的一方称为义务主体。法律关系的主体包括自然人、法人和非法人组织、国家。

（1）自然人。自然人既包括本国公民，也包括居住在一国境内或在境内活动的外国公民和无国籍人。

（2）法人和非法人组织。法人是具有民事权利能力和民事行为能力，依法独立享有民事权利和承担民事义务的组织。《民法典》将法人分为营利法人、非营利法人和特别法人。

（3）国家。在特定情况下，国家可以作为一个整体成为法律关系的主体。

法律关系主体的权利能力是指权利主体享有权利和承担义务的能力，它反映了权利主体取得权利和承担义务的资格。

法律关系主体的行为能力是指权利主体通过自己的行为取得权利和承担义务的能力。

2. 法律关系的内容

任何法律关系都是在法律关系主体间形成的一种权利和义务的关系，因此，权利和义务就构成了法律关系的内容。

法律权利是指法律关系主体依法享有的权益，表现为权利享有者依照法律规定有权自主决定作出或者不作出某种行为、要求他人作出或者不作出某种行为和一旦被侵犯有权请求国家予以法律保护。

法律义务是指法律关系主体依照法律规定所担负的必须作出某种行为或者不得作出某种行为的负担或约束。依法承担义务的主体被称为义务主体或义务人。义务主体必须作出某种行为是指以积极的作为方式去履行义务，如缴纳税款、支付货款等，又被称为积极义务。义务主体不得作出某种行为是指以消极的不作为方式去履行义务，如不得毁坏公共财物、不得侵害他人生命健康权等，又被称为消极义务。

3. 法律关系的客体

法律关系的客体又称权利客体，是指法律关系主体的权利和义务所指向的对象。法律关系客体应当具备的特征是：能为人类所控制并对人类有价值。在不同国家与不同历史时期，法律关系客体的具体内容及范围不同，并且随着经济、科技的发展，不断出现新的法律关系客体，一般认为，法律关系的客体主要包括物、行为、人格利益、智力成果，以及信息、数据、网络虚拟财产。

（1）物。物是指能满足人们需要，具有一定的稀缺性，并能为人们现实支配和控制的各种物质资源。物，可以是自然物，如森林、土地；也可以是人的劳动创造物，如建筑物、机器、各种产品；还可以是财产物品的一般价值表现形式——货币及有价证券，如支票、股票、债券等。物既可以是有体物也可以是无体物。有体物既可以是固定形态的也可以是没有固定形态的，如天然气、电力等。无体物，如权利等，依照相关法律的规定，也都可以作为物权的客体。

（2）行为。行为作为法律关系的客体不是指人们的一切行为，而是指法律关系的主体为达到一定目的所进行的作为或不作为，是人的有意识的活动，如生产经营行为、经济管理行为、完成一定工作的行为和提供一定劳务的行为等。例如，债权本质上是特定人之间请求为一定行为或不为一定行为的关系，所以债权的客体都是行为。

（3）人格利益。它代表着人的物质形态和精神利益，是人之为人的两个不可或缺的要素，包括自然人、法人或非法人组织的姓名或名称，自然人的肖像、名誉、尊严，自然人的人身、人格和身份等。以人身、人格作为法律关系客体的范围，法律有严格的限制。人的整体只能是法律关系的主体，不能作为法律关系的客体。

（4）智力成果。智力成果是指人们通过脑力劳动创造的能够带来经济价值的精神财富，主要是知识产权的客体，包括文学艺术科学作品、科学发明和商标等。

（5）信息、数据、网络虚拟财产。作为法律关系客体的信息，是指有价值的情报或资讯，如矿产情报、产业情报、国家机密、商业秘密、个人隐私等。《民法典》第127条规定："法律对数据、网络虚拟财产的保护有规定的，依照其规定。"该条规定明确了数据、网络虚拟财产的财产属性，也说明其可以成为法律关系的客体。

例如，甲由于做生意急需用钱，于是向乙借款10万元，并用自己的房屋作抵押。双方约定，若到期甲不能清偿债务，乙可以将甲的房屋拍卖，并就卖得的价款优先受偿。本案中涉及债和抵押两个法律关系，主体都是甲和乙。在债的法律关系中，法律关系的内容是乙享有的债权和甲所负的债务，客体是甲的给付行为；在抵押法律关系中，法律关系的内容是乙享有的抵押权和甲作为抵押人应当履行的义务，客体是房屋。

三、法律关系的变动原因

法律关系的变动是指法律关系的发生、变更和消灭。法律规范和法律主体只是法律关系产生的抽象的、一般的前提，并不能直接引起法律关系的变化，只有当法律规范规定的法律事实发生时，才会引起法律关系的发生、变更和消灭。依法能够使法律关系发生、变更、消灭的客观情况称为法律事实。根据是否有人的意识参与其中，又可将法律事实分为法律事件、法律行为和事实行为。

1. 法律事件

法律事件是指不以法律关系主体的主观意志为转移的，能够使法律关系发生、变更和消灭的客观现象。它包括自然事件和社会事件两种。自然灾害、人的自然出生等为自然事件，人类战争则为社会事件。

例如，甲、乙签订20万元的合同，双方约定，甲向乙支付20万元，乙于2018年10月28日交付货物。但是在2018年10月28日发生泥石流，此时的泥石流就属于事件。

2. 法律行为

法律行为是指根据法律关系主体的意志形成的，为达到一定目的而进行的有意识的活动。法律行为按其性质可分为合法行为和违法行为，这两种行为都可以引起法律关系的发生、变更和消灭。

3. 事实行为

民事领域中，在法律行为之外还存在事实行为。事实行为是与法律关系主体的意思表示无关，由法律直接规定法律后果的行为。民法中常见的事实行为有无因管理行为、正当防卫行为、紧急避险行为，以及侵权行为、违约行为、遗失物的拾得行为、埋藏物的发现行为等。

第三节 经济法的基础理论

一、经济法的概念

经济法概念在我国出现得较晚。1979 年 6 月，第五届全国人大第二次会议的官方文件提出："随着经济建设的发展，我们需要制定各种经济法"。第九届全国人大将经济法确立为我国法律体系中七大法律部门之一，与宪法及宪法相关法、民商法、行政法、社会法、刑法、诉讼与非诉讼程序法并列。

经济法是调整国家在经济管理和协调经济运行活动过程中所发生的经济关系的法律规范的总称。它包括三个方面的含义：(1) 经济法具有特定的调整对象。经济法调整的社会关系是特定经济关系。(2) 经济法是调整经济关系的一系列法律规范的总称。(3) 经济法调整的经济关系是国家在管理经济和协调经济运行活动过程中发生的。

二、经济法律责任

经济法律责任是指经济法律关系主体因实施违反经济法律法规的行为而依法应当承担的法律上的不利后果。经济法律责任的目的侧重于保护社会公共利益不受侵犯，其主要形式是限制或者剥夺经营性资格和经济补偿。

根据我国经济法的规定，经济法律责任的基本类型有民事责任、行政责任、刑事责任三种。

(一) 民事责任

民事责任是指民事主体违反了约定或法定的义务所应承担的不利民事法律后果。根据《民法典》的规定，民事责任的承担方式主要有：停止侵害；排除妨碍；消除危险；返还财产；恢复原状；修理、重作、更换；继续履行；赔偿损失；支付违约金；消除影响、恢复名誉；赔礼道歉等。上述责任承担方式可以单独适用，也可以合并适用。

(二) 行政责任

经济法中的行政责任是指违反法律法规规定的行为人所应承受的由国家行政机关依行政程序对其所给予的制裁。行政责任可以分为行政处分、行政处罚等。行政处分是指对违反法律法规规定的国家机关工作人员或被授权、委托的执法人员所实施的内部制裁措施。根据《中华人民共和国公务员法》的规定，行政处分的具体形式有警告、记过、记大过、降级、撤职、开除等。行政处罚是指行政机关依法对违反行政管理秩序的公民、法人或者其他组织，以减损权益或者增加义务的方式予以惩戒的行为。行政处罚分为人身自由罚、行为罚、财产罚和声誉罚等多种形式。根据《行政处罚法》的规定，行政处罚具体包括警告、通报批评，罚款、没收违法所得、没收非法财物，暂扣许可证件、降低资质等级、吊销许可证件，限制开展生产经营活动、责令停产停业、责令关闭、限制从业，行政拘留，法律、行政法规规定的其他行政处罚。

(三) 刑事责任

刑事责任是指犯罪人因实施犯罪行为所应承受的由国家审判机关（人民法院）依照刑事法律给予的制裁后果，是法律责任中最严厉的责任形式。刑事责任分为主刑和附加刑。主刑有管制、拘役、有期徒刑、无期徒刑和死刑，附加刑有罚金、剥夺政治权利、没收财产、驱逐出境。附加刑可以同主刑一起适用，也可以独立适用。还可以适用于数罪并罚：一人犯数罪的，除判处死刑和无期徒刑的以外，应当在总和刑期以下、数刑中最高刑期以上，酌情决定执行的刑罚。

三、经济纠纷的解决途径

经济纠纷是指经济法律关系主体之间因经济权利和经济义务的矛盾而引发的权益争议。在我国，经济纠纷的解决途径和方式主要有协商、调解，行政复议，仲裁，诉讼等。

（一）协商、调解

对于经济纠纷，当事人可以在相互谅解的基础上，充分协商，自愿达成和解。

彼此不能达成和解的，可以由第三方如仲裁机构或者人民法院主持进行调解，从而在自愿的基础上达成调解协议。

（二）行政复议

行政复议，是指行政相对人认为行政主体的行政行为侵犯其合法权益，依法向行政复议机关提出复查该具体行政行为的申请，行政复议机关依照法定程序对被申请的具体行政行为进行合法性、适当性审查，并作出行政复议决定的一种法律制度。根据 2023 年 9 月 1 日修订的《行政复议法》的规定，公民、法人或者其他组织认为行政机关的行政行为侵犯其合法权益，向行政复议机关提出行政复议申请的，其所称行政行为包括法律、法规、规章授权的组织的行政行为。这里的公民、法人或者其他组织就是行政相对人。

1. 申请行政复议的范围

根据行政复议实践，新修订的《行政复议法》扩大了行政复议的范围，有下列情形之一的，公民、法人或者非法人组织可以依法申请行政复议：（1）对行政机关作出的行政处罚决定不服；（2）对行政机关作出的行政强制措施、行政强制执行决定不服；（3）申请行政许可，行政机关拒绝或者在法定期限内不予答复，或者对行政机关作出的有关行政许可的其他决定不服；（4）对行政机关作出的确认自然资源的所有权或者使用权的决定不服；（5）对行政机关作出的征收征用决定及其补偿决定不服；（6）对行政机关作出的赔偿决定或者不予赔偿决定不服；（7）对行政机关作出的不予受理工伤认定申请的决定或者工伤认定结论不服；（8）认为行政机关侵犯其经营自主权或者农村土地承包经营权、农村土地经营权；（9）认为行政机关滥用行政权力排除或者限制竞争；（10）认为行政机关违法集资、摊派费用或者违法要求履行其他义务；（11）申请行政机关履行保护人身权利、财产权利、受教育权利等合法权益的法定职责，行政机关拒绝履行、未依法履行或者不予答复；（12）申请行政机关依法给付抚恤金、社会保险待遇或者最低生活保障等社会保障，行政机关没有依法给付；（13）认为行政机关不依法订立、不依法履行、未按照约定履行或者违法变更、解除政府特许经营协议、土地房屋征收补偿协议等行政协议；（14）认为行政机关在政府信息公开工作中侵犯其合法权益；（15）认为行政机关的其他行政行为侵犯其合法权益。

公民、法人或者其他组织认为行政机关的行政行为所依据的下列规范性文件不合法，在对行政行为申请行政复议时，可以一并向行政复议机关提出对该规范性文件的附带审查申请：（1）国务院部门的规范性文件；（2）县级以上地方各级人民政府及其工作部门的规范性文件；

（3）乡、镇人民政府的规范性文件；（4）法律、法规、规章授权的组织的规范性文件。

上述所列规范性文件不含规章。规章的审查依照法律、行政法规办理。

2. 行政复议的排除事项

下列事项不属于行政复议范围：（1）国防、外交等国家行为；（2）行政法规、规章或者行政机关制定、发布的具有普遍约束力的决定、命令等规范性文件；（3）行政机关对行政机关工作人员的奖惩、任免等决定；（4）行政机关对民事纠纷作出的调解。

3. 行政复议的申请

《行政复议法》规定申请行政复议的公民、法人或者其他组织是申请人，同时也确立了行政复议的代理制度。作出行政行为的行政机关或者法律、法规、规章授权的组织是被申请人。

县级以上各级人民政府以及其他依照《行政复议法》履行行政复议职责的行政机关是行政复议机关。行政复议机关办理行政复议事项的机构是行政复议机构。行政复议机构中初次从事行政复议工作的人员，应当通过国家统一法律职业资格考试取得法律职业资格，并参加统一职前培训。

上级行政复议机构对下级行政复议机构的行政复议工作进行指导、监督。

行政复议机关办理行政复议案件，可以进行调解。调解应当遵循合法、自愿的原则，不得损害国家利益、社会公共利益和他人合法权益，不得违反法律、法规的强制性规定。

申请人申请行政复议，可以书面申请；书面申请有困难的，也可以口头申请。书面申请的，可以通过邮寄或者行政复议机关指定的互联网渠道等方式提交行政复议申请书，也可以当面提交行政复议申请书。行政机关通过互联网渠道送达行政行为决定书的，应当同时提供提交行政复议申请书的互联网渠道。

申请人认为行政行为侵犯其合法权益的，可以自知道该行政行为之日起 60 日内提出行政复议申请；但是法律规定的申请期限超过 60 日的除外。

因不可抗力或者其他正当理由耽误法定申请期限的，申请期限自障碍消除之日起继续计算。

行政机关作出行政行为时，未告知公民、法人或者其他组织申请行政复议的权利、行政复议机关和申请期限的，申请期限自公民、法人或者其他组织知道或者应当知道申请行政复议的权利、行政复议机关和申请期限之日起计算，但是自知道或者应当知道行政行为内容之日起最长不得超过 1 年。

因不动产提出的行政复议申请自行政行为作出之日起超过 20 年，其他行政复议申请自行政行为作出之日起超过 5 年的，行政复议机关不予受理。

4. 行政复议的管辖与受理

行政复议管辖是指确立不同职能及不同层级的行政机关之间受理行政复议申请、办理行政复议案件的分工和权限的法律制度。

此前行政复议权过于分散，这严重制约了复议制度效能的发挥。为此，2023 年修订的《行政复议法》取消了地方人民政府工作部门的行政复议职责，规定统一由县级以上地方人民政府行使。如：张某对某区市场监督管理局对其作出的行政处罚不服，该市场监督管理局不再承担行政复议职责，均由工作部门所属的本级人民政府统一受理。

其中，省、自治区、直辖市人民政府同时管辖对本机关作出的行政行为不服的行政复议案件。

对直辖市、设区的市人民政府工作部门按照行政区划设立的派出机构作出的行政行为不服的，也可以由其所在地的人民政府管辖。如：张某对某区派出所作出的行政处罚不服，既可以选择到某区人民政府申请行政复议，也可以到市人民政府申请行政复议。

在中央，保留了国务院部门的复议权。国务院部门管辖对本部门作出的，本部门依法设立的派出机构依照法律、行政法规、部门规章的规定以委派机构的名义作出的，以及本部门管理的法律、行政法规、部门规章授权的组织作出的行政行为不服的案件。

在地方，保留实行垂直领导的行政机关、税务和国家安全机关的复议权。对海关、金融、外汇管理等实行垂直领导的行政机关，以及税务和国家安全机关的行政行为不服的，向上一级主管部门申请行政复议。同时，对履行行政复议机构职责的地方人民政府司法行政部门的行政行为不服的，可以向本级人民政府申请行政复议，也可以向上一级司法行政部门申请行政复议。例如，在北京市范围内，行政复议机关为北京市人民政府、各区人民政府、北京经济技术开发区管理委员会以及北京市司法局。

行政复议机关收到行政复议申请后，应当在5日内进行审查。对符合规定条件的，行政复议机关应当予以受理。对不符合规定条件的行政复议申请，行政复议机关应当在审查期限内决定不予受理并说明理由。

对当场作出或者依据电子技术监控设备记录的违法事实作出的行政处罚决定不服申请行政复议的，可以通过作出行政处罚决定的行政机关提交行政复议申请。行政机关收到行政复议申请后，应当及时处理；认为需要维持行政处罚决定的，应当自收到行政复议申请之日起5日内转送行政复议机关。

5. 行政复议的决定

适用普通程序审理的行政复议案件，行政复议机关应当自受理申请之日起60日内作出行政复议决定；但是法律规定的行政复议期限少于60日的除外。情况复杂，不能在规定期限内作出行政复议决定的，经行政复议机构的负责人批准，可以适当延长，并书面告知当事人；但是延长期限最多不得超过30日。

适用简易程序审理的行政复议案件，行政复议机关应当自受理申请之日起30日内作出行政复议决定。

根据实际情况行政复议机关可以决定作出变更该行政行为、撤销或者部分撤销行政行为、行政行为违法、行政行为无效、责令被申请人在一定期限内履行等的决定。

行政复议机关不得作出对申请人更为不利的变更决定，但是第三人提出相反请求的除外。

当事人在行政复议决定作出前可以自愿达成和解，和解内容不得损害国家利益、社会公共利益和他人合法权益，不得违反法律、法规的强制性规定。

当事人达成和解后，由申请人向行政复议机构撤回行政复议申请。行政复议机构准予撤回行政复议申请、行政复议机关决定终止行政复议的，申请人不得再以同一事实和理由提出行政复议申请。但是，申请人能够证明撤回行政复议申请违背其真实意愿的除外。

行政复议机关作出行政复议决定，应当制作行政复议决定书，并加盖行政复议机关印章。行政复议决定书一经送达，即发生法律效力。

县级以上地方各级人民政府办理以本级人民政府工作部门为被申请人的行政复议案件，应当将发生法律效力的行政复议决定书、意见书同时抄告被申请人的上一级主管部门。

(三) 仲裁

仲裁是指纠纷当事人在自愿的基础上达成协议，将纠纷提交仲裁机构进行审理，仲裁机构就纠纷居中评判是非，并作出对争议各方均有拘束力的裁决的一种解决纠纷的制度。1994 年 8 月 31 日第八届全国人大常委会第九次会议通过了《中华人民共和国仲裁法》（2009 年、2017 年修正，以下简称《仲裁法》），对仲裁制度的适用范围、基本原则等作了明确规定。

1. 仲裁范围

仲裁范围即仲裁的适用范围，它表明的是仲裁作为一种解决纠纷的方式，可以解决哪些纠纷、不能解决哪些纠纷，也就是纠纷的可仲裁性问题。

仲裁法明确规定了仲裁范围。依据《仲裁法》第 2 条、第 3 条的规定，作为平等主体的公民、法人和其他组织之间发生的合同纠纷和其他财产权益纠纷，可以仲裁。下列纠纷不能仲裁：(1) 婚姻、收养、监护、扶养、继承纠纷；(2) 依法应当由行政机关处理的行政争议。

依据《仲裁法》第 77 条的规定，劳动争议和农业集体经济组织内部的农业承包合同纠纷的仲裁，另行规定。也即劳动争议和农业集体经济组织内部的农业承包合同纠纷，不属于《仲裁法》所规定的仲裁范围。

【案例 1-1】 甲税务局向乙百货商场购买了一批办公用品，因办公用品质量问题与该百货商场发生纠纷。同时，甲税务局又因向乙百货商场征收营业税而与其发生争议。请问：对这两项争议是否可以通过仲裁方式解决？

【解析】 在前一争议中，由于双方处于平等主体地位，所发生的争议属于平等主体之间发生的财产纠纷，依据《仲裁法》的规定，双方的纠纷可以通过仲裁方式解决。在后一争议中，双方属于行政管理与被管理的关系，所发生的争议属于行政争议，根据《仲裁法》的规定，不属于《仲裁法》的适用范围，双方的纠纷不能通过仲裁方式解决。

2. 仲裁基本制度

(1) 协议仲裁制度。

当事人申请仲裁、仲裁机构受理仲裁案件以及仲裁庭对仲裁案件的审理和裁决都必须依据当事人之间订立的有效的仲裁协议，没有仲裁协议就没有仲裁制度。

仲裁协议有两种形式：一种是由双方当事人在争议发生之前订立的，一旦将来发生争议即提交仲裁解决的协议。这种协议一般包含在主合同内，它通常作为合同中的一项仲裁条款出现。另一种是由双方当事人在争议发生之后订立的，表明双方同意把已经发生的争议提交仲裁解决的协议。这种协议是独立于主合同之外的。

依据《仲裁法》第 16 条第 2 款的规定，仲裁协议应当包括下列三项内容：请求仲裁的意思表示、仲裁事项和选定的仲裁委员会。

(2) 或裁或审制度。

仲裁与诉讼是两种不同的争议解决方式，因此，当事人在相互之间发生经济纠纷时只能在仲裁和诉讼两者中择一选用，有效的仲裁协议使仲裁机构取得对争议案件的管辖权，并排除法院对争议案件的管辖权。如果一方违背仲裁协议，自行向法院起诉，另一方可根据仲裁协议要求法院不予受理。

【案例 1-2】 甲公司与乙公司签订一份承揽合同，并在合同中单独规定了仲裁条款，约定双方发生合同争议时提请某仲裁机构仲裁（假定该仲裁条款合法有效）。事后，甲公司发现在订立合同时对有关事项存在重大误解。请问：甲公司是否可以根据合同中的仲裁条款向某仲裁机构申请撤销合同？如果甲公司直接向人民法院申请撤销合同，人民法院是否应当受理？

【解析】 甲公司可以向某仲裁机构申请撤销合同。如果甲公司直接向人民法院申请撤销合同，人民法院不应受理。根据《仲裁法》和《民法典》的有关规定，仲裁协议包括合同中订立的仲裁条款，合同的变更、解除、终止或者无效，不影响仲裁协议的效力，当事人可以据此申请仲裁机构解决争议。根据《仲裁法》的有关规定，仲裁协议合法有效的，具有排除诉讼管辖权的作用，对双方当事人诉权的行使产生一定的限制：在当事人双方发生协议约定的争议时，任何一方只能申请仲裁，而不能向人民法院起诉。当事人向人民法院起诉的，人民法院应当不予受理。

（3）一裁终局制度。

《仲裁法》明确规定，仲裁实行一裁终局制度，即仲裁庭作出的仲裁裁决为终局裁决，裁决作出后，当事人就同一纠纷再申请仲裁或者向人民法院起诉，仲裁机构或者人民法院不予受理。当事人应当主动履行裁决，一方当事人不履行的，另一方当事人可以向法院申请执行。

（四）诉讼

诉讼是国家审判机关即人民法院依照法律的规定，在当事人以及其他诉讼参与人的参加下，依法解决纠纷的活动。一般而言，解决平等主体间的经济纠纷适用民事诉讼法，经济诉讼是民事诉讼的重要组成部分；解决不平等主体间的纠纷适用行政诉讼法，公民、法人或者非法人组织认为行政机关和行政机关工作人员的行政行为侵犯其合法权益的，可以向人民法院提起行政诉讼。

解决经济纠纷所涉及的诉讼绝大部分属于民事诉讼，故其主要依据是 2023 年 9 月 1 日第十四届全国人民代表大会常务委员会第五次会议修正的《中华人民共和国民事诉讼法》（以下简称《民事诉讼法》）和自 2015 年 2 月 4 日起施行的《最高人民法院关于适用〈中华人民共和国民事诉讼法〉的解释》（2022 年修正，以下简称《〈民事诉讼法〉司法解释》）的相关规定。

1. 民事诉讼的适用范围

《民事诉讼法》第 4 条规定，凡在中华人民共和国领域内进行民事诉讼，必须遵守《民事诉讼法》。

《民事诉讼法》第 3 条规定，人民法院受理公民之间、法人之间、其他组织之间以及他们相互之间因财产关系和人身关系提起的民事诉讼，适用《民事诉讼法》。

依《民法典》的规定，这里的"公民"，指具有中华人民共和国国籍的自然人。这里的"法人"，是指具有民事权利能力和民事行为能力，依法独立享有民事权利和承担民事义务的组织。法人包括企业法人、机关法人、事业单位法人和社会团体法人。这里的"其他组织"是指尚不具备法人资格的独立的社会组织。这里的"财产关系"是指基于物质财富关系而形成的相互关系，包括基于债权、物权、知识产权而形成的相互关系等。这里的"人身关系"是指人们基于人格和身份而形成的相互关系，如姓名权、名誉权以及婚姻、收养、继承等家庭关系。

《民事诉讼法》第 5 条规定，外国人、无国籍人、外国企业和组织在人民法院起诉、应诉，同中华人民共和国公民、法人和其他组织有同等的诉讼权利义务。因此，《民事诉讼法》也适用于这些在我国参加民事诉讼的外国人、无国籍人。

2. 审判制度

（1）合议制度。

合议制度是指由三名以上审判人员组成审判组织，代表人民法院行使审判权，对案件进行审理并作出裁判的制度。合议制度是相对于独任制度而言的，后者是指由一名审判员独立地对案件进行审理和裁判的制度。《民事诉讼法》规定：人民法院审理的第一审案件，除适用简易程序审理的民事案件由审判员一人独任审理外，一律由审判员、人民陪审员共同组成合议庭或者由审判员组成合议庭进行审理。合议庭的成员人数，必须是单数。人民陪审员在执行陪审职务时，与审判员有同等权利、义务。合议庭的审判长由院长或者庭长指定审判员一人担任；院长或者庭长参加审判的，由院长或者庭长担任。合议庭评议案件，实行少数服从多数原则。评议应当制作笔录，由合议庭成员签名。评议中的不同意见，必须如实记入笔录。

（2）回避制度。

回避制度是指审判人员等遇有法律规定的情形时，必须回避，退出对某一案件的审理或诉讼活动的制度。根据《民事诉讼法》的规定，审判人员有下列情形之一的，应当自行回避，当事人有权用口头或者书面方式申请他们回避：1）是本案当事人或者当事人、诉讼代理人近亲属的；2）与本案有利害关系的；3）与本案当事人、诉讼代理人有其他关系，可能影响对案件公正审理的。

审判人员接受当事人、诉讼代理人请客送礼，或者违反规定会见当事人、诉讼代理人的，当事人有权要求他们回避。

应当回避的审判人员还包括法官助理、书记员、司法技术人员、翻译人员、鉴定人、勘验人。

当事人提出回避申请，应当说明理由，在案件开始审理时提出；回避事由在案件开始审理后知道的，也可以在法庭辩论终结前提出。

院长担任审判长或者独任审判员时的回避，由审判委员会决定；审判人员的回避，由院长决定；其他人员的回避，由审判长或者独任审判员决定。

（3）公开审判制度。

公开审判制度是指人民法院的审判活动依法向社会公开的制度。法律规定，人民法院公开审理民事案件，但涉及国家秘密、个人隐私或者法律另有规定的除外。离婚案件，涉及商业秘密的案件，当事人申请不公开审理的，可以不公开审理。公开审理案件，应当在开庭前公告当事人姓名、案由和开庭时间、地点，以便群众旁听。不论案件是否公开审理，一律公开宣告判决。当庭宣判的，应当在10日内发送判决书；定期宣判的，宣判后立即发给判决书。宣告判决时，必须告知当事人上诉权利、上诉期限和上诉的法院。

（4）两审终审制度。

两审终审制度是指一个诉讼案件经过两级人民法院审理即告终结的制度。依据《人民法院组织法》，我国人民法院分为四级：最高人民法院、高级人民法院、中级人民法院、基层人民法院。除最高人民法院外，其他各级人民法院都有自己的上一级人民法院。按照两审终审制，一个案件经第一审人民法院审判后，当事人不服第一审判决的，有权在判决书送达之日起15日内向上一级人民法院提起上诉；不服第一审裁定的，有权在裁定书送达之日起10日内向上一级人民法院提起上诉。上诉期从接到第一审判决书、裁定书的第二天起算，逾期不得上诉。二审法院作出的判决、裁定为终审的判决和裁定，当事人不得再行上诉。如果发现终审裁判确有错误，可以通过审判监督程序予以纠正。

各级人民法院院长对本院已经发生法律效力的判决、裁定、调解书，发现确有错误，认为需要再审的，应当提交审判委员会讨论决定。

最高人民法院对地方各级人民法院已经发生法律效力的判决、裁定、调解书，上级人民法院对下级人民法院已经发生法律效力的判决、裁定、调解书，发现确有错误的，有权提审或者指令下级人民法院再审。

当事人对已经发生法律效力的判决、裁定，认为有错误的，可以向上一级人民法院申请再审；当事人一方人数众多或者当事人双方为公民的案件，也可以向原审人民法院申请再审。当事人申请再审的，不停止判决、裁定的执行。

最高人民检察院对各级人民法院已经发生法律效力的判决、裁定，上级人民检察院对下级人民法院已经发生法律效力的判决、裁定，依法存在可抗诉情形的，应当提出抗诉。

3. 民事诉讼的管辖

民事诉讼的管辖是指确定同级人民法院以及上下级人民法院之间受理第一审民事、经济纠纷案件的职权范围和具体分工。

（1）级别管辖。

级别管辖是指划分上下级人民法院之间受理第一审民事案件的分工和权限。大多数民事案件归基层人民法院管辖。依据《民事诉讼法》的规定，基层人民法院管辖第一审民事案件，但该法另有规定的除外；中级人民法院管辖重大涉外案件、在本辖区有重大影响的案件、最高人民法院确定由中级人民法院管辖的案件；高级人民法院管辖在本辖区有重大影响的第一审民事案件；最高人民法院管辖在全国有重大影响的案件、认为应当由本院审理的案件。

中级人民法院管辖的重大涉外案件是指争议标的额大的案件、案情复杂的案件，或者一方当事人人数众多等具有重大影响的案件。

（2）地域管辖。

地域管辖分为一般地域管辖、特殊地域管辖、专属管辖和协议管辖等。

A. 一般地域管辖。

一般地域管辖是以被告住所地为依据来确定案件的管辖法院，即实行“原告就被告原则”。对公民提起的民事诉讼，由被告住所地人民法院管辖；被告住所地与经常居住地不一致的，由经常居住地人民法院管辖。对法人或非法人组织提起的民事诉讼，由被告住所地人民法院管辖。

同一诉讼的几个被告住所地、经常居住地在两个以上人民法院辖区的，各该人民法院都有管辖权。对没有办事机构的个人合伙、合伙型联营体提起的诉讼，由被告注册登记地人民法院管辖；没有注册登记，几个被告又不在同一辖区的，被告住所地的人民法院都有管辖权。双方当事人都被监禁或者被采取强制性教育措施的，由被告原住所地人民法院管辖；被告被监禁或被采取强制性教育措施一年以上的，由被告被监禁地或被采取强制性教育措施地人民法院管辖。

B. 特殊地域管辖。

特殊地域管辖也称特别管辖，是以诉讼标的所在地、法律事实所在地为标准确定管辖法院。a. 因合同纠纷提起的诉讼，由被告住所地或合同履行地人民法院管辖。合同约定了履行地点的，以约定的履行地点为合同履行地。合同没有实际履行，当事人双方住所地都不在合同约定的履行地的，由被告住所地人民法院管辖。b. 因保险合同纠纷提起的诉讼，由被告住所地或保险标的物所在地人民法院管辖。因财产保险合同纠纷提起的诉讼，如果保险标的物是运输工具或者运输中的货物，可以由运输工具登记注册地、运输目的地、保险事故发生地人民法院管辖。因人身保险合同纠纷提起的诉讼，可以由被保险人住所地人民法院管辖。c. 因票据纠纷提起的诉讼，由票据支付地或被告住所地人民法院管辖。d. 因铁路、公路、水上、航空运输和联合运输合同纠纷提起的诉讼，由运输始发地、目的地或者被告住所地人民法院管辖；因铁路、公路、水上和航空事故请求损害赔偿提起的诉讼，由事故发生地或车辆、船舶最先到达地或航空器最先降落地或被告住所地人民法院管辖。e. 因船舶碰撞或者其他海事损害事故请求损害赔偿提起的诉讼，由碰撞发生地、碰撞船舶最先到达地、加害船舶被扣留地或者被告住所地人民法院管辖。f. 因海难救助费用提起的诉讼，由救助地或者被救助船舶最先到达地人民法院管辖。g. 因共同海损提起的诉讼，由船舶最先到达地、共同海损理算地或者航程终止地的人民法院管辖。h. 因公司设立、确认股东资格、分配利润、解散等纠纷提起的诉讼，由公司住所地人民法院管辖。i. 对不在中华人民共和国领域内居住的人提起的有关身份关系的诉讼，对下落不明或者宣告失踪的人提起的有关身份关系的诉讼，对被采取强制性教育措施的人提起的诉讼；对被监禁的人提起的诉讼，由原告住所地人民法院管辖；原告住所地与经常居住地不一致的，由原告经常居住地人民法院管辖。j. 专利纠纷案件由知识产权法院、最高人民法院确定的中级人民法院和基层人民法院管辖。k. 海事、海商案件由海事法院管辖，等等。

C. 专属管辖。

专属管辖，是指法律强制规定某类案件必须由特定的法院管辖，其他法院无权管辖，当事人也不得协议变更管辖。专属管辖的案件主要有三类：a. 因不动产纠纷提起的诉讼，由不动产所在地法院管辖；b. 因港口作业中发生纠纷提起的诉讼，由港口所在地法院管辖；c. 因继承遗产纠纷提起的诉讼，由被继承人死亡时的住所地或者主要遗产所在地法院管辖。

D. 协议管辖。

协议管辖又称合意管辖或者约定管辖，是指当事人以协议的方式选择解决他们之间的纠纷的管辖法院。合同或者其他财产权益纠纷的当事人可以书面协议选择由被告住所地、合同履行地、合同签订地、原告住所地、标的物所在地等与争议有实际联系的地点的人民法院管辖，但不得违反《民事诉讼法》对级别管辖和专属管辖的规定。此外，当事人也可以协议由其他法院管辖，但所选法院必须是与案件争议有实际联系的地点的法院，否则因超出规定范围，应当认定约定无效。

两个以上法院都有管辖权的诉讼，原告可以向其中一个法院起诉；原告向两个以上有管辖权的法院起诉的，由最先立案的法院管辖。例如，甲、乙在 A 地签订合同，将甲在 B 地的一栋房产出租给乙。后因乙未按期支付租金，双方发生争议。甲到乙住所地人民法院起诉后，又到 B 地人民法院起诉。乙住所地人民法院于 3 月 7 日予以立案，B 地人民法院于 3 月 10 日予以立案。根据民事诉讼法律制度的规定，该案件应该由乙住所地人民法院管辖。

（3）移送管辖和指定管辖。

移送管辖是指人民法院发现受理的案件不属于本院管辖的，应当移送有管辖权的人民法院，受移送的人民法院应当受理。受移送的人民法院认为受移送的案件依照规定不属于本院管辖的，应当报请上级人民法院指定管辖，不得再自行移送。

指定管辖是指有管辖权的人民法院由于特殊原因，不能行使管辖权的，由上级人民法院指定管辖。人民法院之间因管辖权发生争议，由争议双方协商解决；协商解决不了的，报请它们的共同上级人民法院指定管辖。

4. 民事诉讼时效

诉讼时效，是能够引起民事法律关系发生、变化的法律事实，又称消灭时效，是指权利人在一定期间内不行使权利，即在某种程度上丧失请求利益的时效制度。诉讼时效属于法律事实中的事件，是基于一定的事实状态在法律规定的一定期间内持续存在而当然发生，不由当事人意志所决定的某种法律效果。

诉讼时效主要适用于债权请求权。如对合同之债、侵权之债、无因管理之债、不当得利之债等，均可以适用诉讼时效。

诉讼时效并非适用于所有的请求权，根据《民法典》第196条的规定，下列请求权不适用诉讼时效的规定：请求停止侵害、排除妨碍、消除危险；不动产物权和登记的动产物权的权利人请求返还财产；请求支付抚养费、赡养费或者扶养费；依法不适用诉讼时效的其他请求权。另外，《最高人民法院关于审理民事案件适用诉讼时效制度若干问题的规定》第1条也规定了一些不适用诉讼时效的债权请求权：支付存款本金及利息请求权；兑付国债、金融债券以及向不特定对象发行的企业债券本息请求权；基于投资关系产生的缴付出资请求权。

与诉讼时效相近的一个概念是除斥期间。《民法典》第199条规定：法律规定或者当事人约定的撤销权、解除权等权利的存续期间，除法律另有规定外，自权利人知道或者应当知道权利产生之日起计算，不适用有关诉讼时效中止、中断和延长的规定。存续期间届满，撤销权、解除权等权利消灭。除斥期间是指法律规定某种权利预定存续的期间，债权人在此期间不行使权利的，预定期间届满，便可发生该权利消灭的法律后果。其属于法律事实中的事件。但除斥期间一般适用于形成权，如追认权、解除权、撤销权等，除斥期间届满，实体权利消灭。

诉讼时效期间届满时消灭的是胜诉权，并不是实体权利。诉讼时效期间届满，相关的请求权并不因此而消灭，而只是使义务人享有相关的抗辩权。

诉讼时效期间届满后，虽义务人可拒绝履行其义务，但权利人的请求权仅行使存在障碍，权利本身及请求权并不消灭。当事人超过诉讼时效后起诉的，人民法院应当受理；受理后查明无中止、中断、延长事由的，应判决驳回其诉讼请求。

当事人未提出诉讼时效抗辩，人民法院不应对诉讼时效问题进行释明及主动适用诉讼时效的规定进行裁判。当事人未按照规定提出诉讼时效抗辩，却以诉讼时效期间届满为由申请再审或者提出再审抗辩的，人民法院不予支持。

诉讼时效期间届满后，当事人自愿履行义务的，不受诉讼时效限制。义务人履行了义务后，又以诉讼时效期间届满为由抗辩的，法律不予支持。

诉讼时效是法定的，《民法典》第188条第1款规定：向人民法院请求保护民事权利的诉讼时效期间为3年。法律另有规定的，依照其规定。

诉讼时效期间自权利人知道或者应当知道权利受到损害以及义务人之日起计算。法律另有规定的，依照其规定。但是自权利受到损害之日起超过 20 年的，人民法院不予保护。

当事人约定同一债务分期履行的，诉讼时效期间自最后一期履行期限届满之日起计算。

无民事行为能力人或者限制民事行为能力人对其法定代理人的请求权的诉讼时效期间，自该法定代理终止之日起计算。

未成年人遭受性侵害的损害赔偿请求权的诉讼时效期间，自受害人年满 18 周岁之日起计算。

有特殊情况的，人民法院可以延长诉讼时效期间。

诉讼时效中止，指在诉讼时效进行中，因一定的法定事由的发生权利人无法行使请求权，暂时停止计算诉讼时效期间。在诉讼时效期间的最后 6 个月内，权利人因法定事由不能行使请求权的，诉讼时效中止；自中止时效的原因消除之日起满 6 个月，诉讼时效期间届满。在诉讼时效中止的情况下，中止的原因消除后，诉讼时效始终剩下 6 个月。

根据《民法典》的规定，有下列事由之一的，诉讼时效中止：(1) 不可抗力；(2) 无民事行为能力人或者限制民事行为能力人没有法定代理人，或者法定代理人死亡、丧失民事行为能力、丧失代理权；(3) 继承开始后未确定继承人或者遗产管理人；(4) 权利人被义务人或者其他人控制；(5) 其他导致权利人不能行使请求权的障碍。

在诉讼时效进行期间，一定的法定事由可以使诉讼时效中断；从中断、有关程序终结时起，诉讼时效期间重新计算。诉讼时效的中断如果是一个时间点，则从该时间点重新起算诉讼时效。如果诉讼时效的中断是一个程序，则在相关程序终结时，诉讼时效重新起算。

《民法典》规定，有下列事由之一的，诉讼时效中断：(1) 权利人向义务人提出履行请求；(2) 义务人同意履行义务；(3) 权利人提起诉讼或者申请仲裁；(4) 与提起诉讼或者申请仲裁具有同等效力的其他情形。

【案例 1－3】公民王某从某百货商场购买了一个高压锅后，因其出国工作而一直没有使用。3 年后，公民王某回国使用高压锅时，发现存在质量问题。他回忆起当时购买高压锅时某百货商场并未声明高压锅存在质量问题。请问：如果王某起诉，是否已超过了诉讼时效期间？

【解析】公民王某起诉没有超过诉讼时效期间。根据《民法典》的规定，诉讼时效期间从当事人知道或应当知道其权利被侵害以及义务人时起计算，由于某百货商场并未声明高压锅存在质量问题，所以，诉讼时效期间应当从王某使用并发现高压锅存在质量问题之日起开始计算；而且从王某购买高压锅之日，即其权利被侵害之日起并未超过 20 年，因此，王某仍有权在知道自己的权益被侵害之日起 3 年内向人民法院起诉。

【案例 1－4】某公民为无民事行为能力人，其法定代理人于 2020 年 12 月 31 日知道某公民的一项民事权利受到侵害，但由于工作繁忙一直未依法行使请求权。2023 年 5 月 20 日，该法定代理人因车祸死亡，直至 8 月 31 日才由有权机关为某公民指定新的代理人。请问：诉讼时效期间于何时中止？法定事由消除后，诉讼时效还有多长时间？

【解析】诉讼时效期间于 2023 年 7 月 1 日起中止。根据《民法典》第 194 条的规定，在诉讼时效期间的最后 6 个月内，权利人因法定事由不能行使请求权的，诉讼时效中止；自中止时效的原因消除之日起满 6 个月，诉讼时效期间届满。因此诉讼时效期间还有 6 个月。

第四节 民事法律行为制度

一、民事法律行为概述

（一）民事法律行为的含义

根据《民法典》第133条的规定，民事法律行为是民事主体通过意思表示设立、变更或终止民事法律关系的行为。民事法律行为是法律关系变动的原因之一，是重要的法律事实。当事人可以通过民事法律行为自主设立、变更或终止某种法律关系，实现自己追求的法律效果，真正体现意思自治精神。

（二）民事法律行为的特征

（1）民事法律行为以取得预期的民事法律后果为目的。民事法律行为是一种目的性行为，以设立、变更或终止民事法律关系为目的。

（2）民事法律行为以意思表示为要素。意思表示是指行为人将发生某种民事法律后果的内心意思通过外部的活动表示出来。

（三）民事法律行为的分类

1. 单方民事法律行为、双方民事法律行为和多方民事法律行为

《民法典》第134条规定：民事法律行为可以基于双方或者多方的意思表示一致成立，也可以基于单方的意思表示成立。法人、非法人组织依照法律或者章程规定的议事方式和表决程序作出决议的，该决议行为成立。单方民事法律行为是指依一方当事人的意思表示而成立的法律行为，例如债务的免除、委托代理的撤销、无权代理的追认。双方或多方民事法律行为是指依两个或两个以上当事人意思表示一致而成立的法律行为，例如合同行为。多方民事法律行为是三个以上的当事人意思表示一致而成立的民事法律行为。决议是典型的多方民事法律行为。决议是指多个主体依据表决规则作出的决定，是以多数决的方式作出的，对没有表示同意的成员也具有拘束力，对表示者共同代表的法人有拘束力。

2. 有偿民事法律行为和无偿民事法律行为

有偿民事法律行为是指一方获得某种利益时，必须向他方付出相应的对价的法律行为。买卖行为就是典型的有偿民事法律行为：买受人获得标的物的同时必须向出卖人支付价款，而出卖人获得价款的同时必须向买受人交付标的物。

无偿民事法律行为则是指一方当事人负担给付义务，而不要求对方当事人给予对价的法律行为，如赠与行为、借用行为、无偿保管行为。

3. 诺成性民事法律行为和实践性民事法律行为

诺成性民事法律行为是双方当事人意思表示一致时即可成立的民事法律行为，如买卖合同行为：只要买卖双方达成协议，合同即成立，双方就应根据合同享有权利及履行义务。

实践性民事法律行为是指除需双方意思表示一致外，还需一方向另一方交付实物或履行义务才能成立的民事法律行为。实践性民事法律行为，如货物运输、仓储保管。

例如，甲与乙签订一份书面合同，约定由甲在签约后5日借给乙3万元，乙于半年后偿还该3万元并支付10%的利息。该行为即是实践性民事法律行为。

4. 要式民事法律行为和不要式民事法律行为

要式民事法律行为是指必须采用某种特定的形式才能成立的民事法律行为，如票据行为。此外，我国继承法规定，遗嘱人采用录音方式设立遗嘱的，必须有两个以上无利害关系的见证人在场见证，否则，设立遗嘱无效。

不要式民事法律行为是指法律或行政法规没有规定特定形式而允许当事人自由选择形式的民事法律行为。

5. 主民事法律行为和从民事法律行为

主民事法律行为是指在两个相互关联的民事法律行为中能够独立存在的民事法律行为。从民事法律行为是从属于其他民事法律行为而存在的民事法律行为。

例如，甲向乙借款10万元，用自己的房屋作抵押。这里就存在两个民事法律行为：一个是甲与乙之间的借贷合同行为，另一个是甲与乙之间的抵押合同行为。抵押合同行为的存在依附于借贷合同行为的存在，如果借贷合同无效，抵押合同必然无效。

（四）民事法律行为的形式

根据《民法典》的规定，民事法律行为可以采用书面形式、口头形式或者其他形式；法律、行政法规规定或者当事人约定采用特定形式的，应当采用特定形式。

1. 明示形式

明示形式是指行为人以明确的意思表示表达自己的意志的形式。它具体包含下面几种形式。

（1）口头形式。

这是指以对话的方式所作出的意思表示，诸如当事人之间当面表达、电话交谈等。金额较小和即时结清的民事法律行为或紧急情况下实施的民事法律行为可以采用口头形式，而金额较大和难以即时结清的民事法律行为不宜采用口头形式。

（2）书面形式。

这是指行为人以文字进行意思表示的民事法律行为，诸如合同书、信件、电报、电传、传真、电子数据交换和电子邮件等可以有形地表现所载内容的形式。法律、行政法规规定或者当事人约定采用书面形式订立合同的，当事人应当采用书面形式；未采用书面形式但一方已经履行主要义务，对方接受的，该合同成立。

（3）视听资料记载形式。

这是指以录音、录像、电子计算机储存的资料等来表达、记载行为人的意思表示的形式。视听资料具有生动逼真、便于使用、易于保管等特点，但易被伪造、剪接、篡改。

（4）公证形式。

这是指由公证机构根据当事人的申请，依照法定程序对民事法律行为、有法律意义的事实和文书的真实性、合法性予以证明的活动。经过公证的民事法律行为，具有较强的证明力；经公证赋予强制执行效力的债权文书，可以不经诉讼直接进入执行阶段。

2. 默示形式

行为人未以语言或文字等明示的方式，但法律认为可以从他的行为中推断出他的意志和愿望的，这种形式叫默示形式。它具体包含下面几种形式。

（1）推定形式。

这是指根据行为人实施的行为而推定他的意思表示，如租期届满后，承租人继续交纳房租，出租人接受，由此可推知当事人双方作出了延长租期的法律行为。

（2）沉默形式。

这是指行为人以不作为方式所作的意思表示，或是他人根据行为人的沉默推定他具有某种意思。沉默只有在法律有规定或者当事人双方有约定的情况下，才可以被视为意思表示的形式。

二、意思表示

（一）意思表示的概念与方式

民事法律行为以意思表示为核心，意思表示是指向外部表明意欲发生一定私法上效果的意思的行为。意思主要是指当事人欲使其内心意思发生法律上效力的效果意思。表示是指行为人将其内在的效果意思以一定方式表现于外部，为行为相对人所了解。表示须借助语言、文字或者表意的形体，这就是其表现形式，主要侧重于如何辨识法律行为的问题。

意思表示可以采用明示或者默示方式。明示的意思表示是通过语言或文字直接表现表意人的意思表示。默示的意思表示指通过特定行为间接推知行为人的意思表示。例如，将硬币投入自动售货机，登上收费的公共汽车等。沉默只有在有法律规定、当事人约定或者符合当事人之间的交易习惯时，才可以被视为意思表示的形式。对于理论上被称为"事实上合同关系"的现象，都可通过可推断的意思表示来解释为法律行为。

例如《民法典》第734条规定，"租赁期间届满，承租人继续使用租赁物，出租人没有提出异议的，原租赁合同继续有效，但是租赁期限为不定期"。承租人继续使用租赁物的，可以推知其欲延长租赁期限；出租人未提出异议的，出租人的沉默被视为同意。

例如《民法典》第1124条规定，继承开始后，继承人放弃继承的，应当在遗产处理前，以书面形式作出放弃继承的表示；没有表示的，视为接受继承。此处"没有表示的"就属于法定沉默，亦能产生意思表示的效果，即"接受继承"。

（二）意思表示的生效

意思表示可以分为无相对人的意思表示和有相对人的意思表示。

于无相对人的意思表示不存在意思表示所针对的相对人，如遗嘱行为、抛弃动产等单方民事法律行为，无相对人。无相对人的意思表示，于表示完成时生效；法律另有规定的，依照其规定。例如于动产所有权的抛弃，抛弃人除主观上应有抛弃的意思以外，需客观上作出放弃动产占有的行为。仅在放弃占有这一表示完成时，才能发生抛弃动产所有权的效力。而于不动产所有权的抛弃，根据《民法典》关于"不动产物权的设立、变更、转让和消灭，经依法登记，发生效力；未经登记，不发生效力，但法律另有规定的除外"的规定，抛弃行为应经过登记才生效，故其属于法律另有规定的，从其规定的情形。其实《民法典》仅将登记作为物权变动的生效要件，并非作为意思表示的生效要件。

有相对人的意思表示又分为对话的意思表示和非对话的意思表示。

以对话方式作出的意思表示，相对人知道其内容时生效。以非对话方式作出的意思表示，到达相对人时生效。如订立合同过程中的要约和承诺、债务免除、授予代理权、合同解除等意思表示，均采取到达主义。《民法典》第484条第2款规定的"承诺不需要通知的，根据交易习惯或者要约的要求作出承诺的行为时生效"则属于例外情况，即双方根据交易习惯或要约要求以行为方式作出承诺的，虽为有相对人的意思表示，却是在行为作出时生效。

以非对话方式作出的采用数据电文形式的意思表示，相对人指定特定系统接收数据电文的，该数据电文进入该特定系统时生效；未指定特定系统的，相对人知道或者应当知道该数据电文进入其系统时生效。当事人对采用数据电文形式的意思表示的生效时间另有约定的，按照其约定。

以公告方式作出的意思表示，公告发布时生效。

（三）意思表示的撤回与解释

意思表示可以撤回。撤回意思表示的通知应当在意思表示到达相对人前或者与意思表示同时到达相对人。

意思表示存在解释问题。根据《民法典》第 142 条的规定，有相对人的意思表示的解释，应当按照所使用的词句，结合相关条款、行为的性质和目的、习惯以及诚信原则，确定意思表示的含义。无相对人的意思表示的解释，不能完全拘泥于所使用的词句，而应当结合相关条款、行为的性质和目的、习惯以及诚信原则，确定行为人的真实意思。

三、民事法律行为的成立与效力

（一）民事法律行为的成立

民事法律行为要产生法律效力，首先应当符合民事法律行为的构成要素，即必须具有当事人、意思表示、标的三个要素。一些特别的民事法律行为，除应具备上述三个要素以外，还必须具备其他特殊事实要素，如实践性民事法律行为的成立还必须有标的物的交付。

（二）民事法律行为的生效

民事法律行为的生效，是指已经成立的民事法律行为因为符合法律规定的有效要件而取得法律认可的效力。民事法律行为的成立和生效是两个不同的概念。民事法律行为的成立是民事法律行为生效的前提；民事法律行为未成立，当然谈不上生效。在大多数情况下，民事法律行为的成立和生效是一致的，即民事法律行为在成立时即具有法律效力。

民事法律行为生效，应当具备一定的条件，即民事法律行为的有效要件。民事法律行为的有效要件包括实质要件和形式要件。

1. 民事法律行为有效的实质要件

（1）行为人具有相应的民事行为能力。

民事行为能力是指民事主体以自己的行为取得民事权利、承担民事义务的资格，也就是民事主体以自己的行为为自己或他人取得民事权利、承担民事义务的资格。因此，民事法律行为的行为人必须具有预见其行为性质和后果的相应的民事行为能力。

《民法典》将自然人的民事行为能力分为完全民事行为能力、无民事行为能力和限制民事行为能力三种情况。

对于自然人而言，完全民事行为能力人可以以自己的行为独立地取得民事权利、设定民事义务；限制民事行为能力人只能实施与其年龄、智力、精神状况相适应的法律行为，即限制民事行为能力人在其民事行为能力范围之内实施的行为构成意思表示或者法律行为，超出其民事行为能力范围的行为，除非经其法定代理人同意或者追认，不构成意思表示或者法律行为；无民事行为能力人不能进行独立的意思表示，所以其实施的行为不能发生法律效力，由其法定代理人代理。对于法人而言，法人的民事行为能力是由法人核准登记的经营范围所决定的。但从维护相对人的利益和促进交易的角度出发，原则上认定法人超越经营范围从事的民事法律行为有效。《民法典》规定，当事人超越经营范围订立的合同，不得仅以超越经营范围为由确认合同无效。

（2）意思表示真实。

意思表示是民事法律行为的基本要素，只有行为人所为是其内心意愿的真实表达时，才能发生行为人所预期的法律效果，所以，要求行为人的意思表示必须真实。对意思表示不真实的民事法律行为，可以撤销或宣告无效。意思表示真实包括两方面要求：一是行为人的内心意愿与外部的表示行为相一致；二是意思表示自由，即不是在受任何组织或个人的强迫下作出违背其内心意愿的行为的。

（3）不违反法律、行政法规的强制性规定，不违背公序良俗。

意思表示的内容不得违反法律、行政法规的强制性规定，不违背公序良俗是指民事法律行为不得违反我国现行法律、行政法规中的强制性规范或禁止性规范，不得损害社会公共利益，不能违背一般的道德标准与良好的社会风俗。

2. 民事法律行为有效的形式要件

民事法律行为有效的形式要件，是指民事法律行为必须符合法律规定的形式方有效。在绝大多数的情况下，民事法律行为只要具备实质要件就发生法律效力，但在某些特殊的情况下，民事法律行为还需具备形式要件才能发生法律效力。所以形式要件也被称为特别生效要件。根据《民法典》第135条的规定，民事法律行为可以采用书面形式、口头形式或者其他形式；法律、行政法规规定或者当事人约定采用特定形式的，应当采用特定形式。它具体包含下面几种形式：（1）口头形式，是指以对话的方式所作出的意思表示，诸如当事人之间当面表达、电话交谈等。（2）书面形式，是指行为人以文字作出的意思表示，如合同书、数据电文（包括电报、电传、传真、电子数据交换和电子邮件等）。（3）视听资料形式，是指以录音、录像、电子计算机储存的资料等来表达、记载行为人的意思表示的形式。（4）公证形式，是指由公证机构根据当事人的申请，依照法定程序对民事法律行为、有法律意义的事实和文书的真实性、合法性予以证明的活动。（5）推定形式，是指当事人实施某种积极的行为，使他人可以推定其意思表示的形式。（6）沉默，是指行为人没有以积极的作为进行表示，而是以消极的不作为代替意思表示。

（三）无效民事法律行为

1. 无效民事法律行为的概念

无效民事法律行为，是指已经成立，但因欠缺民事法律行为的有效要件，行为人设立、变更或终止民事法律关系的意思表示自始确定地、当然地、完全不能发生民事法律效力的行为。

无效的民事法律行为的特点是：（1）自始无效。无效的民事法律行为，从行为开始时起就没有法律约束力。（2）绝对无效。无效的民事法律行为绝对不发生效力，即意思表示的内容绝对不被法律承认。（3）确定无效。无效的民事法律行为从开始时就没有效力，以后任何事实都不能使之有效。

2. 无效民事法律行为的分类

依照《民法典》的相关规定，根据所欠缺的有效要件，可将无效民事法律行为分类如下。

(1) 无民事行为能力人实施的民事法律行为。

无民事行为能力人只能由其法定代理人代理实施民事法律行为，不能独立实施民事法律行为，否则，在法律上无效。

(2) 以虚假意思表示实施的民事法律行为。

行为人与相对人以虚假的意思表示实施的民事法律行为无效。以虚假的意思表示隐藏的民事法律行为的效力，依照有关法律规定处理。

(3) 违反法律、行政法规的强制性规定，违背公序良俗的民事法律行为。

违反法律、行政法规的强制性规定的民事法律行为无效，但是该强制性规定不导致该民事法律行为无效的除外。违背公序良俗的民事法律行为无效。

(4) 恶意串通，损害他人合法权益的民事法律行为。

主观方面表现为恶意串通，即当事人双方为牟取不正当利益，互相勾结串通而实施有损于他人合法权益的民事法律行为。客观方面为当事人双方所实施的民事法律行为客观上损害了他人的合法权益。

3. 民事法律行为被确认无效的法律后果

民事法律行为被确认无效以后，依照《民法典》及有关法律规定，会产生以下法律后果。

(1) 返还财产。

民事法律行为自成立到被确认无效，当事人根据该民事法律行为取得的财产，应当返还给受损失的对方。如果一方取得，取得方应返还给对方；如果双方取得，则双方返还。至于返还财产的范围，以全部返还为原则，不能返还或者没有必要返还的，应当折价补偿。

(2) 赔偿损失。

民事法律行为被确认无效后，对合同无效有过错的一方应当赔偿对方因此所受到的经济损失；双方都有过错的，依各自承担的责任。

(四) 可撤销的民事法律行为

1. 可撤销的民事法律行为的概念

可撤销的民事法律行为是指因不完全符合民事法律行为的发生要件，当事人可以请求人民法院或者仲裁机构予以撤销或变更的民事法律行为。

2. 可撤销的民事法律行为的种类

(1) 因重大误解所实施的民事法律行为。

因重大误解所实施的民事法律行为，是指行为人对行为的性质、对方当事人或标的物的品种、质量、规格和数量等发生错误认识，按照通常理解，如果不发生该错误认识，行为人就不会作出相应的意思表示的，人民法院可以认定为《民法典》所称的重大误解。如果行为人能够证明自己在实施民事法律行为时存在重大误解，并请求撤销该民事法律行为的，人民法院依法予以支持；但是，根据交易习惯等认定行为人无权请求撤销的除外，比如，在古玩市场上对花瓶的年代、手镯的材质、钱币的真假等发生错误认识。

例如，某商店新到一批电视机，每台售价为 5 998 元，而商店工作人员错把售价标成 3 998 元。甲到商店购物，发现电视机性能好、价格便宜，遂买了一台。后来，商店工作人员发现标价错误，于是找到甲，要求其补足价款或者退货。甲与商店的买卖行为就属于重大误解的民事法律行为。

（2）显失公平的民事法律行为。

显失公平是指一方当事人利用优势或者利用对方没有经验，致使双方的权利、义务形成时明显违反公平原则的民事法律行为。对民事法律行为是否显失公平进行判断，应当以民事法律行为成立的时间点为标准。在民事法律行为成立以后发生情势变化，导致双方利益显失公平的，不属于显失公平的民事法律行为，而应当按照诚实信用原则处理。

民事法律行为成立时显失公平的，受损害方有权请求人民法院或者仲裁机构予以撤销。

【案例1-5】赵某是集邮爱好者，并以买卖邮票为第二职业。某一天赵某在同事李某家看到一套邮票便反复央求以200元购得。赵某明知该套邮票近期的市场价格已涨至800元，但未告知李某。李某并不了解邮票价格行情，当其得知该套邮票的市场价格后，向人民法院请求变更邮票买卖的民事行为。请问：人民法院是否应当予以变更？请说明理由。

【解析】人民法院应当予以变更。在本案中，赵某利用熟悉邮票市场价格的优势及李某没有经验，致使双方的邮票买卖行为的权利与义务明显违反公平原则，属于显失公平的民事行为。

例如，甲、乙两人运一批货物到某地销售，到达后甲突患重病，急需钱入院治疗。乙无法筹到住院的钱，而货物又一时难以销售。丙知悉情况后，向乙表示愿意以低价全部购买。乙无奈之下，不得已而答应这桩买卖，遭受重大损失。该买卖行为属于显失公平的民事法律行为。

（3）欺诈、胁迫的民事法律行为。

行为人故意告知虚假情况，或者负有告知义务的人故意隐瞒真实情况，致使当事人基于错误认识作出意思表示的，人民法院可以认定为《民法典》所称的欺诈，受欺诈方有权请求人民法院或者仲裁机构予以撤销。第三人实施欺诈行为，使一方在违背真实意思的情况下实施民事法律行为，对方知道或者应当知道该欺诈行为的，受欺诈方有权请求人民法院或者仲裁机构予以撤销。例如买卖古董，找第三方专家鉴定时，第三方鉴定专家可能实施欺诈行为。

行为人以给自然人及其近亲属等的人身权利、财产权利以及其他合法权益造成损害，或者以给法人、非法人组织的名誉、荣誉、财产权益等造成损害为要挟，迫使其基于恐惧心理作出意思表示的，人民法院可以认定为《民法典》所称的胁迫。一方或者第三人以胁迫手段，使对方在违背真实意思的情况下实施民事法律行为的，受胁迫方有权请求人民法院或者仲裁机构予以撤销。

例如，某家电商场明知冰箱有质量问题，但在销售时故意不加以说明，顾客甲购买了质量有问题的冰箱。该买卖行为属于受欺诈的民事法律行为。

3. 可撤销的民事法律行为的效果

可撤销的民事法律行为的当事人可以通过自己单方的意思表示请求对该民事法律行为予以撤销。撤销权在性质上属于形成权，形成权是指权利人依单方意思表示就能使民事法律关系发生、变更与消灭的权利。形成权必须通过行使才能产生效力，权利人虽享有该权利但不行使，不会影响现存的法律关系。当事人的撤销权只能行使一次，当事人享有的撤销权一经行使，即归于消灭。

撤销权的行使期间为除斥期间。依照《民法典》第152条的规定，具有撤销权的当事人有下列情形之一的，撤销权消灭：（1）当事人自知道或者应当知道撤销事由之日起1年内、重大误解的当事人自知道或者应当知道撤销事由之日起90日内没有行使撤销权；（2）当事人受胁迫，自胁迫行为终止之日起 1 年内没有行使撤销权；（3）当事人知道撤销事由后明确表示或者以自己的行为表明放弃撤销权。当事人自民事法律行为发生之日起 5 年内没有行使撤销权的，撤销权消灭。

如撤销权人请求撤销该民事法律行为，人民法院或仲裁机构查明请求人享有撤销权，即查明该民事法律行为存在可撤销的事由后，应作出撤销的裁决。民事法律行为一经撤销，撤销的效力溯及于行为开始时，发生与无效民事法律行为相同的法律后果。

（五）效力待定的民事法律行为

1. 效力待定的民事法律行为的概念

效力待定的民事法律行为，是指民事法律行为虽已成立，但是否生效处于不确定状态，尚待享有形成权的第三人同意（追认）或拒绝的意思表示来确定其效力的民事法律行为。

2. 效力待定的民事法律行为的种类

（1）限制民事行为能力人实施的依法不能独立实施的民事法律行为。

根据《民法典》的规定，限制民事行为能力人实施的纯获利益的民事法律行为或者与其年龄、智力、精神健康状况相适应的民事法律行为有效；实施的其他民事法律行为经法定代理人同意或者追认后有效。相对人可以催告法定代理人在 30 日内予以追认。法定代理人未作表示的，视为拒绝追认。同时，在法定代理人追认之前，善意相对人有撤销的权利。撤销应当以通知的方式作出。

例如，甲父送甲（15 岁）价值 2 万元的高档电脑。甲将该电脑以 5 000 元的价格卖给乙。甲父找到乙，要求乙返还电脑。甲欠缺订立该合同的能力，因此，甲、乙所签订的合同为效力待定的合同，该合同在事后不能得到甲父追认的情况下无效。

（2）无权代理人实施的民事法律行为。

代理人以被代理人的名义对外实施的民事法律行为，只有在被代理人授权范围内才能对被代理人有效。无权代理的行为对被代理人不发生效力，但一经被代理人追认，即对被代理人产生效力。《民法典》第 171 条规定：行为人没有代理权、超越代理权或者代理权终止后，仍然实施代理行为，未经被代理人追认的，对被代理人不发生效力。相对人可以催告被代理人自收到通知之日起 30 日内予以追认。被代理人未作表示的，视为拒绝追认。行为人实施的行为被追认前，善意相对人有撤销的权利。撤销应当以通知的方式作出。行为人实施的行为未被追认的，善意相对人有权请求行为人履行债务或者就其受到的损害请求行为人赔偿。但是，赔偿的范围不得超过被代理人追认时相对人所能获得的利益。相对人知道或者应当知道行为人无权代理的，相对人和行为人按照各自的过错承担责任。

（3）欠缺债权人同意的债务移转行为。

债务人将所承担的债务转由他人承担，必须经过债权人的同意才能有效。《民法典》第 551 条规定：债务人将债务的全部或者部分转移给第三人的，应当经债权人同意。债务人或者第三人可以催告债权人在合理期限内予以同意，债权人未作表示的，视为不同意。

3. 效力待定的民事法律行为的效果

（1）追认。

追认权为形成权，一经行使，效力待定的民事法律行为即转为有效行为，且自始有效。追认应采取明示的方式，沉默和推定均不为追认的方式。效力待定的民事法律行为经追认后，自始有效；追认权人拒绝追认的，该民事法律行为自始无效。

（2）相对人享有催告权。

相对人有权催告追认权人于法定期限内予以追认。相对人可以催告法定代理人在30日内予以追认。法定代理人未作表示的，视为拒绝追认。效力待定的民事法律行为经催告后，追认权人未于法定期限内予以确认的，视为拒绝追认。

民事法律行为被追认之前，善意相对人有撤销的权利。撤销应当以通知的方式作出。撤销权为形成权，一经行使，民事法律行为自始无效。并且只有善意相对人才可以享有撤销权。撤销权的行使应在法定代理人作出追认之前，因为一经追认，合同即为有效，当然不得再撤销。

四、附条件和附期限的民事法律行为

（一）附条件的民事法律行为

1. 附条件的民事法律行为的概念

附条件的民事法律行为是指在民事法律行为中规定一定的条件，并且把该条件的成就或者不成就作为确定民事法律行为的效力开始或终止的根据的民事法律行为。

《民法典》第158条规定：民事法律行为可以附条件，但是按照其性质不得附条件的除外。（1）条件与行为性质相违背的，如法定抵销不得附条件；（2）条件违背社会公共利益或社会公德的，如结婚、离婚等身份性民事法律行为原则上不得附条件。附生效条件的民事法律行为，自条件成就时生效。附解除条件的民事法律行为，自条件成就时失效。

2. 条件的特点

民事法律行为所附的条件，是指当事人所约定的，决定民事法律行为的效力发生和消灭的特定事实。它既可以是自然现象、事件，也可以是人的行为。具体来说，条件应当符合以下要求：（1）具有未来性，即条件应当是将来发生的事实。（2）具有或然性，即条件必须是将来发生与否不确定的事实。（3）具有意定性，即条件应当是双方当事人依其意志所选择的事实。（4）具有合法性，即条件应当是符合法律规定的事实。（5）具有特定的目的性，即条件应当是约定用于限制民事法律行为之效力的事实。

3. 条件的种类

（1）延缓条件与解除条件。

按照条件对民事法律行为的效力是否产生所起的作用，可以将附条件的民事法律行为划分为附延缓条件的民事法律行为和附解除条件的民事法律行为。

延缓条件又称停止条件，是指如果该条件成就，则民事法律行为的效力发生。附延缓条件的民事法律行为虽已成立，但并不立即产生效力，其效力处于停止状态，条件成就后才生效。例如，双方签订了一份劳动合同，但规定只有通过了专业资格考试才能正式生效。这类民事法律行为具有不确定性和不实现的风险，如果约定的条件过于苛刻或者无法预测，可能会导致民事法律行为不生效或生效时间过长。

解除条件是指如果该条件发生，则民事法律行为的效力终止。附解除条件的民事法律行为本已生效，只是条件成就后，其效力终止。例如甲、乙订立房屋租赁合同，约定出租人甲的儿子一旦留学归国并需要住房，就终止合同。“留学归国并需要住房”，就是房屋租赁合同所附的解除条件。

（2）积极条件与消极条件。

按照某种客观事实的发生或不发生为标准，可以将附条件民事法律行为划分为附积极条件的民事法律行为和附消极条件的民事法律行为。积极条件又称肯定条件，以发生某种客观事实为条件的内容，即该事实发生为条件成就，不发生为条件不成就。例如，甲、乙约定，如果甲的儿子从外地调回，则甲、乙之间的房屋租赁合同即行终止。

消极条件又称否定条件，以不发生某种客观事实为条件的内容，即该事实不发生为条件成就，发生为条件不成就。例如甲、乙约定，如果甲的儿子不从外地调回，则甲、乙之间就续签房屋租赁合同。

4. 附条件的民事法律行为的效力

附条件的民事法律行为，其效力是否发生或是否消灭，取决于条件成就或不成就。附延缓条件的民事法律行为，在条件成就时发生法律效力；附解除条件的民事法律行为，在条件成就时其效力消灭。条件的成就，就肯定条件来说，就是事实发生；就否定条件来说，就是事实的不发生。

当事人负有顺应条件的自然发展而不是加以不正当干预的义务。如果当事人违背此项义务，恶意促成或者阻止条件的成就，法律就要加以干预，拟制条件成就或不成就的效力。《民法典》第 159 条规定，当事人为自己的利益不正当地阻止条件成就的，视为条件已成就；不正当地促成条件成就的，视为条件不成就。

【案例 1－6】甲与乙合伙经营装潢材料期间，销售给某厂价值 5 万元的装潢材料，该厂收到装潢材料后迟迟没有付款。后来，甲、乙二人决定不再进行合伙经营，原合伙期间所产生的一切债权归甲享有，甲给付乙人民币 3 万元整。于是，甲给乙出具一张欠条，该欠条上写着“今欠乙人民币 3 万元整，待收回某厂欠款后归还”。在甲向某厂积极索要欠款未果的情况下，甲以未收回某厂的欠款为由拒不归还乙的欠款能否成立？

【解析】本案中，从甲给乙出具的欠条可知，这是一个附条件的民事法律行为，其中，“待收回某厂欠款后归还”即是双方所附的条件。该条件符合法律规定。只有该条件成就时甲与乙所达成的还款协议才产生法律效力，甲才负有偿还义务。可见，在甲没有收回某厂的欠款的情况下，甲、乙所达成的还款协议没有法律效力，乙无权要求甲偿还欠款。

（二）附期限的民事法律行为

1. 附期限的民事法律行为的概念

附期限的民事法律行为是指双方当事人在民事法律行为中约定一定的期限，以一定期限的到来决定其效力产生或者消灭的民事法律行为。《民法典》第 160 条规定：民事法律行为可以附期限，但是根据其性质不得附期限的除外。民事法律行为附期限与民事法律行为的性质或公序良俗原则相悖的，不得附期限，如收养行为即不得附期限。附生效期限的民事法律行为，自期限届至时生效。附终止期限的民事法律行为，自期限届满时失效。

2. 期限的特征

期限，是指当事人把将来客观、确定到来的事实作为决定民事法律行为效力发生或消灭的附款。它必须符合法律的相应要求：（1）期限必须是民事法律行为实施时尚未到来的时日。（2）期限应当是在将来确定发生的，具有未来性。这也是期限和条件同作为法律事实的根本区别：期限是将来确定发生的事实，而条件是将来能否发生不确定的事实。（3）期限必须是当事人约定的，而不是法定的。

3. 期限的种类

根据期限对民事法律行为之效力的作用，可以将期限分为延缓期限和解除期限。

延缓期限，又称“始期”，即民事法律行为效力的发生以特定期限的到来为条件，该特定期限即为延缓期限。始期的作用是推迟已成立的民事法律行为生效。如 2023 年 5 月 31 日甲、乙签订房屋买卖合同，双方约定合同在 1 个月后即 2023 年 6 月 1 日生效。

解除期限，又称“终期”，指已生效的民事法律行为于特定期限到来时效力终止，该特定期限即为解除期限。终期的作用是使已生效的民事法律行为失去效力。甲于劳动合同期内向 A 公司提出辞职，A 公司表示同意，但要求甲按规定继续工作 30 天。一星期后，甲表示不辞职了，A 公司拒绝接受甲撤销辞职。甲请求确认双方之间仍存在劳动关系或继续履行劳动合同，不能得到支持。

4. 期限的效力

（1）期限到来前的效力。1）附始期的民事法律行为，在期限届至前，不生效；而附终期的民事法律行为，在期限届满前，其效力不终止。2）因期限届至而享有利益的当事人取得“利益期待权”，该权利可作为处分行为和继承的标的，并受侵权法的保护。因期限未到来而享有的利益，是为“期限利益”，亦受法律保护。

（2）期限到来后的效力。附始期的民事法律行为，在期限届至时，发生效力；而附终期的民事法律行为，当期限届满时，其效力终止。

附期限的民事法律行为与民事法律行为中履行期限为当事人的义务是不同的。所谓履行期限，是指双方当事人约定的履行合同义务的时间，在履行期限到来之前，当事人双方不需要实际履行合同义务，债权人也不能请求债务人实际履行债务，否则债务人有权予以拒绝。例如，合同约定 5 月 1 日交货、10 月 1 日付款等，都属于关于履行期限的条款，都只是对实际履行合同义务的规定，而并不是对合同效力的规定。然而，在生效期限尚未到来时，合同根本没有生效，当事人也不能享有权利并承担义务，换言之，债权债务并没有产生。

附条件的民事法律行为与附期限的民事法律行为的区别在于：附条件的民事法律行为是以未来不确定的事实作为民事法律行为效力产生或消灭的依据，所以该民事法律行为效力的产生或消灭具有不确定性；而附期限的民事法律行为是以一定期限的到来作为民事法律行为效力产生或消灭的依据，由于期限的到来是一个必然发生的事件，所以附期限的民事法律行为的效力的产生或消灭是确定的、可预知的。

第五节　代理制度

一、代理的概念与特征

代理是指代理人在代理权限内，以被代理人的名义与第三人实施民事法律行为，由此产生的法律后果直接由被代理人承担的一种法律制度。

在代理法律关系中有三方参加人，即：依据代理权以他人名义实施民事法律行为的人，称为代理人；由他人代为实施民事法律行为的人，称为被代理人，也称本人；与代理人实施民事法律行为的人，称为第三人。这三方参加人形成三方面的法律关系：一是代理人与被代理人之间基于委托授权或法律直接规定而形成的代理法律关系，二是代理人基于代理权与第三人之间形成的代理行为关系，三是被代理人与第三人之间因代理人的行为而形成的法律后果承担关系。

代理的特征表现在以下几个方面：(1) 代理是代理人在代理权限范围内以被代理人的名义为民事法律行为；(2) 代理人是以被代理人的名义实施代理行为；(3) 代理是由代理人独立为民事法律行为，不是由被代理人为民事法律行为；(4) 代理人主要实施的是民事法律行为；(5) 代理行为直接对被代理人发生效力。

二、代理的适用范围

一般认为，代理的适用范围包括：(1) 代理各种民事法律行为。《民法典》第 161 条第 1 款规定，民事主体可以通过代理人实施民事法律行为。这是最普遍的代理行为。并非所有的民事法律行为都可以代理。依据《民法典》第 161 条第 2 款的规定，依照法律规定、当事人约定或者民事法律行为的性质，应当由本人亲自实施的民事法律行为，不得代理。如立遗嘱、结婚等民事法律行为不得代理。(2) 代理申请行为，即请求国家有关部门授予某种资格或特许权的行为，如代理专利申请、商标注册等。(3) 代理申报行为，即向国家有关部门履行法定的告知义务和给付义务，如代理缴税等。(4) 代理诉讼行为，即在民事诉讼、行政诉讼中，代理人以原告、被告或第三人的诉讼代理人身份参加诉讼，维护被代理人的合法权益。这是当事人实现和保护其民事权利的重要方式。

三、代理的种类

代理可分为委托代理、法定代理。

委托代理又称意定代理或授权代理，是指代理人按照被代理人的委托而进行的代理。《民法典》第 165 条规定：委托代理授权采用书面形式的，授权委托书应当载明代理人的姓名或者名称、代理事项、权限和期限，并由被代理人签名或者盖章。第 164 条规定：代理人不履行或者不完全履行职责，造成被代理人损害的，应当承担民事责任。代理人和相对人恶意串通，损害被代理人合法权益的，代理人和相对人应当承担连带责任。

法定代理是基于法律的直接规定而取得代理权的代理。《民法典》第 23 条规定：无民事行为能力人、限制民事行为能力人的监护人是其法定代理人。

四、代理权

代理权，是指代理人基于被代理人的意思表示或法律的直接规定或有关机关的指定，能够以被代理人的名义为意思表示或受领意思表示，其法律效果直接归属于被代理人的资格。设定代理权的目的在于扩展被代理人的民事行为能力，弥补其欠缺。

(一) 代理权的发生

代理权的发生，即代理人取得以被代理人的名义为民事法律行为的资格。依据《民法典》及相关法律的规定，代理权的发生主要有以下几种情况。

1. 基于法律规定而发生

法定代理是基于法律规定而发生的。依《民法典》第 27 条第 1 款的规定，未成年人的父母是未成年人的监护人。

2. 依本人的授权行为而发生

委托代理权的发生原因为本人的授权行为。

（二）代理权的授予

委托代理授权采用书面形式的，授权委托书应当载明代理人的姓名或者名称、代理事项、权限和期间，并由被代理人签名或者盖章。

（三）代理权的行使

依据《民法典》和有关规定，代理人应在代理权限内行使代理权，并且代理人应亲自行使代理权，不得任意转托他人代理；代理人应积极行使代理权，尽勤勉和谨慎的义务，代理人行使代理权应维护被代理人的利益。

（四）代理权的滥用

代理权的滥用，是指代理人行使代理权时，违背代理权的设定宗旨和代理行为的基本准则，实施了有损被代理人的利益的行为。滥用代理权的行为因其违背诚实信用原则而被各国法律明确予以禁止。

滥用代理权行为主要有以下几种类型。

1. 自己代理

自己代理是指代理人以被代理人的名义与自己实施民事法律行为。在自己代理关系中，代理人同时也是第三人，即交易中的相对人。如自然人甲委托乙购买手机，乙以甲的名义与自己订立合同，把自己的手机卖给甲。

2. 双方代理

双方代理是指代理人在同一民事法律行为中，同时代理该行为的双方当事人为民事法律行为。例如，甲受乙的委托购买电脑，又受丙的委托销售电脑，甲于是以乙、丙双方的名义订立了购销电脑的合同。

3. 代理人和相对人恶意串通，进行损害被代理人的利益的行为

恶意串通是指代理人与相对人共谋实施损害被代理人的利益的行为。《民法典》第 164 条第 2 款规定，代理人和相对人恶意串通，损害被代理人合法权益的，代理人和相对人应当承担连带责任。

【案例 1－7】甲行政机关依法委托专门从事政府采购代理业务的乙公司代理采购一批专用设备，并授权乙公司与中标供应商签订采购合同。乙公司与中标供应商在签订采购合同时，秘密商定，乙公司在若干合同条款上对中标供应商予以照顾，中标供应商作为答谢提供给乙公司一批办公设备。请问：乙公司代理签订采购合同的行为是否有效？由此给甲行政机关造成的损失应由谁承担责任？

【解析】乙公司代理签订合同的行为无效，由此给甲行政机关造成的损失应由乙公司和中标供应商承担连带责任。乙公司的行为属于代理人与第三人恶意串通，损害被代理人的利益的滥用代理权行为。依据《民法典》第 164 条，代理人和相对人恶意串通，损害被代理人合法权益的，代理人和相对人应当承担连带责任。

（五）代理权的消灭

代理权的消灭，是指代理人与被代理人之间的代理法律关系消灭，代理人不再具有以被代

理人的名义为民事法律行为的资格。

《民法典》第173条规定，有下列情形之一的，委托代理终止：(1) 代理期限届满或者代理事务完成；(2) 被代理人取消委托或者代理人辞去委托；(3) 代理人丧失民事行为能力；(4) 代理人或者被代理人死亡；(5) 作为代理人或者被代理人的法人、非法人组织终止。

《民法典》第174条规定，被代理人死亡后，有下列情形之一的，委托代理人实施的代理行为有效：(1) 代理人不知道并且不应当知道被代理人死亡；(2) 被代理人的继承人予以承认；(3) 授权中明确代理权在代理事务完成时终止；(4) 被代理人死亡前已经实施，为了被代理人的继承人的利益继续代理。作为被代理人的法人、非法人组织终止的，参照适用前述规定。

《民法典》第175条规定，有下列情形之一的，法定代理终止：(1) 被代理人取得或者恢复完全民事行为能力；(2) 代理人丧失民事行为能力；(3) 代理人或者被代理人死亡；(4) 法律规定的其他情形。

五、无权代理

无权代理，是指代理人没有代理权，却以本人的名义与第三人进行民事活动。

(一) 无权代理的种类

根据无权代理发生的原因不同，无权代理主要有以下几种类型：(1) 行为人自始没有代理权而以被代理人的名义实施代理行为。(2) 超越代理权而为代理行为，即代理人虽自始有代理权，但是代理人擅自超越代理权限实施代理行为。(3) 代理权终止后仍为代理行为。

(二) 无权代理的效力

《民法典》第171条规定：行为人没有代理权、超越代理权或者代理权终止后，仍然实施代理行为，未经被代理人追认的，对被代理人不发生效力。相对人可以催告被代理人自收到通知之日起30日内予以追认。被代理人未作表示的，视为拒绝追认。行为人实施的行为被追认前，善意相对人有撤销的权利。撤销应当以通知的方式作出。行为人实施的行为未被追认的，善意相对人有权请求行为人履行债务或者就其受到的损害请求行为人赔偿，但是，赔偿的范围不得超过被代理人追认时相对人所能获得的利益。相对人知道或者应当知道行为人无权代理的，相对人和行为人按照各自的过错承担责任。

【案例1-8】甲服装公司委托其在某省的子公司向乙纺织厂购买一批真丝印花面料。该子公司在购买真丝印花面料时，得知乙纺织厂正在对一批质量优良的真丝绣花面料进行降价促销。该子公司知道这种面料也是甲公司加工成衣所需要的面料，便代甲公司签订合同一并购买了一部分。甲公司知道上述情况后，并未提出异议。

请根据《民法典》的规定，对该子公司代为购买真丝绣花面料的行为进行评价，并说明其行为产生的民事责任由谁承担。

【解析】该子公司代甲公司购买真丝绣花面料的行为虽属于超越代理权的代理行为，但甲公司对此行为未提出异议，视为甲公司同意，因此其行为产生的民事责任应由甲公司承担。根据《民法典》的规定，超越代理权实施的代理是无权代理，但被代理人知道他人以本人名义实施民事法律行为而不作否认表示的，视为同意。甲公司对其子公司的委托授权只是购买真丝印花面料，并未委托其购买真丝绣花面料，因此，该子公司的行为超越了代理权限，属于无权代理。但甲公司知道有关情况后并未提出反对意见，因此，应视为其同意，并由其承担相应的民事责任。

无权代理行为经过本人追认或者本人明知他人以自己名义实施民事法律行为而不作否认的，视为有权代理，行为后果由本人承担。

六、表见代理

所谓表见代理，是指没有代理权、超越代理权或者代理权终止后的无权代理人，以被代理人的名义进行的民事法律行为在客观上足以使第三人相信其有代理权而与其为民事法律行为。《民法典》规定，行为人没有代理权、超越代理权或者代理权终止后，仍然实施代理行为，相对人有理由相信行为人有代理权的，代理行为有效。

表见代理应具备以下构成要件：

(1) 行为人无代理权。如果行为人有代理权，则属于有权代理，不发生表见代理问题。所谓无代理权，包括没有代理权、超越代理权或者代理权终止。

(2) 第三人有正当理由信赖该无权代理人有代理权。

(3) 第三人须为善意。第三人须为善意，是表见代理成立的主观要件，即第三人不知行为人所实施的行为是无权代理行为。如第三人明知行为人没有代理权、超越代理权或者代理权已终止还与其实施民事法律行为，给他人造成损害的，由第三人和行为人负连带责任。

(4) 行为人与第三人之间所实施的民事法律行为须具备民事法律行为的一般生效要件和代理行为的表面特征。

无权代理行为只有在同时具备上述四个要件的时候，才能被认定构成表见代理。

例如，甲公司长期委任乙为总代理与丙公司交易，后甲公司撤销了对乙的授权却未通知丙公司，乙此后以甲公司的名义与丙公司订立合同即为表见代理。

表见代理的效力，实际就是代理结果的归属问题。表见代理具有同有权代理一样的效力：表见代理成立后，即在第三人与被代理人之间产生民事法律关系，被代理人应受到表见代理人与第三人之间实施的民事法律行为的约束，承担由此产生的权利、义务；被代理人不得以无权代理来抗辩，不得以表见代理人具有故意或过失为理由而拒绝承受表见代理的后果，也不得以自己没有过失来抗辩、对抗善意第三人。被代理人承担行为带来的损害后，可以按过错分担原则向表见代理人求偿。执行法人或者非法人组织工作任务的人员，就其职权范围内的事项，以法人或者非法人组织的名义实施的民事法律行为，对法人或者非法人组织发生效力。法人或者非法人组织对执行其工作任务的人员的职权范围的限制，不得对抗善意相对人。

复习与思考

一、简答题

1. 简述法律规范的概念及特征。
2. 简述我国法律的渊源。
3. 简述民事法律行为的有效要件。

4. 简述条件的特点。

5. 简述无效民事法律行为的种类。

6. 简述表见代理的构成要件。

二、案例分析题

甲和乙是邻居，甲要出国一年，临行前将自己的电脑委托乙保管。一个月后，甲电告乙说自己新买了一台电脑，就委托其保管的电脑可以以适当价格出售主机，但是不要卖显示器。丙知道此事后，对乙说自己想买，但希望乙对甲说电脑主机有毛病，以便以低价购买。乙便按丙的意思告诉了甲，甲同意低价出售，丙便以较低的价格购买了该电脑主机。过了一段时间，乙嫌显示器碍事，便以甲的名义以合理价格将显示器卖给了丁，丁已经付钱，但是没有交货。此后甲期满回国，遂产生了纠纷。

问：(1) 甲能否要求丙返还电脑主机？

(2) 乙向丁出售显示器的行为的性质如何认定？

第二章
个人独资企业与合伙企业法律制度

学习目标

通过本章学习，了解个人独资企业的概念及特征；掌握个人独资企业的投资人及事务管理，个人独资企业的解散与清算，合伙企业的设立、特征；理解普通合伙企业和有限合伙企业的设立条件、合伙企业财产的管理、合伙事务的执行、入伙、退伙以及合伙人性质的转变的特殊规定；熟悉个人独资企业的设立、违反个人独资企业法的法律责任、合伙企业清算与解散的基本规则。

引导案例

2023年8月1日，甲出资10万元设立A个人独资企业。甲聘请乙管理企业事务，同时规定，凡乙对外签订标的额超过2万元的合同，须经甲同意。8月16日，乙未经甲同意，以A企业名义向善意第三人丙购入价值3万元的货物。2023年10月22日，A企业亏损，不能支付到期的丁的债务。甲决定解散该企业，并请求人民法院指定清算人。10月29日，人民法院指定戊作为清算人对A企业进行清算。经查，A企业和甲的资产及债权、债务情况如下：(1) A企业欠缴税款3 000元，欠乙工资4 000元，欠社会保险费用5 000元，欠丁10万元；(2) A企业有银行存款1万元，有实物可折价8万元；(3) 甲个人有其他可执行财产价值2万元。

分析思考

(1) 乙于8月16日以A企业名义向丙购买价值3万元货物的行为是否有效？请说明理由。
(2) 试述A企业的财产清偿顺序。
(3) 如何满足丁的债权请求？

第一节　个人独资企业法律制度

一、个人独资企业概述

(一) 个人独资企业的概念

个人独资企业是指依照《中华人民共和国个人独资企业法》在中国境内设立，由一个自然人投资，财产为投资人个人所有，投资人以其个人财产对企业债务承担无限责任的营利性的经济组织。

（二）个人独资企业的特征

个人独资企业具有如下特征：(1) 个人独资企业是营利性的经济组织。(2) 由一个自然人投资，其财产为投资人个人所有。(3) 投资人以其个人财产对企业债务承担无限责任。(4) 个人独资企业是非法人企业。

个人独资企业虽然不具有法人资格，但是独立的民事主体，可以自己的名义从事民事活动。

（三）个人独资企业法的概念

个人独资企业法有广义和狭义之分。广义的个人独资企业法，是指国家关于个人独资企业的各种法律规范的总称。狭义的个人独资企业法是指 1999 年 8 月 30 日第九届全国人大常委会第十一次会议通过的《中华人民共和国个人独资企业法》，该法自 2000 年 1 月 1 日起施行。

二、个人独资企业的设立

（一）个人独资企业的设立条件

依据《中华人民共和国个人独资企业法》(以下简称《个人独资企业法》) 第 8 条，设立个人独资企业应具备以下条件。

(1) 投资人为一个自然人，且只能是中国公民。投资人必须具有完全的民事行为能力。法律、行政法规禁止从事营利性活动的人不得作为投资人申请设立个人独资企业。外国的自然人在我国可以投资创办外商独资企业，即外资企业。

(2) 有合法的企业名称。个人独资企业的名称应该符合国家有关企业名称登记管理的规定。个人独资企业的名称中不得使用“有限”“有限责任”“公司”字样，个人独资企业的名称可以叫厂、店、部、中心、工作室，等等。

(3) 有投资人申报的出资。设立个人独资企业可以用货币出资，也可以用实物、土地使用权、知识产权或者其他财产权利出资。以家庭共有财产作为个人出资的，投资人应当在设立(变更) 登记申请书上予以注明。《个人独资企业法》对于设立个人独资企业的最低出资数额未作限制，但要求投资人应申报与其设立的个人独资企业规模相当的出资。

(4) 有固定的生产经营场所和必要的生产经营条件。固定的生产经营场所和必要的生产经营条件，是企业开展生产经营活动的物质基础。从事临时经营、流动经营和没有固定生产经营场所的，不得申请设立个人独资企业。一个企业可以有多个生产经营场所，但住所只有一个，即企业主要办事机构所在地。必要的生产经营条件是指与企业的生产经营范围、规模相适应的条件，如办公场地、厂房、机器设备等。

(5) 有必要的从业人员。《个人独资企业法》没有对个人独资企业从业人员的人数作出具体规定，但应有与其生产经营范围、规模相适应的从业人员。

（二）个人独资企业的设立程序

(1) 提出申请。《个人独资企业法》规定，申请设立个人独资企业，应当由投资人或者其委托的代理人向个人独资企业所在地的登记机关提交设立申请书、投资人身份证明、生产经营场所使用证明等文件。委托代理人申请设立登记时，应当出具投资人的委托书和代理人的合法证明。此外，从事法律、法规规定须报经有关部门审批的业务，应当在申请设立登记时提交有关部门的批准文件。

(2) 工商登记。市场监督管理机关应当在收到申请文件之日起15日内，作出核准登记或不予登记的决定。不予核准登记的，发给驳回通知书；予以核准登记的，颁发营业执照。个人独资企业的营业执照签发日期，就是个人独资企业的成立日期。在营业执照领取之前，投资人不得以个人独资企业名义从事经营活动。

例如，甲拟创办个人独资企业。2024年1月2日，甲将设立申请书等申请设立登记文件提交到拟设立的个人独资企业所在地的市场监督管理机关。1月10日，该市场监督管理机关发给甲“企业登记驳回通知书”。1月15日，甲将修改的文件交到该市场监督管理机关。1月20日，该市场监督管理机关签发了个人独资企业营业执照。1月25日，甲到该市场监督管理机关领取了个人独资企业营业执照。甲创办的个人独资企业的成立日期是哪天？显然应为2024年1月20日。

个人独资企业设立分支机构，应当由投资人或者其委托的代理人向分支机构所在地的登记机关提出申请登记，领取营业执照。分支机构的民事责任由设立该分支机构的个人独资企业承担。

(三) 个人独资企业的变更

个人独资企业的变更，是指个人独资企业在其存续期间，企业的名称、住所、经营范围等登记事项发生的改变。个人独资企业在其存续期间发生登记事项变更的，应当在作出变更决定之日起15日内依法向市场监督管理机关申请办理变更登记。

三、个人独资企业的事务管理、解散和清算

(一) 个人独资企业的事务管理

1. 个人独资企业的投资人

(1) 个人独资企业的投资人的条件。

个人独资企业的投资人为一个具有中国国籍的自然人，且该自然人应具有完全的民事行为能力。但法律、行政法规规定禁止从事营利性活动的人，不得作为投资人申请设立个人独资企业，如国家公务员、法官、检察官等不得作为投资人申请设立个人独资企业。

(2) 个人独资企业的投资人的权利。

投资人的权利不同于个人独资企业的权利。个人独资企业的投资人对本企业的财产依法享有所有权，可以依法进行转让、继承。

(3) 个人独资企业的投资人的责任。

个人独资企业以其财产清偿债务，当个人独资企业的财产不足以清偿债务时，其投资人应以其个人的其他财产予以清偿。如果个人独资企业的投资人在申请企业设立登记时明确以其家庭共有财产作为出资的，应当依法以家庭共有财产对企业债务承担无限责任。

2. 个人独资企业的事务管理方式

依据《个人独资企业法》第19条第1款的规定，投资人有权自主选择企业事务的管理形式。个人独资企业的事务管理主要有三种方式：(1) 自行管理，即由个人独资企业的投资人自行经营管理企业事务。(2) 委托管理，即由个人独资企业的投资人委托其他具有民事行为能力

的人负责经营管理企业事务。(3) 聘任管理，即个人独资企业的投资人聘用其他具有民事行为能力的人负责经营管理企业事务。

投资人委托或者聘用他人管理个人独资企业事务，应当与受托人或者被聘用的人签订书面合同，明确委托的具体内容和授予的权利范围。受托人或者被聘用的人员应当履行诚信、勤勉义务，按照与投资人签订的合同负责个人独资企业的事务管理。投资人对受托人或者被聘用人员的职权的限制，不得对抗善意第三人。

在这里，善意第三人应该指对于投资人对受托人或者被聘用人员的职权的内部限制毫不知情的第三人。

【案例 2-1】甲投资 2 万元办了一个个人独资企业，企业名称叫群仙阁饭店。甲因无时间管理饭店，聘请乙作为受托人去管理这个饭店。甲与乙签订合同，甲对乙有内部限制：凡乙对外签订标的额超过 5 000 元以上的合同，须经甲同意。某日，乙未经甲同意，代表个人独资企业和丙签订了 8 000 元的买卖合同。

那么，乙与丙签订的合同效力如何？

【解析】此案例中受托人乙超过内部限制订立的合同生效与否取决于丙作为第三人是善意还是恶意。如果丙不知道乙超越内部限制，表示丙是善意的第三人，而内部限制不能对抗善意第三人，因此，合同是有效的。如果丙知道乙超越内部限制，还与乙恶意串通，损害个人独资企业的利益，则不属于善意的情形，合同就是无效的。

3. 受托人或者被聘用的人员在管理个人独资企业事务时的义务

受托人或者被聘用的人员应当履行诚信、勤勉义务，按照与投资人签订的合同负责个人独资企业的事务管理。《个人独资企业法》规定，投资人委托或者聘用的管理个人独资企业事务的人员不得从事下列行为：(1) 利用职务上的便利，索取或者收受贿赂；(2) 利用职务或者工作上的便利侵占企业财产；(3) 挪用企业的资金归个人使用或者借贷给他人；(4) 擅自将企业资金以个人名义或者以他人名义开立账户储存；(5) 擅自以企业财产提供担保；(6) 未经投资人同意，从事与本企业相竞争的业务；(7) 未经投资人同意，同本企业订立合同或者进行交易；(8) 未经投资人同意，擅自将企业商标或者其他知识产权转让给他人使用；(9) 泄露本企业的商业秘密；(10) 法律、行政法规禁止的其他行为。

4. 个人独资企业事务管理的内容

依据《个人独资企业法》的规定，个人独资企业事务管理的内容主要有以下方面：

(1) 财务会计事务管理。个人独资企业应当依法设置会计账簿，进行会计核算。

(2) 用工事务管理。个人独资企业招用职工的，应当依法与职工签订劳动合同，保障职工的劳动安全，按时、足额发放职工工资。

(3) 社会保险事务管理。个人独资企业应当按照国家规定参加社会保险，为职工缴纳以下五种社会保险费：养老保险、医疗保险、失业保险、企业职工生育保险、工伤保险。

(二) 个人独资企业的解散

个人独资企业的解散，即个人独资企业作为经济实体资格的消灭。根据《个人独资企业法》第 26 条的规定，个人独资企业出现下列情形之一时，应当解散：(1) 投资人决定解散；(2) 投资人死亡或者被宣告死亡，无继承人或者继承人决定放弃继承；(3) 被依法吊销营业执照；(4) 法律、行政法规规定的其他情形。

（三）个人独资企业的清算

个人独资企业的清算，是终结个人独资企业的法律关系，消灭个人独资企业作为商事组织的经营实体资格的程序。

个人独资企业的清算程序是：

（1）确定清算人。个人独资企业解散以后，由投资人自行清算或由债权人申请人民法院指定清算人。

（2）通知和公告债权人。如果是由投资人自行清算的，应当在清算前15日内通知债权人，无法通知的，应当公告。债权人应当在接到通知之日起30日内，未接到通知的应当自公告之日起60日内，向投资人申报其债权。

（3）财产清偿顺序。《个人独资企业法》第29条规定，个人独资企业解散的，财产应当按照下列顺序清偿：1）所欠职工工资和社会保险费用；2）所欠税款；3）其他债务。

个人独资企业的财产不足以清偿债务的，投资人应当以其个人的其他财产予以清偿。

（4）清算期间对投资人的要求。在清算期间，个人独资企业不得开展与清算目的无关的经营活动。在按前述财产清偿顺序清偿债务前，投资人不得转移、隐匿财产。

（5）投资人的持续偿债责任。个人独资企业解散后，原投资人对于个人独资企业存续期间的债务仍应承担偿还责任，但是，如果债权人在连续5年内未向债务人提出偿债请求，该责任归于消灭。

（6）注销登记。个人独资企业清算结束后，投资人或债权人申请人民法院指定的清算人应当编制清算报告，并于15日内办理注销登记。

第二节　合伙企业法律制度

一、合伙企业的概念和特征

合伙首先体现为合伙人之间的合同关系；在合伙人依照合伙企业法进行登记并取得营业资格后，便体现为合伙企业。合伙企业，是指依照《中华人民共和国合伙企业法》的规定，自然人、法人和非法人组织在中国境内设立的普通合伙企业和有限合伙企业。

合伙企业的特征表现在以下几个方面：（1）合伙企业是不具有法人资格的营利性的经济组织。（2）普通合伙人对合伙企业的债务承担连带清偿责任。（3）合伙企业的设立和内部管理是以合伙协议为基础的。（4）合伙人共同出资、合伙经营、共享收益、共担风险。

二、合伙企业法的适用范围

合伙企业法有广义和狭义之分。狭义的合伙企业法是指由国家最高立法机关制定的、规范合伙企业合伙关系的专门法律，即《中华人民共和国合伙企业法》（以下简称《合伙企业法》，该法由第八届全国人大常委会第二十四次会议于1997年2月23日通过，自1997年8月1日起施行。2006年8月27日第十届全国人大常委会第二十三次会议修订该法，修订后的《合伙企业法》自2007年6月1日起施行）。广义的合伙企业法是指国家立法机关或者其他有权机关依法制定的调整合伙企业合伙关系的各种法律规范的总称。也就是说，除了《合伙企业法》，国家有关法律、行政法规和规章中关于合伙企业的法律规范，都属于合伙企业法的范畴。

《合伙企业法》第 2 条第 1 款规定："本法所称合伙企业，是指自然人、法人和其他组织依照本法在中国境内设立的普通合伙企业和有限合伙企业。"但同时该法作出了一些限制性的规定，如第 3 条规定："国有独资公司、国有企业、上市公司以及公益性的事业单位、社会团体不得成为普通合伙人。"

三、合伙企业的设立程序

设立合伙企业须符合设立程序，只有符合设立程序的合伙企业才受到法律的保护。

（一）提交的法律文件

申请设立一般合伙企业，应当向企业登记机关提交的登记文件包括申请书、合伙协议书、合伙人身份证明、审批文件及其他法定的证明文件。合伙企业的经营范围中有属于法律、行政法规规定在登记前须经批准的项目的，该项经营业务应当依法经过批准，并在登记时提交批准文件。其他法定的证明文件如全体合伙人指定的代表或者共同委托代理人的委托书、出资权属证明、经营场所证明等。

（二）核发营业执照

申请人提交的登记申请材料齐全、符合法定形式，企业登记机关能够当场登记的，应予当场登记，发给营业执照。申请人提交的材料不齐全且不完全符合法定情形，需补充相关材料或者材料需要进一步核实的，企业登记机关应当自受理申请之日起 20 日内，作出是否登记的决定。予以登记的，发给营业执照；不予登记的，应当给予书面答复，并说明理由。

合伙企业的营业执照签发日期，为合伙企业成立日期。合伙企业领取营业执照前，合伙人不得以合伙企业名义从事合伙业务。

合伙企业设立分支机构的，应当向分支机构所在地的企业登记机关申请登记，领取营业执照。

合伙企业登记事项发生变更的，执行合伙事务的合伙人应当自作出变更决定或发生变更事由之日起 15 日内，向企业登记机关申请办理变更登记。

四、普通合伙企业

（一）普通合伙企业的概念和特征

普通合伙企业，是指依照《合伙企业法》在我国境内设立的由各普通合伙人订立合伙协议，共同出资、合伙经营，共享收益、共担风险，并对合伙企业债务承担无限连带责任的营利性组织。

普通合伙企业具有以下特征：

（1）普通合伙企业是两个以上的合伙人共同出资设立的营利性组织。合伙人包括自然人、法人和非法人组织。但《合伙企业法》第 3 条规定：国有独资公司、国有企业、上市公司以及公益性的事业单位、社会团体不得成为普通合伙人。

（2）普通合伙企业是由各普通合伙人共同出资、合伙经营、共享收益、共担风险的营利性组织。

（3）普通合伙企业不是法人企业。

（4）普通合伙人对普通合伙企业的债务承担无限连带责任。但是，在特殊情况下，合伙人可以不承担无限连带责任。《合伙企业法》中“特殊的普通合伙企业”对该内容作了规定。

（二）普通合伙企业的设立

根据《合伙企业法》的规定，设立普通合伙企业应具备下列条件。

1. 有2个以上合伙人

合伙人至少为2人以上，但没有最多人数限制。合伙人既可以是自然人，也可以是法人或者非法人组织。合伙人为自然人的，应当具有完全民事行为能力；无民事行为能力人和限制民事行为能力人不得成为合伙企业的合伙人。国有独资公司、国有企业、上市公司以及公益性的事业单位、社会团体不得成为普通合伙人。

2. 有书面合伙协议

合伙协议须由全体合伙人协商一致，并且以书面形式达成。合伙协议经全体合伙人签名、盖章后生效。合伙人按照合伙协议享有权利、履行义务。订立合伙协议，设立合伙企业，应当遵循自愿、平等、公平、诚实信用原则。

合伙协议应当载明下列事项：合伙企业的名称和主要经营场所的地点；合伙目的和合伙经营范围；合伙人的姓名或者名称、住所；合伙人的出资方式、数额和缴付期限；利润分配、亏损分担方式；合伙事务的执行；入伙与退伙；争议解决办法；合伙企业的解散与清算；违约责任等。修改或者补充合伙协议，应当经全体合伙人一致同意；但是，合伙协议另有约定的除外。

3. 有合伙人认缴或者实际缴付的出资

合伙协议生效后，合伙人应当按照合伙协议的规定缴纳出资。合伙人可以用货币、实物、知识产权、土地使用权或者其他财产权利出资，也可以用劳务出资。

合伙人以实物、知识产权、土地使用权或者其他财产权利出资，需要评估作价的，可以由全体合伙人协商确定，也可以由全体合伙人委托法定评估机构评估。以非货币财产出资的，依照法律、行政法规的规定，需要办理财产权转移手续的，应当依法办理。合伙人以劳务出资的，其评估办法由全体合伙人协商确定，并在合伙协议中载明。合伙人既可以实际一次性缴付出资，也可以以认缴的形式来分期出资。合伙人应当按照合伙协议约定的出资方式、数额和缴付期限，履行出资义务，如果不履行，应依法承担相应的违约责任。

4. 有合伙企业的名称和生产经营场所

普通合伙企业名称中应当标明“普通合伙”字样。普通合伙企业在其名称中不得使用“有限”“有限责任”“股份”“公司”的字样。普通合伙企业必须有固定的经营场所，否则，无从开展经营活动。经企业登记机关登记的合伙企业的主要经营场所只能有一个，并且应当在其企业登记机关的登记管辖区域内。

5. 法律、行政法规规定的其他条件

《合伙企业法》将注册会计师事务所及其他有关专业服务机构纳入调整范围。有关注册会计师专业服务机构的监管部门根据行业管理的需要，针对本行业采用合伙形式的专业服务机构的设立规定了其他条件的，包含于本项条件之内。

（三）普通合伙企业的财产

1. 普通合伙企业财产的构成

《合伙企业法》第20条规定，合伙人的出资、以合伙企业名义取得的收益和依法取得的其他财产，均为合伙企业的财产。可见，合伙企业的财产由三部分构成：合伙人的出资、所有以合伙企业名义取得的收益、依法取得的其他财产。

2. 普通合伙企业财产的性质

普通合伙企业的财产具有独立性、完整性的特征。合伙企业的财产独立于合伙人，合伙人一旦履行完毕出资义务，其对出资部分的财产的所有权或者持有权、占有权便丧失了；合伙企业是财产权主体，而不是单独的每一个合伙人。这是独立性的体现。合伙企业的财产是作为一个完整的统一体而存在的，合伙人仅仅依照合伙协议所确定的财产收益份额或者比例享有对合伙企业的财产权益。这是完整性的体现。所以，在最终清算前，合伙企业有权保障其财产的独立性和完整性。根据《合伙企业法》的规定，合伙人在合伙企业清算前，不得请求分割合伙企业的财产，但是，法律另有规定的除外。合伙人在合伙企业清算前私自转移或者处分合伙企业财产的，合伙企业不得以此对抗善意第三人。

3. 普通合伙企业财产的使用和管理

对合伙企业财产的占有、使用、收益和处分，均应当依据全体合伙人的共同意志，因此，合伙企业的财产只能由全体合伙人共同管理和使用。

《合伙企业法》第 21 条第 1 款规定，除具备法定事由外，在合伙企业进行清算前，合伙人不得请求分割合伙企业的财产。

4. 普通合伙企业财产份额的转让和出质

（1）合伙企业财产份额的转让。

合伙人将其在合伙企业中的全部或部分财产份额转让于他人的行为是合伙企业财产的转让。

《合伙企业法》对合伙企业财产份额的转让作了以下限制性规定：1）合伙人之间转让财产份额的限制。合伙企业存续期间，合伙人之间转让在合伙企业中的全部或者部分财产份额时，应当通知其他合伙人。也就是说，当发生合伙人财产份额的内部转让时，不需要经过其他合伙人一致同意，只需要通知其他合伙人即可产生法律效力。2）合伙人向合伙人以外的人转让财产份额的限制。除合伙协议另有约定外，合伙企业存续期间，合伙人向合伙人以外的人转让其在合伙企业中的全部或者部分财产份额时，须经其他合伙人一致同意。3）合伙人的优先购买权。合伙人向合伙人以外的人转让其在合伙企业中的财产份额的，在同等条件下，其他合伙人有优先购买权；但是，合伙协议另有约定的除外。

例如，某普通合伙企业的合伙人甲欲转让其在合伙企业中的财产份额，将其中一部分转让给与甲关系比较密切的合伙人乙，将另一部分转让给甲的亲戚丙。本案中，甲向乙转让其在合伙企业中的财产份额的，应当通知其他合伙人。如果合伙协议没有不同约定，甲向丙转让其在合伙企业中的财产份额的，应当经其他合伙人一致同意。

（2）合伙企业财产份额的出质。

《合伙企业法》第 25 条规定，合伙人以其在合伙企业中的财产份额出质的，须经其他合伙人一致同意；未经其他合伙人一致同意，其行为无效，由此给善意第三人造成损失的，由行为人依法承担赔偿责任。这里的“出质”是指合伙人将其在合伙企业中的财产份额对外提供担保进行质押。

（四）普通合伙企业的事务执行

1. 普通合伙企业事务执行的形式

合伙人为了实现普通合伙企业的设立目的必然要进行一定业务活动。合伙事务的执行形式可以在合伙协议中预先约定。合伙协议中没有约定的，可由全体合伙人共同决定。

合伙企业的事务执行，可以有下列几种形式：

（1）全体合伙人共同执行合伙事务。这是合伙企业事务执行的最基本形式。全体合伙人都直接参与经营，处理合伙企业的事务，对外代表合伙企业。

（2）委托一名或数名合伙人执行合伙事务。《合伙企业法》明确规定，合伙企业可以委托一个或者数个合伙人执行合伙事务，其他合伙人不再执行合伙事务。此外，并非所有的合伙事务都可以委托给部分合伙人决定。根据《合伙企业法》的规定，除合伙协议另有约定外，合伙企业的下列事项应当经全体合伙人一致同意：1）改变合伙企业的名称；2）改变合伙企业的经营范围、主要经营场所的地点；3）处分合伙企业的不动产；4）转让或者处分合伙企业的知识产权和其他财产权利；5）以合伙企业名义为他人提供担保；6）聘任合伙人以外的人担任合伙企业的经营管理人员。

（3）各合伙人分别执行合伙事务。

2. 普通合伙企业事务执行后果的承担

执行合伙企业事务的合伙人，对外代表合伙企业，其执行合伙企业事务所产生的收益归全体合伙人，所产生的亏损或者民事责任由全体合伙人承担。被聘任的合伙企业的经营管理人员在合伙企业授权范围内的行为后果，应由全体合伙人承担；超越合伙企业授权范围从事经营活动，或者因故意或者重大过失，给合伙企业造成损失的，依法应承担赔偿责任。

3. 普通合伙企业事务的决议办法

《合伙企业法》规定：合伙人对合伙企业有关事项作出决议，按照合伙协议约定的表决办法办理。合伙协议未约定或者约定不明确的，实行合伙人一人一票并经全体合伙人过半数通过的表决办法。但是对于《合伙企业法》第 31 条规定的六项事项，除合伙协议另有约定外，应由全体合伙人一致通过。每个合伙人都拥有一票否决权。

4. 普通合伙人在执行合伙事务中的权利和义务

依据《合伙企业法》的规定，合伙人在执行合伙事务中的权利主要包括下列六项：（1）对执行合伙事务享有同等的权利。（2）执行合伙事务的合伙人对外代表合伙企业，即只有执行合伙事务的合伙人才能对外代表合伙企业。（3）不参加执行事务的合伙人的监督权。《合伙企业法》规定，不执行合伙事务的合伙人有权监督执行事务合伙人执行合伙事务的情况。（4）查阅账簿权。每一个合伙人都有权查阅账簿，了解合伙企业的经营状况和财务状况。（5）提出异议权。合伙协议约定或者经全体合伙人决定，合伙人分别执行合伙企业事务时，合伙人可以对其他合伙人执行的事务提出异议。提出异议后，应暂停该事务执行；如果发生争议，可由全体合伙人共同决定。（6）撤销委托执行事务权。委托一名或数名合伙人执行合伙企业事务时，被委托执行合伙企业事务的合伙人不按照合伙协议或者全体合伙人的决定执行事务的，其他合伙人可以决定撤销该委托。

合伙人在执行合伙事务中的义务，包括下列四项：（1）报告义务。《合伙企业法》第 28 条第 1 款规定，执行事务合伙人应当向不参加执行合伙事务的合伙人报告事务执行情况及合伙企业的经营状况和财务状况。（2）竞业禁止。《合伙企业法》第 32 条第 1 款规定，合伙人不得自营或者同他人合作经营与本合伙企业相竞争的业务。（3）自己交易禁止。《合伙企业法》第 32 条第 2 款规定，除合伙协议另有约定或者经全体合伙人一致同意外，合伙人不得同本合伙企业进行交易。(4) 其他损害行为的禁止。《合伙企业法》第 32 条第 3 款规定，合伙人不得从事损害本合伙企业利益的活动。

(五) 普通合伙企业的损益分配

普通合伙企业的损益分配包括合伙企业利润的分配及亏损和风险的负担。对于合伙损益分配，《合伙企业法》第 33 条作了原则性规定，即：合伙企业的利润分配、亏损分担，按照合伙协议的约定办理；合伙协议未约定或者约定不明确的，由合伙人协商决定；协商不成的，由合伙人按照实缴出资比例分配、分担；无法确定出资比例的，由合伙人平均分配、分担。合伙协议不得约定将全部利润分配给部分合伙人或者由部分合伙人承担全部亏损。

(六) 普通合伙企业的对外关系

1. 普通合伙企业与第三人的关系

《合伙企业法》第 37 条规定，合伙企业对合伙人执行合伙企业事务以及对外代表合伙企业权利的限制，不得对抗善意第三人。显然，这里的善意第三人依据诚实信用原则与合伙企业事务执行人进行了交易，并且确信该合伙人是有这项权利的。如果第三人明知该合伙人无此权利，或者依正常的判断应当知道该合伙人无此权利，但第三人仍与该合伙人恶意串通，损害合伙企业的利益，则不属于善意的情形。当执行事务的合伙人给善意第三人造成损失时，合伙企业要对第三人的损失承担责任。合伙企业不能以合伙企业事务执行人没有按照法律或者合伙协议的要求执行事务为由，而拒绝承担相应的法律责任。

2. 合伙企业的债务清偿与合伙人的关系

合伙企业的债务是指在合伙企业存续期间所产生的债务。

(1) 合伙人的连带清偿责任。《合伙企业法》第 38、39 条规定，合伙企业对其债务，应先以其全部财产进行清偿；合伙企业不能清偿到期债务的，各合伙人承担无限连带责任。

(2) 合伙人之间的债务分担和追偿。《合伙企业法》第 40 条规定：合伙人由于承担无限连带责任，清偿数额超过其亏损分担比例的，有权向其他合伙人追偿。对合伙企业债务，以合伙企业财产清偿时，其不足的部分，由合伙人按照合伙协议约定的比例分担，用其在合伙企业出资以外的财产承担清偿责任。

例如，甲、乙、丙为普通合伙企业的合伙人，该合伙企业向丁借款 12 万元。甲、乙、丙约定：如果到期合伙企业无力偿还借款，甲、乙、丙各自偿还 4 万元。借款到期后，该企业无力偿还丁的借款。对于该借款，丁有权直接向甲要求偿还 12 万元 (或者向乙或者向丙要求偿还 12 万元)，也可以根据各合伙人的实际财产情况要求甲偿还 6 万元、乙偿还 4 万元、丙偿还 2 万元等。对于合伙人甲、乙、丙三人而言，对于超过各自应偿还的 4 万元以上的部分，可以向其他合伙人追偿。

3. 合伙人的个人债务清偿与合伙企业的关系

关于合伙人的个人债务清偿与合伙企业的关系问题，《合伙企业法》规定了以下三种情况：

(1) 合伙人发生与合伙企业无关的债务，即合伙人个人负有债务的，相关债权人不得以其债权抵销其对合伙企业的债务。

(2) 合伙人发生与合伙企业无关的债务，即合伙人个人负有债务的，相关债权人不得代位行使合伙人在合伙企业中的权利。

(3) 合伙人的个人财产不足以清偿其个人所负债务的，该合伙人只能以其从合伙企业中分取的收益用于清偿；债权人也可以依法请求人民法院强制执行该合伙人在合伙企业中的财产份额用于清偿，债权人不得自行接管该合伙人在合伙企业中的财产份额。人民法院强制执行该财产份额的，应当通知其他合伙人。对该合伙人的财产份额，其他合伙人有优先购买权。其他合伙人未购买，又不同意将该财产份额转让给他人的，应依照《合伙企业法》第 51 条第 1 款规定的退伙结算办法为该合伙人办理退伙结算，或者办理削减该合伙人相应财产份额的结算。

（七）入伙与退伙

入伙与退伙，从合伙企业的角度讲，涉及的是合伙企业的变更问题。

1. 入伙

入伙是指合伙企业存续期间，合伙人以外的第三人加入合伙企业，从而取得合伙人的资格的行为。

（1）入伙的条件。

《合伙企业法》第 43 条规定：新合伙人入伙，除合伙协议另有约定外，应当经全体合伙人一致同意，并依法订立书面入伙协议。订立入伙协议时，原合伙人应当向新合伙人如实告知原合伙企业的经营状况和财务状况。

这一规定包含了入伙应当符合的下列条件：1）新合伙人入伙，应当经全体合伙人一致同意。若不经过全体合伙人的一致同意，则不得入伙。2）合伙协议另有约定的除外。如果合伙协议对新合伙人入伙约定了相应的条件，则必须遵从约定。3）入伙人必须与原合伙人订立书面协议。通过合伙协议，确立了新合伙人在合伙企业中的权利、义务。4）原合伙人的告知义务。订立协议时，原合伙人必须履行告知义务，即原合伙人应当向新合伙人告知原合伙企业的经营状况和财务状况。

（2）入伙的后果。

新合伙人入伙后，原则上享有与原合伙人同等的权利和承担同等的责任，但是，入伙协议另有约定的，依照合伙协议的约定执行。《合伙企业法》规定，新合伙人对入伙前合伙企业的债务承担无限连带责任。

2. 退伙

退伙是指在合伙企业存续期间，部分合伙人退出合伙企业，从而丧失合伙人资格的行为。

（1）退伙的种类。

根据原因的不同，合伙人退伙的种类可以分为两种：一是自愿退伙，二是法定退伙。

1）自愿退伙，又称声明退伙，是指合伙人基于自愿的意思表示而退出合伙企业的行为。自愿退伙可以分为协议退伙和通知退伙两种。

关于协议退伙，《合伙企业法》第 45 条规定：合伙协议约定合伙期限的，有下列情形之一的，合伙人可以退伙：A. 合伙协议约定的退伙事由出现；B. 经全体合伙人一致同意退伙；C. 发生合伙人难以继续参加合伙的事由；D. 其他合伙人严重违反合伙协议约定的义务。合伙人违反上述规定，擅自退伙的，应当赔偿由此给其他合伙人造成的损失。

关于通知退伙，《合伙企业法》第 46 条规定：合伙协议未约定合伙期限的，合伙人在不给合伙企业事务执行造成不利影响的情况下，可以退伙，但应当提前 30 天通知其他合伙人。合伙人违反上述规定，擅自退伙的，应当赔偿由此给其他合伙人造成的损失。

2）法定退伙，是指合伙人因为出现法律规定的事由而退出合伙企业的行为。法定退伙分为两类：一是当然退伙，二是除名退伙。

关于当然退伙，《合伙企业法》第 48 条规定，合伙人有下列情形之一的，当然退伙：A. 作为合伙人的自然人死亡或者被依法宣告死亡；B. 个人丧失偿债能力；C. 作为合伙人的法人或者其他组织依法被吊销营业执照、责令关闭、撤销，或者被宣告破产；D. 法律规定或者合伙协议约定合伙人必须具有相关资格而丧失该资格；E. 合伙人在合伙企业中的全部财产份额被人民法院强制执行。合伙人被依法认定为无民事行为能力人或者限制民事行为能力人的，经其他合伙人一致同意，可以依法转为有限合伙人，普通合伙企业依法转为有限合伙企业。其他合伙人未能一致同意的，该无民事行为能力或者限制民事行为能力的合伙人退伙。退伙事由实际发生之日为退伙生效日。

关于除名退伙，《合伙企业法》第 49 条规定，合伙人有下列情形之一的，经其他合伙人一致同意，可以决议将其除名：A. 未履行出资义务；B. 因故意或者重大过失给合伙企业造成损失；C. 执行合伙事务时有不正当行为；D. 发生合伙协议约定的事由。对合伙人的除名决议应当书面通知被除名人。被除名人接到除名通知之日，除名生效，被除名人退伙。被除名人对除名决议有异议的，可以自接到除名通知之日起 30 日内，向人民法院起诉。

（2）退伙的后果。

1）退伙人丧失合伙人资格。退伙人退伙后，其合伙人资格不复存在。

2）财产继承。财产继承发生在合伙人因死亡或者被宣告死亡而退伙的情况下。《合伙企业法》第 50 条规定，合伙人死亡或者被依法宣告死亡的，对该合伙人在合伙企业中的财产份额享有合法继承权的继承人，按照合伙协议的约定或者经全体合伙人一致同意，从继承开始之日起，取得该合伙企业的合伙人资格。有下列情形之一的，合伙企业应当向合伙人的继承人退还被继承合伙人的财产份额：A. 继承人不愿意成为合伙人；B. 法律规定或者合伙协议约定合伙人必须具有相关资格，而该继承人未取得该资格，比如合伙制的律师事务所；C. 合伙协议约定不能成为合伙人的其他情形。合伙人的继承人为无民事行为能力人或者限制民事行为能力人的，经全体合伙人一致同意，可以依法成为有限合伙人，普通合伙企业依法转为有限合伙企业。全体合伙人未能一致同意的，合伙企业应当将被继承合伙人的财产份额退还该继承人。

3）退伙结算。《合伙企业法》对退伙结算作了如下规定：A. 合伙人退伙，其他合伙人应当与该退伙人按照退伙时合伙企业的财产状况进行结算，退还退伙人的财产份额。退伙人对给合伙企业造成的损失负有赔偿责任的，相应扣减其应当赔偿的数额。退伙时有未了结的合伙企业事务的，待该事务了结后再进行结算。B. 退伙人在合伙企业中财产份额的退还办法，由合伙协议约定或者由全体合伙人决定，可以退还货币，也可以退还实物。C. 退伙人对基于其退伙前的原因发生的合伙企业债务，承担无限连带责任。D. 合伙人退伙时，合伙企业财产少于合伙企业债务的，退伙人应当依照《合伙企业法》第 33 条第 1 款规定的损益分配比例分担亏损。

4）退伙后的责任承担。合伙人退伙以后，并不能解除其对于合伙企业既往债务的连带责任。根据《合伙企业法》的规定，退伙人对基于其退伙前的原因发生的合伙企业债务，承担无限连带责任。

例如，甲、乙、丙各出资8万元成立一普通合伙企业。在经营期间，丙提出退伙，甲、乙同意。三方约定丙放弃一切合伙权利，也不承担合伙债务。此案例中虽有三方约定，但丙对于基于其退伙前的原因发生的合伙企业债务，仍承担无限连带责任。

（八）特殊的普通合伙企业

1. 特殊的普通合伙企业的概念

特殊的普通合伙企业，是指合伙企业中的一个合伙人或者数个合伙人在执业活动中因故意或者重大过失造成合伙企业债务的，应当承担无限责任或者无限连带责任，其他合伙人以其在合伙企业中的财产份额为限承担责任；合伙人在执业活动中非因故意或者重大过失造成的合伙企业债务以及合伙企业的其他债务，由全体合伙人承担无限连带责任的普通合伙企业。这种特别规则可使专业服务机构合伙人免于承担过度风险，有利于专业服务机构业务的发展和扩张。《合伙企业法》规定，以专业知识和专门技能为客户提供有偿服务的专业服务机构，可以设立为特殊的普通合伙企业。特殊的普通合伙企业名称中应当标明“特殊普通合伙”字样。

2. 特殊的普通合伙企业的责任形式

特殊的普通合伙企业的责任形式分为两种。

（1）无限责任或者无限连带责任与有限责任相结合。根据《合伙企业法》，特殊的普通合伙企业中的一个合伙人或者数个合伙人在执业活动中因故意或者重大过失造成合伙企业债务的，应当承担无限责任或者无限连带责任，其他合伙人以其在合伙企业中的财产份额为限承担责任。

（2）无限连带责任。根据《合伙企业法》，特殊的普通合伙企业中的合伙人在执业活动中非因故意或者重大过失造成的合伙企业债务以及合伙企业的其他债务，由全体合伙人承担无限连带责任。

【案例2-2】会计师甲、乙、丙投资设立A会计师事务所，该事务所的形式为特殊的普通合伙企业。在2023年的会计业务中，甲在对B上市公司的年度会计报告进行审计过程中，因重大过失遗漏了一笔销售收入。乙在对C公司设立过程的验资服务中，因一般过失而出具了证明不实的验资报告，该报告直接给C公司的债权人造成了一定的经济损失。对于甲、乙造成的损失，合伙企业的合伙人应该如何承担责任？

【解析】在本案例中，甲因为重大过失造成的损失，应该由甲承担无限责任，由其他合伙人承担有限责任；乙造成的损失，应该由全体合伙人承担无限连带责任。

3. 特殊的普通合伙企业合伙人的责任追偿

依据《合伙企业法》，特殊的普通合伙企业的合伙人在执业活动中因故意或者重大过失造成的合伙企业债务，以合伙企业财产对外承担责任后，该合伙人应当按照合伙协议的约定对其给合伙企业造成的损失承担赔偿责任。

4. 特殊的普通合伙企业的执业风险防范

依据《合伙企业法》，特殊的普通合伙企业应当建立执业风险基金、办理职业保险。执业风险基金用于偿付合伙人的执业活动造成的债务。执业风险基金应当单独立户管理，具体管理办法由国务院规定。

五、有限合伙企业

（一）有限合伙企业的概念和特征

依据《合伙企业法》第 2 条第 3 款和第 61 条的规定，我国的有限合伙企业是指由有限合伙人和普通合伙人共同组成的，普通合伙人对有限合伙企业的债务承担无限连带责任，有限合伙人以其认缴的出资额为限对有限合伙企业的债务承担责任的合伙企业。我国引进有限合伙企业，其目的是为发展风险投资提供一种实用的组织形式。有限合伙企业组建和解散程序简单，内部治理结构和投资权益设置由合伙协议决定，有较强的灵活性。有限合伙企业已经成为我国私募投资基金最常用的一种组织形式。

有限合伙企业与普通合伙企业相比较，呈现以下特征：

（1）有限合伙企业的合伙人有普通合伙人和有限合伙人两种，其中至少一人为普通合伙人。

（2）有限合伙企业成立的法律基础是合伙协议。

（3）普通合伙人对合伙企业债务承担无限连带责任，有限合伙人对合伙企业债务只以认缴的出资额为限承担责任。

（4）有限合伙企业中的有限合伙人一般不参与合伙企业事务的具体经营管理，而是由普通合伙人从事具体的经营管理。

（二）有限合伙企业的成立

1. 有限合伙企业由 2 个以上、50 个以下合伙人设立

但是，特别法律对有限合伙企业的人数作出特别规定时，应当依照其规定。

2. 有限合伙企业至少应当有一个普通合伙人

有限合伙企业是由普通合伙人和有限合伙人共同组成的合伙企业，缺少任何一种类型的合伙人都无法成立有限合伙企业。自然人、法人和非法人组织都可以设立有限合伙企业，成为有限合伙企业的有限合伙人。但是，国有独资公司、国有企业、上市公司以及公益性的事业单位、社会团体是不能成为有限合伙企业的普通合伙人的。

3. 有限合伙企业名称中应当标明“有限合伙”字样

有限合伙企业的名称中应当标明“有限合伙”的字样，而不能标明“特殊普通合伙”“有限公司”“有限责任公司”的字样。如果有限合伙企业没有在其名称中标明“有限合伙”的字样，得由企业登记机关责令限期改正并处 2 000 元～10 000 元的罚款。

4. 有合伙协议

有限合伙企业的合伙协议由两部分的内容组成：一是与普通合伙企业合伙协议相同的部分，二是与普通合伙企业合伙协议不同的部分。对于有限合伙企业，《合伙企业法》第 63 条规定，合伙协议除符合该法第 18 条的规定外，还应当载明下列事项：（1）普通合伙人和有限合伙人的姓名或者名称、住所；（2）执行事务合伙人应具备的条件和选择程序；（3）执行事务合伙人的权限与违约处理办法；（4）执行事务合伙人的除名条件和更换程序；（5）有限合伙人入伙、退伙的条件、程序以及相关责任；（6）有限合伙人和普通合伙人相互转变程序。

5. 出资

普通合伙人可以用劳务、货币、实物、知识产权、土地使用权或者其他财产权利作价出

资，有限合伙人可以用货币、实物、知识产权、土地使用权或者其他财产权利作价出资。《合伙企业法》第64条第2款规定，有限合伙人不得用劳务作为出资。第65条规定：有限合伙人应当按照合伙协议的约定按期足额缴纳出资；未按期足额缴纳的，应当承担补缴义务，并对其他合伙人承担违约责任。第66条规定：有限合伙企业登记事项中应当载明有限合伙人的姓名或者名称及认缴的出资数额。

（三）有限合伙企业的事务执行

（1）有限合伙企业由普通合伙人执行合伙事务。在普通合伙企业中，每个合伙人都有平等地执行合伙事务的权利。但在有限合伙企业中，有限合伙人只是以他认缴的出资额为限对合伙企业债务承担有限责任，风险要比普通合伙人的小，因此，按照权利、义务一致的原则，《合伙企业法》规定，有限合伙企业由普通合伙人执行合伙事务，有限合伙人不执行合伙事务，不得对外代表有限合伙企业。

（2）执行合伙事务的合伙人可以要求在合伙协议中确定执行事务的报酬及报酬提取方式。

（3）有限合伙人的下列行为，不被视为执行合伙事务：1）参与决定普通合伙人入伙、退伙；2）对企业的经营管理提出建议；3）参与选择承办有限合伙企业审计业务的会计师事务所；4）获取经审计的有限合伙企业财务会计报告；5）对于涉及自身利益的情况，查阅有限合伙企业财务会计账簿等财务资料；6）在有限合伙企业中的利益受到侵害时，向有责任的合伙人主张权利或者提起诉讼；7）在执行事务合伙人怠于行使权利时，督促其行使权利或为了本企业的利益以自己的名义提起诉讼；8）依法为本企业提供担保。

（四）有限合伙人与本企业交易及竞业自由

对于普通合伙人，《合伙企业法》第32条规定了竞业禁止义务。但对于有限合伙人来说，这两项不再是义务，而是特别权利。《合伙企业法》第70条规定，有限合伙人可以同本有限合伙企业进行交易；但是，合伙协议另有约定的除外。也即只要合伙协议没有明确禁止，有限合伙人可以与本合伙企业进行自己交易。《合伙企业法》第71条规定，有限合伙人可以自营或者同他人合作经营与本有限合伙企业相竞争的业务；但是，合伙协议另有约定的除外。也就是说，只要合伙协议没有相反的明确约定，有限合伙人可以进行与本合伙企业相竞争的业务。

（五）有限合伙人财产出质、财产份额转让、债务承担及利润分配

1. 有限合伙人财产的出质

普通合伙人出质其财产份额须经其他合伙人一致同意，而对于有限合伙人的出质份额，《合伙企业法》第72条规定，有限合伙人可以将其在有限合伙企业中的财产份额出质，但是，合伙协议另有约定的除外。

2. 有限合伙人财产份额对外的转让

《合伙企业法》第73条规定，有限合伙人可以按照合伙协议的约定向合伙人以外的人转让其在有限合伙企业中的财产份额，但应当提前30日通知其他合伙人。这不同于普通合伙企业的合伙人转让财产份额需要经其他合伙人一致同意。

有限合伙人财产份额的转让需要满足以下两个条件：（1）依合伙协议的约定进行转让；（2）提前30日通知其他合伙人。

因为有限合伙人对外转让自己的财产份额时，其他合伙人是有优先购买权的，所以一定要提前通知其他合伙人，以便确定其他合伙人是否行使优先购买权。

3. 有限合伙人债务的清偿

《合伙企业法》第74条规定，有限合伙人的自有财产不足以清偿其与合伙企业无关的债务的，该合伙人可以将其从有限合伙企业中分取的收益用于清偿；债权人也可以依法请求人民法院强制执行该合伙人在有限合伙企业中的财产份额用于清偿。人民法院强制执行有限合伙人的财产份额时，应当通知全体合伙人。在同等条件下，其他合伙人有优先购买权。

4. 有限合伙企业的利润分配

有限合伙企业不得将全部利润分配给部分合伙人，但是，合伙协议另有约定的除外。有限合伙企业的合伙协议可以约定，部分合伙人（通常是有限合伙人）享有全部企业利润或者一定期限内的全部利润。

（六）有限合伙人入伙与退伙

1. 有限合伙人入伙的债务承担

《合伙企业法》第77条规定，新入伙的有限合伙人对入伙前有限合伙企业的债务，以其认缴的出资额为限承担责任。有限合伙人对有限合伙企业的债务承担与普通合伙人对普通合伙企业的债务承担是不同的：前者只以其认缴的出资额为限对有限合伙企业的债务承担责任，所以新入伙的有限合伙人对于入伙前有限合伙企业的债务只能以他认缴的出资额为限承担责任。

2. 有限合伙人的退伙

（1）当然退伙的情形。1）作为有限合伙人的自然人死亡、被依法宣告死亡；2）作为有限合伙人的法人及非法人组织被依法吊销营业执照、责令关闭、撤销或者依法被宣告破产；3）法律规定或者合伙协议约定，合伙人必须具有相关资格，然而丧失了该资格；4）合伙人在合伙企业中的全部财产份额被法院强制执行。

（2）不得被退伙的情形。由于有限合伙人对有限合伙企业只进行投资，而不执行企业事务，所以，如果作为有限合伙人的自然人在有限合伙企业存续期间丧失了民事行为能力，并不会因此影响该企业的生产经营活动，那么，其他合伙人不能以此为理由，要求其退伙。

3. 有限合伙人资格的继受

有限合伙企业存续期间，由于主、客观条件的变化，有限合伙人作为独立民事主体的资格可能不复存在，那么他/它在有限合伙企业中的相关权利也就只能由他/它的继承人或者权利继受人依法取得。

作为有限合伙人的自然人死亡、被依法宣告死亡，或者作为有限合伙人的法人及非法人组织终止时，其继承人或者权利继受人可以依法取得该有限合伙人在有限合伙企业中的资格。

发生资格继受的情形包括：（1）作为有限合伙人的自然人死亡；（2）作为有限合伙人的自然人被依法宣告死亡；（3）作为有限合伙人的法人或者非法人组织终止。

4. 有限合伙人退伙后责任的承担

有限合伙人退伙后，对于基于其退伙前的原因发生的有限合伙企业债务，以其退伙时从有限合伙企业中取回的财产为限承担责任。

（七）有限合伙人的表见代理和无权代理

第三人有理由相信有限合伙人为普通合伙人并与其交易的，该有限合伙人对该笔交易承担与普通合伙人同样的责任。此即为有限合伙人的表见代理。

有限合伙人未经授权以有限合伙企业名义与他人进行交易，给有限合伙企业或者其他合伙人造成损失的，该有限合伙人应当承担赔偿责任。此即为有限合伙人的无权代理。

（八）合伙人形态的转化

1. 形态转化

依照《合伙企业法》的规定，除非合伙协议另有约定，有限合伙人转变为普通合伙人，或普通合伙人转变为有限合伙人的，应当经全体合伙人一致同意。合伙人转变其身份，势必对其他合伙人和有限合伙企业的利益产生影响，因此有限合伙企业两类合伙人的转变，除合伙协议另有约定外，应当经过全体合伙人的一致同意。

2. 转化后的债务承担

有限合伙人转变为普通合伙人的，对于其作为有限合伙人期间有限合伙企业发生的债务承担无限连带责任。

普通合伙人转变为有限合伙人的，对于其作为普通合伙人期间有限合伙企业发生的债务承担无限连带责任。

六、合伙企业的解散、清算

（一）合伙企业的解散

合伙企业解散，是指因发生法律规定的事由而使合伙企业归于消灭。《合伙企业法》第 85 条规定，合伙企业有下列情形之一的，应当解散：(1) 合伙期限届满，合伙人决定不再经营；(2) 合伙协议约定的解散事由出现；(3) 全体合伙人决定解散；(4) 合伙人已不具备法定人数满 30 天；(5) 合伙协议约定的合伙目的已经实现或者无法实现；(6) 依法被吊销营业执照、责令关闭或者被撤销；(7) 法律、行政法规规定的其他原因。

（二）合伙企业的清算

合伙企业解散的，应当进行清算。合伙企业的清算，是指清理合伙企业的债权、债务，了结尚未完结的事务，使合伙关系终止，合伙企业归于消灭的行为。

《合伙企业法》规定的关于清算的程序规则如下。

1. 确定清算人

清算人由全体合伙人担任；经全体合伙人过半数同意，可以自合伙企业解散事由出现后 15 日内指定一个或者数个合伙人，或者委托第三人担任清算人。

自合伙企业解散事由出现之日起 15 日内未确定清算人的，合伙人或者其他利害关系人可以申请人民法院指定清算人。这里的其他利害关系人指的是这个合伙企业的债权人，他们与该合伙企业有利害关系。

2. 通知和公告债权人

清算人自被确定之日起 10 日内将合伙企业解散事项通知债权人，并于 60 日内在报纸上公告。债权人应当自接到通知之日起 30 日内，未接到通知的自公告之日起 45 日内，向清算人申报债权。债权人申报债权，应当说明债权的有关事项，并提供证明材料。清算人应当对债权进行登记。清算期间，合伙企业存续，但不得开展与清算无关的经营活动。

3. 清算人的职责

在清算期间，清算人代表合伙企业进行各种活动，主要有以下几项：(1) 清理合伙企业财产，分别编制资产负债表和财产清单；(2) 处理与清算有关的合伙企业未了结事务；(3) 清缴所欠税款；(4) 清理债权、债务；(5) 处理合伙企业清偿债务后的剩余财产；(6) 代表合伙企业参加诉讼或者仲裁活动。

4. 财产清偿顺序

合伙企业财产在支付清算费用后，按下列顺序清偿：(1) 合伙企业所欠的职工工资、社会保险费用及法定补偿金；(2) 合伙企业所欠税款；(3) 合伙企业的债务；(4) 分配剩余财产。

5. 注销登记

合伙企业清算结束后，清算人应当编制清算报告，清算报告经全体合伙人签名、盖章后，在15日内向企业登记机关报送，并办理合伙企业注销登记。

6. 注销后的责任承担

《合伙企业法》第91条规定，合伙企业注销后，原普通合伙人对合伙企业存续期间的债务仍应承担无限连带责任。

7. 破产

《合伙企业法》第92条规定：合伙企业不能清偿到期债务的，债权人可以依法向人民法院提出破产清算申请，也可以要求普通合伙人清偿。合伙企业依法被宣告破产的，普通合伙人对合伙企业债务仍应承担无限连带责任。

复习与思考

一、简答题

1. 个人独资企业的设立条件是什么？
2. 个人独资企业的事务管理有哪几种方式？
3. 简述个人独资企业解散的情形。
4. 简述合伙企业的设立条件。
5. 简述普通合伙企业的协议应包括哪些内容。
6. 简述除名退伙的情形。
7. 简述关于合伙企业的利润分配法律是如何规定的。
8. 简述合伙企业的解散事由。

二、案例分析题

1. 李某出资5万元成立一家家居用品经销店，企业性质为个人独资企业。半年后，李某委托妻弟贾某管理该店。由于贾某经营管理不善，该店负债累累，债权人相继找上门来索要欠债。李某宣称自己无能力还债，债权人遂提起诉讼，要求用李某和贾某的家庭共有财产抵偿债款。法院查明，李某在设立登记时并没有明确是以家庭共有财产出资。

要求：根据上述情况和个人独资企业法的规定，分析下列问题。

(1) 李某能否以自己的劳务作价出资？

(2) 李某能否委托自己的妻弟贾某经营管理其个人独资企业？

(3) 债权人要求用李某和贾某的家庭共有财产抵偿债款的主张能否得到支持？为什么？

2. 2018年6月，甲、乙、丙分别出资2万元、4万元、6万元成立A普通合伙企业，从事汽车修理业务。合伙协议约定按照出资比例分享收益和负担亏损，在执行合伙事务过程中，发生下列事实：(1) 7月，甲个人欠丁债务1万元，甲无力偿还，丁要求代位行使甲在合伙企业中的权利。(2) 9月，A企业向B银行借款10万元，期限1年。(3) 10月，乙执行合伙企业事务时有不正当行为，其他合伙人决定其退伙。(4) 12月，戊经全体合伙人一致同意，出资5万元，依法入伙。

该合伙企业成立1年后，因发生矛盾，各合伙人一致同意解散合伙企业。经清算查明：合伙企业现有财产清偿清算费用、职工工资、欠缴税款后，不足清偿B银行借款。因此B银行请求甲、乙、丙、戊承担A企业不足清偿部分的借款。但甲认为应按合伙协议约定按照出资比例分享收益和负担亏损，所以其不承担超出其出资部分的责任；乙认为其已经退伙，不再承担责任；戊认为是其入伙前A企业向B银行借款，所以其应不承担责任。最终丙清偿了B银行借款，清偿数额超过其亏损分担比例，丙向其他合伙人追偿。

请指出上述案例中的不当之处。

3. 2019年5月，甲、乙、丙、丁共同投资设立一从事建材销售的有限合伙企业。合伙协议约定了以下事项：(1) 甲以现金6万元出资，乙以房屋作价10万元出资，丙以劳务作价3万元出资，另外以商标权作价5万元出资，丁以现金7万元出资；(2) 甲为普通合伙人，乙、丙、丁均为有限合伙人；(3) 各合伙人按相同比例分配盈利、分担亏损；(4) 合伙企业的事务由甲和丙执行，乙和丁不执行合伙企业事务，也不对外代表合伙企业；(5) 普通合伙人向合伙人以外的人转让财产份额的，不需要经过其他合伙人同意；(6) 合伙企业名称为“良信建材合伙企业”。

要求：根据以上事实，回答下列问题，并分别说明理由。

(1) 合伙人丙以劳务作价出资的做法是否符合法律规定？

(2) 关于合伙企业事务执行方式的约定是否符合法律规定？

(3) 关于合伙人转让出资的约定是否符合法律规定？

(4) 合伙企业名称是否符合法律规定？

(5) 各合伙人按照相同比例分配盈利、分担亏损的约定是否符合法律规定？

第三章

公司法律制度

· 学习目标 ·

通过本章的学习，了解公司的概念、特征及分类，理解有限责任公司与股份有限公司的设立及组织机构，掌握公司合并、分立，公司的财务会计制度以及公司的解散、清算。

· 引导案例 ·

某股份有限公司于2017年3月10日组成，股本总额为人民币2 000万元，其中1 400万元系向社会公开发行募集的股本。2018年1月9日，该公司为进行技术改造，增资发行600万元股本。2019年为增加实力，与另一股份有限公司进行合并。两公司于3月14日作出合并决议，4月1日通知债权人，5月6日开始在报纸上刊登公告两次，并于8月1日正式合并，并办理了工商登记。该股份有限公司董事会召开年度会议。董事会成员为15人，本人出席会议的5人，有3人因故不能出席而委托他人参加会议，其中，甲委托董事长代为出席，乙委托某监事代为出席，丙委托其出任董事的本法人股东单位的一位负责人出席。董事会会议日程包括：(1) 决定公司投资方案；(2) 就发行公司债券作出决议；(3) 决定公司内部管理机构的设置调整；(4) 制定公司若干具体规章。以上各事项均经出席会议董事的过半数通过。

· 分析思考 ·

请指出该公司的上述活动的不当之处，并加以说明。

第一节　公司法律制度概述

一、公司的概念和种类

(一) 公司的概念与特征

依据《中华人民共和国公司法》(以下简称《公司法》) 和《民法典》的规定，公司是指股东承担有限责任的营利法人。

公司具有民事权利能力和行为能力，除法律规定须经政府许可才能经营的项目外，公司可以自己名义从事章程设定范围内的各种法律行为，行使民事权利。公司是营利性法人。追求利润、实现营利，是企业的典型特征。公司股东通常承担有限责任。依据《公司法》第4条，公司的债权人一般情况下不得向公司股东求偿，也即股东通常无义务以自己的财产偿付公司债务。例外情况是，股东如“滥用公司法人独立地位和股东有限责任，逃避债务，严重损害公司债权人利益”，则其有可能丧失有限责任保护（《公司法》第23条第1款）。

从法律上讲，我国的公司具有以下特征：

（1）公司必须依法设立。公司是根据公司法的规定，依法定条件、法定程序设立的社会经济组织。

（2）公司以营利为目的。作为出资者的股东设立公司的目的是营利，即从公司经营中取得利润。

（3）公司以股东的投资行为为基础而设立。公司是经由股东的投资行为而设立的，股东的投资行为所形成的权利即为股权。《公司法》规定，公司股东依法享有资产收益、参与重大决策和选择管理者等权利。

（4）公司是企业法人，独立承担民事责任。《公司法》规定的有限责任公司和股份有限公司都具有法人资格，股东以其认缴的出资额或者认购的股份为限对公司承担有限责任。

（二）公司的种类

按照法律的规定或学理的标准，可以将公司分为不同的种类。

（1）以公司资本结构和股东对公司债务承担责任的方式为标准，可以将公司划分为有限责任公司、股份有限公司、无限公司、两合公司和股份两合公司。

《公司法》规定的公司形式仅为有限责任公司和股份有限公司。有限责任公司，又称有限公司，是指股东以其认缴的出资额为限对公司承担责任，公司以其全部财产对公司债务承担责任的公司。股份有限公司，又称股份公司，是指将公司全部资本分为等额股份，股东以其认购的股份为限对公司承担责任，公司以其全部财产对公司债务承担责任的公司。无限公司是指由两个以上的股东组成，全体股东对公司的债务承担无限连带责任的公司。两合公司是指由负有无限责任的股东和负有限责任的股东共同组成的公司，无限责任股东对公司债务负无限连带责任，有限责任股东仅以其认缴的出资额为限对公司债务承担责任。

（2）以公司的信用基础为标准，可以将公司划分为资合公司、人合公司、资合兼人合的公司。资合公司是指以资本的结合作为信用基础的公司，股份有限公司是典型的资合公司。人合公司是指以股东信誉作为信用基础的公司，无限公司是典型的人合公司。资合兼人合的公司是指同时以公司资本和股东个人信用作为公司信用基础的公司，两合公司和股份两合公司为典型的资合兼人合的公司。

（3）以公司组织关系为标准，可以对公司作以下划分：

1）以公司外部组织关系为标准，划分为母公司与子公司。母公司和子公司都具备独立的法人资格，都有自己的名称权，都能够独立对外承担民事责任，只不过在不同公司之间存在控制与依附关系时，母公司处于控制地位，子公司则处于依附地位。

2）以公司内部组织关系为标准，划分为本公司与分公司。本公司具有独立的法人资格，能够对外独立承担责任。分公司是公司依法设立的以分公司名义开展具体的业务活动，没有独立的财产和名称，不具备法人资格，其法律后果由本公司承担的分支机构。

（4）以公司注册登记地为标准，可以将公司划分为本国公司和外国公司。

在本国登记注册，依据本国法律成立的公司为本国公司；在外国登记注册成立的公司则为外国公司。

二、公司法的概念

公司法有广义和狭义之分。狭义的公司法是《中华人民共和国公司法》（于 1993 年 12 月 29 日第八届全国人民代表大会常务委员会第五次会议通过，根据 1999 年 12 月 25 日第九届全国人民代表大会常务委员会第十三次会议《关于修改〈中华人民共和国公司法〉的决定》第一次修正，根据 2004 年 8 月 28 日第十届全国人民代表大会常务委员会第十一次会议《关于修改〈中华人民共和国公司法〉的决定》第二次修正，2005 年 10 月 27 日第十届全国人民代表大会常务委员会第十八次会议第一次修订，根据 2013 年 12 月 28 日第十二届全国人民代表大会常务委员会第六次会议《关于修改〈中华人民共和国海洋环境保护法〉等七部法律的决定》第三次修正，根据 2018 年 10 月 26 日第十三届全国人民代表大会常务委员会第六次会议《关于修改〈中华人民共和国公司法〉的决定》第四次修正，2023 年 12 月 29 日第十四届全国人民代表大会常务委员会第七次会议第二次修订）。广义的公司法泛指规定公司的法律地位，规范公司的设立、组织、运营、变更、解散、清算，股东的权利与义务以及其他对内、对外关系的法律规范的总称。

三、《公司法》的立法宗旨和适用范围

修改《公司法》，是深化国有企业改革、完善中国特色现代企业制度的需要。习近平总书记强调：坚持党对国有企业的领导是重大政治原则，必须一以贯之；建立现代企业制度是国有企业的改革方向，也必须一以贯之。党的十八届三中全会决定提出，推动国有企业完善现代企业制度，健全协调运转、有效制衡的公司法人治理结构。党的十九届三中全会决定提出：将国有重点大型企业监事会职责划入审计署，不再设立国有重点大型企业监事会。党的十九届四中全会决定提出：要深化国有企业改革，完善中国特色现代企业制度；增强国有经济竞争力、创新力、控制力、影响力和抗风险能力。《中共中央、国务院关于深化国有企业改革的指导意见》等对推进国有企业改革发展作出具体部署。修改《公司法》，贯彻落实党中央关于深化国有企业改革决策部署，是巩固深化国有企业治理改革成果，完善中国特色现代企业制度，促进国有经济高质量发展的必然要求。①

《公司法》第 1 条明确规定了立法宗旨，即：规范公司的组织和行为，保护公司、股东、职工和债权人的合法权益，完善中国特色现代企业制度，弘扬企业家精神，维护社会经济秩序，促进社会主义市场经济的发展，根据宪法，制定公司法。

《公司法》第 19、20 条规定：公司从事经营活动，应当遵守法律法规，遵守社会公德、商业道德，诚实守信，接受政府和社会公众的监督。公司从事经营活动，应当充分考虑公司职

---

① 王瑞贺．关于《中华人民共和国公司法（修订草案）》的说明：2021 年 12 月 20 日在第十三届全国人民代表大会常务委员会第三十二次会议上．全国人民代表大会常务委员会公报，2024（1）．

工、消费者等利益相关者的利益以及生态环境保护等社会公共利益，承担社会责任。国家鼓励公司参与社会公益活动，公布社会责任报告。社会责任是比法律规范更高的道德要求，依法促进公司社会责任的履行，有利于完善利益相关者参与公司治理。公司在依法经营、努力实现盈利的同时，应承担一定的社会责任，包括维护职工合法权益和避免造成环境污染等方面的责任。

《公司法》所称公司有其特定的适用范围，是按照《公司法》的规定，在中国境内设立的有限责任公司和股份有限公司。在中国境内设立的外商投资企业，其组织形式为有限责任公司和股份有限公司的，也适用《公司法》；有关外商投资的法律另有规定的，适用其规定。

第二节　股　东

一、股东资格

（一）名义股东和实际出资人

股东向公司认缴出资后，就成了公司的股东，具有相应的权利。《公司法》第 56 条第 2 款规定，“记载于股东名册的股东，可以依股东名册主张行使股东权利”。记载于股东名册的股东是指名义股东。实际出资人是指履行了实际出资义务的人。

（二）实际出资人的权益

在实际出资人与名义股东间，对实际出资人的投资权益应当依双方合同确定并依法保护。如果实际出资人请求公司变更股东、签发出资证明书、记载于股东名册、记载于公司章程并办理公司登记机关登记等，在有限责任公司的情况下，应当参照《公司法》第 84 条第 2 款的规定，即有限责任公司股东向股东以外的人转让股权，应书面通知其他股东，其他股东在同等条件下有优先购买权。也即不必再经其他股东过半数同意的表决程序。

实际出资人与名义股东因投资权益的归属发生争议，实际出资人以其实际履行了出资义务为由向名义股东主张权利的，人民法院应予支持。名义股东以公司股东名册记载、公司登记机关登记为由否认实际出资人权利的，人民法院不予支持。

二、股东权利

（一）股东权利的概念

股东权利是指股东基于股东资格而对公司及其组织机构享有的权利。股东权利是一种成员权。在一人股东的公司中，股东权利不具有成员权特点。

（二）股东权利的分类

股东权利可分为参与管理权和资产收益权。

（1）参与管理权，又称共益权，是指股东依法参加公司事务的决策和经营管理的权利，如股东会参加权、提案权、质询权，在股东会上的表决权、累积投票权，股东会召集请求权和自行召集权，了解公司事务、查阅公司账簿和其他文件的知情权，提起诉讼权等权利。

（2）资产收益权，又称自益权，是指股东依法从公司取得利益、财产或处分自己股权的权利，主要为股利分配请求权、剩余财产分配权、新股认购优先权、股份质押权和股份转让权等。

（三）股东权利的内容

依据《公司法》的规定，股东权利的内容归纳起来主要有以下几项。

1. 表决权

股东通过亲自出席或者委托代理人出席股东会，对会议议决事项有表示同意或者表示不同意的权利。这是除优先股股东外的股东固有的权利。股东一般是按照一股一票或者出资比例行使表决权。

法律有时也会对股东的表决权施加限制。如《公司法》第 116 条第 1 款规定：股东出席股东会会议，所持每一股份有一表决权。但是，公司持有的本公司股份没有表决权。第 15 条第 2、3 款也规定，当公司为公司股东或者实际控制人提供担保时，必须经股东会决议，该股东或者受实际控制人支配的股东不得参加对该事项的表决。

2. 选举权和被选举权

股东有权通过股东会选举公司的董事或者监事，也有权在符合法定任职资格的条件下，被选举为公司的董事或者监事。为了保护中小股东的利益，《公司法》在股份有限公司中允许采用累积投票制。《公司法》第 117 条规定：公司股东会选举董事、监事，可以依照公司章程的规定或者股东会的决议，实行累积投票制。累积投票制是指公司股东会选举董事或者监事时，每一股份拥有与应选董事或者监事人数相同的表决权，股东拥有的表决权可以集中使用。这就增加了中小股东选出代表其利益的董事、监事的机会。

3. 依法转让股权或股份的权利

法律禁止股东出资获得公司股权后从公司抽逃投入的资产，但允许股东为了转移投资风险或者收回投资并获得相应的利益而转让其股权或者股份。

4. 查阅权

股东作为公司资本的提供者和经营风险的最终承担者，有权知悉公司的人事、财务、经营、管理等方面情况。《公司法》规定，有限责任公司“股东有权查阅、复制公司章程、股东名册、股东会会议记录、董事会会议决议、监事会会议决议和财务会计报告。股东可以要求查阅公司会计账簿、会计凭证”，股份有限公司“股东有权查阅、复制公司章程、股东名册、股东会会议记录、董事会会议决议、监事会会议决议、财务会计报告”。公司章程或者股东间协议可以对查阅范围、方式等作出规定，但不得“实质性剥夺”股东依公司法享有的查阅权。

为了避免有限责任公司的股东滥用查阅权而影响公司的正常经营活动，防止股东泄露公司商业机密而损害公司的利益，《公司法》规定：查阅股东应当向公司提出书面请求，说明目的。公司有合理根据认为股东查阅会计账簿有“不正当目的”，可能损害公司合法利益的，可以拒绝提供查阅，并应当自股东提出书面请求之日起 15 日内书面答复股东并说明理由。股东行使查阅权的同时也负有保密义务。

5. 建议和质询权

依据《公司法》的有关规定，股份有限公司的股东有权对公司的经营提出建议和质询，股东会要求董事、监事、高级管理人员列席会议的，董事、监事、高级管理人员应当列席并接受股东质询。

6. 增资优先认缴权

增资优先认缴权，是指公司新增资本或发行新股时，股东能优先于他人认缴出资或者认购新股的权利。《公司法》第 151 条规定，股份有限公司发行新股，股东会应当对“向原有股东发行新股的种类及数额”作出决议。

7. 股利分配请求权

股东对公司的资产收益权主要体现为有权取得并保有公司分配的股利。《公司法》规定，无论有限责任公司还是股份有限公司，利润分配方案均由董事会制定，股东会以普通多数决议通过后，再由董事会实施。股利分配的比例一般与股东投资多少挂钩，但也允许另作约定。《公司法》第 210 条规定，有限责任公司按照股东实缴的出资比例分配利润，全体股东约定不按照出资比例分配利润的除外；股份有限公司按照股东所持有的股份比例分配利润，公司章程另有规定的除外。此规定赋予股份有限公司与有限责任公司在利润分配上的自主权。

8. 提议召开临时股东会和自行召集的权利

股东认为有必要时，有权提议召开临时会议。依据《公司法》的有关规定，有限责任公司代表 1/10 以上表决权的股东，可以提议召开临时股东会会议；股份有限公司中单独或者合计持有公司 10%以上股份的股东，有权请求召开临时股东会。

当董事会或者执行董事不能履行或者不履行召集股东会会议职责时，由监事会或者不设监事会的公司的监事召集和主持；监事会或者监事不召集和主持的，有限责任公司代表 1/10 以上表决权的股东可以自行召集和主持，股份有限公司连续 90 日以上单独或者合计持有公司 10%以上股份的股东可以自行召集和主持。

9. 临时提案权

依据《公司法》的有关规定，股份有限公司中单独或者合计持有公司 1%以上股份的股东，可以在股东会召开 10 日前提出临时提案并书面提交董事会；董事会应当在收到提案后 2 日内通知其他股东，并将该临时提案提交股东会审议。临时提案的内容应当属于股东会的职权范围，并有明确议题和具体决议事项。

10. 异议股东股份回购请求权

依据《公司法》的有关规定，在出现以下情形之一时，有限责任公司的对股东会决议投反对票的股东，可以请求公司按合理价格收购其股权：一是公司连续 5 年不向股东分配利润，而公司该 5 年连续盈利，并符合《公司法》规定的分配利润条件的；二是公司合并、分立、转让主要财产的；三是公司章程规定的营业期限届满或者章程规定的其他解散事由出现，股东会通过决议修改章程使公司存续的。

股份有限公司的对股东会该项决议投反对票的股东可以请求公司按照合理的价格收购其股份，公开发行股份的公司除外：一是公司连续 5 年不向股东分配利润，而公司该 5 年连续盈利，并且符合《公司法》规定的分配利润条件；二是公司转让主要财产；三是公司章程规定的营业期限届满或者章程规定的其他解散事由出现，股东会通过决议修改章程使公司存续。自股东会决议作出之日起 60 日内，股东与公司不能达成股份收购协议的，股东可以自股东会决议作出之日起 90 日内向人民法院提起诉讼。

11. 申请法院解散公司的权利

依据《公司法》的有关规定，公司经营管理发生严重困难，继续存续会使股东利益受到重大损失，通过其他途径不能解决的，持有公司 10%以上表决权的股东可以请求人民法院解散公司。

12. 公司剩余财产的分配请求权

公司终止后，向其全体债权人清偿债务之后尚有剩余财产的，股东有权请求分配。

(四) 股东诉讼

1. 股东代表诉讼

股东代表诉讼，是指当董事、监事、高级管理人员或者他人的违反法律、行政法规或者公司章程的行为给公司造成损失，公司拒绝或者怠于向该违法行为人请求损害赔偿时，具备法定资格的股东有权代表其他股东，代替公司提起诉讼，请求违法行为人赔偿公司损失。股东代表诉讼的目的是保护公司利益和股东的共同利益，而不仅仅是保护个别股东的利益。为保护个别股东的利益而进行的诉讼是股东直接诉讼。

根据责任人身份的不同与具体情况的不同，提起股东代表诉讼有以下几种程序。

(1) 股东对公司董事、监事、高级管理人员给公司造成损失的行为提起诉讼的程序。

按照《公司法》的规定，公司董事、监事、高级管理人员执行公司职务时违反法律、行政法规或者公司章程的规定，给公司造成损失的，应当承担赔偿责任。为了确保责任者真正承担相应的赔偿责任，《公司法》对股东代表诉讼作了如下规定：1) 股东通过监事会或者监事提起诉讼。《公司法》第 189 条第 1 款规定，公司董事、高级管理人员执行公司职务时违反法律、行政法规或者公司章程的规定，给公司造成损失的，有限责任公司的股东、股份有限公司连续 180 日以上单独或者合计持有公司 1%以上股份的股东，可以书面请求监事会或者不设监事会的有限责任公司的监事向人民法院提起诉讼。2) 股东通过董事会或者董事提起诉讼。《公司法》同时还规定，监事执行公司职务时违反法律、行政法规或者公司章程的规定，给公司造成损失的，有限责任公司的股东、股份有限公司连续 180 日以上单独或者合计持有公司 1%以上股份的股东，可以书面请求董事会或者不设董事会的有限责任公司的执行董事向人民法院提起诉讼。3) 股东直接提起诉讼。监事会、不设监事会的有限责任公司的监事，或者董事会、执行董事，收到上述股东的书面请求后拒绝提起诉讼，或者自收到请求之日起 30 日内未提起诉讼，或者情况紧急、不立即提起诉讼将会使公司利益受到难以弥补的损害的，上述股东有权为了公司的利益以自己的名义直接向人民法院提起诉讼。

(2) 股东对他人给公司造成损失的行为提起诉讼的程序。

《公司法》第 189 条第 3 款规定，公司董事、监事、高级管理人员以外的他人侵犯公司合法权益，给公司造成损失的，有限责任公司的股东、股份有限公司连续 180 日以上单独或者合计持有公司 1%以上股份的股东可以书面请求监事会或者监事、董事会或者执行董事向人民法院提起诉讼，或者直接向人民法院提起诉讼。提起诉讼的具体程序，依照上述股东针对公司董事、监事、高级管理人员给公司造成损失的行为提起诉讼的程序进行。

2. 股东直接诉讼

这是指股东对董事、高级管理人员损害股东利益的行为提起的诉讼。根据《公司法》的规定，公司董事、高级管理人员违反法律、行政法规或者公司章程的规定，损害了股东的利益的，股东可以依法向人民法院提起诉讼。

三、股东义务

第一是出资义务，即按照法律和公司章程的规定，向公司按期足额缴纳出资。股东违反出资义务可能导致其股东权利受限，甚至丧失股东资格。

第二是善意行使股权的义务。股东不得滥用其权利。《公司法》第 21 条第 1、2 款规定：公司股东应当遵守法律、行政法规和公司章程，依法行使股东权利，不得滥用股东权利损害公司或者其他股东的利益。公司股东滥用股东权利给公司或者其他股东造成损失的，应当依法承担赔偿责任。

第三是公司出现解散事由后，股东有组织清算的义务。公司出现解散或者破产事由时应启动清算程序。清算的主要任务是，终结公司营业，清理财产，清偿债务，分配剩余财产。清算程序的结果是公司法人资格消灭。公司因破产而依《企业破产法》清算，为破产清算；因解散而依《公司法》清算，为非破产清算。公司出现解散事由后，应在规定时间内组织清算；有限责任公司股东直接组成清算组，股份有限公司的清算组由董事组成或者由股东会确定的人员组成。有限责任公司股东、股份有限公司控股股东，未依法启动清算，损害债权人的利益的，应承担相应的民事责任。破产清算自法院裁定宣告公司破产时开始，在法院控制之下，由破产管理人实施，公司股东无权参与。

第三节　有限责任公司

一、有限责任公司的设立

（一）设立要求

依据《公司法》的规定，设立有限责任公司，应当符合下列要求。

1. 股东符合法定人数

《公司法》第 42 条规定，有限责任公司由 50 个以下股东出资设立。有限责任公司股东人数的下限为 1 名股东。股东既可以是自然人，也可以是法人。一名股东设立的有限责任公司为一个股东的有限责任公司。

《公司法》第 43 条规定，有限责任公司设立时的股东可以签订设立协议，明确各自在公司设立过程中的权利和义务。设立协议，又称股东协议或发起人协议，是指在公司设立过程中，各发起人以设立公司为目的而结合在一起，由发起人签订设立公司协议，建立他/它们之间的合伙关系。设立协议有别于公司章程。股东在公司设立前订立的协议，不能约束公司。

2. 有符合公司章程规定的全体股东认缴的出资额

（1）有限责任公司的注册资本为在公司登记机关登记的全体股东认缴的出资额。全体股东认缴的出资额由股东按照公司章程的规定自公司成立之日起 5 年内缴足。法律、行政法规以及国务院决定对有限责任公司注册资本实缴、注册资本最低限额、股东出资期限另有规定的，从其规定。

（2）股东出资方式。股东可以用货币出资，也可以用实物、知识产权、土地使用权、股权、债权等可以用货币估价并可以依法转让的非货币财产作价出资，但是，法律、行政法规规定不得作为出资的财产除外。

《市场主体登记管理条例实施细则》第 13 条规定：依法以境内公司股权或者债权出资的，应当权属清楚、权能完整，依法可以评估、转让，符合公司章程规定。股权可以用于出资。股东或者发起人可以以其持有的在中国境内设立的公司（以下称股权所在公司）的股权出资。

债权也可以用于出资。债权人可以将其依法享有的对在中国境内设立的公司的债权，转为公司股权。债权转为公司股权的，公司应当增加注册资本。

对于作为出资的非货币财产应当评估作价、核实财产，不得高估或者低估作价；法律、行政法规对评估作价有规定的，从其规定。对非货币财产的评估作价，可以由股东协商一致确认。

3. 股东共同制定公司章程

公司章程是公司必备的规定公司组织及活动的基本准则的公开性法律文件。依《公司法》第45条，设立有限责任公司，应当由股东共同制定公司章程。但是，依据《公司法》的有关规定，国有独资公司章程由国有资产监督管理机构制定，或者由董事会制订报国有资产监督管理机构批准。

《公司法》第46条规定，有限责任公司章程应当载明下列事项：（1）公司名称和住所；（2）公司经营范围；（3）公司注册资本；（4）股东的姓名或者名称；（5）股东的出资额、出资方式和出资日期；（6）公司的机构及其产生办法、职权、议事规则；（7）公司法定代表人的产生、变更办法；（8）股东会会议认为需要规定的其他事项。

股东应当在公司章程上签名或盖章。公司章程对公司、股东、董事、监事、高级管理人员具有约束力。

4. 有公司名称，建立符合有限责任公司要求的组织机构

公司选取自己的名称时，必须符合法律、法规的规定，《企业名称登记管理规定》第4条规定：企业只能登记一个企业名称，企业名称受法律保护。《公司法》第7条规定，依照本法设立的有限责任公司，应当在公司名称中标明有限责任公司或者有限公司字样。公司的名称是区别于其他公司的标志，公司对已经登记注册的名称享有专有权。

公司应当设立符合有限责任公司要求的组织机构。

5. 有公司住所

设立有限责任公司应当有公司住所。《公司法》第8条规定，公司以其主要办事机构所在地为住所。经公司登记机关登记的公司的住所只能有一个。公司的住所应当在其公司登记机关辖区内。

（二）设立程序

设立公司，应当依法向公司登记机关申请设立登记。法律、行政法规规定设立公司必须报经批准的，应当在公司登记前依法办理批准手续。作为封闭性的法人，有限责任公司的设立方式只能是发起设立，不得是募集设立。

有限责任公司的设立程序比较简单，一般而言要经过以下步骤。

（1）订立公司章程。公司章程是公司设立的基本文件，股东设立有限责任公司，必须先订立公司章程，明确规定拟设立的公司基本情况以及各方面的权利义务。

（2）法律、行政法规规定设立公司必须报经批准的，应当在公司登记前依法办理批准手续。

（3）自主申报选取公司名称。《企业名称登记管理规定实施办法》规定：企业名称由申请人自主申报。申请人可以通过企业名称申报系统或者在企业登记机关服务窗口提交有关信息和材料，包括全体投资人确认的企业名称、住所、投资人名称或者姓名等。企业名称申报系统对

申请人提交的企业名称进行自动比对，依据企业名称禁限用规则、相同相近比对规则等作出禁限用说明或者风险提示。申请人根据查询、比对和筛选的结果，选取符合要求的企业名称，并承诺因其企业名称与他人企业名称近似而侵犯他人合法权益的，依法承担法律责任。

（4）股东缴纳出资。股东应当按期足额缴纳公司章程中规定的各自所认缴的出资额。全体股东认缴的出资额由股东按照公司章程的规定自公司成立之日起5年内缴足。股东以货币出资的，应当将货币出资足额存入有限责任公司在银行开设的账户；以非货币财产出资的，应当依法办理其财产权的转移手续。

股东未按期足额缴纳出资的，除应当向公司足额缴纳外，还应当对给公司造成的损失承担赔偿责任。股东未按照公司章程规定实际缴纳出资，或者实际出资的非货币财产的实际价额显著低于所认缴的出资额的，设立时的其他股东与该股东在出资不足的范围内承担连带责任。

（5）申请设立登记。股东认足公司章程规定的出资后，由全体股东指定的代表或者共同委托的代理人向公司登记机关申请设立登记。申请设立公司，应当提交设立登记申请书、公司章程等文件，提交的相关材料应当真实、合法和有效。依法设立的公司，由公司登记机关发给公司营业执照。公司营业执照签发日期为公司成立日期。公司营业执照应当载明公司的名称、住所、注册资本、经营范围、法定代表人姓名等事项。公司登记机关可以发给电子营业执照。电子营业执照与纸质营业执照具有同等法律效力。

【案例3-1】甲、乙、丙共同出资设立一有限责任公司，其中，丙以房产出资35万元。公司成立后又吸收丁入股。后查明，丙作为出资的房产仅值25万元，丙现有可执行的个人财产6万元。

【解析】此案中，丙应以现有可执行的个人财产6万元补交差额，不足部分由甲、乙补足。

（三）出资证明书和股东名册

有限责任公司登记设立后，应当向股东签发出资证明书。出资证明书是代表股东权益的书面凭证。

《公司法》第55条规定：有限责任公司成立后，应当向股东签发出资证明书。出资证明书应当载明下列事项：（1）公司名称；（2）公司成立日期；（3）公司注册资本；（4）股东的姓名或者名称、认缴和实缴的出资额、出资方式和出资日期；（5）出资证明书的编号和核发日期。出资证明书由法定代表人签名，并由公司盖章。

有限责任公司应当置备股东名册，记载下列事项：（1）股东的姓名或者名称及住所；（2）股东认缴和实缴的出资额、出资方式和出资日期；（3）出资证明书编号；（4）取得和丧失股东资格的日期。记载于股东名册的股东，可以依股东名册主张行使股东权利。公司应当将股东的姓名或者名称向公司登记机关登记；登记事项发生变更的，应当办理变更登记，未经登记或者变更登记的，不得对抗第三人。

（四）有限责任公司设立行为的法律后果

发起人承担公司筹办事务，发起人为设立中公司事务的执行机关及代表机关。在公司设立阶段，经常会出现发起人为设立公司以自己的名义从事民事活动，如签订与公司相关的租赁合同、买卖合同、装修设计合同等。对于此种情形下的责任，法律赋予了第三人选择权。对此，《民法典》和《公司法》都有相应的规定。

有限责任公司设立时的股东为设立公司从事民事活动的，其法律后果由公司承受。

公司未成立的，其法律后果由公司设立时的股东承受；设立时的股东为 2 人以上的，他/它们享有连带债权，承担连带债务。

对于设立时的股东为设立公司以自己的名义从事民事活动产生的民事责任，第三人有权选择请求公司或者公司设立时的股东承担。

设立时的股东因履行公司设立职责造成他人损害的，公司或者无过错的股东承担赔偿责任后，可以向有过错的股东追偿。

（五）股东出资催缴与失权

有限责任公司成立后，董事会应当对股东的出资情况进行核查，发现股东未按期足额缴纳公司章程规定的出资的，应当由公司向该股东发出书面催缴书，催缴出资。

未及时履行前述出资义务，给公司造成损失的，负有责任的董事应当承担赔偿责任。根据《民法典》的规定，董事承担责任后，可以向未履行或未全面履行出资义务的股东追偿。

股东未按照公司章程规定的出资日期缴纳出资的，公司应依法发出可以载明缴纳出资的宽限期的书面催缴书催缴出资，宽限期自公司发出催缴书之日起，不得少于 60 日。宽限期届满，股东仍未履行出资义务的，公司经董事会决议可以向该股东发出失权通知，通知应当以书面形式发出。自通知发出之日起，该股东丧失其未缴纳出资的股权。

对依照法律规定丧失的股权应当依法转让，或者相应减少注册资本并注销该股权；6 个月内未转让或者注销的，由公司其他股东按照其出资比例足额缴纳相应出资。

股东失权是对股东资格的剥夺，影响很大，因此《公司法》规定了失权股东救济程序：股东对失权有异议的，应当自接到失权通知之日起 30 日内，向人民法院提起诉讼。

（1）失权股东对公司的责任承担。

股东丧失股权后，就丧失部分不再对公司享有权利和承担义务，但并不能因此被免除因瑕疵出资而产生的责任。

股东瑕疵出资，对于公司和其他足额缴纳出资的股东而言均是一种违约行为。对于该违约行为给公司造成的损失应当根据《民法典》规定的违约责任确定赔偿范围。因此，对于瑕疵出资造成的损失的赔偿范围应当包含迟延缴纳出资的利息、因适用失权程序产生的必要费用以及其他合理损失。此外，股东瑕疵出资也会使其他股东的权益也间接遭受损害，在公司怠于起诉时，符合条件的其他股东也可以以自己的名义起诉，向失权股东主张赔偿，诉讼的结果归结于公司。

（2）失权股东对债权人的责任承担。

适用股东失权制度后，平衡和保护公司外部债权人的利益也是至关重要的。为了避免股东利用失权制度逃避债务损害公司债权人的利益，失权股东在转让股权或公司办理减资程序之前，应在其未出资本息范围内对公司债务不能清偿部分承担补充赔偿责任。

二、有限责任公司的组织机构

（一）股东会

1. 股东会的性质、组成

股东会是有限责任公司的权力机关。但股东会是非常设机关，其仅以会议形式存在，只有在召开股东会会议时，股东会才作为公司机关存在。有限责任公司股东会由全体股东组成。只有一个股东的有限责任公司不设股东会。股东对股东会职权所列事项作出决定时，应当采用书面形式，并由股东签名或者盖章后置备于公司。

2. 股东会的职权

股东会依法行使下列职权：（1）选举和更换董事、监事，决定有关董事、监事的报酬事项；（2）审议批准董事会的报告；（3）审议批准监事会的报告；（4）审议批准公司的利润分配方案和弥补亏损方案；（5）对公司增加或者减少注册资本作出决议；（6）对发行公司债券作出决议；（7）对公司合并、分立、解散、清算或者变更公司形式作出决议；（8）修改公司章程；（9）公司章程规定的其他职权。股东会还可以授权董事会对发行公司债券作出决议。

对上述（1）至（9）所列事项股东以书面形式一致表示同意的，可以不召开股东会会议，直接作出决定，并由全体股东在决定文件上签名或者盖章。

3. 股东会的召开

股东会分为定期会议和临时会议两种。定期会议应当按照公司章程的规定按时召开。依据《公司法》的规定，有限责任公司代表 1/10 以上表决权的股东、1/3 以上的董事或者监事会提议召开临时会议的，应当召开临时会议。

股东会的首次会议由出资最多的股东召集和主持。以后的股东会，由董事会召集，董事长主持。董事长不能履行职务或者不履行职务的，由副董事长主持；副董事长不能履行职务或者不履行职务的，由过半数的董事共同推举一名董事主持。有限责任公司董事会不能履行或者不履行召集股东会会议职责的，由监事会召集和主持；监事会不召集和主持的，代表 1/10 以上表决权的股东可以自行召集和主持。召开股东会会议，应当于会议召开 15 日前通知全体股东；但是，公司章程另有规定或者全体股东另有约定的除外。股东会应当对所议事项的决定作成会议记录，出席会议的股东应当在会议记录上签名或者盖章。

4. 股东会的决议

股东会会议由股东按照出资比例行使表决权，但是，公司章程另有规定的除外。股东会作出决议，应当经代表过半数表决权的股东通过。股东会会议作出修改公司章程、增加或者减少注册资本的决议，以及公司合并、分立、解散或者变更公司形式的决议，必须经代表 2/3 以上表决权的股东通过。

（二）董事会

1. 董事会的性质和组成

董事会是有限责任公司的股东会的执行机构，对股东会负责。有限责任公司设董事会。规模较小或者股东人数较少的有限责任公司可以不设董事会，设一名董事，行使《公司法》规定的董事会的职权。该董事可以兼任公司经理。有限责任公司董事会成员为 3 人以上，其成员中可以有公司职工代表。但职工人数 300 人以上的有限责任公司，其董事会成员中应当有公司职工代表。董事会中的职工代表由公司职工通过职工代表大会、职工大会或者其他形式民主选举产生。

董事会设董事长 1 人，可以设副董事长。董事长、副董事长的产生办法由公司章程规定。

有限责任公司可以选择不设监事会或者监事，可以按照公司章程的规定在董事会中设置由董事组成的审计委员会，行使《公司法》规定的监事会的职权。公司董事会成员中的职工代表可以成为审计委员会成员。

董事任期由公司章程规定，但每届任期不得超过 3 年。董事任期届满，连选可以连任。董事任期届满未及时改选，或者董事在任期内辞任导致董事会成员低于法定人数的，在改选出的董事就任前，原董事仍应当依照法律、行政法规和公司章程的规定，履行董事职务。

董事可以自行辞任。董事辞任的，应当以书面形式通知公司，公司收到通知之日辞任生效，但存在前述情形的，董事应当继续履行职务。

股东会也可以决议解任董事，其决议作出之日解任生效。无正当理由，在任期届满前解任董事的，该董事可以要求公司予以赔偿。

2. 董事会的职权

董事会对股东会负责，行使下列职权：(1) 召集股东会会议，并向股东会报告工作；(2) 执行股东会的决议；(3) 决定公司的经营计划和投资方案；(4) 制订公司的利润分配方案和弥补亏损方案；(5) 制订公司增加或者减少注册资本以及发行公司债券的方案；(6) 制订公司合并、分立、解散或者变更公司形式的方案；(7) 决定公司内部管理机构的设置；(8) 决定聘任或者解聘公司经理及其报酬事项，并根据经理的提名决定聘任或者解聘公司副经理、财务负责人及其报酬事项；(9) 制定公司的基本管理制度；(10) 公司章程规定或者股东会授予的其他职权。公司章程对董事会职权的限制不得对抗善意相对人。

《公司法》在明确股东会法定职权的前提下，尊重公司意思自治，允许公司根据自身需求和情况，将股东会部分职权授予董事会行使，以强化董事会在经营管理中的独立地位；在强化高级管理人员应尽的忠实、勤勉义务以及对公司、对第三方的赔偿责任的同时也否认对董事会职权限制的外部效力。

3. 董事会的召开

董事会会议由董事长召集和主持；董事长不能履行职务或者不履行职务的，由副董事长召集和主持；副董事长不能履行职务或者不履行职务的，由过半数的董事共同推举 1 名董事召集和主持。

4. 董事会的议事方式和表决程序

董事会的议事方式和表决程序，除《公司法》有规定的外，由公司章程规定。

董事会会议应当有过半数的董事出席方可举行。

董事会作出决议，应当经全体董事的过半数通过。董事会决议的表决，应当一人一票。

董事会应当对所议事项的决定作成会议记录，出席会议的董事应当在会议记录上签名。

5. 经理

有限责任公司可以设经理，由董事会决定聘任或者解聘。经理对董事会负责，根据公司章程的规定或者董事会的授权行使职权。《公司法》不再规定经理的法定职责。经理列席董事会会议。

(三) 监事会

1. 监事会的性质和组成

有限责任公司可以选择设立监事会，其成员不得少于 3 人。股东人数较少或者规模较小的有限责任公司，可以设 1 名监事，行使《公司法》规定的监事会的职权；经全体股东一致同意，也可以不设监事。监事会应当包括股东代表和适当比例的公司职工代表，其中职工代表的比例不得低于 1/3。

监事会设主席 1 人，由全体监事过半数选举产生。监事会主席召集和主持监事会会议；监事会主席不能履行职务或者不履行职务的，由过半数的监事共同推举 1 名监事召集和主持监事会会议。

董事、高级管理人员不得兼任监事。

监事的任期每届为 3 年。监事任期届满，连选可以连任。

2. 监事会的职权

监事会、不设监事会的公司的监事行使下列职权：(1) 检查公司财务；(2) 对董事、高级管理人员执行公司职务的行为进行监督，对违反法律、行政法规、公司章程或者股东会决议的董事、高级管理人员提出解任的建议；(3) 当董事、高级管理人员的行为损害公司的利益时，要求董事、高级管理人员予以纠正；(4) 提议召开临时股东会会议，在董事会不履行《公司法》规定的召集和主持股东会会议职责时召集和主持股东会会议；(5) 向股东会会议提出提案；(6) 依照《公司法》的规定，对董事、高级管理人员提起诉讼；(7) 公司章程规定的其他职权。

监事可以列席董事会会议，并对董事会决议事项提出质询或者建议。

监事会发现公司经营情况异常，可以进行调查；必要时，可以聘请会计师事务所等协助其工作，费用由公司承担。监事会可以要求董事、高级管理人员提交执行职务的报告。董事、高级管理人员应当如实向监事会提供有关情况和资料，不得妨碍监事会或者监事行使职权。

3. 监事会的议事方式和表决程序

监事会每年度至少召开一次会议，监事可以提议召开临时监事会会议。监事会的议事方式和表决程序，除《公司法》有规定的外，由公司章程规定。监事会决议应当经全体监事过半数通过。监事会决议的表决，应当一人一票。监事会应当对所议事项的决定作成会议记录，出席会议的监事应当在会议记录上签名。

三、有限责任公司的股权转让

（一）对内转让的规则

有限责任公司的股东之间可以相互转让其全部或者部分股权，《公司法》对此没有明确的限制。

（二）对外转让的规则

股东向股东以外的人转让股权，无须经其他股东同意。股东应当将股权转让的数量、价格、支付方式和期限等事项书面通知其他股东，其他股东在同等条件下有优先购买权。股东自接到书面通知之日起 30 日未答复的，视为放弃优先购买权。两个以上股东行使优先购买权的，协商确定各自的购买比例；协商不成的，按照转让时各自的出资比例行使优先购买权。

公司章程对股权转让另有规定的，从其规定，即章程优先。

【案例 3－2】 2024 年 8 月 11 日，甲、乙、丙、丁四公司经协商签订了一份协议，该协议约定：四方共同出资改造甲所有的电视机厂，并把厂名定为荣和有限责任公司。公司注册资本为 4 200 万元，其中，甲以厂房作价 1 000 万元，并以红星牌电视机商标作价 200 万元作为出资；乙以现金 550 万元，并以电视机生产技术作价 450 万元作为出资；丙、丁各以现金 1 000 万元作为出资。在协议生效后 10 日内四方资金必须到位，由甲负责办理公司登记手续。2024 年 8 月 15 日，甲、丙、丁都按照协议约定办理了出资手续和财产转移手续，但乙提出，因资金困难，要求退出。甲、丙、丁均表示同意，并重新签订了一份协议，将公司的注册资本改为3 200万元。2024年9月1日，经公司登记机关登记，荣和有限责任公司正式成立。2024年9月6日，丙提出自己的公司因技术改造缺少资金，要求抽回自己的出资，同时愿意赔偿其他股东的经济损失各50万元。荣和有限责任公司的股东会经研究后没有同意丙的要求。2024年9月12日，甲提出将自己所有的股权的1/3转让给戊公司。[①]

要求：根据以上事实，回答下列问题。

(1) 甲、乙、丙、丁四公司协议约定的出资是否符合规定？请说明理由。

(2) 对于乙的退出行为，甲、丙、丁是否应当接受？请说明理由。

(3) 对丙的要求，荣和有限责任公司股东会的决议是否正确？请说明理由。

(4) 对甲的要求，应如何处理？

【解析】(1) 甲、乙、丙、丁四公司协议约定的出资符合规定。依据《公司法》的规定，有限责任公司的股东可以用货币出资，也可以用实物、知识产权、土地使用权等作价出资。股东在认缴全部出资后，可以约定一次缴清出资，也可以约定分期缴付出资。

(2) 乙的退出行为，属于违反协议约定的行为。甲、丙、丁可以接受乙退出，但乙应赔偿其违约给甲、丙、丁造成的损失。

(3) 对丙的要求，荣和有限责任公司股东会的决议正确。根据《公司法》的规定，股东在公司登记后，不得抽回出资。

(4) 依据《公司法》的规定，有限责任公司的股东可以向股东以外的人转让其全部和部分出资。因此，甲提出将自己所有的股权的1/3转让给戊公司是可以的。但是，根据《公司法》的规定，甲拟转让其出资给戊公司的，应当将股权转让的数量、价格、支付方式和期限等事项书面通知其他股东，其他股东在同等条件下有优先购买权。

(三) 强制执行程序中的股东优先购买权

人民法院依照法律规定的强制执行程序转让股东的股权时，应当通知公司及全体股东，其他股东在同等条件下有优先购买权。其他股东自人民法院通知之日起满20日不行使优先购买权的，视为放弃优先购买权。

(四) 股权转让后的程序与责任

股东转让股权的，应当书面通知公司，请求变更股东名册；需要办理变更登记的，并请求公司向公司登记机关办理变更登记。

公司拒绝或者在合理期限内不予答复的，转让人、受让人可以依法向人民法院提起诉讼。

股权转让的，受让人自记载于股东名册时起可以向公司主张行使股东权利。

依照《公司法》转让股权后，公司应当及时注销原股东的出资证明书，向新股东签发出资证明书，并相应修改公司章程和股东名册中有关股东及其出资额的记载。对公司章程的该项修改不需再由股东会表决。

股东转让已认缴出资但未届出资期限的股权的，由受让人承担缴纳该出资的义务；受让人未按期足额缴纳出资的，转让人对受让人未按期缴纳的出资承担补充责任。

---

① 该案例为作者自拟的案例，为了满足2023年修订的《公司法》的生效时间条件，特把时间写在2023年修订的《公司法》的生效时间之后。

未按照公司章程规定的出资日期缴纳出资或者作为出资的非货币财产的实际价额显著低于所认缴的出资额的股东转让股权的，转让人与受让人在出资不足的范围内承担连带责任；受让人不知道且不应当知道存在上述情形的，由转让人承担责任。

（五）股东的股权收购请求权

有下列情形之一的，对股东会该项决议投反对票的股东可以请求公司按照合理的价格收购其股权：(1) 公司连续5年不向股东分配利润，而公司该5年连续盈利，并且符合《公司法》规定的分配利润条件的；(2) 公司合并、分立、转让主要财产的；(3) 公司章程规定的营业期限届满或者章程规定的其他解散事由出现，股东会通过决议修改章程使公司存续的。

自股东会会议决议通过之日起60日内，股东与公司不能达成股权收购协议的，股东可以自股东会会议决议作出之日起90日内向人民法院提起诉讼。

公司的控股股东滥用股东权利，严重损害公司或者其他股东利益的，其他股东有权请求公司按照合理的价格收购其股权。只要发生此种情形，中小股东就可以提出请求。

公司因此收购的本公司股权，应当在6个月内依法转让或者注销。

（六）自然人股东资格的继承

有限责任公司的自然人股东如果死亡或者被宣告死亡，该股东有符合《民法典》规定的合法继承人的，该合法继承人可以继承股东资格，但是，公司章程另有规定的除外。

四、国家出资公司的特别规定

（一）国家出资公司的概念

国家出资公司是指国家出资的国有独资公司、国有资本控股公司，包括国家出资的有限责任公司、股份有限公司。

国家出资公司，由国务院或者地方人民政府分别代表国家依法履行出资人职责，享有出资人权益。

国务院或者地方人民政府可以授权国有资产监督管理机构或者其他部门、机构代表本级人民政府对国家出资公司履行出资人职责。

代表本级人民政府履行出资人职责的机构、部门，以下统称为履行出资人职责的机构。

（二）国家出资公司设立与组织机构的特别规定

《公司法》规定，国家出资公司的组织机构适用特别规定，没有特别规定的，适用有限责任公司和股份有限责任公司的相关规定。

(1) 国家出资公司中中国共产党的组织，按照《中国共产党章程》的规定发挥领导作用，研究讨论公司重大经营管理事项，支持公司的组织机构依法行使职权。

(2) 国有独资公司不设股东会，设立董事会。由履行出资人职责的机构行使股东会职权。履行出资人职责的机构可以授权公司董事会行使股东会的部分职权，但公司章程的制定和修改，公司的合并、分立、解散、申请破产，增加或者减少注册资本，分配利润，应当由履行出资人职责的机构决定。

国有独资公司的董事会依照《公司法》规定行使职权。

(3) 国有独资公司章程由履行出资人职责的机构制定。

(4) 国有独资公司设立董事会。

董事会成员中，应当过半数为外部董事，并应当有公司职工代表。一部分由履行出资人职责的机构委派，另一部分即职工代表由公司职工代表大会选举产生。

董事会设董事长一人，可以设副董事长。董事长、副董事长由履行出资人职责的机构从董事会成员中指定。

(5) 国有独资公司设经理。经理由董事会聘任或者解任，经履行出资人职责的机构同意，董事会成员可以兼任经理。

(6) 国有独资公司的董事、高级管理人员，未经履行出资人职责的机构同意，不得在其他有限责任公司、股份有限公司或者其他经济组织兼职。

(7) 国有独资公司在董事会中设置由董事组成的审计委员会行使《公司法》规定的监事会职权的，不设监事会或者监事。

国家出资公司应当依法建立健全内部监督管理和风险控制制度，加强内部合规管理。

第四节 股份有限公司

一、股份有限公司的设立

(一) 设立方式

股份有限公司的设立，可以采取发起设立或者募集设立两种设立方式。

发起设立，是指由发起人认购设立公司时应发行的全部股份而设立公司。以发起设立方式设立股份有限公司的，公司的全部股东都是设立公司的发起人。

募集设立，是指由发起人认购设立公司时应发行股份的一部分，就其余股份向社会公开募集或者向特定对象募集而设立公司。法律对采用募集设立方式设立公司规定了较为严格的程序。

(二) 设立条件

《公司法》规定，设立股份有限公司，应当符合下列要求。

1. 发起人符合法定人数

发起人是指依法承担设立股份有限公司筹办事务的人。发起人应当签订发起人协议，明确各自在公司设立过程中的权利和义务。发起人既可以是自然人，也可以是法人；既可以是中国公民，也可以是外国公民。设立股份有限公司，应当有1人以上、200人以下为发起人，其中应当有半数以上的发起人在中华人民共和国境内有住所。设立股份有限公司，应当由发起人共同制订公司章程。

2. 有符合公司章程规定的全体发起人认购的股本总额或者募集的实收股本总额

《公司法》规定：股份有限公司的注册资本为在公司登记机关登记的已发行股份的股本总额。法律、行政法规以及国务院决定对股份有限公司注册资本最低限额另有规定的，从其规定。

发起人应当在公司成立前按照其认购的股份全额缴纳股款。

发起人的出资，适用有限责任公司股东出资的相关规定。

3. 股份发行、筹办事项符合法律规定

发起人为了设立股份有限公司而发行股份时，以及在进行其他的筹办事项时，都必须符合法律规定的条件和程序。

发起人向社会公开募集股份，应当公告招股说明书，并制作认股书，应当由依法设立的证券公司承销，签订承销协议，应当同银行签订代收股款协议。

认股书应当附有公司章程并载明发行的股份总数，面额股的票面金额和发行价格或者无面额股的发行价格，募集资金的用途，认股人的权利和义务，股份种类及其权利和义务，本次募股的起止日期及逾期未募足时认股人可以撤回所认股份的说明。公司设立时发行股份的，还应当载明发起人认购的股份数等事项，由认股人填写认购的股份数、金额，住所；并签名或者盖章。认股人应当按照所认购股份足额缴纳股款。

公司向社会公开发行股份并募足股款后，应当经依法设立的验资机构验资、出具证明并应予公告。

4. 发起人共同制定公司章程；采用募集方式设立的，章程经成立大会通过

对于以发起设立方式设立的股份有限公司，由全体发起人共同制定公司章程；对于以募集设立方式设立股份有限公司的，发起人制订的公司章程，还应当经有其他认股人参加的成立大会通过。

股份有限公司的章程是指记载有关公司组织和行动基本规则的文件，公司章程对公司、股东、董事、监事、高级管理人员具有约束力。

股份有限公司章程应当载明下列事项：(1) 公司名称和住所；(2) 公司经营范围；(3) 公司设立方式；(4) 公司注册资本、已发行的股份数和设立时发行的股份数，面额股的每股金额；(5) 发行类别股的，每一类别股的股份数及其权利和义务；(6) 发起人的姓名或者名称、认购的股份数、出资方式；(7) 董事会的组成、职权和议事规则；(8) 公司法定代表人的产生、变更办法；(9) 监事会的组成、职权和议事规则；(10) 公司利润分配办法；(11) 公司的解散事由与清算办法；(12) 公司的通知和公告办法；(13) 股东会认为需要规定的其他事项。

5. 有公司名称，建立符合股份有限公司要求的组织机构

设立股份有限公司应当依法确定公司名称，并按照法律规定建立内部组织机构。

6. 有公司住所

公司住所是指公司登记事项中所明确的公司主要办事机构所在地，它对于确定公司登记机关以及公司在民事诉讼中的地域管辖和法律适用有着重要作用，是公司设立的条件之一。

(三) 设立程序

根据股份有限公司设立方式的不同，其设立程序略有不同。

1. 以发起设立方式设立股份有限公司的程序

(1) 发起人应当签订发起人协议。

(2) 报经有关部门批准。若法律、行政法规规定设立公司必须报经批准的，应当在公司登记前依法办理批准手续。

(3) 自主申报、选取公司名称，制定公司章程。

(4) 认购股份。以发起设立方式设立股份有限公司的，发起人应当认足公司章程规定的公司设立时应发行的股份，并按照公司章程的规定缴纳出资。以非货币财产出资的，应当依法办理其财产权的转移手续。

(5) 选举董事会和监事会。发起人认足公司章程规定的出资后，应当选举董事会和监

事会。

(6) 申请设立登记。董事会应当授权代表，于公司成立大会结束后 30 日内向公司登记机关申请设立登记。公司登记机关予以登记的，发给公司营业执照，公司即告成立。

2. 以募集设立方式设立股份有限公司的程序

(1) 发起人应当签订发起人协议。

(2) 报经有关部门批准。若法律、行政法规规定设立公司必须报经批准的，应当在公司登记前依法办理批准手续。

(3) 自主申报、选取公司名称，制订公司章程。

(4) 发起人认购股份。以募集设立方式设立股份有限公司的，发起人认购的股份不得少于公司章程规定的公司设立时股份总数的 35%；但是，法律、行政法规另有规定的，从其规定。

(5) 发起人向社会公开募集股份。发起人向社会公开募集股份，应当公告招股说明书，并制作认股书。认股人应当按照所认购股份足额缴纳股款。向社会公开募集股份的股款缴足后，应当经依法设立的验资机构验资并出具证明。

(6) 召开成立大会，选举董事会和监事会。发起人应当自股款缴足之日起 30 日内主持召开公司成立大会。发起人应当在成立大会召开 15 日前将会议日期通知各认股人或者予以公告。成立大会应有持有表决权过半数的认股人出席，方可举行。

成立大会行使下列职权：审议发起人关于公司筹办情况的报告；通过公司章程；选举董事、监事；对公司的设立费用进行审核；对发起人非货币财产的作价进行审核；发生不可抗力或者经营条件发生重大变化，直接影响公司设立的，可以作出不设立公司的决议。成立大会对前述事项作出决议，必须经出席会议的认股人所持表决权过半数通过。

(7) 申请设立登记。董事会应授权代表于成立大会结束后 30 日内，向公司登记机关申请设立登记。

(8) 股份有限公司应当将公司章程、股东名册、股东会会议记录、董事会会议记录、监事会会议记录、财务会计报告、债券持有人名册置备于本公司。

(四) 股份有限公司发起人承担的责任

发起人不按照其认购的股份缴纳股款，或者作为出资的非货币财产的实际价额显著低于所认购的股份的，其他发起人与该发起人在出资不足的范围内承担连带责任。

公司设立时应发行的股份未募足，或者发行股份的股款缴足后，发起人在 30 日内未召开成立大会的，认股人可以按照所缴股款并加算银行同期存款利息，要求发起人返还。

发起人、认股人缴纳股款或者交付非货币财产出资后，除未按期募足股份、发起人未按期召开成立大会或者成立大会决议不设立公司的情形外，不得抽回其股本。

《公司法》对于公司设立中的相关民事责任、股东未出资和瑕疵出资的赔偿责任、其他股东的连带责任、催缴失权制度、股东抽逃出资的责任及董监高的连带责任等方面的规定统一适用于有限责任公司和股份有限公司。

二、股份有限公司的组织机构

(一) 股东会

1. 股东会的性质和组成

股份有限公司的股东会是公司的权力机构，股东会由全体股东组成。

2. 股东会的职权

股份有限公司股东会的职权同有限责任公司股东会的职权。

上市公司在一年内购买、出售重大资产或者向他人提供担保的金额超过公司资产总额的30%的，应当由股东会作出决议，并经出席会议的股东所持表决权的2/3以上通过。

3. 股东会的形式

股份有限公司的股东会分为股东年会和临时股东会两种。

股东年会是指依照法律和公司章程的规定每年按时召开的股东会。《公司法》规定，股东会应当每年召开一次年会。

临时股东会是指股份有限公司在出现召开临时股东会的法定事由时，应当在法定期限2个月内召开的股东会。《公司法》规定，有下列情形之一的，应当在2个月内召开临时股东会会议：(1) 董事人数不足《公司法》规定人数或者公司章程所定人数的2/3时；(2) 公司未弥补的亏损达股本总额1/3时；(3) 单独或者合计持有公司10%以上股份的股东请求时；(4) 董事会认为必要时；(5) 监事会提议召开时；(6) 公司章程规定的其他情形。

4. 股东会的召开

股东会会议由董事会召集，董事长主持；董事长不能履行职务或者不履行职务的，由副董事长主持；副董事长不能履行职务或者不履行职务的，由过半数的董事共同推举一名董事主持。董事会不能履行或者不履行召集股东会会议职责的，监事会应当及时召集和主持；监事会不召集和主持的，连续90日以上单独或者合计持有公司10%以上股份的股东可以自行召集和主持。单独或者合计持有公司10%以上股份的股东请求召开临时股东会会议的，董事会、监事会应当在收到请求之日起10日内作出是否召开临时股东会会议的决定，并书面答复股东。

召开股东会会议，应当将会议召开的时间、地点和审议的事项于会议召开20日前通知各股东；临时股东会会议应当于会议召开15日前通知各股东。

单独或者合计持有公司1%以上股份的股东，可以在股东会会议召开10日前提出临时提案并书面提交董事会；董事会应当在收到提案后2日内通知其他股东，并将该临时提案提交股东会审议。临时提案违反法律、行政法规或公司章程的规定或者不属于股东会的职权范围的除外。公司不得提高提出临时提案股东的持股比例。股东会不得对上述通知中未列明的事项作出决议。

5. 股东会的决议

股东出席股东会会议，所持每一股份有一表决权，类别股股东除外。公司持有的本公司股份没有表决权。股东可以委托代理人出席股东会会议，代理人应在授权范围内行使表决权。

股东会作出决议，应当经出席会议的股东所持表决权过半数通过。但是，股东会作出修改公司章程、增加或者减少注册资本的决议，以及公司合并、分立、解散或者变更公司形式的决议，应当经出席会议的股东所持表决权的2/3以上通过。

股东会选举董事、监事，可以依照公司章程的规定或者股东会的决议，实行累积投票制。这里所称累积投票制，是指股东会选举董事或者监事时，每一股份拥有与应选董事或者监事人数相同的表决权，股东拥有的表决权可以集中使用。

股东会应当对所议事项的决定作成会议记录，主持人、出席会议的董事应当在会议记录上签名。会议记录应当与出席股东的签名册及代理出席的委托书一并保存。

（二）董事会、经理

1. 董事会的性质和组成

股份有限公司的董事会是股东会的执行机构，对股东会负责。

股份有限公司可以按照公司章程的规定在董事会中设置由董事组成的审计委员会，行使《公司法》规定的监事会的职权，不设监事会或者监事。

审计委员会成员为三名以上，过半数成员不得在公司担任除董事以外的其他职务，且不得与公司存在任何可能影响其独立、客观判断的关系。公司董事会成员中的职工代表可以成为审计委员会成员。

审计委员会作出决议，应当经审计委员会成员的过半数通过。

审计委员会决议的表决，应当一人一票。

审计委员会的议事方式和表决程序，除《公司法》有规定的外，由公司章程规定。

公司可以按照公司章程的规定在董事会中设置其他委员会。

股份有限公司的董事成员、任期和辞任等的规定同有限责任公司的相关规定。

2. 董事会的职权

股份有限公司董事会的职权同有限责任公司董事会的职权。

3. 董事会的召开

董事会设董事长 1 人，可以设副董事长。董事长和副董事长由董事会以全体董事的过半数选举产生。董事长召集和主持董事会会议，检查董事会决议的实施情况。副董事长协助董事长工作，董事长不能履行职务或者不履行职务的，由副董事长履行职务；副董事长不能履行职务或者不履行职务的，由过半数的董事共同推举 1 名董事履行职务。

董事会每年度至少召开两次会议，每次会议应当于会议召开 10 日前通知全体董事和监事。代表 1/10 以上表决权的股东、1/3 以上董事或者监事会，可以提议召开临时董事会会议。董事长应当自接到提议后 10 日内，召集和主持董事会会议。

4. 董事会的决议

董事会会议应有过半数的董事出席方可举行。董事会作出决议，应当经全体董事的过半数通过。董事会决议的表决，实行一人一票。

董事会会议应由董事本人出席；董事因故不能出席，可以书面委托其他董事代为出席，委托书中应载明授权范围。董事会应当对会议所议事项的决定作成会议记录，出席会议的董事应当在会议记录上签名。

董事应当对董事会的决议承担责任。董事会的决议违反法律、行政法规或者公司章程、股东会决议，给公司造成严重损失的，参与决议的董事对公司负赔偿责任。但经证明在表决时曾表明异议并记载于会议记录的，该董事可以免除责任。

5. 股份有限公司设经理，由董事会决定聘任或者解聘

经理对董事会负责，根据公司章程的规定或者董事会的授权行使职权。经理列席董事会会议。公司董事会可以决定由董事会成员兼任经理。

规模较小或者股东人数较少的股份有限公司，可以不设董事会，设 1 名董事，行使《公司法》规定的董事会的职权。该董事可以兼任公司经理。

（三）监事会

1. 监事会的组成

股份有限公司设监事会，其成员为 3 人以上。监事会成员应当包括股东代表和适当比例的公司职工代表，其中职工代表的比例不得低于 1/3，具体比例由公司章程规定。监事会中的职工代表由公司职工通过职工代表大会、职工大会或者其他形式民主选举产生。

监事会设主席 1 人，可以设副主席。监事会主席和副主席由全体监事过半数选举产生。董事、高级管理人员不得兼任监事。监事的任期每届为 3 年，监事任期届满，连选可以连任。监事任期届满未及时改选，或者监事在任期内辞职导致监事会成员低于法定人数的，在改选出的监事就任前，原监事仍应当依照法律、行政法规和公司章程的规定，履行监事职务。

规模较小或者股东人数较少的股份有限公司，可以不设监事会，设 1 名监事，行使《公司法》规定的监事会的职权。

2. 监事会的职权

股份有限公司监事会的职权同有限责任公司监事会的职权。

监事可以列席董事会会议，并对董事会决议事项提出质询或者建议。监事会发现公司经营情况异常，可以进行调查；必要时，可以聘请会计师事务所等协助其工作，费用由公司承担。

3. 监事会的召开

监事会每 6 个月至少召开 1 次会议。监事可以提议召开临时监事会会议。

监事会主席召集和主持监事会会议；监事会主席不能履行职务或者不履行职务的，由监事会副主席召集和主持监事会会议；监事会副主席不能履行职务或者不履行职务的，由过半数的监事共同推举 1 名监事召集和主持监事会会议。

监事会的议事方式和表决程序，除《公司法》有规定的外，由公司章程规定。监事会决议应当经全体监事的过半数通过。监事会决议的表决，应当一人一票。

监事会应当对所议事项的决定作成会议记录，出席会议的监事应当在会议记录上签名。

三、股份有限公司的股份发行和转让

（一）股份发行

1. 股份和股票

股份有限公司的资本被划分为股份。公司的全部股份，根据公司章程的规定择一采用面额股或者无面额股。采用面额股的，每一股的金额相等。公司的股份采取股票的形式。股票是公司签发的证明股东所持股份的凭证。

（1）普通股和优先股。

以股份所表示的股东权的内容不同，可将股票分为普通股和优先股。普通股代表一般股权的股份，每一股有一个投票权，按持股比例分享收益。优先股是相对于普通股而言的，优先股主要是在利润分红及剩余财产分配的权利方面优先于普通股。但优先股无表决权，优先股股东不能借助表决权参加公司的经营管理。与普通股相比较，优先股虽然收益和决策参与权有限，但风险较小。《公司法》规定，国务院可以规定公司发行本法规定以外的其他种类的股份。

（2）内资股和外资股。

以投资者是以人民币认购和买卖还是以外币认购和买卖股票，可将股票分为内资股和外资股。内资股一般是由投资者以人民币认购和买卖的股票。外资股是由投资者以外币认购和买卖的股票。外资股包括境内上市外资股（又称B股）和境外上市外资股。

（3）面额股和无面额股。

这是以股票票面是否记载一定金额来划分的。面额股是指在股票票面上标有一定金额的股票。无面额股是指在股票票面上不标明票面金额，只标明每股占公司资本总额比例的股票。《公司法》规定，股票发行价格可以按票面金额，也可以超过票面金额，但不得低于票面金额。

公司可以根据公司章程的规定将已发行的面额股全部转换为无面额股或者将无面额股全部转换为面额股，两者不能混合，应按照公司章程的规定择一采用。采用无面额股的，应当将发行股份所得股款的1/2以上计入注册资本。

2. 股份的发行原则

股份的发行，实行公开、公平、公正的原则；同类别的每一股份应当具有同等权利。

同次发行的同类别股份，每股的发行条件和价格应当相同。认购人所认购的股份，每股应当支付相同价额。

股份有限公司可以按照公司章程的规定发行与普通股权利不同的类别股：（1）优先或者劣后分配利润或者剩余财产的股份（常见于私募投资）；（2）每一股的表决权数多于或者少于普通股的股份（常见于创始股东）；（3）转让须经公司同意等转让受限的股份（常见于股权激励）；（4）国务院规定的其他类别股。

公开发行股份的公司不得发行上述第二项、第三项规定的类别股；公开发行前已发行的除外。

公司发行前述第二项规定的类别股的，对于监事或者审计委员会成员的选举和更换，类别股与普通股每一股的表决权数相同。

发行类别股的公司，应当在公司章程中载明以下事项：（1）类别股分配利润或者剩余财产的顺序；（2）类别股的表决权数；（3）类别股的转让限制；（4）保护中小股东权益的措施；（5）股东会认为需要规定的其他事项。

股东会作出修改公司章程、增加或者减少注册资本的决议，以及公司合并、分立、解散或者变更公司形式的决议，可能影响类别股股东权利的，除须经出席会议的普通股股东所持表决权的2/3以上通过之外，还须经出席会议的类别股股东所持表决权的2/3以上通过。

类别股股东会，又称专门股东会或分类股东会，是指在公司股份分成若干类别如普通股、优先股的情况下，当其类别股的权益需要变更时，由属于同一类别的股东组成的会议。

公司章程可以对需经类别股股东会议决议的其他事项作出规定。

公司发行新股，股东会应当对下列事项作出决议：（1）新股种类及数额；（2）新股发行价格；（3）新股发行的起止日期；（4）向原有股东发行新股的种类及数额；（5）发行无面额股的，新股发行所得股款计入注册资本的金额。

公司章程或者股东会可以授权董事会在3年内决定发行不超过已发行股份50%的股份，但以非货币财产作价出资的，应当经股东会决议。董事会依照上述规定决定发行股份导致公司注册资本、已发行股份数发生变化的，对公司章程该项记载事项的修改不需再由股东会表决。公司章程或者股东会授权董事会决定发行新股的，董事会决议应当经全体董事2/3以上通过。

公司经国务院证券监督管理机构注册后向社会公开发行新股时，必须公告新股招股说明书，并制作认股书。公司向社会公开发行新股，应当由依法设立的证券经营机构承销，签订承销协议；应当同银行签订代收股款协议。公司发行新股，可根据公司经营情况和财务状况，确定其作价方案。公司发行股份募足股款后，应予公告。

3. 股票的形式和记载的内容

公司的股份采取股票的形式。股票是公司签发的证明股东所持股份的凭证。公司发行的股票，应当为记名股票。股票采用纸面形式或者国务院证券监督管理机构规定的其他形式。

股票应当载明下列主要事项：（1）公司名称；（2）公司成立日期或者股票发行的时间；（3）股票种类、票面金额及代表的股份数，发行无面额股的，股票代表的股份数。

股票采用纸面形式的，还应当载明股票的编号，股票由法定代表人签名、公司盖章。

发起人股票采用纸面形式的，应当标明发起人股票字样。

股份有限公司成立后，即向股东正式交付股票。公司成立前不得向股东交付股票。

4. 股票的发行价格

股票的发行价格可以按票面金额，也可以超过票面金额，但不得低于票面金额。

【案例 3-3】 2024 年 8 月，A 国有企业集团拟将其全资拥有的 B 国有企业整体改制设立股份有限公司。A 集团制订了相应的方案，其中有关要点如下：B 企业截止到 2024 年 7 月 31 日经评估确认的净资产为 5 000 万元。A 集团拟联合 C 公司、赵某和周某共同发起设立股份有限公司，公司股本总额拟定为 5 000 万元（每股面值 1 元）。其中，A 集团拟将 B 企业的全部净资产按照 80%的折股比例认购 4 000 万股，C 公司以现金 500 万元认购 500 万股，赵某以现金 290 万元认购 290 万股，周某以相关专利技术作价 300 万元按照 70%的折股比例认购 210 万股。A 集团和周某折股溢价的 1 090 万元计入公司的资本公积金。①

根据上述内容，回答下列问题，并说明理由。

（1）拟定的股份有限公司发起人人数是否符合《公司法》的规定？

（2）各发起人认购股份是否符合《公司法》的规定？

【解析】（1）拟定的股份有限公司发起人人数符合《公司法》的规定。依据《公司法》的规定，设立股份有限公司，应当有 1 人以上、200 人以下为发起人，其中须有半数以上的发起人在中华人民共和国境内有住所。

（2）各发起人认购股份不符合《公司法》的规定。依据《公司法》的规定，同次发行的同类别股份，每股的发行条件和价格应当相同；认购人认购的股份，每股应当支付相同价额。而上述各发起人认购股份的条件和每股支付的价额不相同。

（二）股份转让

股份有限公司的股东持有的股份可以向其他股东转让，也可以向股东以外的人转让；公司章程对股份转让有限制的，其转让按照公司章程的规定进行。

（1）股东转让其股份，应当在依法设立的证券交易场所进行或者按照国务院规定的其他方式进行。

（2）股票的转让，由股东以背书方式或者法律、行政法规规定的其他方式转让，转让后由

---

① 该案例为作者自拟的案例，为了满足 2023 年修订的《公司法》的生效时间条件，特把时间写在 2023 年修订的《公司法》的生效时间之后。

公司将受让人的姓名或者名称及住所记载于股东名册。股东会会议召开前20日内或者公司决定分配股利的基准日前5日内，不得变更股东名册。法律、行政法规或者国务院证券监督管理机构对上市公司股东名册变更另有规定的，从其规定。

（3）公司公开发行股份前已发行的股份，自公司股票在证券交易所上市交易之日起1年内不得转让。

（4）公司董事、监事、高级管理人员应当向公司申报所持有的本公司的股份及其变动情况，在就任时确定的任职期间每年转让的股份不得超过其所持有本公司股份总数的25%；所持本公司股份自公司股票上市交易之日起1年内不得转让。上述人员离职后半年内，不得转让其所持有的本公司股份。

公司章程可以对公司董事、监事、高级管理人员转让其所持有的本公司股份作出其他限制性规定。

（5）公司不得收购本公司股份。但是，有下列情形之一的除外：1）减少公司注册资本；2）与持有本公司股份的其他公司合并；3）将股份用于员工持股计划或者股权激励；4）股东因对股东会作出的公司合并、分立决议持异议，要求公司收购其股份；5）将股份用于转换公司发行的可转换为股票的公司债券；6）上市公司为维护公司价值及股东权益所必需。

（6）公司不得接受本公司的股票作为质押权的标的。

（7）股份在法律、行政法规规定的限制转让期限内出质的，质权人不得在限制转让期限内行使质权。

自然人股东死亡后，其合法继承人可以继承股东资格；但是，股份转让受限的股份有限公司的章程另有规定的除外。

（三）股东的股份收购请求权

对股东会下列决议情形之一投反对票的股东可以请求公司按照合理的价格收购其股份，公开发行股份的公司除外：

（1）公司连续五年不向股东分配利润，而公司该五年连续盈利，并且符合《公司法》规定的分配利润条件；

（2）公司转让主要财产；

（3）公司章程规定的营业期限届满或者章程规定的其他解散事由出现，股东会通过决议修改章程使公司存续。

自股东会决议作出之日起60日内，股东与公司不能达成股份收购协议的，股东可以自股东会决议作出之日起90日内向人民法院提起诉讼。

第五节 公司董事、监事、高级管理人员

一、公司董事、监事、高级管理人员的资格

《公司法》对公司董事、监事、高级管理人员的任职资格予以一定限制。

依据《公司法》第178条第1款的规定，有下列情形之一的，不得担任公司的董事、监事、高级管理人员：（1）无民事行为能力或者限制民事行为能力；（2）因犯有贪污、贿赂、侵占财产、挪用财产或者破坏社会主义市场经济秩序罪，被判处刑罚，执行期满未逾5年，或者

因犯罪被剥夺政治权利，执行期满未逾 5 年，被宣告缓刑的，自缓刑考验期满之日起未逾 2 年；（3）担任破产清算的公司、企业的董事或者厂长、经理，对该公司、企业的破产负有个人责任的，自该公司、企业破产清算完结之日起未逾 3 年；（4）担任因违法被吊销营业执照、责令关闭的公司、企业的法定代表人，并负有个人责任的，自该公司、企业被吊销营业执照、责令关闭之日起未逾 3 年；（5）个人所负数额较大的债务到期未清偿，被人民法院列为失信被执行人。

违反上述规定选举、委派董事、监事或者聘任高级管理人员的，该选举、委派或者聘任无效。

董事、监事、高级管理人员在任职期间出现前述情形的，公司应当解除其职务。

上述各项规定，适用于有限责任公司和股份有限公司的董事、监事和高级管理人员。

二、公司董事、监事、高级管理人员的义务和责任

（一）董事、监事、高级管理人员的义务

《公司法》全面确立了董事、监事、高级管理人员对公司承担的义务，主要体现在以下几个方面：

1. 董事、监事、高级管理人员的忠实义务和勤勉义务

《公司法》规定，董事、监事、高级管理人员应当遵守法律、行政法规和公司章程，对公司负有忠实义务和勤勉义务。不担任公司董事，但实际执行公司事务的公司的控股股东、实际控制人也负有忠实义务和勤勉义务。

根据《公司法》第 180 条，董事、监事、高级管理人员对公司负有忠实义务，应当采取措施避免自身利益与公司利益冲突，不得利用职权牟取不正当利益。董事、监事、高级管理人员对公司负有勤勉义务，执行职务时应当为公司的最大利益尽到管理者通常应有的合理注意。

忠实义务的核心是不得利用职权牟取不正当利益。忠实义务是一种消极义务，其本质在于避免自身利益与公司利益冲突。勤勉义务是一种积极义务，其本质在于界定履职过程中的合理注意义务。

《公司法》第 181 条具体列举了忠实义务的 6 项内容。《公司法》规定，公司董事、监事、高级管理人员不得有下列行为：（1）侵占公司财产、挪用公司资金；（2）将公司资金以其个人名义或者以其他个人名义开立账户存储；（3）利用职权贿赂或者收受其他非法收入；（4）接受他人与公司交易的佣金归为己有；（5）擅自披露公司秘密；（6）违反对公司忠实义务的其他行为。

2. 公司董事、监事、高级管理人员关联交易的限制

《公司法》第 182 条规定，董事、监事、高级管理人员，直接或者间接与本公司订立合同或者进行交易，应当就与订立合同或者进行交易有关的事项向董事会或者股东会报告，并按照公司章程的规定经董事会或者股东会决议通过。

董事、监事、高级管理人员的近亲属，董事、监事、高级管理人员或者其近亲属直接或者间接控制的企业，以及与董事、监事、高级管理人员有其他关联关系的关联人，与公司订立合同或者进行交易，适用上述规定。

可见，《公司法》对关联交易限制的主体不仅包括公司董事、监事、高级管理人员，还包

括公司董事、监事、高级管理人员的近亲属，其近亲属直接或者间接控制的企业，以及与公司董事、监事、高级管理人员有其他关联关系的关联人。

3. 董事、监事、高级管理人员谋取公司商业机会的禁止

《公司法》第183条规定，董事、监事、高级管理人员，不得利用职务便利为自己或者他人谋取属于公司的商业机会。但是，有下列情形之一的除外：（1）向董事会或者股东会报告，并按照公司章程的规定经董事会或者股东会决议通过；（2）根据法律、行政法规或者公司章程的规定，公司不能利用该商业机会。

2023年《公司法》修订时增加“监事”为禁止谋取公司商业机会的适用主体，将公司商业机会合理利用的决议机关扩大到董事会或股东会，且明确两项禁止谋取公司商业机会的除外情形。

4. 董事、监事、高级管理人员竞业禁止

《公司法》第184条规定，董事、监事、高级管理人员未向董事会或者股东会报告，并按照公司章程的规定经董事会或者股东会决议通过，不得自营或者为他人经营与其任职公司同类的业务。

《公司法》规定：公司在关联交易、公司商业机会合理利用、竞业活动予以许可表决时，关联董事须回避表决；出席董事会会议的无关联关系董事人数不足三人的，应将该事项提交股东会审议。

5. 接受股东质询的义务

《公司法》第187条规定：股东会要求董事、监事、高级管理人员列席会议的，董事、监事、高级管理人员应当列席并接受股东的质询。

（二）董事、监事、高级管理人员的责任

《公司法》在明确了董事、监事、高级管理人员的上述义务以后，进一步明确了其违法执行职务给公司造成损害时所应承担的法律责任。《公司法》第188条规定：董事、监事、高级管理人员执行公司职务时违反法律、行政法规或者公司章程的规定，给公司造成损失的，应当承担赔偿责任。

《公司法》第191条规定：董事、高级管理人员执行职务，给他人造成损害的，公司应当承担赔偿责任；董事、高级管理人员存在故意或者重大过失的，也应当承担赔偿责任。

《公司法》第192条规定：公司的控股股东、实际控制人指示董事、高级管理人员从事损害公司或者股东利益的行为的，与该董事、高级管理人员承担连带责任。

第六节　公司的财务、会计

一、公司财务、会计的基本要求

第一，公司应当依照法律、行政法规和国务院财政部门的规定建立本公司的财务、会计制度。

第二，公司应当依法编制财务会计报告。公司应当在每一会计年度终了时编制财务会计报告，并依法经会计师事务所审计。公司财务会计报告应当依照《会计法》《企业财务会计报告条例》等法律、行政法规和国务院财政部门的规定编制。

第三，公司应当依法披露有关财务、会计资料。有限责任公司应当按照公司章程规定的期限将财务会计报告送交各股东。股份有限公司的财务会计报告应当在召开股东会年会的 20 日前置备于本公司，供股东查阅；公开发行股票的股份有限公司应当公告其财务会计报告。

第四，公司除法定的会计账簿外，不得另立会计账簿。对公司财产，不得以任何个人名义开立账户存储。

第五，公司应当依法聘用会计师事务所对财务会计报告审查验证。公司应当向聘用的会计师事务所提供真实、完整的会计凭证、会计账簿、财务会计报告及其他会计资料，不得拒绝、隐匿、谎报。

二、公积金的种类和用途

（一）公积金的种类

公积金又称储备金，是公司的风险资本金，是公司在资本额外所保留的一部分金额。

公积金分为盈余公积金和资本公积金两类。

盈余公积金是从公司税后利润中提取的公积金，分为法定公积金和任意公积金两种。法定公积金按照公司税后利润的 10%提取，当公司法定公积金累计额为公司注册资本的 50%以上时可以不再提取。公司从税后利润中提取法定公积金后，经股东会决议，还可以从税后利润中提取任意公积金。

资本公积金是直接由资本原因等形成的公积金。股份有限公司以超过股票票面金额的发行价格发行股份所得的溢价款，发行无面额股所得股款未计入注册资本的金额，以及国务院财政部门规定列入资本公积金的其他项目，应当列为公司资本公积金。

（二）公积金的用途

对公司的公积金应当按照规定的用途使用。公司的公积金用于弥补公司的亏损、扩大公司生产经营或者转为增加公司资本。用公积金弥补公司亏损，应当先使用任意公积金和法定公积金；还不能弥补的，可以按照规定使用资本公积金。法定公积金转为增加注册资本时，所留存的该项公积金不得少于转增前公司注册资本的 25%。

三、亏损弥补

公司的法定公积金不足以弥补以前年度亏损的，在提取法定公积金之前，应当先用当年利润弥补亏损。

公积金弥补公司亏损，应当先使用任意公积金和法定公积金；还不能弥补的，可以按照规定使用资本公积金。仍有亏损的，可以减少注册资本弥补亏损。通过减少注册资本弥补亏损的，公司不得向股东分配利润，也不得免除股东缴纳出资或者股款的义务。

通过减少注册资本弥补亏损的，应当自股东会作出减少注册资本决议之日起 30 日内在报纸上或者国家企业信用信息公示系统公告。在法定公积金和任意公积金累计额达到公司注册资本的 50%前，不得分配利润。

四、公司的利润分配

公司的利润是指公司在一定会计期间的经营成果。公司应当按照如下顺序进行利润分配：

(1) 弥补以前年度的亏损，但不得超过税法规定的弥补期限。(2) 缴纳所得税。(3) 弥补在税前利润弥补亏损之后仍存在的亏损。(4) 提取法定公积金。(5) 提取任意公积金。(6) 向股东分配利润。

公司弥补亏损和提取公积金后所余税后利润，有限责任公司按照股东实缴的出资比例分配，但全体股东约定不按照出资比例分配的除外；股份有限公司按照股东持有的股份比例分配，公司章程另有规定的除外。

公司持有的本公司股份不得分配利润。

公司违反《公司法》规定向股东分配利润的，股东应当将违反规定分配的利润退还公司；给公司造成损失的，股东及负有责任的董事、监事、高级管理人员应当承担赔偿责任。

股东会作出分配利润的决议的，董事会应当在股东会决议作出之日起 6 个月内进行分配。

【案例 3-4】 某有限责任公司注册资本 300 万元，其中甲的投资占 40%，乙的投资占 35%，丙的投资占 25%。本年度实现利润 90 万元，上年度亏损为 30 万元。该公司股东会决定不提取任意公积金。

请问：该公司本年度利润应如何分配?

【解析】 依据《公司法》的规定，公司分配当年利润时，没有法定公积金可以弥补税前的亏损的，应当先用当年利润弥补亏损，然后计算缴纳企业所得税，接着应当提取税后利润的 10%列入公司法定公积金。

本案中，先弥补上年度亏损，余额为 60 万元，接着计算缴纳企业所得税 15 (60×25%) 万元，按照税后利 45 (60—15) 万元提取 10%的法定公积金 4.5 万元，将余额 40.5 万元按出资比例分配给股东。

第七节　公司合并、分立与减资

一、公司合并

(一) 公司合并的概念

公司合并是指两个或两个以上的公司，依照《公司法》规定的条件和程序，通过订立合并协议，共同组成一个公司的法律行为。

(二) 公司合并的形式

《公司法》第 218 条规定：公司合并可以采取吸收合并或者新设合并。一个公司吸收其他公司为吸收合并，被吸收的公司解散。两个以上公司合并设立一个新的公司为新设合并，合并各方解散。

(三) 公司合并的程序

(1) 股东会决议。有限责任公司由股东会就公司合并作出决定，作出合并的决定须经代表 2/3 以上表决权的股东通过。股份有限公司由股东会就公司合并作出决议，作出合并的决议必须经出席会议的股东所持表决权的 2/3 以上通过。公司与其持股 90%以上的公司合并，被合并的公司不需经股东会决议，但应当通知其他股东，其他股东有权请求公司按照合理的价格收购其股权或者股份。公司合并支付的价款不超过本公司净资产 10%的，可以不经股东会决议；

但是，公司章程另有规定的除外。

公司依照规定合并不经股东会决议的，应当经董事会决议。

（2）应由合并各方签订合并协议，并编制资产负债表和财产清单。

（3）通知债权人。公司应当自作出合并决议之日起10日内通知债权人，并于30日内在报纸上或者国家企业信用信息公示系统公告。债权人自接到通知之日起30日内，未接到通知的自公告之日起45日内，可以要求公司清偿债务或者提供相应的担保。

（4）办理合并登记手续。公司合并后，登记事项发生变更的，应当依法向公司登记机关办理变更登记。公司解散的，应当依法办理公司注销登记。设立新公司的，应当依法办理公司设立登记。

（四）公司合并的法律效力

《公司法》第221条规定：公司合并时，合并各方的债权、债务，应当由合并后存续的公司或者新设的公司承继。依据《民法典》的有关规定，公司合并是合同权利、义务即债权、债务概括移转的法定原因，合并后的公司必须承受原公司的全部债权和债务，除非公司与债权人达成了另外的协议。

二、公司分立

（一）公司分立的概念

公司分立是指依照《公司法》的规定及协议约定将一个公司分为两个或两个以上公司的法律行为。

（二）公司分立的形式

公司法未明确公司分立的形式。通常以原公司的法人资格消灭与否为标准，将公司分立分为派生分立和新设分立。

派生分立是指一个公司将一部分财产或业务依法分出，成立一个新公司，而原公司继续存续的行为。

新设分立是指一个公司将其全部财产分割，成立两个或两个以上新公司，而原公司解散的行为。

（三）公司分立的程序

公司分立时，其财产应作相应的分割。公司分立，应当编制资产负债表及财产清单。公司应当自作出分立决议之日起10日内通知债权人，并于30日内在报纸上或者国家企业信用信息公示系统公告。

（四）公司分立的法律效力

公司分立前的债务由分立后的公司承担连带清偿责任。但是，公司在分立前与债权人就债务清偿达成的书面协议另有约定的除外。

三、公司减资

公司减资即注册资本的减少，是指公司为了一定目的，依照法定条件和程序，减少公司资本总额。公司需要减少注册资本时，由股东会作出减资的决定或决议，并相应地修改公司章程。公司必须编制资产负债表及财产清单。公司应当自股东会作出减少注册资本决议之日起

10 日内通知债权人，并于 30 日内在报纸上或者国家企业信用信息公示系统公告。债权人自接到通知之日起 30 日内，未接到通知的自公告之日起 45 日内，有权要求公司提前清偿债务或者提供相应的担保。公司减少注册资本，应当按照股东出资或者持有股份的比例相应减少出资额或者股份，法律另有规定、有限责任公司全体股东另有约定或者股份有限公司章程另有规定的除外。公司减少注册资本，应当依法向公司登记机关办理变更登记。

违反《公司法》的规定减少注册资本的，股东应当退还其收到的资金，减免股东出资的应当恢复原状；给公司造成损失的，股东及负有责任的董事、监事、高级管理人员应当承担赔偿责任。

第八节　公司解散和清算

一、公司解散

公司解散是指依法成立的公司基于一定的合法事由而消灭的法律行为。

《公司法》第 229 条规定，公司解散的原因有以下五种情形：(1) 公司章程规定的营业期限届满或者公司章程规定的其他解散事由出现；(2) 股东会决议解散；(3) 因公司合并或者分立需要解散；(4) 依法被吊销营业执照、责令关闭或者被撤销；(5) 公司经营管理发生严重困难，继续存续会使股东利益受到重大损失，通过其他途径不能解决，持有公司 10%以上表决权的股东请求人民法院解散公司的，人民法院依法予以解散。

公司出现公司章程规定的营业期限届满或其他解散事由或者股东会决议解散情形，且尚未向股东分配财产的，可以通过修改公司章程或者经股东会决议而存续。此时修改公司章程或者经股东会决议，有限责任公司须经持有 2/3 以上表决权的股东通过，股份有限公司须经出席股东会会议的股东所持表决权的 2/3 以上通过。

二、公司清算

1. 公司解散原因与清算组

《公司法》第 229 条规定，公司因下列原因解散：(1) 公司章程规定的营业期限届满或者公司章程规定的其他解散事由出现；(2) 股东会决议解散；(3) 依法被吊销营业执照、责令关闭或者被撤销；(4) 公司经营管理发生严重困难，继续存续会使股东利益受到重大损失，通过其他途径不能解决的，持有公司 10%以上表决权的股东，可以请求人民法院解散公司。公司因上述情形而解散的，应当清算。

董事为公司清算义务人，应当在解散事由出现之日起 15 日内组成清算组进行清算。清算组由董事组成，但是公司章程另有规定或者股东会决议另选他人的除外。

逾期不成立清算组进行清算或者成立清算组后不清算的，利害关系人可以申请人民法院指定有关人员组成清算组进行清算。人民法院应当受理该申请，并及时组织清算组进行清算。

公司因被依法吊销营业执照、责令关闭或者被撤销而解散的，作出吊销营业执照、责令关闭或者撤销决定的部门或者公司登记机关，可以申请人民法院指定有关人员组成清算组进行清算。

清算义务人未及时履行清算义务，给公司或者债权人造成损失的，应当承担赔偿责任。

2. 清算组的职权、义务和责任

依据《公司法》的规定，清算组在清算期间行使下列职权：清理公司财产，分别编制资产负债表和财产清单；通知、公告债权人；处理与清算有关的公司未了结的业务；清缴所欠税款以及清算过程中产生的税款；清理债权、债务；分配公司清偿债务后的剩余财产；代表公司参与民事诉讼活动。

清算组在公司清算期间代表公司进行一系列民事活动，全权处理公司经济事务和民事诉讼活动。

清算组应当自成立之日起10日内通知债权人，并于60日内在报纸上或者国家企业信用信息公示系统公告。债权人应当自接到通知之日起30日内，未接到通知的自公告之日起45日内，向清算组申报其债权。债权人申报债权，应当说明债权的有关事项，并提供证明材料。清算组应当对债权进行登记。在申报债权期间，清算组不得对债权人进行清偿。

清算组成员履行清算职责，负有忠实义务和勤勉义务。

清算组成员怠于履行清算职责，给公司造成损失的，应当承担赔偿责任；因故意或者重大过失给债权人造成损失的，应当承担赔偿责任。

3. 清偿债务

公司财产在分别支付清算费用、职工的工资、社会保险费用和法定补偿金，缴纳所欠税款，清偿公司债务后的剩余财产，有限责任公司按照股东的出资比例分配，股份有限公司按照股东持有的股份比例分配。清算期间，公司存续，但不得开展与清算无关的经营活动。公司财产在未按上述规定清偿前，不得分配给股东。

4. 注销登记

公司清算结束后，清算组应当制作清算报告，报股东会或者人民法院确认，并报送公司登记机关，申请注销公司登记。

公司在存续期间未产生债务，或者已清偿全部债务的，经全体股东承诺，可以按照规定通过简易程序注销公司登记。

通过简易程序注销公司登记，应当通过国家企业信用信息公示系统予以公告，公告期限不少于20日。公告期限届满后，未有异议的，公司可以在20日内向公司登记机关申请注销公司登记。公司通过简易程序注销公司登记，股东承诺内容不实的，应当对注销登记前的债务承担连带责任。

公司被吊销营业执照、责令关闭或者被撤销，满3年未向公司登记机关申请注销公司登记的，公司登记机关可以通过国家企业信用信息公示系统予以公告，公告期限不少于60日。公告期限届满后，未有异议的，公司登记机关可以注销公司登记。依照前述规定注销公司登记的，原公司股东、清算义务人的责任不受影响。

公司被依法宣告破产的，依照有关企业破产的法律实施破产清算。

复习与思考

一、简答题

1. 简述有限责任公司的出资方式。
2. 简述有限责任公司股东会的性质及职权。
3. 简述有限责任公司股东请求收购股权的情形。

4. 简述国家出资公司的种类。

5. 简述股份有限公司的特别决议的内容。

6. 简述担任公司的董事、监事、高级管理人员的消极条件。

二、案例分析题

某公司是由甲、乙、丙、丁四名自然人出资设立的有限责任公司，公司章程规定不设董事会、只设1名董事。甲行使董事会的职责。乙担任公司总经理。

在公司经营过程中，甲与总经理乙对公司经营方式产生分歧，致使公司管理陷入混乱状态，经营状况不佳。乙提出辞去公司总经理职务，并准备将其所持公司股份转让给戊。公司召开股东会会议，作出如下决议：(1) 同意乙辞去公司总经理职务，由执行董事甲兼任公司总经理；(2) 同意乙将其所持公司股份转让给戊。

根据上述情况和公司法律制度的有关规定，回答下列问题：

(1) 该公司不设董事会、只设一名执行董事的做法是否符合法律规定？简要说明理由。

(2) 该公司的法定代表人是谁？

(3) 该公司由执行董事甲兼任公司总经理的做法是否符合法律规定？

(4) 该公司股东会作出同意乙将其所持公司股份转让给戊的决议是否符合法律规定？

第四章

合同法律制度

□·学习目标·□

通过本章的学习和技能训练，要求掌握合同的概念和《民法典》合同编的基本原则，了解合同的分类和相对性，掌握合同的订立、效力、履行、保全、解除、违约的基本规则。

□·引导案例·□

2024 年 3 月 1 日，甲钢铁公司向乙建筑公司发函，函件的内容包括甲公司生产的各种型号钢材的数量、价格表和一份订货单。订货单表明：各型号钢材符合行业质量标准，若乙公司在 4 月 15 日前购货，甲公司将满足供应，并负责运送至乙公司所在地，交货后付款。3 月 10 日，乙公司复函称：如果 A 型号钢材每吨价格下降 200 元，我公司愿购买 3 000 吨 A 型号钢材。贵公司如同意，须在 3 月 31 日前函告。3 月 25 日，甲公司决定接受乙公司的购买价格；同日收到乙公司的撤销函件，表示不再需要购买 A 型号钢材。3 月 26 日，甲公司正式发出确认函告知乙公司，表示接受乙公司就 A 型号钢材的购买数量及价格，并要求乙公司按约定履行合同，乙公司于当日收到甲公司的该确认函。乙公司认为其已给甲公司发出撤销函件，故买卖合同未成立。双方因此发生争议。

□·分析思考·□

什么是要约？要约与要约邀请有何区别？本案中买卖合同是否成立？请说明理由。

第一节　合同的一般规定概述

一、合同的概念与分类

（一）合同的概念

《民法典》第 464 条规定：合同是民事主体之间设立、变更、终止民事法律关系的协议。合同是平等主体之间的民事法律关系，任何一方，无论其所有制性质及行政地位，都不能将自己的意志强加给对方。

（二）合同的分类

根据不同的分类标准，可将合同分为不同的种类。合同的分类有助于正确理解法律、订立和履行合同，有助于正确地适用法律处理合同纠纷。通常，在立法与合同法理论上对合同作以下分类。

1. 双务合同与单务合同

根据当事人双方是否负有对价义务，合同可以分为单务合同和双务合同。

单务合同是指仅有一方当事人承担义务的合同，如赠与合同。双务合同是指双方当事人互负对价义务的合同，如买卖合同、承揽合同、租赁合同等。

2. 有偿合同与无偿合同

根据合同当事人履行给付义务是否以对方当事人支付对价为标准，可以将合同分为有偿合同与无偿合同。

有偿合同是指当事人双方为从合同中取得利益需要支付相应对价的合同，如买卖合同。无偿合同则是指当事人一方从对方取得利益而不需要支付相应对价的合同，如赠与合同。

3. 有名合同与无名合同

根据法律上是否规定了合同的特定名称，可以将合同分为有名合同和无名合同。

有名合同又称典型合同，是指法律上规定了此合同特定的名称及具体制度的合同，如《民法典》中所规定的买卖合同，供用电、水、气、热力合同，赠与合同、借款合同、保证合同、租赁合同、融资租赁合同、保理合同、承揽合同、建设工程合同、运输合同、技术合同、保管合同、仓储合同、委托合同、物业服务合同、行纪合同、中介合同、合伙合同等。

无名合同又称非典型合同，是指法律未对这类合同特别加以规定，也未赋予其特定名称的合同。

有名合同与无名合同的区分意义主要在于两者适用的法律规则不同。对于有名合同应当直接适用《民法典》合同编的规定；对于无名合同，则首先应当考虑适用合同法的一般规则。另外，无名合同的内容可能涉及有名合同的某些规则，因此，也可以比照类似的有名合同的规则，参照合同的经济目的及当事人的意思等对无名合同进行处理。

4. 要式合同与不要式合同

根据合同的成立或生效除当事人意思表示一致外是否需要具备一定的方式，可以将合同分为要式合同与不要式合同。

要式合同是指除当事人意思表示一致外，还需具备一定方式，才能成立或者生效的合同。这里的方式可以是法定的方式，也可以是约定的方式。

不要式合同是指法律并未规定，当事人也并未约定合同成立或者生效须具备一定方式，只要当事人意思表示一致就可以成立的合同。

5. 诺成合同与实践合同

根据合同的成立是否以交付标的物为成立条件，可以将合同分为诺成合同与实践合同。

诺成合同是指当事人意思表示一致即告成立的合同，无须标的物的交付，例如，买卖合同、租赁合同、承揽合同等。根据《民法典》的规定，赠与合同、质押合同也是诺成合同。

实践合同是指在当事人意思表示一致后，仍须有实际交付标的物的行为才能成立的合同，例如自然人之间的借贷合同、保管合同、仓储合同和定金合同等。

6. 主合同与从合同

根据相互关联的合同之间的主从关系，可以将合同分为主合同与从合同。

主合同是指在相互关联的合同中能够独立存在，无须以其他合同的存在为前提的合同。

从合同则是指依从于主合同存在而存在，并随主合同消灭而消灭的合同，如保证合同。

二、合同的相对性

合同法律关系是特定当事人之间的民事法律关系，合同法律关系具有相对性特征。合同的相对性，是指合同主要在特定的合同当事人之间发生权利义务关系，一方当事人只能基于合同向另一方当事人提出请求或提起诉讼，不能向无合同法律关系的第三人提出合同上的请求，也不能擅自为第三人设定合同上的义务。《民法典》第 465 条规定：依法成立的合同，受法律保护。依法成立的合同，仅对当事人具有法律约束力，但是法律另有规定的除外。这是强调了合同的相对性，也为合同相对性的例外留了空间。

合同的相对性主要体现在如下四个方面。

（一）合同主体的相对性

合同主体的相对性是指合同法律关系只能发生在特定的主体之间，只有合同的一方当事人能够向合同的另一方当事人基于合同提出请求或提起诉讼。合同法律关系以外的第三人，不能依据合同提出请求或者提起诉讼；合同法律关系当事人也不能向第三人提出合同上的请求及提起诉讼。

（二）合同内容的相对性

合同内容的相对性是指除法律法规另有规定和合同另有约定以外，只有合同当事人才能享有某个合同所规定的权利并承担该合同规定的义务，任何第三人不能主张合同上的权利。在双务合同中，合同内容的相对性还表现在一方的权利就是另一方的义务，而且另一方承担义务才使一方享有权利，权利、义务是相互对应的。由于合同的内容及于当事人，因而权利人的权利须依赖义务人履行义务的行为才能实现，因此，（1）合同规定由当事人享有的权利，原则上并不及于第三人；（2）合同当事人无权为他人设定合同上的义务；（3）合同权利与义务主要对合同当事人产生约束力。

（三）责任的相对性

责任的相对性，是指合同责任只能在特定的当事人之间即合同法律关系的当事人之间发生，合同法律关系以外的人不负违约责任。

（四）合同相对性的例外

虽然合同法律关系具有相对性，但也有例外。可能因为“物权化”或者保障债权实现等情况，这种相对性在一定条件下也会被打破。依据《民法典》的规定，下列情形就属于合同相对性原则的例外。

（1）《民法典》第 535、539 条规定的代位权和撤销权等关于债的保全的规定突破了合同的相对性，使债权人可以向合同法律关系以外的第三人提起诉讼、主张权利。

（2）《民法典》第 725 条关于“所有权让与不破租赁”的规定，使租赁合同的承租人可以以自己的租赁权对抗新的所有权人，从而突破了合同的相对性。

(3)《民法典》第 791 条第 2 款、第 839 条关于分包人与承包人共同对发包人承担连带责任、多式联运合同中某一区段的承运人与多式联运经营人共同向托运人承担连带责任的规定，也都突破了合同的相对性。

三、《民法典》合同编的调整范围和原则

(一)《民法典》合同编的调整范围

依据《民法典》第 463 条，《民法典》合同编主要调整因合同产生的民事关系。民法调整作为平等主体的自然人、法人和非法人组织之间的人身关系和财产关系。财产关系又包括物权法律关系和债权法律关系，合同法律关系只是债权法律关系中的一种，即合同之债的关系。《民法典》合同编的调整对象是平等主体之间的交易性财产关系。其部分规定还适用于非因合同产生的债权债务关系，如基于侵权行为产生的债权债务关系。根据《民法典》的规定，非因合同产生的债权债务关系，适用有关该债权债务关系的法律规定；没有规定的，适用《民法典》合同编“通则”的有关规定，但是根据其性质不能适用的除外。婚姻、收养、监护等有关身份关系的协议，适用有关该身份关系的法律规定；没有规定的，可以根据其性质参照适用《民法典》合同编的规定。

《民法典》合同编调整的范围包括：(1) 平等主体之间的民事关系。(2) 法人、非法人组织之间的经济合同关系。(3) 在政府机关参与的合同中，政府机关作为平等的主体与对方签订合同时适用《民法典》合同编的规定。国家根据需要下达指令性任务或者国家订货任务的，有关法人、非法人组织之间应当依照有关法律、行政法规规定的权利和义务订立合同。(4) 其他法律对合同另有规定的，依照其规定；对于其他法律没有明文规定的合同，适用《民法典》合同编“通则”分编的规定。

(二)《民法典》合同编的基本原则

《民法典》规定了民事主体在民事活动中应遵循的基本原则。

1. 平等原则

《民法典》第 4 条规定：民事主体在民事活动中的法律地位一律平等。无论当事人是法人、非法人组织还是自然人，也不论其经济性质、组织形式、经济实力的大小等，都应当平等地享有权利、履行义务、承担责任。

2. 自愿原则

《民法典》第 5 条规定：民事主体从事民事活动，应当遵循自愿原则，按照自己的意思设立、变更、终止民事法律关系。自愿原则体现了民事活动的基本特征，是使民事法律关系区别于行政法律关系、刑事法律关系的特有原则。

3. 公平原则

《民法典》第 6 条规定：民事主体从事民事活动，应当遵循公平原则，合理确定各方的权利和义务。公平原则要求当事人之间的权利、义务要对等，要公平、合理，要以利益均衡作为价值判断标准来调整合同主体之间的关系，强调双方负担和风险的合理分配。

4. 诚信原则

《民法典》第 7 条规定：民事主体从事民事活动，应当遵循诚信原则，秉持诚实，恪守承诺。诚信原则要求当事人在订立、履行合同以及合同终止后的全过程中，都要诚实、讲信用，

相互协作。

5. 合法原则

《民法典》第8条规定：民事主体从事民事活动，不得违反法律，不得违背公序良俗。遵守法律、行政法规，主要指不违反法律、行政法规的强制性规定。

6. 绿色环保原则

《民法典》第9条规定：民事主体从事民事活动，应当有利于节约资源、保护生态环境。

第二节　合同的订立与效力

一、合同订立概述

合同的订立是指各方当事人依法对合同的主要条款进行协商，并达成协议的法律行为。

当事人订立合同，应当具有相应的民事权利能力和民事行为能力。当事人依法可以委托代理人订立合同。

二、合同的内容与形式

（一）合同的内容

合同的内容是指依据法律规定和合同的约定所产生的权利义务关系，具体体现为合同的各项条款，也称主要条款。

依据《民法典》第470条的规定，合同的内容由当事人约定，合同一般包括以下条款。

1. 当事人的名称或者姓名和住所

合同依法生效后，即在当事人之间产生法律约束力，所以，合同中必须写明当事人的名称或姓名。当事人的住所是确定债务履行地的依据，是发生合同纠纷时确定管辖法院的一个依据，也是人民法院送达诉讼文书的目的地，因此，合同中也应当写明当事人的住所。

2. 标的

标的是合同当事人的权利、义务指向的对象。标的是合同成立的必要条件，是一切合同的必备条款。

3. 数量

在大多数合同中，数量是必备条款。对于有形财产，数量是对单位个数、体积、面积、长度、容积、重量等的计量；对于无形财产，数量是个数、件数、字数以及使用范围等多种量度方法；对于劳务，数量为劳动量；对于工作成果，数量是工作量及成果数量。数量条款中应当约定明确的计量单位和计量方法，约定合理的磅差、正负尾差、超欠幅度、自然损耗等。计量单位和计量方法必须合法、具体、准确，除国家明文规定以外，当事人双方可以协商确定。

4. 质量

质量是指标的的内在素质和外观形象的状况。质量条款是合同的主要条款，当事人必须在合同中约定质量标准。如果质量条款规定不明确，极易引发争议。

5. 价款或者报酬

价款或者报酬是一方当事人向对方当事人所付代价的货币支付。价款一般指向提供财产的当事人支付的货币。报酬一般指向提供劳务或者工作成果的当事人支付的货币。作为主要条款，在合同中应当明确规定价款或报酬的数额、计算标准、结算方式和程序。

6. 履行期限、履行地点和履行方式

履行期限是有关当事人实际履行合同的时间规定，直接关系到合同义务完成的时间，也是确定合同的履行是按时履行还是迟延履行的客观依据。

履行地点是指当事人依据合同约定履行其义务的场所。

履行方式是指当事人履行合同义务的方法。

7. 违约责任

违约责任是指合同当事人违反合同义务而应承担的责任，即当事人不履行合同债务时所应承担的损害赔偿、支付违约金等责任。

8. 解决争议的方法

解决争议的方法是指发生合同纠纷时的解决途径。按照合同自由原则，当事人可以在合同中约定解决争议的具体方法。

(二) 合同的形式

合同的形式是指体现合同内容、明确当事人权利义务关系的方式，即合同的载体。《民法典》第 469 条规定：当事人订立合同，可以采用书面形式、口头形式或者其他形式。

书面形式是指当事人以文字等有形的表现形式体现当事人所订立合同的内容的形式。书面形式是合同书、信件、电报、电传、传真等可以有形地表现所载内容的形式。以电子数据交换、电子邮件等方式能够有形地表现所载内容，并可以随时调取查用的数据电文，被视为书面形式。

口头形式是指当事人只用语言为意思表示而订立合同，而不用文字表达协议内容的合同形式。凡当事人未约定、法律未规定特定形式的合同，都可以采用口头形式。

其他形式是指除口头形式、书面形式之外的订立合同的形式，主要包括视听资料形式和默示行为。

三、格式条款

《民法典》第 470 条第 2 款规定，当事人可以参照各类合同的示范文本订立合同。同时，有些行业（如电力、煤气、自来水、铁路、邮政等商品供应或服务行业）需要进行频繁的、重复性的交易，在多次交易的过程中为了简化合同订立的程序，形成了“格式条款”（又称格式合同）。

(一) 格式条款的概念

格式条款是当事人为了重复使用而预先拟定，并在订立合同时未与对方协商的条款。

(二)《民法典》对格式条款的使用限制

《民法典》从三个方面对格式条款的使用予以限制。

1. 提供格式条款一方的义务

提供格式条款的一方有提示说明的义务，应当采取合理的方式提请对方注意免除或限制其责任的条款，按照对方的要求对该条款予以说明。《民法典》第 496 条第 2 款规定：采用格式条款订立合同的，提供格式条款的一方应当遵循公平原则确定当事人之间的权利和义务，并采取合理的方式提示对方注意免除或者减轻其责任等与对方有重大利害关系的条款，按照对方的要求，对该条款予以说明。提供格式条款的一方未履行提示或者说明义务，致使对方没有注意或者理解与其有重大利害关系的条款的，对方可以主张该条款不成为合同的内容。

提供格式条款的一方在合同订立时采用通常足以引起对方注意的文字、符号、字体等明显标识，提示对方注意免除或者减轻其责任、排除或者限制对方权利等与对方有重大利害关系的异常条款的，人民法院可以认定其已经履行《民法典》规定的提示义务；按照对方的要求，就与对方有重大利害关系的异常条款的概念、内容以及其法律后果以书面或者口头形式向对方作出通常能够理解的解释说明的，人民法院可以认定其已经履行《民法典》规定的说明义务。提供格式条款的一方对其已经尽到提示义务或者说明义务承担举证责任。对于通过互联网等信息网络订立的电子合同，提供格式条款的一方仅以采取了设置勾选、弹窗等方式为由主张其已经履行提示义务或者说明义务的，人民法院不予支持，但是其举证符合前述规定的除外。

2. 某些格式条款无效

依据《民法典》的规定，无效的格式条款包括：（1）具有《民法典》规定的民事法律行为无效情形，以及造成对方人身损害的、因故意或者重大过失造成对方财产损失的免责条款；（2）提供格式条款一方不合理地免除或者减轻其责任、加重对方责任、限制对方主要权利的条款；（3）提供格式条款一方排除对方主要权利的条款。

【案例4-1】20××年，裴某向南通某公司购买房屋时，合同中约定“不得擅自封闭阳台”。后裴某同南通某物业管理有限责任公司签订的合同约定“本小区不得封闭阳台”。之后由于临近马路，灰尘大、噪声大，裴某将阳台加装玻璃。某物业管理有限公司起诉，要求裴某拆除。

【解析】一审法院认为，原告某物业管理有限公司以格式合同排除业主对阳台的专有支配权，该条款无效，且被告裴某加装玻璃窗，不影响小区美观，遂判决驳回原告某物业管理有限公司的诉讼请求。原告某物业管理有限公司不服，提起上诉。二审法院维持原判。

3. 对格式条款的解释

《民法典》第498条规定：对格式条款的理解发生争议的，应当按照通常理解予以解释。对格式条款有两种以上解释的，应当作出不利于提供格式条款一方的解释。格式条款和非格式条款不一致的，应当采用非格式条款。

四、合同的订立

合同是当事人之间关于权利、义务的合意，当事人之间意思表示真实一致时，合同即告成立。依据《民法典》第471条，当事人订立合同，可以采取要约、承诺方式或者其他方式。

（一）要约

1. 要约的概念

《民法典》第472条规定：要约是希望与他人订立合同的意思表示。可见，要约是一方当事人以缔结合同为目的，向对方当事人所作的意思表示。表意人即发出要约的人，称为要约人；受领要约的人称为相对人或受要约人。

要约是订立合同的必经阶段，不经过要约的阶段，合同是不可能成立的。要约作为一种希望和他人订立合同的意思表示，它能够对要约人和相对人产生一种拘束力。要约的意思表示必须“内容具体确定；表明经受要约人承诺，要约人即受该意思表示约束”。要约一旦发出，除依法律规定或受要约人同意外，不得任意变更或撤销。

2. 要约邀请

要约邀请是希望他人向自己发出要约的意思表示。要约邀请与要约不同：要约是一个一经承诺就成立合同的意思表示，而要约邀请的目的是邀请他人向自己发出要约，如果自己承诺合同才成立。要约邀请处于合同的准备阶段，没有法律约束力。实践中，要约与要约邀请往往很难区别。《民法典》第 473 条规定：要约邀请是希望他人向自己发出要约的表示。拍卖公告、招标公告、招股说明书、债券募集办法、基金招募说明书、商业广告和宣传、寄送的价目表等为要约邀请。商业广告和宣传的内容符合要约条件的，构成要约。《民法典》第 499 条规定：悬赏人以公开方式声明对完成特定行为的人支付报酬的，完成该行为的人可以请求其支付。

3. 要约的构成要件

依据《民法典》的规定，要约要取得法律效力必须具备下列条件：（1）内容具体确定；（2）表明经受要约人承诺，要约人即受该意思表示约束。

4. 要约的生效时间

《民法典》第 137 条规定：以对话方式作出的意思表示，相对人知道其内容时生效；以非对话方式作出的意思表示，到达相对人时生效。以非对话方式作出的采用数据电文形式的意思表示，相对人指定特定系统接收数据电文的，该数据电文进入该特定系统时生效；未指定特定系统的，相对人知道或者应当知道该数据电文进入其系统时生效。当事人对采用数据电文形式的意思表示的生效时间另有约定的，按照其约定。

5. 要约的撤回与撤销

（1）要约的撤回。要约的撤回是指在要约发生效力之前，要约人使其失去法律效力的意思表示。《民法典》第 141 条规定：行为人可以撤回意思表示。撤回意思表示的通知应当在意思表示到达相对人前或者与意思表示同时到达相对人。这里的行为人就是要约人，意思表示就是要约，相对人就是受要约人。

（2）要约的撤销。要约的撤销是指要约到达受要约人发生效力之后，要约人使要约的效力归于消灭的意思表示。要约的撤销发生在要约已经生效而受要约人尚未作出承诺即合同成立之前的期限内。

依据《民法典》第 476 条的规定，如果要约人确定了承诺期限或者以其他形式明示要约是不可撤销的；受要约人有理由认为要约是不可撤销的，并且已经为履行合同做了准备工作，则不可撤销要约。《民法典》第 477 条规定：撤销要约的意思表示以对话方式作出的，该意思表示的内容应当在受要约人作出承诺之前为受要约人所知道；撤销要约的意思表示以非对话方式作出的，应当在受要约人作出承诺之前到达受要约人。

6. 要约失效

要约失效，是指要约丧失了法律约束力，不再对要约人和受要约人产生约束。要约失效以后，受要约人也丧失了其承诺的权利。

《民法典》第 478 条规定，有下列情形之一的，要约失效：（1）要约被拒绝；（2）要约被依法撤销；（3）承诺期限届满，受要约人未作出承诺；（4）受要约人对要约的内容作出实质性变更。

（二）承诺

1. 承诺的概念

依据《民法典》的规定，承诺是受要约人同意要约的意思表示，即受要约人同意接受要约的条件以缔结合同的意思表示。

2. 承诺的构成要件

（1）承诺须由受要约人向要约人作出。只有受要约人或其代理人才能作出承诺。承诺必须向要约人作出，才能使合同成立。如果向要约人以外的其他人作出承诺，不能产生承诺的效力。

（2）承诺须在规定的期限内到达要约人。《民法典》规定：承诺应当在要约确定的期限内到达要约人。只有在规定的期限内到达的承诺才是有效的。

要约没有确定承诺期限的，承诺应当依照下列规定到达：1）要约以对话方式作出的，应当即时作出承诺；2）要约以非对话方式作出的，承诺应当在合理期限内到达。3）要约以信件或者电报作出的，承诺期限自信件载明的日期或者电报交发之日开始计算。信件未载明日期的，自投寄该信件的邮戳日期开始计算。要约以电话、传真、电子邮件等快速通信方式作出的，承诺期限自要约到达受要约人时开始计算。

承诺的期限从要约发出之日或者发出之时开始计算，是因为发出是固定的时间点；不从受要约人收到的时间开始计算，是因为受要约人收到要约的时间往往不固定，特别容易引发争议。

（3）承诺的内容须与要约的内容一致。《民法典》第 488 条规定，承诺的内容应当与要约的内容一致。受要约人对要约的内容作出实质性变更的，为新要约。有关合同标的、数量、质量、价款或者报酬、履行期限、履行地点和方式、违约责任和解决争议方法等的变更，是对要约内容的实质性变更。

依据《民法典》第 489 条的规定，承诺对要约的内容作出非实质性变更的，除要约人及时表示反对或者要约表明承诺不得对要约的内容作出任何变更以外，该承诺有效，合同的内容以承诺的内容为准。

这就是说，即使是对非实质性内容的变更，在以下两种情况下承诺也不能生效：第一，要约人及时表示反对，即要约人在收到承诺通知后，立即表示不同意受要约人对非实质性内容所作的变更，如果经过一段时间后仍不表示反对，则承诺已生效。第二，要约人在要约中明确表示，承诺不得对要约的内容作出任何变更，否则无效，则受要约人作出非实质性变更也不能使承诺生效。

例如，要约人发出一项要约，内容为可在 10 日内向受要约人供应某种型号的联想计算机 100 台，价格为每台 4 000 元。受要约人在回函中表示 100 台联想计算机及价格均同意，并愿意在限定的期限内付款，但提出付款方式由电汇改为即期信用证。对这种意思表示应当视为未对要约作出实质性修改，只要要约人不表示反对，即构成承诺。

3. 承诺的方式

依据《民法典》的规定，承诺应当以通知的方式作出，但根据交易习惯或者要约表明可以通过行为作出承诺的除外。通知的方式主要包括对话、信件、电报、电传等明确地表达承诺人承诺的意思。

例如，某建筑公司急需水泥，向甲、乙两个水泥厂发出要约，要求购买300吨水泥。甲水泥厂回电报承诺，乙水泥厂为解建筑公司的燃眉之急，将水泥送至建筑公司。建筑公司以已经与甲水泥厂成立合同为由拒收。此案中，乙水泥厂的行为构成有效承诺，双方成立了合同，建筑公司无权拒收。

以行为为承诺，被称为“意思实现”。

4. 承诺的生效

《民法典》第484条规定：以通知方式作出的承诺，生效的时间适用本法第137条的规定。承诺不需要通知的，根据交易习惯或者要约的要求作出承诺的行为时生效。

5. 承诺的撤回

《民法典》第485条规定：承诺可以撤回。承诺的撤回适用本法第141条的规定。

6. 迟延与迟到的承诺

《民法典》第486条规定：受要约人超过承诺期限发出承诺，或者在承诺期限内发出承诺，按照通常情形不能及时到达要约人的，为新要约；但是，要约人及时通知受要约人该承诺有效的除外。

例如，甲指定3月31日为承诺其要约的最后期限。乙的承诺于4月3日送达甲。甲仍然对该合同有兴趣，愿意接受乙的逾期承诺，并且立即通知了乙。虽然该通知是在4月5日才送达乙，但合同于4月3日成立。

《民法典》第487条规定：受要约人在承诺期限内发出承诺，按照通常情形能够及时到达要约人，但因其他原因承诺到达要约人时超过承诺期限的，除要约人及时通知受要约人因承诺超过期限不接受该承诺的以外，该承诺有效。据此，该承诺为迟到承诺。对这样的承诺，如果要约人不愿意接受，即负有对承诺人发出迟到通知的义务。要约人及时发出迟到通知后，该迟到的承诺不生效力，合同不成立。如果要约人怠于发出迟到通知，则该迟到的承诺被视为未迟到的承诺，具有承诺的效力，合同成立。

（三）合同成立的时间与地点

1. 合同成立的时间

《民法典》第483条规定，承诺生效时合同成立，但是法律另有规定或者当事人另有约定的除外。

《民法典》第490条规定：当事人采用合同书形式订立合同的，自当事人均签名、盖章或者按指印时合同成立。在签名、盖章或者按指印之前，当事人一方已经履行主要义务，对方接受时，该合同成立。法律、行政法规规定或者当事人约定合同应当采用书面形式订立，当事人未采用书面形式但是一方已经履行主要义务，对方接受时，该合同成立。

《民法典》第491条规定：当事人采用信件、数据电文等形式订立合同要求签订确认书的，签订确认书时合同成立；当事人一方通过互联网等信息网络发布的商品或者服务信息符合要约条件的，对方选择该商品或者服务并提交订单成功时合同成立，但是当事人另有约定的除外。

《民法典》第494条规定：国家根据抢险救灾、疫情防控或者其他需要下达国家订货任务、指令性任务的，有关民事主体之间应当依照有关法律、行政法规规定的权利和义务订立合同；依照法律、行政法规的规定负有发出要约义务的当事人，应当及时发出合理的要约；依照法律、行政法规的规定负有作出承诺义务的当事人，不得拒绝对方合理的订立合同要求。

《民法典》第 495 条规定：当事人约定在将来一定期限内订立合同的认购书、订购书、预订书等，构成预约合同；当事人一方不履行预约合同约定的订立合同义务的，对方可以请求其承担预约合同的违约责任。

《民法典》第 499 条规定，悬赏人以公开方式声明对完成特定行为的人支付报酬的，完成该行为的人可以请求其支付。

2. 合同成立的地点

合同成立地点因要式合同或非要式合同而有不同。一般情况下，承诺生效的地点为合同成立的地点。

《民法典》第 492 条规定：承诺生效的地点为合同成立的地点。采用数据电文形式订立合同的，收件人的主营业地为合同成立的地点；没有主营业地的，其经常居住地为合同成立的地点。当事人另有约定的，按照其约定。

《民法典》第 493 条规定，当事人采用合同书形式订立合同的，最后签名、盖章或者按指印的地点为合同成立的地点，但是当事人另有约定的除外。

（四）缔约过失责任

缔约过失责任，亦称缔约过错责任，是指当事人在订立合同过程中，因故意或者过失致使合同未成立、未生效、被撤销或无效，给他人造成损失而应承担的损害赔偿责任。

《民法典》第 500 条、第 501 条规定，当事人在订立合同过程中有下列情形之一，给对方造成损失的，应当承担损害赔偿责任：(1) 假借订立合同，恶意进行磋商；(2) 故意隐瞒与订立合同有关的重要事实或者提供虚假情况；(3) 当事人泄露或者不正当地使用在订立合同过程中知悉的商业秘密或者其他应当保密的信息；(4) 有其他违背诚实信用原则的行为。

缔约过失责任与违约责任存在以下区别：(1) 两种责任产生的时间不同。缔约过失责任产生在合同成立之前，而违约责任产生于合同生效之后。(2) 适用的范围不同。缔约过失责任适用于合同未成立、合同未生效、合同无效等情况，违约责任适用于生效合同。(3) 赔偿范围不同。缔约过失责任赔偿的是信赖利益的损失，违约责任赔偿的是可期待利益的损失，可期待利益的损失要大于或者等于信赖利益的损失。

五、合同的效力

（一）合同的生效

1. 合同生效的概念

合同的生效是指合同具备一定的要件，在当事人之间产生了一定的法律拘束力。《民法典》第 502 条规定：依法成立的合同，自成立时生效，但是法律另有规定或者当事人另有约定的除外。依照法律、行政法规的规定，合同应当办理批准等手续的，依照其规定。未办理批准等手续影响合同生效的，不影响合同中履行报批等义务条款以及相关条款的效力。应当办理申请批准等手续的当事人未履行义务的，对方可以请求其承担违反该义务的责任。依照法律、行政法规的规定，合同的变更、转让、解除等情形应当办理批准等手续的，适用前述规定。

合同依法成立后，负有报批义务的当事人不履行报批义务或者履行报批义务不符合合同的约定或者法律、行政法规的规定的，对方可以向人民法院请求其继续履行报批义务，也可以主张解除合同并请求其承担违反报批义务的赔偿责任。

负有报批义务的当事人已经办理申请批准等手续或者已经履行生效判决确定的报批义务，批准机关决定不予批准，对方请求其承担赔偿责任的，人民法院不予支持。

2. 合同生效的要件

《民法典》第 143 条规定，具备下列条件的民事法律行为有效：(1) 行为人具有相应的民事行为能力；(2) 意思表示真实；(3) 不违反法律、行政法规的强制性规定，不违背公序良俗。这是合同的一般生效要件。

（二）无权代理与表见代理

无权代理主要包括以下几种情况：一是根本无代理权的无权代理。代理人在未得到任何授权的情况下，以本人的名义从事代理活动。二是超越代理权的无权代理。代理人虽享有一定的代理权，但其实施的代理行为超越了代理权的范围。三是代理权终止后的无权代理。在代理权终止以后，代理人仍以原委托人的名义从事代理活动。无权代理人承担其给相对人造成的损失。无权代理所产生的合同是一种效力待定合同，经过本人的追认而有效。

《民法典》第 503 条规定，无权代理人以被代理人的名义订立合同，被代理人已经开始履行合同义务或者接受相对人履行的，视为对合同的追认。

表见代理是指在无权代理的情况下，代理人的行为足以使善意相对人相信其具有代理权而进行交易，由此产生的法律后果由被代理人承担的代理。

《民法典》第 504 条规定，法人的法定代表人或者非法人组织的负责人超越权限订立的合同，除相对人知道或者应当知道其超越权限外，该代表行为有效，订立的合同对法人或者非法人组织发生效力。

（三）无效合同

无效合同是指合同虽然已经成立，但因其内容违反了法律、行政法规的强制性规定和社会公共利益而不产生法律效力的合同。具体适用《民法典》关于无效民事法律行为的规定。

第三节　合同的履行与合同的保全

一、合同履行的概念

合同履行，指的是合同约定义务的执行。任何合同约定义务的执行，都是合同的履行行为；相应地，凡是不执行合同约定义务的行为，都是合同的不履行。因此，合同履行，表现为当事人执行合同约定义务的行为。当合同约定义务执行完毕时，合同也就履行完毕。

二、合同履行的原则

合同履行的原则是指合同的双方当事人在履行的过程中应当遵循的基本原则。《民法典》第 509 条规定：当事人应当按照约定全面履行自己的义务；当事人应当遵循诚信原则，根据合同的性质、目的和交易习惯履行通知、协助、保密等义务。当事人在履行合同过程中，应当避免浪费资源、污染环境和破坏生态。

我们认为，合同履行应遵循以下主要原则。

1. 实际履行原则

实际履行原则是指当事人应当按照法律规定和合同约定的标的履行义务的原则。实际履行包括两方面：一是当事人在履行合同时，应按照合同约定的标的履行，不得任意以其他标的代替；二是当事人一方不履行合同时，应当承担实际履行的责任，相对方有权要求违约方继续履行合同。当然，在合同无法实际履行时，也可由当事人协商用其他标的代为履行。

2. 全面履行原则

全面履行原则也称适当履行原则，指当事人除按照合同约定的标的履行外，还要按照合同约定的其他条款要求全面承担合同义务，具体包括当事人应按照合同标的物的数量和质量、履行期限、履行地点、履行方式等履行合同。可以说，全面履行原则是实际履行原则的补充。

3. 协作履行原则

协作履行原则是指当事人在履行合同过程中，应本着相互协商和协作的目标履行合同。这一原则要求当事人在履行合同过程中，除了严格按约定履行自己的义务，还要相互合作，配合对方履行。合同的双方当事人应当相互关照，互通有无。在合同的履行过程中，双方当事人之间要及时通报情况，发现问题及时解决，以便于合同的履行。

4. 绿色环保原则

绿色环保原则是指当事人在履行合同过程中，除了严格按约定履行自己的义务，还应当避免浪费资源、污染环境和破坏生态。

三、合同履行的规则

（一）当事人就有关合同内容约定不明确时的履行规则

《民法典》规定：合同生效后，当事人就质量、价款或者报酬、履行地点等内容没有约定或者约定不明确的，可以协议补充；不能达成补充协议的，按照合同有关条款或者交易习惯确定。仍不能确定的，适用下列规定：（1）质量要求不明确的，按照强制性国家标准履行；没有强制性国家标准的，按照推荐性国家标准履行；没有推荐性国家标准的，按照行业标准履行；没有国家标准、行业标准的，按照通常标准或者符合合同目的的特定标准履行。（2）价款或者报酬不明确的，按照订立合同时履行地的市场价格履行；依法应当执行政府定价或者政府指导价的，依照规定履行。（3）履行地点不明确，给付货币的，在接受货币一方所在地履行；交付不动产的，在不动产所在地履行；其他标的，在履行义务一方所在地履行。（4）履行期限不明确的，债务人可以随时履行，债权人也可以随时请求履行，但是应当给对方必要的准备时间。（5）履行方式不明确的，按照有利于实现合同目的的方式履行。（6）履行费用的负担不明确的，由履行义务一方负担；因债权人原因增加的履行费用，由债权人负担。

（二）执行政府定价或者政府指导价的合同的履行规则

《民法典》第513条规定：执行政府定价或者政府指导价的，在合同约定的交付期限内政府价格调整时，按照交付时的价格计价。逾期交付标的物的，遇价格上涨时，按照原价格执行；价格下降时，按照新价格执行。逾期提取标的物或者逾期付款的，遇价格上涨时，按照新价格执行；价格下降时，按照原价格执行。

（三）电子合同的标的履行规则

通过互联网等信息网络订立的电子合同的标的为交付商品并采用快递物流方式交付的，收货人的签收时间为交付时间。

电子合同的标的为提供服务的，生成的电子凭证或者实物凭证中载明的时间为提供服务时间；前述凭证没有载明时间或者载明时间与实际提供服务时间不一致的，以实际提供服务的时间为准。

电子合同的标的物为采用在线传输方式交付的，合同标的物进入对方当事人指定的特定系统且能够检索识别的时间为交付时间。

电子合同当事人对交付商品或者提供服务的方式、时间另有约定的，按照其约定。

(四) 涉及第三人的合同履行

1. 向第三人履行的合同

向第三人履行的合同又称利他合同，指双方当事人约定，由债务人向第三人履行债务，第三人直接取得债权的合同。

当事人约定由债务人向第三人履行债务，债务人未向第三人履行债务或者履行债务不符合约定的，应当向债权人承担违约责任。

法律规定或者当事人约定第三人可以直接请求债务人向其履行债务，第三人未在合理期限内明确拒绝，债务人未向第三人履行债务或者履行债务不符合约定的，第三人可以请求债务人承担违约责任；债务人对债权人的抗辩，可以向第三人主张。

2. 由第三人履行的合同

由第三人履行的合同又称第三人负担的合同，指双方当事人约定债务由第三人履行的合同。该合同必须征得第三人同意。《民法典》规定：当事人约定由第三人向债权人履行债务，第三人不履行债务或者履行债务不符合约定的，债务人应当向债权人承担违约责任。债务人不履行债务，第三人对履行该债务具有合法利益的，第三人有权向债权人代为履行；但是，根据债务性质、按照当事人约定或者依照法律规定只能由债务人履行的除外。债权人接受第三人履行后，其对债务人的债权转让给第三人，但是债务人和第三人另有约定的除外。

四、合同履行中的抗辩权

抗辩权是指在双务合同中，一方当事人在对方不履行或履行不符合约定时，依法对抗对方要求或否认对方权利主张的权利。《民法典》规定了同时履行抗辩权、先履行抗辩权和不安抗辩权三种抗辩权。

(一) 同时履行抗辩权

1. 同时履行抗辩权

同时履行抗辩权是指在双务合同中应当同时履行的一方当事人有证据证明另一方当事人在同时履行的时间不能履行或不能适当履行，到履行期时其享有不履行或部分履行的权利。

《民法典》规定：当事人互负债务，没有先后履行顺序的，应当同时履行。一方在对方履行之前有权拒绝其履行请求。一方在对方履行债务不符合约定时，有权拒绝其相应的履行请求。

2. 同时履行抗辩权的行使条件

同时履行抗辩权的行使，需要具备以下条件：(1) 基于同一双务合同。双方当事人因同一合同互负债务，在履行上存在关联性，形成对价关系。这是同时履行抗辩权成立的前提条件。单务合同因只有一方有履行义务，故无法发生抗辩权。(2) 根据合同约定或合同性质，要求当事人同时履行合同义务，双方的履行没有先后顺序。(3) 双方债务已届清偿期。当事人行使抗辩权必须双方债务都已到清偿期，否则，不存在同时履行抗辩的问题。(4) 一方当事人有证据证明应同时履行义务的对方当事人未履行或未适当履行合同。(5) 对方有履行的可能性。如果对方已不可能履行，如标的物灭失，则当事人再向对方主张同时履行抗辩权就没有实际意义了，只能解除合同。

3. 同时履行抗辩权的适用

同时履行抗辩权的适用情形有以下两种：(1) 当一方不能履行或拒绝履行合同时，即应当同时履行合同的一方当事人不履行合同时，另一方当事人就享有也不履行合同的权利。(2) 当事人一方部分履行合同时，对方当事人有权就未履行部分提出抗辩，拒绝相应的给付，只履行对应的部分；当事人一方履行合同不符合约定时，另一方有权拒绝其相应的履行请求。

4. 同时履行抗辩权的效力

同时履行抗辩权只是暂时阻止对方当事人请求权的行使，而不是永久地终止合同。当对方当事人完全履行了合同义务时，同时履行抗辩权即告消灭，主张抗辩权的当事人就应当履行自己的义务。当事人行使同时履行抗辩权致使合同迟延履行的，迟延履行责任由对方当事人承担。

（二）先履行抗辩权

1. 先履行抗辩权的概念

先履行抗辩权是指合同当事人互负债务，有先后履行顺序，先履行一方未履行的，后履行一方有权拒绝其履行要求；先履行一方履行债务不符合约定的，后履行一方有权拒绝其相应的履行要求。

2. 先履行抗辩权行使的条件

先履行抗辩权的行使有四个条件：(1) 当事人基于同一双务合同，互负债务。(2) 当事人的履行有先后顺序。(3) 应当先履行的当事人不履行合同或不适当履行合同。(4) 先履行抗辩权的行使人是履行义务顺序在后的一方当事人。

3. 先履行抗辩权的适用

包括：(1) 应当先履行的一方当事人不履行到期债务时。如果先履行的一方当事人不履行已到期债务，那么，后履行的当事人有权不履行义务。(2) 应当先履行的一方当事人履行债务不符合约定。如果先履行的一方当事人履行义务有瑕疵或部分履行，则后履行的当事人有权不履行相应的合同义务。

4. 先履行抗辩权的效力

先履行抗辩权不是永久性的，它的行使只是暂时阻止了当事人请求权的行使。如果先履行的一方当事人完全履行了合同义务，则先履行抗辩权消灭，后履行的当事人就应当按照合同约定履行自己的义务。

（三）不安抗辩权

1. 不安抗辩权的概念

不安抗辩权是指当事人互负债务，有先后履行顺序的，应先履行的一方有确切证据证明另一方丧失履行债务的能力时，在对方履行或者提供担保之前，有权中止合同履行的权利。规定不安抗辩权是为了切实保护当事人的合法权益，防止借合同进行欺诈，促使对方履行义务。

2. 不安抗辩权行使的条件

不安抗辩权的行使有四个条件：(1) 当事人基于同一双务合同；(2) 当事人的履行有先后

顺序；（3）不安抗辩权的行使人是履行义务顺序在先的一方当事人；（4）后履行合同的一方当事人有丧失或可能丧失履行债务能力的情形。

3. 不安抗辩权的适用

《民法典》规定，应当先履行债务的当事人，有确切证据证明对方有下列情形之一的，可以中止履行：（1）经营状况严重恶化；（2）转移财产、抽逃资金，以逃避债务；（3）丧失商业信誉；（4）有丧失或可能丧失履行债务能力的其他情形。

有先履行合同义务的当事人应当有证据证明对方不能履行合同或者有不能履行合同的可能；行使不安抗辩权造成对方损失的，应当承担违约责任。

4. 不安抗辩权的效力

（1）中止合同，即应先履行合同的当事人停止履行或延期履行合同。应先履行合同义务的当事人行使中止权时，应当及时通知对方，以免给对方造成损害，也便于对方在接到通知后，提供相应的担保，使合同得到履行。如果对方当事人恢复了履行能力或提供了相应的担保，应先履行一方当事人"不安"的原因消除，则应当恢复合同的履行。

（2）解除合同。中止履行合同后，对方在合理期限内未恢复履行能力并且未提供适当担保的，视为以自己的行为表明不履行主要债务，中止履行的一方可以解除合同并可以请求对方承担违约责任。

【案例 4-2】甲、乙签订了一份买卖合同，双方约定由甲向乙提供一批生产用原材料，总货款为100万元，甲最晚于6月底前供货，货到付款。5月份甲从报纸上得知：乙为逃避债务私自转移财产，被法院依法查封、扣押了财产。于是甲通知乙，在乙付款或提供担保前中止履行合同。甲行使的是什么权利？

【解析】甲行使的是不安抗辩权。依据合同法律制度，先履行的一方有确切证据证明另一方丧失履行债务能力时，在对方履行或者提供担保之前，有权中止合同的履行，即有权行使不安抗辩权。本案中甲明确得知乙丧失了履行能力，于是依法行使了不安抗辩权。

五、合同的保全

（一）合同保全的概念

为防止因债务人的财产不当减少而给债权人的债权带来危害，法律允许债权人为保全其债权的实现而采取法律措施，这些允许采取的措施，称作合同的保全措施。保全措施包括债权人代位权和债权人撤销权两种。

（二）债权人代位权

《民法典》第535条规定，因债务人怠于行使其债权或者与该债权有关的从权利，影响债权人的到期债权实现的，债权人可以向人民法院请求以自己的名义代位行使债务人对相对人的权利，但是该权利专属于债务人自身的除外。

代位权的行使范围以债权人的到期债权为限。债权人行使代位权的必要费用，由债务人负担。

代位权诉讼由被告住所地人民法院管辖。债权人对债务人的相对人提起代位权诉讼的，由被告住所地人民法院管辖，但是依法应当适用专属管辖规定的除外，由此排除了协议管辖。

代位权的行使有五个条件：（1）债务人对第三人享有合法债权，并且是非专属于债务人自身的权利。如果债务人没有对外的债权，就无所谓代位权。(2) 债务人怠于行使其债权。如果债务人已经行使了权利，即使不尽如人意，债权人也不能行使代位权。(3) 债务人怠于行使权利已害及债权人的债权，即债务人不履行其对债权人的到期债务，又不以诉讼方式或仲裁方式向其债务人主张其享有的具有金钱给付内容的到期债权，致使债权人的到期债权未能实现。(4) 债务人的债权已到期，债务人已陷于迟延履行。如果债务人的债务未到履行期或履行期限未届满，债权人不能行使代位权。(5) 债务人的债权不是专属于债务人自身的债权。专属于债务人自身的债权，包括：1) 抚养费、赡养费或者扶养费请求权；2) 人身损害赔偿请求权；3) 劳动报酬请求权，但是超过债务人及其所扶养家属的生活必需费用的部分除外；4) 请求支付基本养老保险金、失业保险金、最低生活保障金等保障当事人基本生活的权利；5) 其他专属于债务人自身的权利。

代位权的行使范围以债权人的债权为限。债权人行使代位权的必要费用，由债务人负担。相对人对债务人的抗辩，可以向债权人主张。

代位权具有优先性。《民法典》第 536 条规定，债权人的债权到期前，债务人的债权或者与该债权有关的从权利存在诉讼时效期间即将届满或者未及时申报破产债权等情形，影响债权人的债权实现的，债权人可以代位向债务人的相对人请求其向债务人履行、向破产管理人申报或者作出其他必要的行为。因此，代位权具有优先性，但其并非优先权。

关于代位权行使的法律效果，《民法典》第 537 条规定，人民法院认定代位权成立的，由债务人的相对人向债权人履行义务，债权人接受履行后，债权人与债务人、债务人与相对人之间相应的权利义务终止。债务人对相对人的债权或者与该债权有关的从权利被采取保全、执行措施，或者债务人破产的，依照相关法律的规定处理。

两个以上债权人以债务人的同一相对人为被告提起代位权诉讼的，人民法院可以合并审理。债务人对相对人享有的债权不足以清偿其对两个以上债权人负担的债务的，人民法院应当按照债权人享有的债权比例确定相对人的履行份额，但是法律另有规定的除外。

【案例 4-3】在甲、乙签订的合同中，甲为债权人，乙为债务人，甲对乙的债权为 100 万元。乙又是丙的债权人，债权为 200 万元。乙怠于行使其对丙的到期债权，致使甲的到期债权得不到清偿。甲是否可以行使代位权？如何行使？数额是多少？如果甲对乙的债权为 200 万元，乙对丙的债权为 100 万元，甲行使代位权的数额是多少？

【解析】甲可以行使代位权。甲可以向人民法院请求以自己的名义代位行使乙对丙的债权，甲请求的数额应该以其所保全的债权为限，即只能请求丙向其清偿 100 万元。

如果甲对乙的债权为 200 万元，乙对丙的债权为 100 万元，则甲请求的数额应以乙对丙的债权数额为限，即只能请求丙向其清偿 100 万元。

（三）债权人撤销权

债权人撤销权，是指债务人实施了减少财产的行为，危及债权人的债权实现时，债权人为保障自身的债权请求人民法院撤销债务人处分行为的权利。保全中的撤销权是债权人请求人民法院撤销债务人与第三人之间已经生效的法律关系，不同于合同的撤销权仅在当事人之间行使。

债权人依据《民法典》第 538 条、第 539 条的规定提起撤销权诉讼的，应当以债务人和债务人的相对人为共同被告，由债务人或者相对人的住所地人民法院管辖，但是依法应当适用专属管辖规定的除外。两个以上债权人就债务人的同一行为提起撤销权诉讼的，人民法院可以合并审理。

《民法典》第538条规定，债务人以放弃其债权、放弃债权担保、无偿转让财产等方式无偿处分财产权益，或者恶意延长其到期债权的履行期限，影响债权人的债权实现的，债权人可以请求人民法院撤销债务人的行为。

《民法典》第539条规定，债务人以明显不合理的低价转让财产、以明显不合理的高价受让他人财产或者为他人的债务提供担保，影响债权人的债权实现，债务人的相对人知道或者应当知道该情形的，债权人可以请求人民法院撤销债务人的行为。

引起撤销权产生的要件是债务人有损害债权人债权的行为，主要是指债务人以赠与、免除等无偿行为处分债权，包括放弃到期债权、无偿转让财产或以明显不合理的低价转让财产。对于无偿行为，不论相对人是善意还是恶意，均可撤销；对于有偿转让行为，以相对人的恶意取得为要件，即相对人知道或者应当知道该情形，若相对人主观上无恶意，则不能撤销其善意取得的行为。债务人、相对人的行为被撤销的，其行为自始无效。“明显不合理”的低价或者高价，应当按照交易当地一般经营者的判断，并参考交易时交易地的市场交易价或者物价部门指导价予以认定。转让价格未达到交易时交易地的市场交易价或者指导价的70%的，一般可以认定为“明显不合理的低价”；受让价格高于交易时交易地的市场交易价或者指导价的70%的，一般可以认定为“明显不合理的高价”。

债权人撤销权自债权人知道或者应当知道撤销事由之日起1年内行使，自债务人的行为发生之日起5年内没有行使撤销权的，该撤销权消灭。

撤销权的行使范围以债权人的债权为限。债权人行使撤销权的必要费用，由债务人承担。必要费用应包括债权人行使撤销权所支付的合理的律师代理费、差旅费等费用。

第四节 合同的变更、转让与终止

一、合同的变更

（一）合同变更的概念

合同变更是指有效成立的合同，在尚未履行或者尚未完全履行时，由于一定法律事实的出现，当事人就合同的内容达成修改和补充的协议，不包括合同主体的变更。《民法典》第543条规定，当事人协商一致，可以变更合同。

（二）合同变更的条件

1. 合同的变更以有效成立的合同为前提

在合同有效成立后，如需调整局部内容，就要通过合同的变更来进行。如果合同尚未订立，要通过撤回或撤销来进行，不可能发生变更问题。

2. 合同的变更在原则上要经过当事人协商一致

合同是双方当事人意思表示一致的产物，因而合同的变更也必须经过双方的协商。任何一方未经协商不得擅自变更合同内容，否则将构成违约。此外，《民法典》第544条规定，当事人对合同变更的内容约定不明确的，推定为未变更。可见，当事人对变更内容约定不明确的，视为未变更，当事人仍应当按原合同履行。

3. 合同的变更要遵循法定的程序和方式

依据法律、行政法规的规定，在某些情况下合同的变更须履行特定的批准、登记等手续，如中外合作经营企业合同的内容需作重大变更的，应当报审查机关批准。这类合同的变更，不但要求当事人双方协商一致，还要求履行变更合同的法定的程序和方式，合同才得以变更。

4. 合同变更要使合同内容发生变化

合同的变更对象是合同的内容，但合同的变更应该是非实质性条款的变更，也就是说，这些条款的变更不能导致原合同法律关系的消灭和新合同法律关系的产生。

二、合同的转让

合同的转让是指当事人将合同的权利和义务全部或者部分转让给第三人。合同的转让分为合同权利的转让、合同义务的移转以及合同权利和义务的概括移转。

（一）合同权利的转让

1. 合同权利转让的概念

合同权利的转让，又称为债权转让，是指债权人通过协议将其债权全部或部分地转让给第三人的行为。依据《民法典》的规定，债权人可以将合同的权利全部或者部分转让给第三人。债权人转让权利的，应当通知债务人。未通知债务人的，该转让对债务人不发生效力。债权转让的通知不得撤销，但是经受让人同意的除外。

2. 合同权利转让的限制

依据《民法典》第 545 条的规定，债权人可以将债权的全部或者部分转让给第三人，但是有下列情形之一的除外：

（1）根据债权性质不得转让。根据其性质，如果只能在特定当事人之间生效，则不得转让。一般来说，根据债权性质不得转让的债权主要包括：一是具有人身性质的扶养费请求权、抚恤金请求权、人身损害赔偿请求权等。二是以特定的债权人为基础发生的合同权利，如与特定人签订的演出合同。三是从权利不得与主权利分离而单独转让，如保证合同权利。四是基于特别信任关系发生的债权。

（2）按照当事人约定不得转让。如果当事人在订立合同时特别约定，禁止任何一方转让合同权利，则此约定只要不违反法律的禁止性规定或社会公共道德，就应当产生法律效力。当事人约定金钱债权不得转让的，不得对抗第三人。如果当事人在合同中约定非金钱债权不得转让，当事人应当遵守约定，对该非金钱债权不得转让。债权人一旦转让非金钱债权，转让原则上应当是无效的，但是，这种约定不得对抗善意第三人，如果受让债权的第三人是善意的，即对合同当事人约定的非金钱债权不得转让不知情，且无过失，则第三人主张转让有效的，发生债权转让的效果。

（3）依照法律规定不得转让。于依照法律规定应由国家批准的合同，当事人在转让权利、义务时，必须经过原批准机关批准。如原批准机关对合同权利的转让不予批准，则合同权利的转让无效。

3. 合同权利转让的法律效力

（1）对受让人的效力。《民法典》第 547 条规定：债权人转让债权的，受让人取得与债权有关的从权利，如抵押权，但是该从权利专属于债权人自身的除外。受让人取得从权利不因该从权利未办理转移登记手续或者未转移占有而受到影响。可见，合同权利转让后，受让人取得合同权利及从属于主权利的从权利。

(2) 对债务人的效力。一是债务人不得再向原债权人履行债务。二是债务人应向受让人履行债务，并免除债务人对原债权人所负的责任。三是债务人在合同权利转让时所享有的对抗原债权人的抗辩权依然存在。依据《民法典》的规定，债务人接到债权转让通知后，债务人对原债权人的抗辩，可以向受让人主张，如提出债权无效、诉讼时效期间已过等的抗辩。四是债务人的抵销权只能向受让人行使。《民法典》第 549 条规定，有下列情形之一的，债务人可以向受让人主张抵销：1) 债务人接到债权转让通知时，债务人对让与人享有债权，且债务人的债权先于转让的债权到期或者同时到期；2) 债务人的债权与转让的债权是基于同一合同产生的。

债权转让，不需要经债务人同意。债务人接到债权转让通知后，转让行为就生效，债权的受让人成为新的债权人，享有和原债权人同样的权利，债务人向新的债权人履行债务。因债权转让增加的履行费用，由原债权人负担。

(二) 合同义务的移转

(1) 合同义务移转的概念。

合同义务的移转又称债务承担，是指在不改变合同内容的前提下，债务人将债务移转给第三人承担。《民法典》第 551 条规定，债务人将债务的全部或者部分转移给第三人的，应当经债权人同意；债务人或者第三人可以催告债权人在合理期限内予以同意，债权人未作表示的，视为不同意。

合同义务的移转包括两种情况：一是债务人将合同义务全部移转给第三人，由该第三人取代债务人的地位，成为新的债务人。这又被称为免责的债务承担。二是债务人将合同义务部分地转移给第三人，由债务人和第三人共同承担债务。这又被称为并存的债务承担。

(2) 合同义务移转的效力。

合同义务全部移转的，新债务人将代替原债务人而成为当事人。合同义务部分移转的，第三人与原债务人共同承担合同义务。合同义务移转后，新债务人可以主张原债务人对债权人的抗辩。《民法典》规定：债务人转移债务的，新债务人可以主张原债务人对债权人的抗辩，如：不可抗力；可撤销的合同原债务人享有撤销权；债权人的违约行为，债权人有关免责的意思表示，原债务人对债权人已经实施履行行为。原债务人对债权人享有债权的，新债务人不得向债权人主张抵销，因为债务转移是特定债务的主体变更，原债务人没有转让的自己对债权人享有的债权，当然不在转让的范围之内。原债务人就其对债权人享有的债权，仍然可以向债权人主张。债务人转移债务的，新债务人应当承担与主债务有关的从债务，但是该从债务专属于原债务人自身的除外。例如，附属于主债务的利息债务等，因债务移转而将转移至承担人。例外的是，第三人原来向债权人提供了担保的，在债务移转时，若担保人未明确表示继续承担担保责任，则担保责任将因债务移转而消灭。

专属于原债务人的从债务，是指与原债务人的人身相关或者与原债务人有特殊关联的从债务，应当由原债务人自己来履行，不得转由债务的受让人来承担。例如，甲、乙（著名画家）双方约定，甲借给乙 100 万元人民币，乙除到期返还 100 万元本金外，还要给甲画一幅肖像充抵利息。当 100 万元本金债务转移时，乙给甲画一幅画的从债务不发生转移。

第三人与债务人约定加入债务并通知债权人，或者第三人向债权人表示愿意加入债务，债权人未在合理期限内明确拒绝的，债权人可以请求第三人在其愿意承担的债务范围内和债务人承担连带债务。

（三）合同权利、义务的概括移转

合同权利、义务的概括移转是指由合同当事人一方将其债权、债务一并移转给第三人，由第三人概括地继受这些权利、义务。《民法典》规定，当事人一方经对方同意，可以将自己在合同中的权利和义务一并转让给第三人。由于移转的是全部债权、债务，原债务人享有的解除权和撤销权也将因概括的权利和义务的移转而移转给第三人。合同当事人一方与第三人达成的概括移转权利、义务的协议，必须经另一方当事人同意方可生效。

合同的权利和义务概括移转的，适用债权转让、债务转移的有关规定。

【案例 4-4】张某与李某是朋友关系。2020 年 1 月，李某因生意资金周转困难向张某借款人民币 2 万元，并出具借条一张。后李某因债务缠身，于 2021 年年底出走下落不明。李某出走后，张某经常到李某家催讨借款。2022 年 2 月 6 日李某的母亲王某向张某出具还款计划书一份，称"借款 2 万元（不含利息）在两年内还清"，并在还款计划书下方的还款人处签下自己的名字。还款计划到期后，王某未归还借款。2024 年 3 月，张某诉至法院，请求王某归还借款 2 万元。

请问：王某出具还款计划书后，张某、李某、王某三者之间形成何种法律关系？王某应承担何种民事责任？

【解析】王某出具还款计划书后，在张某、李某、王某三者之间形成了并存的债务承担法律关系，旧债务人李某不脱离原借款关系，新债务人王某加入张某与李某之间的借款关系中，王某与原债务人李某一并承担偿还债权人张某借款的义务。张某有权请求李某、王某中任何一人还款，也有权请求二人共同还款。

三、合同的终止

合同的性质，决定了合同是有期限的民事法律关系，不可能永恒存在，有着从设立到终止的过程。合同的终止是指因依法生效的合同具备法定情形或当事人约定的情形，合同权利、义务归于消灭，债权人不再享有合同权利，债务人也不必再履行合同义务。

《民法典》第 557 条规定，有下列情形之一的，债权债务终止：（1）债务已经履行；（2）债务相互抵销；（3）债务人依法将标的物提存；（4）债权人免除债务；（5）债权债务同归于一人；（6）法律规定或者当事人约定终止的其他情形。合同解除的，该合同的权利义务关系终止。

《民法典》第 558 条规定，债权债务终止后，当事人应当遵循诚信等原则，根据交易习惯履行通知、协助、保密、旧物回收等义务。第 559 条规定，债权债务终止时，债权的从权利同时消灭，但是法律另有规定或者当事人另有约定的除外。

（一）债务已经履行

债务已经履行，是指债务人按照约定的标的、质量、数量、价款或报酬、履行期限、履行地点和方式全面履行。债务按照合同约定得到履行，一方面可以使合同债权得到满足，另一方面也可以使合同债务归于消灭，产生合同终止的后果。

《民法典》第 560 条规定：债务人对同一债权人负担的数项债务种类相同，债务人的给付不足以清偿全部债务的，除当事人另有约定外，由债务人在清偿时指定其履行的债务。债务人未作指定的，应当优先履行已经到期的债务；数项债务均到期的，优先履行对债权人缺乏担保或者担保最少的债务；均无担保或者担保相等的，优先履行债务人负担较重的债务；负担相同的，按照债务到期的先后顺序履行；到期时间相同的，按照债务比例履行。

《民法典》第561条规定，债务人在履行主债务外还应当支付利息和实现债权的有关费用，其给付不足以清偿全部债务的，除当事人另有约定外，应当按照下列顺序履行：(1) 实现债权的有关费用；(2) 利息；(3) 主债务。

(二) 合同解除

合同解除是指在合同有效成立后没有履行或没有履行完毕时，当事人一方基于法律规定或合同约定而使合同法律关系提前消灭的一种法律行为。合同解除主要包括协议解除、约定解除和法定解除三种。

1. 协议解除

协议解除是指当事人通过协商解除合同。《民法典》第562条第1款规定，当事人协商一致，可以解除合同。

2. 约定解除

约定解除是指基于双方约定的事由，当事人一方行使解除权而解除合同。《民法典》第562条规定：当事人协商一致，可以解除合同。当事人可以约定一方解除合同的事由。解除合同的事由发生时，解除权人可以解除合同。

3. 法定解除

法定解除是指当事人基于法律规定的事由行使解除权而解除合同。法定解除属于一种单方解除合同的方式。由法律直接规定解除合同的条件，在具备条件时，当事人单方可以行使解除权以解除合同。

《民法典》第563条规定，有下列情形之一的，当事人可以解除合同：(1) 因不可抗力致使不能实现合同目的；(2) 在履行期限届满前，当事人一方明确表示或者以自己的行为表明不履行主要债务；(3) 当事人一方迟延履行主要债务，经催告后在合理期限内仍未履行；(4) 当事人一方迟延履行债务或者有其他违约行为致使不能实现合同目的；(5) 法律规定的其他情形。以持续履行的债务为内容的不定期合同，当事人可以随时解除合同，但是应当在合理期限之前通知对方。

4. 解除的程序和后果

法律规定或者当事人约定解除权行使期限的，应该在期限内行使，期限届满当事人不行使的，该权利消灭。

法律没有规定或者当事人没有约定解除权行使期限的，自解除权人知道或者应当知道解除事由之日起一年内不行使，或者经对方催告后在合理期限内不行使的，该权利消灭。

当事人一方依法主张解除合同的，应当通知对方。合同自通知到达对方时解除；通知载明债务人在一定期限内不履行债务则合同自动解除，债务人在该期限内未履行债务的，合同自通知载明的期限届满时解除。对方对解除合同有异议的，任何一方当事人均可以请求人民法院或者仲裁机构确认解除行为的效力。

当事人一方未通知对方，直接以提起诉讼或者申请仲裁的方式依法主张解除合同，人民法院或者仲裁机构确认该主张的，合同自起诉状副本或者仲裁申请书副本送达对方时解除。

合同解除后，尚未履行的，终止履行；已经履行的，根据履行情况和合同性质，当事人可以请求恢复原状或者采取其他补救措施，并有权请求赔偿损失。

合同因违约解除的，解除权人可以请求违约方承担违约责任，但是当事人另有约定的除外。

主合同解除后，担保人对债务人应当承担的民事责任仍应当承担担保责任，但是担保合同另有约定的除外。

合同的权利义务关系终止，不影响合同中结算和清理条款的效力。

（三）债务相互抵销

抵销是指双方当事人互负债务，且给付种类相同时，可以将两项债务相互充抵，从而使各自的债务在对等数额内消灭。

抵销可以分为法定抵销与合意抵销。《民法典》第568条规定：当事人互负债务，该债务的标的物种类、品质相同的，任何一方可以将自己的债务与对方的到期债务抵销；但是，根据债务性质、按照当事人约定或者依照法律规定不得抵销的除外。当事人主张抵销的，应当通知对方。通知自到达对方时生效。抵销不得附条件或者附期限。第569条规定：当事人互负债务，标的物种类、品质不相同的，经协商一致，也可以抵销。

（四）债务人依法将标的物提存

提存是指由于债权人的原因，债务人无法向其交付合同标的物而将该标的物交给提存部门，从而消灭债务、终止合同的制度。

债务的履行往往需要债权人的协助，如果债权人无正当理由拒绝受领或者不能受领，虽债权人应承担受领迟延的责任，但债务人的债务不能消灭，债务人仍需随时准备履行。

《民法典》第570条规定，有下列情形之一，难以履行债务的，债务人可以将标的物提存：（1）债权人无正当理由拒绝受领；（2）债权人下落不明；（3）债权人死亡未确定继承人、遗产管理人，或者丧失民事行为能力未确定监护人；（4）法律规定的其他情形。标的物不适于提存或者提存费用过高的，债务人依法可以拍卖或者变卖标的物，提存所得的价款。

债务人将标的物或者将标的物依法拍卖、变卖所得价款交付提存部门时，提存成立。提存成立的，视为债务人在其提存范围内已经交付标的物。

标的物提存后，债务人应当及时通知债权人或者债权人的继承人、遗产管理人、监护人、财产代管人。

标的物提存后，毁损、灭失的风险由债权人承担。提存期间，标的物的孳息归债权人所有。提存费用由债权人负担。

债权人可以随时领取提存物。但是，债权人对债务人负有到期债务的，在债权人履行债务或者提供担保之前，提存部门根据债务人的要求应当拒绝其领取提存物。

债权人领取提存物的权利，自提存之日起5年内不行使而消灭，提存物扣除提存费用后归国家所有。但是，债权人未履行对债务人的到期债务，或者债权人向提存部门书面表示放弃领取提存物权利的，债务人负担提存费用后有权取回提存物。

（五）债权人免除债务

债务免除是指债权人以债的消灭为目的而使合同权利、义务部分或全部终止的意思表示。债务免除为合同终止的原因之一，债务一旦被免除，债务人就不再负担债务。《民法典》

第575条规定，债权人免除债务人部分或者全部债务的，债权债务部分或者全部终止，但是债务人在合理期限内拒绝的除外。可见，债务免除不是单方民事法律行为。

（六）债权、债务归于同一人

债权、债务归于同一人即混同，合同关系消灭。《民法典》第576条规定，债权和债务同归于一人的，债权债务终止，但是损害第三人利益的除外。

混同无须意思表示，是一种事实行为，即有债权、债务归于同一人的事实时即发生合同关系消灭的效力。但若债权同时作为他人权利的标的，则为了保护第三人的利益，即使发生混同的事实，合同关系也不消灭。

第五节　合同的担保

一、合同担保的概念

合同的担保是指依照法律规定，或由当事人双方经过协商一致而约定的，为保障合同债权实现的法律措施。根据《民法典》的规定，合同担保的方式主要包括保证、抵押、质押、留置和定金五种方式。其中，保证、抵押、质押和定金，都是依据当事人的约定而设立，为约定担保。留置则是直接依据法律的规定而设立，无须当事人之间特别约定，为法定担保。保证是以保证人的财产和信用为担保的基础，属于人的担保。抵押、质押、留置，是以一定的财产为担保的基础，属于物的担保。定金是以一定的金钱为担保的基础，称为金钱担保。此外，所有权保留、融资租赁均具有担保的功能。

保证合同、抵押合同、质押合同、定金合同可以是单独订立的书面合同，包括当事人之间的具有担保性质的信函、传真等；也可以是主合同中的担保条款。

二、保证合同

（一）保证和保证人

《民法典》第681条规定，保证合同是为保障债权的实现，保证人和债权人约定，当债务人不履行到期债务或者发生当事人约定的情形时，保证人履行债务或者承担责任的合同。

保证合同是主债权债务合同的从合同。主债权债务合同无效的，保证合同无效，但是法律另有规定的除外。保证合同被确认无效后，债务人、保证人、债权人有过错的，应当根据其过错各自承担相应的民事责任。

根据法律的规定，具有代为清偿债务能力的法人、非法人组织或者自然人，可以做保证人。《民法典》第683条规定，机关法人不得为保证人，但是经国务院批准为使用外国政府或者国际经济组织贷款进行转贷的除外；以公益为目的的非营利法人、非法人组织不得为保证人。因此，国家机关、学校、幼儿园、医院等以公益为目的的事业单位、社会团体，企业法人的分支机构、职能部门，不得做保证人；但是，在经国务院批准为使用外国政府或者国际经济组织贷款进行转贷的情况下机关法人可以。

（二）保证内容和保证方式

1. 保证内容

依据《民法典》第684条，保证合同的内容一般包括被保证的主债权的种类、数额，债务人履行债务的期限，保证的方式、范围和期间等条款。

保证合同应当采取书面形式。保证合同可以是单独订立的书面合同，也可以是主合同中的保证条款。

第三人单方以书面形式向债权人作出保证，债权人接收且未提出异议的，保证合同成立。

2. 保证方式

《民法典》第686条规定，保证的方式包括一般保证和连带责任保证两种。

当事人在保证合同中约定，债务人不能履行债务时，由保证人承担保证责任的，为一般保证。一般保证的保证人在主合同纠纷未经审判或者仲裁，并就债务人的财产依法强制执行仍不能履行债务前，有权拒绝向债权人承担保证责任。

有下列情形之一的，保证人不得拒绝承担保证责任：（1）债务人下落不明，且无财产可供执行；（2）人民法院已经受理债务人破产案件；（3）债权人有证据证明债务人的财产不足以履行全部债务或者丧失履行债务能力；（4）保证人书面表示放弃该权利。

《民法典》第688条规定：当事人在保证合同中约定保证人和债务人对债务承担连带责任的，为连带责任保证。连带责任保证的债务人不履行到期债务或者发生当事人约定的情形时，债权人可以请求债务人履行债务，也可以请求保证人在其保证范围内承担保证责任。

当事人在保证合同中对保证方式没有约定或者约定不明确的，保证人按照一般保证承担保证责任。

保证人可以主张债务人对债权人的抗辩。债务人放弃抗辩的，保证人仍有权向债权人主张抗辩。

债务人对债权人享有抵销权或者撤销权的，保证人可以在相应范围内拒绝承担保证责任。

（三）保证责任

保证人在约定的保证担保范围内承担保证责任。《民法典》第691条规定，保证的范围包括主债权及其利息、违约金、损害赔偿金和实现债权的费用，当事人另有约定的，按照其约定。

依据《民法典》的规定，债权人和债务人未经保证人书面同意，协商变更主债权债务合同内容，减轻债务的，保证人仍对变更后的债务承担保证责任；加重债务的，保证人对加重的部分不承担保证责任。债权人和债务人变更主债权债务合同的履行期限，未经保证人书面同意的，保证期间不受影响。

债权人转让全部或者部分债权，未通知保证人的，该转让对保证人不发生效力。

保证人与债权人约定禁止债权转让，债权人未经保证人书面同意转让债权的，保证人对受让人不再承担保证责任。

债权人未经保证人书面同意，允许债务人转移全部或者部分债务，保证人对未经其同意转移的债务不再承担保证责任，但是债权人和保证人另有约定的除外。第三人加入债务的，保证人的保证责任不受影响。

一般保证的保证人在主债务履行期限届满后，向债权人提供债务人可供执行财产的真实情况，债权人放弃或者怠于行使权利致使该财产不能被执行的，保证人在其提供可供执行财产的价值范围内不再承担保证责任。

同一债务有两个以上保证人的，保证人应当按照保证合同约定的保证份额，承担保证责任；没有约定保证份额的，债权人可以请求任何一个保证人在其保证范围内承担保证责任。

被担保的债权既有物的担保又有人的担保的，债务人不履行到期债务或者发生当事人约定的实现担保物权的情形的，债权人应当按照约定实现债权。没有约定或者约定不明确，债务人自己提供物的担保的，债权人应当先就该物的担保实现债权；第三人提供物的担保的，债权人可以就物的担保实现债权，也可以请求保证人承担保证责任。提供担保的第三人承担担保责任后，有权向债务人追偿。

保证人承担保证责任后，除当事人另有约定外，有权在其承担保证责任的范围内向债务人追偿，享有债权人对债务人的权利，但是不得损害债权人的利益。

（四）保证期间

保证期间，是指当事人约定或者法律规定的保证人承担保证责任的时间期限。保证人与债权人约定了保证期间的，按照约定执行。依据《民法典》的规定，保证期间是确定保证人承担保证责任的期间，不发生中止、中断和延长。

债权人与保证人可以约定保证期间，但是约定的保证期间早于主债务履行期限或者与主债务履行期限同时届满的，视为没有约定；没有约定或者约定不明确的，保证期间为主债务履行期限届满之日起 6 个月。债权人与债务人对主债务履行期限没有约定或者约定不明确的，保证期间自债权人请求债务人履行债务的宽限期届满之日起计算。

一般保证的债权人未在保证期间对债务人提起诉讼或者申请仲裁的，保证人不再承担保证责任。连带责任保证的债权人未在保证期间请求保证人承担保证责任的，保证人不再承担保证责任。

一般保证的债权人在保证期间届满前对债务人提起诉讼或者申请仲裁的，从保证人拒绝承担保证责任的权利消灭之日起，开始计算保证债务的诉讼时效。连带责任保证的债权人在保证期间届满前请求保证人承担保证责任的，从债权人请求保证人承担保证责任之日起，开始计算保证债务的诉讼时效。

保证人在与债权人约定的保证期间或者法律规定的保证期间内承担保证责任。

三、抵押权

依据《民法典》第 394 条第 1 款的规定，抵押是指为担保债务的履行，债务人或者第三人不转移财产的占有，将该财产抵押给债权人，债务人不履行到期债务或者发生当事人约定的实现抵押权的情形，债权人有权就该财产优先受偿。

享有抵押权的债权人称为抵押权人，提供担保财产的债务人或者第三人称为抵押人，提供担保的财产称为抵押财产。

（一）抵押财产

抵押人只能以法律规定可以抵押的财产提供担保；法律规定不可以抵押的财产，抵押人不得用于提供担保。

依据《民法典》第 395 条的规定，债务人或者第三人有权处分的下列财产可以抵押：（1）建筑物和其他土地附着物；（2）建设用地使用权；（3）海域使用权；（4）生产设备、原材料、半成品、产品；（5）正在建造的建筑物、船舶、航空器；（6）交通运输工具；（7）法律、行政法规未禁止抵押的其他财产。另外依据《农村土地承包法》第 47 条至第 53 条的规定，以家庭承包方式取得的土地经营权，以及通过招标、拍卖、公开协商等方式承包农村土地并依法登记取得权属证书的土地经营权，也可以抵押。抵押人可以将上述所列财产一并抵押。

下列财产不得抵押：(1) 土地所有权；(2) 宅基地、自留地、自留山等集体所有土地的使用权，但法律规定可以抵押的除外；(3) 学校、幼儿园、医疗机构等为公益目的成立的非营利法人的教育设施、医疗卫生设施和其他公益设施；(4) 所有权、使用权不明或者有争议的财产；(5) 依法被查封、扣押、监管的财产；(6) 法律、行政法规规定不得抵押的其他财产，如以依法定程序确认为违法、违章的建筑物抵押的，抵押无效。

《民法典》第 396 条规定，企业、个体工商户、农业生产经营者可以将现有的以及将有的生产设备、原材料、半成品、产品抵押，债务人不履行到期债务或者发生当事人约定的实现抵押权的情形，债权人有权就抵押财产确定时的动产优先受偿。

抵押财产自下列情形之一发生时确定：(1) 债务履行期限届满，债权未实现；(2) 抵押人被宣告破产或者解散；(3) 当事人约定的实现抵押权的情形；(4) 严重影响债权实现的其他情形。

抵押人所担保的债权不得超出其抵押物的价值，超出的部分不具有优先受偿的效力。财产抵押后，该财产的价值大于所担保债权的余额部分，可以再次抵押，但不得超出其余额部分。

(二) 抵押合同和抵押物登记

依据《民法典》第 400 条的规定，设立抵押权，当事人应当采取书面形式订立抵押合同。抵押合同一般包括下列条款：(1) 被担保债权的种类和数额；(2) 债务人履行债务的期限；(3) 抵押财产的名称、数量等情况；(4) 担保的范围。

依据《民法典》第 401 条，抵押权人在债务履行期限届满前，与抵押人约定债务人不履行到期债务时抵押财产归债权人所有的，只能依法就抵押财产优先受偿。

抵押合同不以登记为生效要件，但抵押权本身须登记。不动产抵押合同生效后未办理抵押登记手续的，债权人有权请求抵押人办理抵押登记手续。

依据《民法典》的规定，以建筑物和其他土地附着物、建设用地使用权、海域使用权或者正在建造的建筑物抵押的，应当办理抵押登记；抵押权自登记时设立。

依据《民法典》的规定，以生产设备、原材料、半成品、产品、交通运输工具或者正在建造的船舶、航空器抵押的，抵押权自抵押合同生效时设立；未经登记，不得对抗善意第三人。

但是，以动产抵押的，无论是否办理抵押登记，都不得对抗正常经营活动中已经支付合理价款并取得抵押财产的买受人。

(三) 抵押的效力

依据《民法典》第 389 条的规定，抵押的担保范围包括主债权及其利息、违约金、损害赔偿金和实现抵押权的费用，当事人另有约定的，按照其约定。依据《民法典》第 405 条的规定，抵押权设立前，抵押财产已经出租并转移占有的，原租赁关系不受该抵押权的影响。《民法典》第 406 条规定：抵押期间，抵押人可以转让抵押财产。当事人另有约定的，按照其约定。抵押财产转让的，抵押权不受影响。抵押人转让抵押财产的，应当及时通知抵押权人。抵押权人能够证明抵押财产转让可能损害抵押权的，可以请求抵押人将转让所得的价款向抵押权人提前清偿债务或者提存。转让的价款超过债权数额的部分归抵押人所有，不足部分由债务人清偿。

抵押权不得与债权分离而单独转让或者作为其他债权的担保。债权转让的，担保该债权的抵押权一并转让，但法律另有规定或者当事人另有约定的除外。

抵押人的行为足以使抵押财产的价值减少的，抵押权人有权请求抵押人停止其行为。抵押财产价值减少的，抵押权人有权请求恢复抵押财产的价值，或者提供与减少的价值相应的担保。抵押人不恢复抵押财产的价值，也不提供担保的，抵押权人有权请求债务人提前清偿债权。

抵押权人可以放弃抵押权或者抵押权的顺位。抵押权人与抵押人可以协议变更抵押权顺位以及被担保的债权数额等内容，但是抵押权的变更，未经其他抵押权人书面同意，不得对其他抵押权人产生不利影响。债务人以自己的财产设定抵押，抵押权人放弃该抵押权、抵押权顺位或者变更抵押权的，其他担保人在抵押权人丧失优先受偿权益的范围内免除担保责任，但是其他担保人承诺仍然提供担保的除外。

（四）抵押权的实现

债务人不履行到期债务或者发生当事人约定的实现抵押权的情形的，抵押权人可以与抵押人协议以抵押财产折价或者以拍卖、变卖该抵押财产所得的价款优先受偿。协议损害其他债权人的利益的，其他债权人可以请求人民法院撤销该协议。抵押权人与抵押人未就抵押权实现方式达成协议的，抵押权人可以请求人民法院拍卖、变卖抵押财产。抵押财产折价或者变卖的，应当参照市场价格。

抵押物折价或者拍卖、变卖所得的价款，当事人没有约定的，按下列顺序清偿：（1）实现抵押权的费用；（2）主债权的利息；（3）主债权。

依据《民法典》第412条的规定，债务人不履行到期债务或者发生当事人约定的实现抵押权的情形，致使抵押财产被人民法院依法扣押的，自扣押之日起抵押权人有权收取该抵押财产的天然孳息或者法定孳息，但抵押权人未通知应当清偿法定孳息的义务人的除外。孳息应当先充抵收取孳息的费用。

建设用地使用权抵押后，该土地上新增的建筑物不属于抵押财产。该建设用地使用权实现抵押权时，应当将该土地上新增的建筑物与建设用地使用权一并处分，但是新增建筑物所得的价款，抵押权人无权优先受偿。

以集体所有土地的使用权依法抵押的，实现抵押权后，未经法定程序，不得改变土地所有权的性质和土地用途。

抵押财产折价或者拍卖、变卖后，其价款超过债权数额的部分归抵押人所有，不足部分由债务人清偿。

同一财产向两个以上债权人抵押的，拍卖、变卖抵押财产所得的价款依照下列规定清偿：（1）抵押权已登记的，按照登记的时间先后确定清偿顺序。（2）抵押权已登记的先于未登记的受偿。（3）抵押权未登记的，按照债权比例清偿。

为债务人提供抵押担保的第三人，在抵押权人实现抵押权后，有权向债务人追偿。

依据《民法典》的规定，同一财产既设立抵押权又设立质权的，拍卖、变卖该财产所得的价款按照登记、交付的时间先后确定清偿顺序。动产抵押担保的主债权是抵押物的价款，标的物交付后10日内办理抵押登记的，该抵押权人优先于抵押物买受人的其他担保物权人受偿，但是留置权人除外。

在抵押物灭失、毁损或者被征用的情况下，抵押权人可以就该抵押物的保险金、赔偿金或者补偿金优先受偿。《民法典》第390条规定，担保期间，担保财产毁损、灭失或者被征收等，担保物权人可以就获得的保险金、赔偿金或者补偿金等优先受偿；被担保债权的履行期限未届满的，也可以提存该保险金、赔偿金或者补偿金等。

抵押权人应当在主债权受到法律保护的期间内行使抵押权，该受到法律保护的期间通常为主债权诉讼时效期间。当主债权经诉讼程序被生效裁判确定后，抵押权的受保护期间为申请执行期间；在债务人破产时，抵押权的受保护期间为法律规定的申报债权期间。只要当事人在前述保护期间内依法行使权利，抵押权就应受到保护。

（五）最高额抵押

最高额抵押，是指为担保债务的履行，债务人或者第三人为一定期间内将要连续发生的债权提供担保财产，债务人不履行到期债务或者发生当事人约定的实现抵押权的情形时，抵押权人有权在最高债权额限度内就该担保财产优先受偿。

例如，最高额抵押为100万元人民币，担保期间为2年，那么2年之内，不管发生多少次债权，只要债权额不超过100万元人民币，这些债权都具有优先受偿的法律效力。

最高额抵押担保的债权确定前，部分债权转让的，最高额抵押权不得转让，但当事人另有约定的除外。

最高额抵押担保的债权确定前，抵押权人与抵押人可以通过协议变更债权确定的期间、债权范围以及最高债权额，但是变更的内容不得对其他抵押权人产生不利影响。

有下列情形之一的，抵押权人的债权确定：（1）约定的债权确定期间届满；（2）没有约定债权确定期间或者约定不明确的，抵押权人或者抵押人自最高额抵押权设立之日起满2年后请求确定债权；（3）新的债权不可能发生；（4）抵押权人知道或者应当知道抵押财产被查封、扣押；（5）债务人、抵押人被宣告破产或者解散；（6）法律规定债权确定的其他情形。

抵押权人实现最高额抵押权时，实际发生的债权余额高于最高限额的，以最高限额为限，超过部分不具有优先受偿的效力；实际发生的债权余额低于最高限额的，以实际发生的债权余额为限以抵押财产优先受偿。

四、质　权

质押是指债务人或者第三人将其动产或者权利移交给债权人占有，将该财产作为债的担保，当债务人不履行债务时，债权人有权依照法律规定，以该财产折价或者以拍卖、变卖该财产的价款优先受偿。设定质权的行为叫质押，债务人或第三人交由债权人占有的动产或权利为质押财产或质押物或质物，提供质押财产的债务人或第三人为出质人或质押人，债权人为质权人。

（一）动产质权

根据《民法典》第425条的规定，为了担保债务的履行，债务人或者第三人将其动产出质给债权人占有的，债务人不履行到期债务或者发生当事人约定的实现质权的情形时，债权人有权就该动产优先受偿。

（动产）质权自出质人交付质押财产时设立。设立质权，当事人应当采取书面形式订立质权合同。法律、行政法规禁止转让的动产不得出质。例如，2022年10月2日，原告李某与被告王某签订“借款合同”，约定借款 50 000 元。同日双方为此笔债务签订了“质押合同”，约定王某将自己的一辆小汽车作为质押物，为 50 000 元债务进行担保。合同签订后，王某的汽车未交付给李某，仍由王某使用。债务履行期限届满，原告李某起诉至法院，要求被告王某履行合同还款，并主张对质押物行使质押权。本案的争议焦点在于质押合同是否成立，质押权是否已经设立，根据《民法典》第 429 条，（动产）质权自出质人交付质押财产时设立。本案原、被告签订“质押合同”后，被告未将质押物交付给原告，以动产质押时，未交付动产（或者采用占有改定方式交付）的，质权未设立，但不因此影响质押合同的成立与生效。因此，原告可以要求被告履行借款合同偿还借款，但不能对未设立的质权进行主张。

质权合同一般包括下列条款：（1）被担保债权的种类和数额；（2）债务人履行债务的期限；（3）质押财产的名称、数量等情况；（4）担保的范围；（5）质押财产交付的时间、方式。

根据《民法典》的规定，质权人在债务履行期限届满前与出质人约定债务人不履行到期债务时质押财产归债权人所有的，只能依法就质押财产优先受偿。质权人并不获得流质物的所有权，仅获得优先受偿权。债权人需要经过诉讼程序实现其担保物权，并就质押物的拍卖变卖所得款项进行优先受偿。这既保护了质押人的权益，也能够按照常规担保物权实现路径实现质押权人的权益。

质权人有权收取质押财产的孳息，但合同另有约定的除外。孳息应当先充抵收取孳息的费用。质权人依法收取孳息时，并不当然取得所有权，而是取得孳息的质权，孳息成为质权的标的。如果孳息是金钱，质权人可以直接用于清偿；如果孳息是物，可以由质权人与出质人协议以该孳息折价或者拍卖、变卖，以所得价款优先受偿。

《民法典》第 433 条规定，因不可归责于质权人的事由可能使质押财产毁损或者价值明显减少，足以危害质权人权利的，质权人有权请求出质人提供相应的担保；出质人不提供的，质权人可以拍卖、变卖质押财产，并与出质人协议将拍卖、变卖所得的价款提前清偿债务或者提存。

质权人在质权存续期间，未经出质人同意转质，造成质押财产毁损、灭失的，应当承担赔偿责任。

质权人在质权存续期间，未经出质人同意，擅自使用、处分质押财产，给出质人造成损害的，应当承担赔偿责任。

《民法典》第 432 条规定，质权人负有妥善保管质押财产的义务；因保管不善致使质押财产毁损、灭失的，应当承担赔偿责任。质权人的行为可能使质押财产毁损、灭失的，出质人可以请求质权人将质押财产提存，或者请求提前清偿债务并返还质押财产。

质权人可以放弃质权。债务人以自己的财产出质，质权人放弃该质权的，其他担保人在质权人丧失优先受偿权益的范围内免除担保责任，但其他担保人承诺仍然提供担保的除外。

债务人履行债务或者出质人提前清偿所担保的债权的，质权人应当返还质押财产。

债务人不履行到期债务或者发生当事人约定的实现质权的情形，质权人可以与出质人协议以质押财产折价，也可以就拍卖、变卖质押财产所得的价款优先受偿。质押财产折价或者变卖的，应当参照市场价格。

出质人可以请求质权人在债务履行期限届满后及时行使质权；质权人不行使的，出质人可以请求人民法院拍卖、变卖质押财产。出质人请求质权人及时行使质权，因质权人怠于行使权利造成出质人损害的，由质权人承担赔偿责任。

质押财产折价或者拍卖、变卖后，其价款超过债权数额的部分归出质人所有，不足部分由债务人清偿。

为债务人提供质押担保的第三人，在质权人实现质权后，有权向债务人追偿。

质权因质物灭失而消灭，因灭失所得的赔偿金，应当作为出质财产。

质权与其担保的债权同时存在，债权消灭的，质权也消灭。

出质人与质权人可以协议设立最高额质权。

（二）权利质权

权利质权，是指以所有权、用益物权以外的可让与的财产权利为标的而设立的质权。

根据《民法典》的规定，债务人或者第三人有权处分的下列权利可以出质：汇票、支票、本票；债券、存款单；仓单、提单；可以转让的基金份额、股权；可以转让的注册商标专用权、专利权、著作权等知识产权中的财产权；现有的以及将有的应收账款；法律、行政法规规定可以出质的其他财产权利。

以汇票、本票、支票、债券、存款单、仓单、提单出质的，质权自权利凭证交付质权人时设立；没有权利凭证的，质权自办理出质登记时设立。法律另有规定的，依照其规定。

汇票、支票、本票、债券、存款单、仓单、提单的兑现日期或者提货日期先于主债权到期的，质权人可以兑现或者提货，并与出质人协议将兑现的价款或者提取的货物提前清偿债务或者提存。

以基金份额、股权出质的，质权自办理出质登记时设立。基金份额、股权出质后，不得转让，但经出质人与质权人协商同意的除外。出质人转让基金份额、股权所得的价款，应当向质权人提前清偿债务或者提存。

以注册商标专用权、专利权、著作权等知识产权中的财产权出质的，质权自办理出质登记时设立。知识产权中的财产权出质后，出质人不得转让或者许可他人使用，但经出质人与质权人协商同意的除外。出质人转让或者许可他人使用出质的知识产权中的财产权所得的价款，应当向质权人提前清偿债务或者提存。

以应收账款出质的，质权自办理出质登记时设立。应收账款出质后，不得转让，但经出质人与质权人协商同意的除外。出质人转让应收账款所得的价款，应当向质权人提前清偿债务或者提存。

五、留置权

留置是指债权人按照合同约定占有债务人的动产，债务人不履行到期债务，债权人可以留置已经合法占有的债务人的动产，并有权就该动产优先受偿。留置担保的范围包括主债权及其利息、违约金、损害赔偿金、留置物保管费用和实现留置权的费用。

债权人为留置权人，占有的动产为留置财产。

【案例 4-5】某仪器公司因转产致使一台价值 1 000 万元的精密机床闲置。该公司董事长王某与某机械公司签订了一份机床转让合同。机床转让之前，仪器公司的机床由某仓库保管，保管期限至 2024 年 3 月 31 日，保管费 50 万元。4 月 1 日，仪器公司将机床提走并约定 10 日内付保管费，仓库可对该机床行使留置权。10 日过去后，机械公司遭遇意外损害，表示没有能力购买机床，要求解除合同。仪器公司也没有资金来源，未能清偿仓库的保管费用。仓库主张行使留置权。请问：本案中仓库能否行使留置权？

【解析】 留置权，是指在债务人不履行到期债务时，债权人所享有的依照法律规定留置已经合法占有的债务人的动产，并就该动产变价优先受偿的权利。留置权是占有性担保物权，是以债权人占有债务人的动产为前提和要件的。如果债权人丧失了对债务人动产的占有，则留置权归于消灭。

本案中，仪器公司已经将机床提走，即作为债权人的仓库已经丧失了对债务人仪器公司财产的占有，留置权已经归于消灭，即仓库已经不享有留置权，就更谈不上所谓行使的问题。所以，本案中仓库不能行使留置权。

根据《民法典》的规定，债权人留置的动产，应当与债权属于同一法律关系，但企业之间留置的除外。同一法律关系，就是指同一债权债务关系。例如：甲帮乙运输一批货物，乙没有支付给甲运费，此时甲可以留置乙的这批货物。这就是说占有的动产（留置的货物）与债权（运费）是同一个法律关系（运输关系）。假设之前甲借用了乙的一辆汽车，此时甲不可以针对汽车进行留置，因为这不是同一法律关系。但是如果甲乙都是企业，那么甲对之前借的汽车就可以留置。债务债权双方均为企业的情况下留置动产可以不受同一法律关系的限制。这是因为：企业间债务属于商业性质。商品经济中的企业间交易频繁，为确保交易安全，要运用包括留置在内的多种形式维护权益。如果严格限制企业间留置也必须留置物与债权基于同一法律关系，则有悖于交易安全迅速之原则。

法律规定或者当事人约定不得留置的动产，不得留置。

留置权人负有妥善保管留置财产的义务，因保管不善致使留置财产毁损、灭失的，应当承担赔偿责任。留置权人有权收取留置财产的孳息，孳息应当先充抵收取孳息的费用。

留置权人与债务人应当约定留置财产后的债务履行期限；没有约定或者约定不明确的，留置权人应当给债务人 60 日以上履行债务的期限，但鲜活易腐等不易保管的动产除外。债务人逾期未履行的，留置权人可以与债务人协议以留置财产折价，也可以就拍卖、变卖留置财产所得的价款优先受偿。留置财产折价或者变卖的，应当参照市场价格。

债务人可以请求留置权人在债务履行期限届满后行使留置权；留置权人不行使的，债务人可以请求人民法院拍卖、变卖留置财产。留置财产折价或者拍卖、变卖后，其价款超过债权数额的部分归债务人所有，不足部分由债务人清偿。

因保管合同、运输合同、承揽合同以及法律规定可以留置的其他合同发生的债权，债务人不履行债务的，债权人有留置权。债权人的债权已届清偿期，债权人对动产的占有与其债权的发生有牵连关系的，债权人可以留置其所占有的动产。

在债权受全部清偿前，留置财产为不可分物的，留置权人可以就其留置财产的全部行使留置权；留置财产为可分物的，留置财产的价值应当相当于债务的金额。

同一动产上已设立抵押权或者质权，该动产又被留置的，留置权人优先受偿。

留置权人对留置财产丧失占有或者留置权人接受债务人另行提供的担保的，留置权消灭。

六、定　金

定金是指合同当事人约定一方向对方给付一定数额的货币作为债权的担保。依据《民法典》的规定，当事人可以约定一方向对方给付定金作为债权的担保。

定金合同自实际交付定金时成立。

债务人履行债务的，定金应当抵作价款或者收回。给付定金的一方不履行债务或者履行债务不符合约定，致使不能实现合同目的的，无权请求返还定金；收受定金的一方不履行债务或者履行债务不符合约定，致使不能实现合同目的的，应当双倍返还定金。

定金的数额由当事人约定；但是，不得超过主合同标的额的20%，超过部分不产生定金的效力。实际交付的定金数额多于或者少于约定数额的，视为变更约定的定金数额。

定金交付后，交付定金的一方可以按照合同的约定以丧失定金为代价而解除主合同，收受定金的一方可以双倍返还定金为代价而解除主合同。

因不可抗力、意外事件致使主合同不能履行的，不适用定金罚则。因合同关系以外第三人的过错，致使主合同不能履行的，适用定金罚则。受定金处罚的一方当事人，可以依法向第三人追偿。

第六节 违约责任

一、违约责任的概念

违约责任即违反合同的民事责任，是指合同当事人一方或双方不履行合同义务或者履行合同义务不符合约定时，依照法律规定或者合同约定所承担的法律责任。依法订立的有效合同对当事人双方来说，都具有法律约束力，如果不履行或者履行不符合约定，就要承担违约责任。

二、违约形态

根据合同当事人违反义务的性质、特点的不同，《民法典》将违约行为区分为预期违约和届期违约两种类型。

（一）预期违约

预期违约是指在履行期限到来之前一方无正当理由而明确表示其在履行期到来后将不履行合同，或者其行为表明其在履行期到来以后将不可能履行合同。依据《民法典》的规定，当事人一方明确表示或者以自己的行为表明不履行合同义务的，对方可以在履行期限届满前请求其承担违约责任。

（二）届期违约

在履行期限到来以后，当事人不履行或不完全履行合同义务的，将构成届期违约。届期违约可以分为不履行和不适当履行两类。

三、承担违约责任的形式

根据《民法典》的规定，当事人一方不履行合同义务或者履行合同义务不符合约定的，应当承担继续履行、采取补救措施或者赔偿损失等违约责任。

违约的当事人承担违约责任的主要形式有继续履行、采取补救措施、赔偿损失、支付违约金、给付或者双倍返还定金等，具体适用哪种违约责任，由当事人根据自己的要求加以选择。

(一) 继续履行

订立合同的目的是实现合同的约定，即实际履行合同。继续履行合同既是为了实现合同目的，又是一种违约责任。依据《民法典》的规定，当事人一方未支付价款、报酬、租金、利息，或者不履行其他金钱债务的，对方可以请求其支付。当事人一方不履行非金钱债务或者履行非金钱债务不符合约定的，对方可以请求履行，但有下列情形之一的除外：(1) 法律上或者事实上不能履行；(2) 债务的标的不适于强制履行或者履行费用过高；(3) 债权人在合理期限内未请求履行。除以上情形外，致使不能实现合同目的的，人民法院或者仲裁机构可以根据当事人的请求终止合同权利义务关系，但是不影响违约责任的承担。

(二) 采取补救措施

当事人一方履行合同义务不符合约定的，应当按照当事人的约定承担违约责任。受损害方根据损害的性质以及损失的大小，可以合理选择请求对方承担修理、重作、更换、退货、减少价款或者报酬等违约责任。

(三) 赔偿损失

当事人一方不履行合同义务或者履行合同义务不符合约定的，在履行义务或者采取补救措施后，对方还有其他损失的，应当赔偿损失。损失赔偿额应当相当于因违约所造成的损失，包括合同履行后可以获得的利益，但不得超过违约一方订立合同时预见到或者应当预见到的因违约可能造成的损失。

当事人一方违约后，对方应当采取适当措施，防止损失的扩大；没有采取适当措施致使损失扩大的，不得就扩大的损失请求赔偿。当事人因防止损失扩大而支出的合理费用，由违约方承担。

赔偿损失的方式有三种：(1) 恢复原状，即恢复到损害发生前的原状；(2) 金钱赔偿，是赔偿损失的主要方式，需加付利息；(3) 代物赔偿，即以其他财产替代赔偿。

(四) 支付违约金

为了保证合同的履行，保护自己的利益不受损失，合同当事人可以约定一方违约时应当根据违约情况向对方支付一定数额的违约金，也可以约定因违约产生的损失赔偿额的计算方法。

违约金是指合同当事人一方不履行合同或者履行合同不符合约定时，按照合同的约定，向对方支付的一定数额的货币。违约金有法定违约金和约定违约金之分。对违约金的约定是一种合同关系，违约金的标的物可以是金钱，也可以是金钱以外的其他财产。

违约金是对不能履行或者不能完全履行合同行为的带有惩罚性质的一种经济补偿手段，违约的当事人一方不论是否已给对方造成损失，都应当支付。约定的违约金低于造成的损失的，人民法院或者仲裁机构可以根据当事人的请求予以增加；约定的违约金过分高于造成的损失的，人民法院或者仲裁机构可以根据当事人的请求予以适当减少。约定的违约金超过造成损失的 30%的，人民法院一般可以认定为过分高于造成的损失。恶意违约的当事人一方请求减少违约金的，人民法院一般不予支持。

当事人就迟延履行约定违约金的，违约方支付违约金后，还应当履行债务。

(五) 给付或者双倍返还定金

依据《民法典》的规定，当事人可以约定一方向对方给付定金作为债权的担保。债务人履行债务的，定金应当抵作价款或者收回。给付定金的一方不履行债务或者履行债务不符合约定，致使不能实现合同目的的，无权请求返还定金；收受定金的一方不履行债务或者履行债务不符合约定，致使不能实现合同目的的，应当双倍返还定金。

当事人既约定违约金，又约定定金的，一方违约时，对方可以选择适用违约金或者定金条款，但二者由于在目的、性质、功能等方面具有共性而不能并用。当事人选择适用定金条款后，定金不足以弥补一方违约造成的损失的，对方可以请求赔偿超过定金数额的损失。

四、违约责任的免除

一般来说，在合同订立之后，一方当事人如果没有履行合同或者履行合同不符合约定，不论是自己的原因还是第三人的原因，都应当向对方承担违约责任。但是，当当事人一方违约是免责事由的出现造成的时，可以根据情况免除违约方的违约责任。

（一）法定事由

《民法典》第590条规定，当事人一方因不可抗力不能履行合同的，根据不可抗力的影响，部分或者全部免除责任，但是法律另有规定的除外。因不可抗力不能履行合同的，应当及时通知对方，以减轻可能给对方造成的损失，并应当在合理期限内提供证明。

当事人迟延履行后发生不可抗力的，不免除其违约责任。

（二）免责条款

免责条款是指合同双方当事人在合同中约定，当出现一定的事由或条件时，可免除违约方的违约责任。

（三）法律的特别规定

在法律有特别规定的情况下，可以免除当事人的违约责任。如承运人对于运输过程中货物的毁损、灭失承担损害赔偿责任，但承运人证明货物的毁损、灭失是因不可抗力、货物本身的自然性质或者合理损耗以及托运人、收货人的过错造成的，不承担损害赔偿责任。

复习与思考

一、简答题

1. 简述合同解除的条件。
2. 简述承诺的生效要件。
3. 简述《民法典》合同编的基本原则。
4. 简述缔约过失责任与违约责任的区别。
5. 简述不安抗辩权及其行使的条件。
6. 简述撤销权及其适用的情形。
7. 简述提存及其适用条件。
8. 简述抵押与质押的区别。
9. 简述定金与预付款的区别。

二、案例分析题

1. 2024年3月1日，某超市需要购进一批毛巾，于是向几家毛巾厂发出传真，内容如下：本超市欲购进毛巾，如果有全棉新款，请附图样与说明，我超市将派人前往洽谈购买事宜。于是有几家毛巾厂回电话，称自己能够满足该超市的要求，并且寄送了图样与说明。其中，甲厂寄送了图样与说明后，又送了100条毛巾到该超市，超市看货后不满意，于是决定不购买甲厂的毛巾。甲厂认为超市发出的传真的内容构成了要约，其送毛巾的行为是承诺，合同已经因为自己的承诺而成立并且生效，超市拒绝购买的行为是违约行为，应该承担违约责任。而超市则认为自己发出传真的行为只是一种要约邀请而不是要约，超市不受该行为的约束。

试分析：某超市发出传真的行为是一种要约邀请还是要约？为什么？

2. 甲公司与乙公司签订一个供货合同，约定由乙公司在一个月内向甲公司提供一级精铝锭100吨，价值130万元。双方约定如果乙公司不能按期供货，每逾期一天须向甲公司支付货款价值0.1%的违约金。由于组织货源的原因，乙公司在两个月后才给甲公司交付了100吨精铝锭。甲公司验货时发现不是一级精铝锭，而是二级精铝锭，就以对方违约为由拒绝付款，要求乙公司支付一个月的违约金39 000元，并且要求乙公司重新提供100吨一级精铝锭。双方为此发生争议。甲公司起诉至法院，要求乙公司支付违约金和重新履行合同。乙公司在答辩状中称：逾期供货不是自己的本意，也不是自己所能控制得了的，不应当支付违约金。即使支付违约金，也不应当支付39 000元之多，这个请求不公平。

试分析：（1）甲公司与乙公司之间签订的合同是否有效？

（2）乙公司没有在约定的时间内交付货物是由于客观原因还是市场原因？

（3）甲公司要求乙公司支付违约金和重新提供一级品的说法有无依据？

（4）乙公司主张不能按时供应货物有无依据？

（5）乙公司关于违约金的数额太高了，自己不应当承担这么多的违约金的说法有无依据？

3. 某县农机公司与该县的农机具加工厂签订了一份加工新型农机具合同，合同约定：由农机具加工厂在2023年10月1日前为农机公司加工组配收割机主芯800个，加工费3万元。农机公司应当在组配工作完成后5日内付款提货。农机具加工厂按时完成了组配工作，通知农机公司来领取收割机主芯。农机公司一时拿不出钱，于是询问农机具加工厂是否可以先提货后交款。加工厂不同意，坚持按照加工合同的规定付款提货，并称如果明年年初农机公司不付款提货的话，将变卖主芯。到该年的年底，农机公司仍未提货。农机具加工厂于第二年年初将这批收割机主芯卖给于某，得款7万元，扣除加工保管等费用外，尚余4万元，于是通知农机公司前来领取。农机公司以合同中没有约定农机具加工厂可以变卖加工工作物为由，拒绝领取余款，并起诉到法院，要求追回主芯。

试分析：农机具加工厂变卖加工工作物的行为是否符合法律规定？

4. 甲市钢材公司与本市××银行签订合同，约定：由银行向钢材公司提供150万元贷款，借款期限为3年，届时钢材公司还清借款，另付利息30万元。合同签订后，银行经调查，发现钢材公司经营不善，便提出终止合同。后市某物资总公司出面说情，达成一致意见：原合同继续有效，另外三方签订补充协议，物资公司签署保证：保证钢材公司到期将全部贷款及利息还给银行，并对资金监督使用。借款期限届至，银行前来催款，钢材公司只返还100万元，并请求银行将余额50万元及利息30万元于两个月后返还。银行考虑到钢材公司的实际困难和与物资公司的长期良好关系，遂同意了钢材公司的请求，并签署了协议，但此事并未通知物资公司。到应还款之日，银行发现钢材公司账户资金所剩无几。此时，银行向法院起诉，要求物资公司与钢材公司负连带责任，偿还50万元及利息30万元。

试分析：物资公司对 50 万元余额和 30 万元利息是否应承担责任？

5. 甲公司为开发新项目，急需资金。2023 年 3 月 12 日，向乙公司借钱 15 万元。双方谈妥，乙公司借给甲公司 15 万元，借期 6 个月，月息为银行贷款利息的 1.5 倍，至同年 9 月 12 日本息一起付清。甲公司向乙公司出具了借据。甲公司因新项目开发不顺利，未盈利，到了 9 月 12 日无法偿还欠乙公司的借款。某日，乙公司向甲公司催促还款无果，但得到一信息，某单位曾向甲公司借款 20 万元，现已到还款期，某单位正准备还款，但甲公司让某单位不用还款。于是，乙公司向法院起诉，请求甲公司以某单位的还款来偿还债务。甲公司辩称该债权已放弃，无法清偿债务。

试分析：(1) 甲公司的行为是否构成违约？为什么？

(2) 乙公司是否可针对甲公司的行为行使撤销权？为什么？

(3) 乙公司是否可以行使代位权？说明理由。

第五章 企业破产法律制度

·学习目标·

通过对本章的学习，能够全面理解破产制度的含义，掌握破产界限的具体内容，了解破产申请及受理的程序，掌握破产制度的整体脉络，熟悉管理人的职权及债权人会议的表决规则，理解重整制度及破产和解制度的意义及法律特征，熟练掌握破产财产的分配。

·引导案例·

T机械制造公司（以下简称T公司）是G市最大的一家法人企业。T公司由于设备陈旧和产品老化，连年亏损，已欠C市工商银行贷款两百余万元。T公司向Y省K企业租赁了一套价值千万元的生产拖拉机拖车的设备。随后，T公司从各个不同厂家费尽周折赊购到原材料后开始生产农用拖拉机拖车。随着产品的大量出产，市场份额已近饱和，产品大量积压。此后各原材料厂家及其他债权人每日都来讨债，T公司无法支撑下去。于是，T公司向人民法院提出破产申请。人民法院受理了该破产案件，依法裁定宣告T公司破产。

·分析思考·

在清算中，T公司的农用拖拉机拖车生产线是否可以用来清偿所欠债务？应如何处理？

第一节 破产法概述

一、破产的概念

破产是规定在债务人不能清偿到期债务，并且资产不足以清偿全部债务或者明显缺乏清偿能力时，人民法院依当事人申请，强制对债务人的全部财产进行清算分配，公平清偿给全体债权人，或者在人民法院的监督下，通过债务人与债权人会议达成的和解协议清偿债务，或进行企业重整，避免债务人破产清算的法律制度。

现代的破产制度不仅包括以变价分配为目标的清算制度，而且包括以企业再建为目标的和解和重整制度。

破产制度与同是解决债务纠纷的民事诉讼和执行制度相比，具有以下特征：(1) 民事诉讼与执行程序中的债务人通常具有清偿能力，故强调债务人的自动履行，并在必要时强制其履行。而破产程序中的债务人已丧失清偿能力，其对个别债权人的自动履行违背对全体债权人公平清偿的原则，是为法律所限制的。(2) 民事诉讼与执行是为个别债权人的利益进行的，而破产程序是为全体债权人的利益进行的，前者的目的是债的履行，而后者更强调在债权人间的公平履行以及对债务人正当权益的维护。(3) 破产程序是对债务人全部财产与经济关系进行彻底清算，在作出破产宣告的情况下，将终结债务人的经营业务，并使其丧失民事主体资格。而民事执行不涉及民事主体资格问题，其范围限于债务人的相关财产。

二、破产法的概念及适用范围

(一) 破产法的概念

破产法是指规范企业破产制度的法律规范的总称。1986 年我国制定了新中国第一部破产法——《中华人民共和国企业破产法（试行）》，该法仅适用于全民所有制企业的破产。1991 年制定的《中华人民共和国民事诉讼法》设专章“企业法人破产还债程序”，调整具有法人资格的非国有企业的破产。破产法有广义和狭义之分。狭义的破产法仅指 2006 年 8 月 27 日第十届全国人大常委会第二十三次会议通过、自 2007 年 6 月 1 日起施行的《中华人民共和国企业破产法》(以下简称《企业破产法》)；广义的破产法还包括《民法典》中有关破产的规定，以及有关破产的行政法规、部门规章和司法解释等。

破产法的调整范围仅限于债务人丧失清偿能力、不能清偿到期债务的特殊情况，解决的是如何公平清偿全体债权人的问题。破产法是集实体规范与程序规范于一体的综合性法律。由于破产既关系到债权人的债权能否受到公平的清偿，也关系到债务人的生存问题，所以为了规范债务人的破产行为，维护债权人和债务人的合法利益，破产法中既有大量的实体规范又有大量的程序规范，且大部分程序必须在法院的主持和监督下进行。

(二) 破产法的适用范围

依据《企业破产法》第 2 条，破产法适用于法人型企业，包括国有企业法人、私营企业、外商投资企业，也包括上市公司和非上市公司、有限责任公司和股份有限公司。《企业破产法》第 134 条规定，金融机构实施破产的，国务院可以依据本法和其他有关法律的规定制定实施办法；第 135 条规定，其他法律规定企业法人以外的组织的清算，属于破产清算的，参照适用本法规定的程序。目前，根据其他法律规定，可以参照适用破产法的主体主要是合伙企业、农民专业合作社等。根据最高人民法院发布的《关于对因资不抵债无法继续办学被终止的民办学校如何组清算问题的批复》，资不抵债的民办学校的清算，参照适用《企业破产法》规定的程序进行。根据最高人民法院发布的《关于个人独资企业清算是否可以参照适用企业破产法规定的破产清算程序的批复》，在个人独资企业不能清偿期债务，并且资产不足以清偿全部债务或者明显缺乏偿债能力的情况下，可以参照适用《企业破产法》规定的破产清算程序进行清算。

第二节　破产的申请与受理

一、破产界限

破产界限又称破产原因，是指认定债务人丧失债务清偿能力，法院据以启动破产程序、宣告债务人破产的法律标准，即引起破产程序发生的原因。《企业破产法》第2条规定：企业法人不能清偿到期债务，并且资产不足以清偿全部债务或者明显缺乏清偿能力的，依照本法规定清理债务。企业法人有前款规定情形，或者有明显丧失清偿能力可能的，可以依照本法规定进行重整。

据此，破产界限的实质是不能清偿到期债务。“不能清偿”在法律上的着眼点是债权债务关系能否正常维系，其原因为以下之一：

(1) 资产不足以清偿全部债务。债务人的全部财产已不足以偿还其所有债务，即债务人的资产总额小于其债务总额。债务人的债务既包括到期的也包括未到期的，其数额超过债务人的全部资产。这是债务人的资产总额与负债总额相比而言的，反映的是债务人的一种客观经济状态。

(2) 明显缺乏清偿能力。债务人也可能因资产结构不合理而无法变现，对到期债务缺乏现实的清偿能力。这种清偿能力包括以财产、信用或其他任何方法清偿债务的能力。

满足以下条件之一的，即符合破产法规定的破产原因：(1) 不能清偿到期债务，且资产不足以清偿全部债务；(2) 不能清偿到期债务，且明显缺乏清偿能力。

满足以下条件之一的，即符合破产法规定的重整原因：(1) 不能清偿到期债务，且资产不足以清偿全部债务；(2) 不能清偿到期债务，且明显缺乏清偿能力；(3) 有明显丧失清偿能力可能的。相比于破产原因，重整原因更为宽松。破产重整是治病救人的制度，不应设置过高的启动门槛。破产重整不同于破产清算，一般不会导致债务人企业法人主体资格的消灭，不会造成无法挽回的后果。

二、破产案件的管辖与破产申请

(一) 破产案件的管辖

1. 地域管辖

破产案件由债务人住所地人民法院管辖。企业以其主要办事机构所在地为住所地，债务人主要办事机构所在地不明确、存在争议的，其注册登记地人民法院对该破产案件有管辖权。

2. 级别管辖

基层人民法院一般管辖县、县级市或者区的市场监督管理机关核准登记的企业破产案件；中级人民法院一般管辖地区、地级市以上的市场监督管理机关核准登记的企业破产案件；被纳入国家计划调整的国有企业破产案件即政策性破产，由中级人民法院管辖。

3. 移送管辖

上级人民法院有权审理下级人民法院管辖的企业破产案件，或者将本院管辖的企业破产案件移交下级人民法院审理；下级人民法院对自己管辖的企业破产案件，认为需要由上级人民法院审理的，可以报请上级人民法院审理。省、自治区、直辖市范围内因特殊情况需对地域管辖进行调整的，须经它们的共同上级人民法院批准。

（二）破产申请

破产申请是破产申请人请求人民法院受理破产案件的意思表示。破产申请不是破产程序的开始，而是破产程序开始的条件。我国现行破产法采用了申请主义而不是职权主义，无破产申请，法院不得启动破产程序、受理破产案件。

破产申请的主体，是与破产案件有利害关系、依法具有破产申请资格的人。《企业破产法》第 7 条规定：债务人有本法第 2 条规定的情形，可以向人民法院提出重整、和解或者破产清算申请。债务人不能清偿到期债务，债权人可以向人民法院提出对债务人进行重整或者破产清算的申请，但债权人不能提出和解申请。企业法人已解散但未清算或者未清算完毕，资产不足以清偿债务的，依法负有清算责任的人应当向人民法院申请破产清算。也即能够提出破产申请的主体有三个，即债务人、债权人以及依法负有清算责任的人。

1. 债务人提出破产申请

债务人不能清偿到期债务，并且资产不足以清偿全部债务或者明显缺乏清偿能力时，债务人可以向人民法院提出重整、和解或者破产清算申请。

债务人提出破产申请的，除应当提交破产申请书外，还应当向人民法院提交财产状况说明、债务清册、债权清册、有关财务会计报告、职工安置预案以及职工工资的支付和社会保险费用的缴纳情况。

2. 债权人提出破产申请

债务人不能清偿到期债务的，其债权人可以向人民法院提出对债务人进行重整或者破产清算的申请。只要债务人不能清偿到期债务，债权人就可以向人民法院申请其破产。

债权人提出破产申请应提供如下法定文件：（1）债权发生的事实及有关证据；（2）债权性质、数额、有无担保并附证据；（3）债务人不能清偿到期债务的情况及有关证据。

3. 清算责任人提出破产申请

企业法人已解散但未清算或者未清算完毕，资产不足以清偿债务的，依法负有清算责任的人应当向人民法院申请破产清算。

提出破产申请是债权人的一项权利，但对于清算责任人来说，是一项法定的义务。如果出现上述法定的事由，清算责任人无权选择不提出破产申请，也不得故意拖延。违反此项义务而未及时申请，导致债务人的财产减少并造成债权人损失的，清算责任人应承担赔偿责任。

《企业破产法》第 9 条规定，人民法院受理破产申请前，申请人可以请求撤回申请。

三、破产案件的受理

破产案件的受理是指人民法院收到破产申请后，经过审查认为符合法定条件，作出予以立案的裁定。人民法院受理破产申请人提出的破产申请，标志着破产程序的开始。

（一）受理的程序

1. 立案

在我国，破产程序的开始以破产案件的受理为标准。人民法院收到申请人提出的破产申请后，应当进行审查。债权人提出破产申请的，人民法院应当自收到申请之日起 5 日内通知债务人。债务人对申请有异议的，应当自收到人民法院的通知之日起 7 日内向人民法院提出。人民法院应当自异议期满之日起10日内裁定是否受理。除债权人提出申请的情形外，人民法院应当自收到破产申请之日起15日内裁定是否受理；有特殊情况，经上一级人民法院批准，可以延长15日。

人民法院受理破产申请的，应当自裁定作出之日起5日内送达申请人。债权人提出申请的，人民法院应当自裁定作出之日起5日内送达债务人。债务人应当自裁定送达之日起15日内，向人民法院提交财产状况说明、债务清册、债权清册、有关财务会计报告以及职工工资的支付和社会保险费用的缴纳情况。

人民法院裁定不受理破产申请的，应当自裁定作出之日起5日内送达申请人并说明理由。申请人对不受理的裁定不服的，可以自裁定送达之日起10日内向上一级人民法院提起上诉。

人民法院受理破产申请后至破产宣告前，经审查发现债务人不符合《企业破产法》规定情形的，可以裁定驳回申请。申请人对裁定不服的，可以自裁定送达之日起10日内向上一级人民法院提起上诉。

2. 通知和公告债权人与债权申报

人民法院裁定受理破产申请的，应当同时指定管理人。人民法院应当自裁定受理破产申请之日起25日内通知已知债权人，并予以公告。通知和公告应当载明下列事项：（1）申请人、被申请人的名称或姓名；（2）人民法院受理破产申请的时间；（3）申报债权的期限、地点和注意事项；（4）管理人的名称或姓名及处理事务的地址；（5）债务人的债务人或者财产持有人应当向管理人清偿债务或者交付财产的要求；（6）第一次债权人会议召开的时间和地点；（7）人民法院认为应当通知和公告的其他事项。

人民法院受理破产申请后，应当确定债权人申报债权的期限。债权申报期限自人民法院发布受理破产申请公告之日起计算，最短不得少于30日，最长不得超过3个月。

（二）受理的法律后果

1. 对债务人企业有关人员产生的法律后果

人民法院受理破产申请标志着破产程序的开始，在破产程序中，债务人及其有关人员将受到破产法的约束。自人民法院受理破产申请的裁定送达债务人之日起至破产程序终结之日，债务人的有关人员承担下列义务：（1）妥善保管其占有和管理的财产、印章和账簿、文书等资料；（2）根据人民法院、管理人的要求进行工作，并如实回答询问；（3）列席债权人会议并如实回答债权人的询问；（4）未经人民法院许可，不得离开住所地；（5）不得新任其他企业的董事、监事、高级管理人员。

以上所称有关人员，是指企业的法定代表人；经人民法院决定，可以包括企业的财务管理人员和其他经营管理人员。

2. 对债务人产生的法律后果

（1）为维护全体债权人的利益，人民法院受理破产申请后，应将债务人的财产移交人民法院指定的管理人管理，使之处于一种保全状态。至于第三人所欠债务人的债务或者所持债务人的财产，因其均应属于保全的范畴，亦应向管理人给付。

（2）人民法院受理破产申请后，债务人对个别债权人的债务清偿无效。但是，债务人以其自有财产向债权人提供物权担保的，其在担保物的价值内向债权人所作的清偿不受上述限制。这是因为，有物权担保的债权人享有对担保物的优先受偿权，向其清偿可以使债务人收回担保物，用于对所有债权人的清偿，不违反公平清偿原则。

(3) 人民法院受理破产申请后，管理人对破产申请受理前成立而债务人和对方当事人均未履行完毕的合同有权决定解除或者继续履行，并通知对方当事人。管理人自破产申请受理之日起 2 个月内未通知对方当事人，或者自收到对方当事人催告之日起 30 日内未答复的，视为解除合同。管理人决定继续履行合同的，对方当事人应当履行；但是，对方当事人有权要求管理人提供担保。管理人不提供担保的，视为解除合同。

3. 对债权人产生的法律后果

人民法院受理破产案件后，债权人只能申报债权，并通过破产程序受偿。有财产担保的债权人未经人民法院的许可不得行使其优先受偿权。未到期的债权，在破产申请受理时视为到期；附利息的债权自破产申请受理时起停止计息。

4. 对相关诉讼程序产生的法律后果

(1) 人民法院受理破产申请后，有关债务人财产的保全措施应当解除，执行程序应当中止。

(2) 已经开始而尚未终结的有关债务人的民事诉讼或者仲裁应当中止；在管理人接管债务人的财产后，该诉讼或者仲裁继续进行。

(3) 人民法院受理破产申请后，有关债务人的民事诉讼，只能向受理破产申请的人民法院提起。

第三节　管理人与债务人财产

一、管理人

管理人是指破产案件受理后成立的，全面接管破产企业并负责破产财产的保管、清理、估价、处理和分配等破产清算事务的专门机构或人员。

(一) 管理人的选任和资格

1. 管理人的选任

人民法院裁定受理破产申请时，应同时指定管理人。管理人可以由有关部门、机构的人员组成的清算组或者依法设立的律师事务所、会计师事务所、破产清算事务所等社会中介机构担任。《企业破产法》颁布后，最高人民法院制定了《关于审理企业破产案件指定管理人的规定》(以下简称《指定管理人规定》)，根据该规定设置了管理人名册制度：由人民法院根据本地破产案件发生数量从报名者中择优确定编入管理人名册的人数，并从编入管理人名册的中介机构及其取得执业资格的成员中实际指定管理人。对于事实清楚、债权债务关系简单、债务人财产相对集中的企业破产案件，人民法院可以指定管理人名册中的个人为管理人。个人担任管理人的，应当参加执业责任保险。

2. 管理人的资格

有下列情形之一的，不得担任管理人：(1) 因故意犯罪受过刑事处罚；(2) 曾被吊销相关专业执业证书；(3) 与本案有利害关系；(4) 人民法院认为不宜担任管理人的其他情形。

(二) 管理人的职责和义务

1. 管理人的职责

管理人应当勤勉尽责，忠实执行职务。根据《企业破产法》的规定，管理人应履行下列职责：(1) 接管债务人的财产、印章和账簿、文书等资料；(2) 调查债务人的财产状况，制作财产状况报告；(3) 决定债务人的内部管理事务；(4) 决定债务人的日常开支和其他必要开支；(5) 在第一次债权人会议召开之前，决定继续或者停止债务人的营业；(6) 管理和处分债务人的财产；(7) 代表债务人参加诉讼、仲裁或者其他法律程序；(8) 提议召开债权人会议；(9) 人民法院认为管理人应当履行的其他职责。

《企业破产法》对管理人在重整等程序中的职责也有具体规定。

2. 管理人的义务

根据《企业破产法》的规定，管理人应尽下列义务：

(1) 报告义务。管理人依法，向人民法院报告工作，并接受债权人会议和债权人委员会的监督。管理人应当列席债权人会议，向债权人会议报告职务执行情况，并回答询问。管理人处分《企业破产法》第 69 条规定的债务人重大财产的，应当事先制作财产管理或者变价方案并提交债权人会议进行表决，债权人会议表决未通过的，管理人不得处分。管理人实施处分前，应当提前 10 日书面报告债权人委员会或者人民法院。债权人委员会可以依照《企业破产法》第 68 条第 2 款的规定，要求管理人对处分行为作出相应说明或者提供有关文件依据。债权人委员会认为管理人实施的处分行为不符合债权人会议通过的财产管理或变价方案的，有权要求管理人纠正。管理人拒绝纠正的，债权人委员会可以请求人民法院作出决定。人民法院认为管理人实施的处分行为不符合债权人会议通过的财产管理或变价方案的，应当责令管理人停止处分行为。管理人应当予以纠正，或者提交债权人会议重新表决通过后实施。

(2) 勤勉尽责义务。管理人未依法勤勉尽责、忠实执行职务的，人民法院可以依法处以罚款；给债权人、债务人或者第三人造成损失的，管理人依法承担赔偿责任。管理人没有正当理由不得辞去职务。管理人辞去职务应当经人民法院许可。

(三) 管理人的报酬和费用

管理人经人民法院许可，可以聘用必要的工作人员。管理人的报酬由人民法院确定。债权人会议对管理人的报酬有异议的，有权向人民法院提出。管理人的报酬、执行职务的费用以及聘用工作人员的费用，作为破产费用由债务人财产随时清偿。

二、债务人财产

(一) 债务人财产的概念

依据《企业破产法》第 30 条的规定，债务人财产包括破产申请受理时属于债务人的全部财产，以及破产申请受理后至破产程序终结前债务人取得的财产。这一概念不仅涵盖了破产清算程序中的债务人财产，也包括了破产和解程序、重整程序中的债务人财产，能较好地概括清算、和解、重整三种程序中债务人财产的不同状况，其内涵更为全面。

确定债务人财产范围的时点是破产申请受理时，不是破产宣告时。已作为担保物的财产也属于债务人财产，但下列财产不应被认定为债务人财产：(1) 债务人基于仓储、保管、承揽、代销、借用、寄存、租赁等合同或者其他法律关系占有、使用的他人财产；(2) 债务人在所有权保留买卖中尚未取得所有权的财产；(3) 所有权专属于国家且不得转让的财产；(4) 其他依照法律、行政法规不属于债务人的财产。

与“债务人财产”密切相关的一个概念是“破产财产”。《企业破产法》第 107 条第 2 款规定：债务人被宣告破产后，债务人称为破产人，债务人财产称为破产财产，人民法院受理破产申请时对债务人享有的债权称为破产债权。由此可见，在《企业破产法》中，破产财产仅指在清算程序中在债权人之间进行分配的财产。已作为担保物的财产也属于破产财产。

债务人财产包括两部分：一是破产申请受理时属于债务人的全部财产。这部分财产包括有形财产和无形财产，也包括境内财产和境外财产。二是破产申请受理后至破产程序终结前，债务人取得的财产。这部分财产包括：（1）破产程序开始后债务人财产的增值，包括孳息、经营收益以及其他所得；（2）破产程序开始后收回的财产，例如收回的欠款、追回的被侵占财产、接受返还的财产、执行回转的财产等；（3）债务人的出资人在人民法院受理破产申请时，因尚未完全履行出资义务而补交的出资。对于债务人对按份享有所有权的共有财产的相关份额，或者共同享有所有权的共有财产的相应财产权利，以及依法分割共有财产所得部分，人民法院均应认定为债务人财产。

（二）债务人财产的保护

为防止债务人利用破产程序策划各种欺诈逃债行为，损害职工及债权人的利益，我国破产法设置了较为完善的债务人财产保护制度。这种保护制度主要体现于撤销权、取回权、抵销权等几种权利的行使以及对债务人无效行为的确认。

1. 撤销权

破产法上的撤销权是指管理人对于债务人在破产案件受理前的法定期间内所为的不当减少自己财产的行为，有请求人民法院撤销的权利。撤销权行使的主体是管理人。行使撤销权既是管理人的权利，也是其义务。管理人只能在破产申请受理后、破产程序终结前行使撤销权。

依据《企业破产法》第 31 条的规定，人民法院受理破产申请前 1 年内，涉及债务人财产的下列行为，管理人有权请求人民法院予以撤销：（1）无偿转让财产的；（2）以明显不合理的价格进行交易的；（3）对没有财产担保的债务提供财产担保的；（4）对未到期的债务提前清偿的；（5）放弃债权的。

管理人未依法请求人民法院撤销的，债权人依据《民法典》第 538 条、第 539 条等的规定提起诉讼，请求撤销债务人上述行为并将因此追回的财产归入债务人财产的，人民法院应予受理。

依据《企业破产法》第 32 条的规定，人民法院受理破产申请前 6 个月内，企业法人不能清偿到期债务，并且资产不足以清偿全部债务或者明显缺乏清偿能力，仍对个别债权人进行清偿的，管理人有权请求人民法院予以撤销。但是，个别清偿使债务人财产受益的除外。

经管理人请求被人民法院撤销的行为即归于消灭。如果据此取得财产，管理人有权予以追回。已领受债务人财产的债权人，负有返还财产的义务；原物不存在时，应折价赔偿。个别债权人的债权，与其他债权人的债权一样，计入破产债权。

【案例 5-1】甲公司因经营管理不善，不能清偿到期债务，某年 10 月 20 日被其债权人乙公司申请破产，人民法院于同年 10 月 28 日裁定受理该破产申请。在破产程序进行中，乙公司向管理人报告，甲公司在上年度 8 月放弃拥有的对其控股公司丙的 20 万元债权。请问：管理人能否请求人民法院撤销甲公司放弃 20 万元债权的行为？

【解析】管理人不能请求人民法院撤销甲公司放弃 20 万元债权的行为。因为根据《企业破产法》，可撤销的行为必须发生在人民法院受理破产申请前 1 年内。管理人经调查证实，甲公司确实在人民法院裁定受理破产申请的上年度放弃拥有的对其控股公司丙的20万元债权，虽然该放弃债权的行为依法属于可申请撤销的行为，但是甲公司的可撤销的行为即放弃债权的行为发生在人民法院受理破产申请前1年之外，因此依法不能申请撤销该行为，20万元债权无法追回。

2. 取回权

破产法上的取回权是指财产的权利人从管理人接管的财产中取回属于自己的财产的请求权。取回权分为一般取回权和特别取回权。

（1）一般取回权。

《企业破产法》第38条规定：人民法院受理破产申请后，债务人占有的不属于债务人的财产，该财产的权利人可以通过管理人取回。

一般取回权的行使不受破产程序的限制，在无任何争议的情况下即可行使，但由于财产处于管理人的管理之下，取回权人必须通过管理人实现自己的权利。但是，如果存在相应给付义务，取回权人应履行。作为一般取回权标的物的“不属于债务人的财产”包括债务人合法或非法占有的他人财产。一般取回权的行使通常只限于取回原物，如取回保管物、租赁物、借用物、寄存/寄售物、加工承揽物、侵占物等。

债务人占有的他人财产被违法转让给第三人，依据《民法典》第311条的规定，第三人已善意取得财产所有权，原权利人无法取回该财产的，人民法院应当按照以下规定处理：第一，转让行为发生在破产申请受理前，原权利人因财产损失形成的债权，作为普通破产债权；第二，转让行为发生在破产申请受理后，管理人或者相关人员执行职务导致原权利人损害产生的债务，作为共益债务。

债务人占有的他人财产被违法转让给第三人，第三人已向债务人支付了转让价款，但依法律规定未取得财产所有权，原权利人依法追回转让财产的，对因第三人已支付对价而产生的债务，人民法院应当按照以下规定处理：第一，转让行为发生在破产申请受理前的，作为普通破产债权；第二，转让行为发生在破产申请受理后的，作为共益债务。

债务人占有的他人财产毁损、灭失，因此获得的保险金、赔偿金、代偿物尚未交付给债务人，或者代偿物虽已交付给债务人但能与债务人财产予以区分的，权利人可以主张取回就此获得的保险金、赔偿金、代偿物。保险金、赔偿金已经交付给债务人，或者代偿物已经交付给债务人且不能与债务人财产予以区分的，人民法院应当按照以下规定处理：第一，财产毁损、灭失发生在破产申请受理前的，权利人因财产损失形成的债权，作为普通破产债权；第二，财产毁损、灭失发生在破产申请受理后的，管理人或者相关人员执行职务导致权利人损害产生的债务，作为共益债务。

债务人占有的他人财产毁损、灭失，没有获得相应的保险金、赔偿金、代偿物，或者保险金、赔偿金、代偿物不足以弥补其损失的，也按照上述原则处理。

（2）特别取回权。

《企业破产法》第39条规定：人民法院受理破产申请时，出卖人已将买卖标的物向作为买受人的债务人发运，债务人尚未收到且未付清全部价款的，出卖人可以取回在运途中的标的物。但是，管理人可以支付全部价款，请求出卖人交付标的物。

管理人收到货物之前，所有权转移尚未发生的，只要出卖人向管理人表示行使取回权，即发生法律效力，并不要求出卖人在管理人收到货物之前实际控制并取回货物。其后，管理人即使收到货物，也仅仅处于保管人的地位。

3. 抵销权

破产法上的抵销权是指债权人在破产申请受理前对债务人负有债务的，无论是否已届清偿期、债的种类是否相同，均可在破产分配前向管理人主张以自己的债权抵销其所负债务的权利。债权人向管理人作出抵销的意思表示，经管理人承认，才发生抵销的效力。债权人行使抵销权，相当于抵销部分的破产债权全部受偿，而这涉及全体债权人的利益，因此，债权人必须向管理人提出请求，经许可方可行使抵销权。管理人不得主动抵销债务人与债权人互负的债务，但抵销使债务人财产受益的除外。

依据《企业破产法》第 40 条的规定，债权人在破产申请受理前对债务人负有债务的，可以向管理人主张抵销。但是，有下列情形之一的，不得抵销：(1) 债务人的债务人在破产申请受理后取得他人对债务人的债权的。(2) 债权人已知债务人有不能清偿到期债务或者破产申请的事实，仍对债务人负担债务的；但是，债权人因为法律规定或者有破产申请 1 年前所发生的原因而负担债务的除外。(3) 债务人的债务人已知债务人有不能清偿到期债务或者破产申请的事实，仍对债务人取得债权的；但是，债务人的债务人因为法律规定或者有破产申请 1 年前所发生的原因而取得债权的除外。

【案例 5-2】甲公司与乙公司在某年 7 月 1 日签订房屋租赁合同，约定甲公司将 5 间临街房出租给乙公司用作商业经营，租期 5 年，自当年 7 月 5 日开始计算租期；每年租金 10 万元，每年支付一次。当年 10 月甲、乙双方又签订买卖合同，约定由乙公司向甲公司提供货物，甲公司应付货款 20 万元。次年 7 月 13 日其他债权人申请甲公司破产，人民法院裁定受理破产申请，指定管理人对甲公司的债权债务及财产进行清理清算。乙公司向管理人申报债权时提出以其所欠甲公司某年的租金 10 万元的债务，与甲公司欠其 20 万元的债务相抵，租赁合同解除，剩余的 10 万元的货款作为债权予以申报。请问：乙公司的要求是否符合《企业破产法》的规定？

【解析】乙公司的要求符合《企业破产法》的规定。依据《企业破产法》的规定，债权人与债务人互负债务又互享债权，且债权人对债务人所负的债务产生于破产申请之前，并且又不属于不得抵销的情形的，债权人可以向管理人主张抵销权，即以其对债务人的债务抵销其对债务人的债权。本案中，债权人乙公司对破产企业甲公司的 10 万元的租金债务产生在甲公司被申请破产之前，即次年 7 月 13 日之前，因此，乙公司的抵销要求符合《企业破产法》的规定。

4. 对债务人无效行为的确认

依据《企业破产法》第 33 条的规定，为逃避债务而隐匿、转移财产，虚构债务或者承认不真实的债务等涉及债务人财产的行为无效。

对于这些行为，任何人均可主张其无效，而且自始无效。上述无效行为，是以存在恶意为前提的，在该恶意支配下实施的损害多数债权人利益的行为，无须撤销而当然无效。

5. 其他由管理人依法保护债务人财产的行为

《企业破产法》第 34～37 条除规定因涉及债务人财产的行为被撤销或者无效而取得的债务人的财产，管理人有权追回外，还规定了其他由管理人依法处理债务人财产的情形，主要包括：

（1）人民法院受理破产申请后，债务人的出资人尚未完全履行出资义务的，管理人应当要求该出资人缴纳所认缴的出资，而不受出资期限的限制。

（2）债务人的董事、监事和高级管理人员利用职权从企业获取的非正常收入和侵占的企业财产，管理人应当追回。

（3）人民法院受理破产申请后，管理人可以通过清偿债务或者提供为债权人接受的担保，取回质物、留置物。这里的债务清偿或者替代担保，在质物或者留置物的价值低于被担保的债权额时，以该质物或者留置物当时的市场价值为限。

第四节　破产费用和共益债务

一、破产费用

破产费用是指在破产程序中，为全体债权人的共同利益而以债务人财产优先支付的各项费用的总称。《企业破产法》第 41 条规定，人民法院受理破产申请后发生的下列费用，为破产费用：（1）破产案件的诉讼费用。根据最高人民法院的规定，案件诉讼费采取预收的方式收取。诉讼费用包括调查费、公告费、送达费、财产保全费、鉴定费等。（2）管理、变价和分配债务人财产的费用，包括财产的仓储费、运输费、律师费、会计师费等费用，对财产估价、拍卖、登记等的变价费，制作财产分配方案、公告和通知分配方案、提存等分配财产的费用。（3）管理人执行职务的费用、报酬和聘用工作人员的费用。

人民法院裁定受理破产申请的，此前债务人尚未支付的企业强制清算费用，未终结的执行程序中产生的评估费、公告费、保管费等执行费用，可以参照《企业破产法》关于破产费用的规定，由债务人财产随时清偿。此前债务人尚未支付的涉及个别债权人的案件受理费、执行申请费，可以作为破产债权清偿。

破产费用与其他费用相比具有以下特点：（1）破产费用必须是在破产程序开始后发生的，破产程序开始前发生的任何费用都不属于破产费用；（2）破产费用必须是为破产事务的处理而发生的费用，与破产事务的处理无关的费用不属于破产费用；（3）破产费用必须是在处理破产事务中为债权人的共同利益而发生的费用，不是为债权人的共同利益而发生的费用，如债权人为参加债权人会议而支付的差旅费，就不属于破产费用；（4）对破产费用不按破产程序中的清偿顺序清偿，而是随时可由债务人财产进行清偿，目的是保障破产程序的顺利进行。

二、共益债务

共益债务是指在破产程序中为全体债权人的共同利益而以债务人财产负担的债务的总称。

共益债务具有以下特点：（1）共益债务发生于人民法院受理破产申请后。这是因为只有在人民法院受理破产申请后才指定管理人，管理人才有权对债务人的财产进行管理，才能因管理而产生债务，如在人民法院受理破产申请后，管理人决定继续经营而支付的劳动报酬、社会保险费等。如果此类债务发生在人民法院受理破产申请之前，则只能作为破产债权，而不作为共益债务。（2）共益债务是管理人在管理债务人财产过程中因债务人和债务人财产而发生的债务。（3）共益债务是管理人在管理债务人财产过程中为全体债权人的共同利益而发生的债务。

《企业破产法》第 42 条规定，人民法院受理破产申请后发生的下列债务，为共益债务：

（1）因管理人或者债务人请求对方当事人履行双方均未履行完毕的合同所产生的债务；（2）债务人的财产受无因管理所产生的债务；（3）因债务人不当得利所产生的债务；（4）为债务人继续营业而应支付的劳动报酬和社会保险费用以及由此产生的其他债务；（5）管理人或者相关人员执行职务致人损害所产生的债务；（6）债务人财产致人损害所产生的债务。

债务人占有的他人财产被违法转让给第三人，依据《民法典》第311条的规定第三人已善意取得财产所有权，原权利人无法取回该财产的，人民法院应当按照以下规定处理：（1）转让行为发生在破产申请受理前的，原权利人因财产损失形成的债权，作为普通破产债权；（2）转让行为发生在破产申请受理后的，管理人或者相关人员执行职务导致原权利人损害所产生的债务，作为共益债务。

债务人占有的他人财产被违法转让给第三人，第三人已向债务人支付了转让价款，但依据《民法典》第311条的规定未取得财产所有权，原权利人依法追回转让财产的，对因第三人已支付对价而产生的债务，人民法院应当按照以下规定处理：（1）转让行为发生在破产申请受理前的，作为普通破产债权清偿；（2）转让行为发生在破产申请受理后的，作为共益债务清偿。

无因管理是指没有法定的或约定的义务，为避免他人利益受损失而进行管理或服务。无因管理人有权要求受益人支付必要的费用，受益人由此承担债务。在人民法院受理破产申请之后所产生的无因管理的债权才能作为共益债务；如果发生在人民法院受理破产申请之前，无因管理人的费用偿还权只能作为破产债权。

不当得利是指没有合法的根据而取得不当利益，并因此造成他人损失。《民法典》规定，取得不当利益的人应当将取得的不当得利返还受损失的人。不当得利返还请求权产生于人民法院受理破产申请之后的，属于共益债务，不属于破产债权。

三、破产费用和共益债务的清偿

破产费用和共益债务由债务人财产随时清偿，但是，它们优先受偿的范围仅限于债务人的无担保财产，对债务人的特定财产享有担保权的权利人仍对该特定财产享有优先于破产费用与共益债务受偿的权利。

依据《企业破产法》第43条的规定，破产费用和共益债务的清偿，按照下列原则进行：（1）破产费用和共益债务由债务人财产随时清偿。（2）债务人财产不足以清偿所有破产费用和共益债务的，先行清偿破产费用。（3）债务人财产不足以清偿所有破产费用或者共益债务的，按照比例清偿。（4）债务人财产不足以清偿破产费用的，管理人应当提请人民法院终结破产程序。人民法院应当自收到请求之日起15日内裁定终结破产程序，并予以公告。

第五节　破产债权

一、债权申报的概念

破产债权是依破产程序启动前的原因成立的，经依法申报确认，并得由破产财产获得清偿的可强制执行的财产请求权。《企业破产法》第107条第2款规定，人民法院受理破产申请时对债务人享有的债权称为破产债权。为此，对债务人的特定财产享有担保权的债权也属于破产债权。

债权申报是指对债务人享有债权的债权人在人民法院确定的债权申报期限内向管理人申报债权。

根据破产法的一般原则，破产案件受理后，债权人只有在依法申报债权并得到确认后，才能行使破产参与、受偿等权利。债权人行使各项权利，应依照破产法规定的程序进行。

二、债权申报的期限

债权申报的期限是指由人民法院确定的或经人民法院允许，债权人向管理人申报其债权的固定期间。债权人应当在人民法院确定的债权申报期限内向管理人申报债权。

《企业破产法》第45条规定：人民法院受理破产申请后，应当确定债权人申报债权的期限。债权申报期限自人民法院发布受理破产申请公告之日起计算，最短不得少于30日，最长不得超过3个月。

债权人可能因各种复杂的原因未能及时申报债权。债权人未在申报期限内申报债权，并不当然被视为放弃债权。《企业破产法》第56条第1款规定：在人民法院确定的债权申报期限内，债权人未申报债权的，可以在破产财产最后分配前补充申报；但是，此前已进行的分配，不再对其补充分配。为审查和确认补充申报债权的费用，由补充申报人承担。如前所述，所谓"破产财产最终分配之前"，在破产清算程序中，是指将破产财产分配方案提交债权人会议表决之前；在重整与和解程序中，是指将和解协议草案、重整计划草案提交债权人会议表决之前。债权人未依照破产法规定申报债权的，不得依照破产法规定的程序行使权利。

【案例5-3】 甲公司因经营管理不善，不能清偿到期债务。某年8月18日人民法院作出受理债权人的破产申请的裁定，并于同年8月25日予以公告。人民法院确定的债权申报期为60日，自公告之日起计算。乙公司为甲公司债权人，享有15万元的债权，因为未收到人民法院裁定受理甲公司破产申请的通知，同时也未看到人民法院的公告，因此在60日债权申报期内未申报债权。在破产财产进行了一次分配后，才提出债权申报。请问：乙公司的债权申报是否有效？管理人应否接受其债权申报？

【解析】 乙公司的债权申报有效，管理人应接受其债权申报，但是乙公司只能参与未分配的剩余破产财产的分配。根据《企业破产法》的规定，债权申报期限包括法定申报期限和延展申报期限。法定期限最短不得少于30日，最长不得超过3个月。在法定期限内债权人未申报债权的，可以在破产财产最后分配前补充申报。在本案例中，人民法院确定申报期限为60日，在该60日的申报期内乙公司未申报债权，而是在破产财产进行了一次分配后提出。管理人根据《企业破产法》的延展申报规定，应接受其债权申报。但是已分配的破产财产对乙公司不再补充分配，乙公司只能就未分配的剩余破产财产依法按比例进行分配。

三、债权申报的范围

依据《企业破产法》第46～56条的规定，债权人申报债权时，应当按照下列要求进行：

（1）未到期的债权，在破产申请受理时视为到期。附利息的债权自破产申请受理时起停止计息。自2021年1月1日起施行的《最高人民法院关于适用〈中华人民共和国民法典〉有关担保制度的解释》规定："人民法院受理债务人破产案件后，债权人请求担保人承担担保责任，担保人主张担保债务自人民法院受理破产申请之日起停止计息的，人民法院对担保人的主张应予支持。”无息的债权，无论是否到期，均以本金申报债权。

（2）附条件、附期限的债权和诉讼、仲裁未决的债权，债权人可以申报。

（3）债权人应当在人民法院确定的债权申报期限内向管理人申报债权。债务人所欠职工的工资和医疗、伤残补助、抚恤费用，所欠的应当划入职工个人账户的基本养老保险、基本医疗保险费用，以及法律、行政法规规定应当支付给职工的补偿金，不必申报，由管理人调查后列出清单并予以公示。职工对清单记载有异议的，可以要求管理人更正；管理人不予更正的，职工可以向人民法院提起诉讼。

（4）债权人申报债权时，应当书面说明债权的数额和有无财产担保，并提交有关证据。申报的债权是连带债权的，应当说明。有财产担保的债权是指对债务人的特定财产享有抵押权、质权、留置权等担保物权的债权。有财产担保的债权对特定的财产享有优先受偿权。连带债权是指债权人人数为两人以上的多数债权人中的任何一人都有权要求债务人履行全部债务，债务人也可以向多数债权人中的任何一人履行全部债务的债权。

（5）连带债权人可以由其中一人代表全体连带债权人申报债权，也可以共同申报债权。由其中一人代表全体连带债权人申报债权的，应说明其能够代表其他连带债权人及所代表的其他连带债权人的基本情况，该申请人的行为对其他连带债权人发生效力；连带债权人共同申报债权的，他们作为共同的债权人，在就破产财产受清偿时，只解决所申报债权的受清偿情况。至于连带债权人之间的内部关系，不在破产程序中解决。

（6）债务人的保证人或者其他连带债务人已经代替债务人清偿债务的，以其对债务人的求偿权申报债权。债务人的保证人或者其他连带债务人尚未代替债务人清偿债务的，以其对债务人的将来求偿权申报债权。但是，债权人已经向管理人申报全部债权的除外。

（7）管理人或者债务人依照《企业破产法》的规定解除合同的，对方当事人以因合同解除所产生的损害赔偿请求权申报债权。

（8）债务人是委托合同的委托人，被裁定适用《企业破产法》规定的程序，受托人不知该事实，继续处理委托事务的，受托人以由此产生的请求权申报债权。

（9）债务人是票据的出票人，被裁定适用《企业破产法》规定的程序，该票据的付款人继续付款或者承兑的，付款人以由此产生的请求权申报债权。

四、债权的确认

债权人申报的债权需经审查确认后才能在破产程序中行使。债权审查的判断原则是，对于已经生效法律文书确定的债权，管理人应当予以确认。管理人认为债权人据以申报债权的生效法律文书确定的债权错误，或者有证据证明债权人与债务人恶意通过诉讼、仲裁或者公证机关赋予强制执行力公证文书的形式虚构债权债务的，应当依法通过审判监督程序向作出该判决、裁定、调解书的人民法院或者上一级人民法院申请撤销生效法律文书，或者向受理破产申请的人民法院申请撤销或者不予执行仲裁裁决、不予执行公证债权文书后，重新确定债权。

管理人应当依照《企业破产法》第 57 条的规定对所申报的债权进行登记造册，详尽记载申报人的姓名、单位、代理人，申报债权额、担保情况、证据，联系方式等事项，形成债权申报登记册；对债权的性质、数额、担保财产、是否超过诉讼时效期间、是否超过强制执行期间等情况进行审查，编制债权表并提交债权人会议核查；债权表、债权申报登记册及债权申报材料在破产期间由管理人保管，债权人、债务人、债务人职工及其他利害关系人有权查阅。债权表应当提交将第一次债权人会议核查。

债务人、债权人对债权表记载的债权有异议的，应当说明理由和法律依据。经管理人解释或调整后，异议人仍然不服的，或者管理人不予解释或调整的，异议人应当在债权人会议核查结束后 15 日内向人民法院提起债权确认的诉讼。当事人之间在破产申请受理前订立有仲裁条款或仲裁协议的，应当向选定的仲裁机构申请确认债权债务关系。

债务人对债权表记载的债权有异议并向人民法院提起诉讼的，应将被异议债权人列为被告。债权人对债权表记载的他人债权有异议的，应将被异议债权人列为被告；债权人对债权表记载的本人债权有异议的，应将债务人列为被告。对同一笔债权存在多个异议人，其他异议人申请参加诉讼的，应当列为共同原告。

单个债权人有权查阅债务人财产状况报告、债权人会议决议、债权人委员会决议、管理人监督报告等参与破产程序所必需的债务人财务和经营信息资料。管理人无正当理由不予提供的，债权人可以请求人民法院作出决定；人民法院应当在 5 日内作出决定。

第六节　债权人会议

一、债权人会议的概念

债权人会议是由所有依法申报债权的债权人组成的，表达全体债权人共同意志并集体行使权利的议事机构。债权人会议是具有自治性质的组织，仅为决议机关，虽享有法定职权，但其本身无执行功能，所作出的相关决议一般由管理人负责执行。

二、债权人会议的组成

《企业破产法》规定，依法申报债权的债权人为债权人会议的成员，有权参加债权人会议，享有表决权。这一规定包含两层含义：(1) 债权人会议由申报债权的债权人组成。债权人要成为债权人会议的成员，必须依法申报债权，依法申报债权后才能成为正式的债权人会议的成员。(2) 凡是债权人会议的成员，都享有出席会议和对会议所议事项进行表决的权利。但是《企业破产法》规定，债权尚未确定的债权人，除人民法院能够为其行使表决权而临时确定债权额的外，不得行使表决权；对债务人的特定财产享有担保权的债权人，未放弃优先受偿权利的，其对于通过和解协议、破产财产分配方案的事项不享有表决权。

债权人可以委托代理人出席债权人会议，行使表决权。代理人出席债权人会议，应当向人民法院或者债权人会议主席提交债权人的授权委托书。

债权人会议应当有债务人的职工和工会的代表参加，对有关事项发表意见。

债权人会议设主席 1 人，由人民法院从有表决权的债权人中指定。也就是说，债权人会议主席必须由有表决权的债权人担任，既不能是非债权人，也不能是无表决权的债权人，且必须经人民法院指定，而不能由债权人会议选任。债权人会议主席主持债权人会议。

三、债权人会议的职权

《企业破产法》第 61 条规定，债权人会议行使下列职权：

（1）核查债权。管理人依法对申报债权进行审查后，编制债权表，提交第一次债权人会议核查。核查的内容主要包括债权是否存在、债权的性质（有无财产担保）、债权数额等。经核查无异议的，由人民法院裁定确认；有异议的，可向人民法院提起诉讼。

（2）申请人民法院更换管理人，审查管理人的费用和报酬。首先，债权人会议对管理人享有更换申请权。其次，债权人会议对管理人的费用和报酬享有审查权。

（3）监督管理人。按照《企业破产法》的规定，管理人向人民法院报告工作，并接受债权人会议和债权人委员会的监督。监督的方式包括：听取管理人执行职务情况的报告，并就报告的内容进行询问；要求管理人对其职权范围内的事务作出说明或提供有关文件等。

（4）选任和更换债权人委员会成员。债权人会议可以决定成立债权人委员会，债权人委员会由债权人会议选任的债权人代表和1名债务人的职工代表或工会代表组成。如果债权人会议认为已选任的债权人代表不能胜任工作，有权更换债权人代表。但无论选任还是更换，都需人民法院书面认可。

（5）决定继续或者停止债务人的营业。企业进入破产程序意味着其经济活动遇到很大的困难，继续经营会有很大的风险，即损失更多的财产，使债权人能够分配的财产进一步减少，因此，继续或者停止债务人的营业，要由代表全体债权人的债权人会议决定。

（6）通过重整计划。重整是在企业无力偿债的情况下，使企业摆脱困境走向复苏的一项制度。重整计划是债务人或管理人向人民法院和债权人会议提交的企业重整的方案。为保护债权人的利益，重整计划必须交由债权人会议讨论并表决通过。

（7）通过和解协议。和解协议是债务人和债权人在人民法院的主持下，就债务人延期清偿债务、减少债务数额等事项达成的协议。一旦协议达成，将中止破产程序，故和解协议是破产制度中的一项重要制度。债务人申请和解应提出和解协议草案，债权人会议将对和解协议草案的内容进行讨论表决。

（8）通过债务人财产的管理方案。债务人财产的管理由管理人负责，管理人就债务人财产的状况制订一个管理方案，管理方案经债权人会议讨论通过后实施，不能通过的，由法院裁定。

（9）通过破产财产的变价方案。对债务人的实物资产、无形资产通过拍卖的方式变价，是破产财产进行清偿的前提。管理人应当就变价财产的范围、变价方法、变价的时间等制订一个方案，并将方案提交债权人会议讨论通过后实施，不能通过的，由法院裁定。

（10）通过破产财产的分配方案。变价方案通过后、破产财产分配前，管理人应当向债权人会议提交破产财产的分配方案草案，其内容包括可分配的破产财产数额、分配顺序、比例等。破产财产的分配，直接关系到每一个债权人的受偿数额，故必须提交债权人会议讨论通过；经两次讨论不能通过的，由人民法院裁定。

（11）人民法院认为应当由债权人会议行使的其他职权。

债权人会议所议事项都是破产程序中的重大事项，应当将对所议事项的决议作成会议记录，以备今后查阅。

四、债权人会议的召开

第一次债权人会议由人民法院召集，自债权申报期限届满之日起15日内召开。以后的债权人会议，在人民法院认为必要时，或者在管理人、债权人委员会、占债权总额 1/4 以上的债权人向债权人会议主席提议时召开。召开债权人会议，管理人应当提前 15 日通知已知的债权人。

五、债权人会议的决议

1. 决议的方式

债权人会议的决议除现场表决外，可以由管理人事先将相关决议事项告知债权人，采取通信、网络投票等非现场方式进行表决。采取非现场方式进行表决的，管理人应当在债权人会议召开后的 3 日内，以信函、电子邮件、公告等方式将表决结果告知参与表决的债权人。

债权人会议现场表决的，由出席会议的有表决权的债权人过半数通过，并且其所代表的债权额占无财产担保债权总额的 1/2 以上；通过和解协议，需其所代表的债权额占无财产担保债权总额的 2/3 以上。可见，债权人会议决议的通过，应当同时满足人数和债权额两个条件：第一，按人数计算，出席会议的有表决权的债权人过半数赞成；第二，按债权额计算，一般情况下，赞成票所代表的债权额占无财产担保债权总额的 1/2 以上，但是，在通过和解协议的情况下，则应当占 2/3 以上。这里所谓的“债权额”，是指经过债权人会议核查并由人民法院确认的数额。这里所谓的“无财产担保债权总额”，以债权人会议核查并由人民法院确认的全部无财产担保债权总额为准。

债权人会议通过债务人财产的管理方案以及破产财产的变价方案等事项时，经债权人会议表决未通过的，由人民法院裁定。债权人对人民法院作出的裁定不服的，可以自裁定宣布之日或者收到通知之日起 15 日内向该人民法院申请复议，复议期间不停止裁定的执行。

债权人会议通过破产财产的分配方案事项时，经债权人会议两次表决仍未通过的，由人民法院裁定。债权额占无财产担保债权总额 1/2 以上的债权人对人民法院作出的裁定不服的，可以自裁定宣布之日或者收到通知之日起 15 日内向该人民法院申请复议，复议期间不停止裁定的执行。

人民法院作出的裁定，可以在债权人会议上宣布或者另行通知债权人。

2. 决议的效力

债权人会议的决议是债权人团体的共同意思表示，决议一旦依法定程序获得通过，对全体债权人均有约束力，不论该债权人是否出席了会议、是否参加表决、是否投赞成票。

债权人认为债权人会议的决议违反法律规定，损害其利益的，可以自债权人会议作出决议之日起 15 日内，请求人民法院裁定撤销该决议，责令债权人会议依法重新作出决议。债权人会议的决议具有以下情形之一的，债权人应当提出书面申请，人民法院可以裁定撤销全部或者部分事项决议，责令债权人会议依法重新作出决议：（1）债权人会议的召开违反法定程序；（2）债权人会议的表决违反法定程序；（3）债权人会议的决议内容违法；（4）债权人会议的决议超出债权人会议的职权范围。债权人会议采取通信、网络投票等非现场方式进行表决的，债权人申请撤销的期限自债权人收到通知之日起计算。

六、债权人委员会

债权人委员会是债权人会议的代表机关，代表债权人会议行使监督职能，在破产程序中代表债权人全体利益监督破产程序的进行，以实现债权人的自治要求。债权人委员会为破产程序中的选任机关，由债权人会议根据案件具体情况决定是否设置。

债权人会议可以决定设立债权人委员会。债权人委员会由债权人会议选任的债权人代表和1名债务人的职工代表或者工会代表组成。债权人委员会的成员不得超过9人。债权人委员会的成员应当经人民法院书面决定认可。

债权人委员会向债权人会议负责，当其决议与债权人会议的决议不一致时，应当服从于债权人会议的决议。

债权人委员会行使下列职权：（1）监督债务人财产的管理和处分；（2）监督破产财产分配；（3）提议召开债权人会议；（4）核查债权；（5）申请人民法院更换管理人，审查管理人的费用和报酬；（6）监督管理人；（7）决定继续或者停止债务人的营业等。

债权人委员会执行职务时，有权要求管理人、债务人的有关人员对其职权范围内的事务作出说明或者提供有关文件。管理人、债务人的有关人员违反企业破产法规定拒绝接受监督的，债权人委员会有权就监督事项请求人民法院作出决定，人民法院应当在5日内作出决定。

为了切实保护债权人的利益，《企业破产法》第69条规定，管理人实施下列行为，应当及时向债权人委员会报告：（1）涉及土地、房屋等不动产权益的转让；（2）探矿权、采矿权、知识产权等财产权的转让；（3）全部库存或者营业的转让；（4）借款；（5）设定财产担保；（6）债权和有价证券的转让；（7）履行债务人和对方当事人均未履行完毕的合同；（8）放弃权利；（9）担保物的取回；（10）对债权人利益有重大影响的其他财产处分行为。

未设立债权人委员会的，管理人实施上述行为时，应当及时报告人民法院。

第七节 重 整

一、重整的概念

为减少企业破产造成的社会损失，挽救尚有可能振兴或再生的企业，《企业破产法》专门设置了重整制度。重整是指对于可能或已经出现破产原因但又有挽救希望的企业法人，经利害关系人的申请，在人民法院的干预下，强制进行营业重组和债务清理，以避免企业破产清算，使其获得重生的法律制度。

二、重整申请和重整期间

（一）重整申请

提出重整申请的主体有三个：债权人、债务人或者出资额占债务人注册资本1/10以上的出资人。

（1）债务人或者债权人可以依照破产法的规定，直接向人民法院申请对债务人进行重整。

（2）债权人申请对债务人进行破产清算的，在人民法院受理破产申请后、宣告债务人破产前，债务人或者出资额占债务人注册资本1/10以上的出资人，可以向人民法院申请重整。

（二）重整期间

1. 重整的起止时间

人民法院经审查认为重整申请符合破产法规定的，应当裁定债务人重整，并予以公告。

《企业破产法》第 72 条规定，自人民法院裁定债务人重整之日起至重整程序终止，为重整期间。也就是说重整期间不包括重整程序终止之后重整计划执行的期间。

2. 重整期间的相关规定

（1）在重整期间，经债务人申请、人民法院批准，债务人可以在管理人的监督下自行管理财产和营业事务。依法已接管债务人财产和营业事务的管理人应当向债务人移交财产和营业事务，有关管理人的职权由债务人行使。

管理人负责管理财产和营业事务的，可以聘任债务人的经营管理人员负责营业事务。

（2）在重整期间，对债务人的特定财产享有的担保权暂停行使。但是，担保物有损坏或者价值明显减少的可能，足以危害担保权人的利益的，担保权人可以向人民法院请求恢复行使担保权。

（3）在重整期间，债务人或者管理人为继续营业而借款的，可以为该借款设定担保。

（4）债务人合法占有的他人财产，该财产的权利人在重整期间要求取回的，应当符合事先约定的条件。

（5）在重整期间，债务人的出资人不得请求投资收益分配；除经人民法院同意外，债务人的董事、监事、高级管理人员不得向第三人转让其持有的债务人的股权。

（三）重整程序的终止

在重整期间，有下列情形之一的，经管理人或者利害关系人请求，人民法院应当裁定终止重整程序，并宣告债务人破产：（1）债务人的经营状况和财产状况继续恶化，缺乏挽救的可能性；（2）债务人有欺诈、恶意减少债务人财产或者其他显著不利于债权人的行为；（3）债务人的行为致使管理人无法执行职务。

三、重整计划草案的制订和批准

（一）重整计划草案的制订

重整计划草案由债务人或管理人制作。债务人自行管理财产和营业事务的，由债务人制作重整计划草案。管理人负责管理财产和营业事务的，由管理人制作重整计划草案。

重整计划草案应当包括下列内容：（1）债务人的经营方案；（2）债权分类；（3）债权调整方案；（4）债权受偿方案；（5）重整计划的执行期限；（6）重整计划执行的监督期限；（7）有利于债务人重整的其他方案。

债务人或者管理人应当自人民法院裁定债务人重整之日起 6 个月内，同时向人民法院和债权人会议提交重整计划草案。该期限届满，经债务人或者管理人请求，有正当理由的，人民法院可以裁定延期 3 个月。债务人或者管理人未按期提出重整计划草案的，人民法院应当裁定终止重整程序，并宣告债务人破产。

（二）重整计划草案的表决和批准

1. 分组表决

人民法院应当自收到重整计划草案之日起 30 日内召开债权人会议，对重整计划草案进行表决。

债权人会议对重整计划草案进行分组表决，表决组的划分应充分体现当事人的差别利益。下列各类债权的债权人参加讨论重整计划草案的债权人会议，依债权的性质分类，分组对重整计划草案进行表决：（1）对债务人的特定财产享有担保权的债权；（2）债务人所欠职工的工资和医疗、伤残补助、抚恤费用，所欠的应当划入职工个人账户的基本养老保险、基本医疗保险费用，以及法律、行政法规规定应当支付给职工的补偿金；（3）债务人所欠税款；（4）普通债权。此外，人民法院在必要时可以决定在普通债权组中设小额债权组对重整计划草案进行表决。

2. 重整计划草案的通过和批准

（1）出席会议的同一表决组的债权人过半数同意重整计划草案，并且其所代表的债权额占该组债权总额的2/3以上的，即为该组通过重整计划草案。各表决组均通过重整计划草案时，重整计划即为通过。

自重整计划通过之日起10日内，债务人或者管理人应当向人民法院提出批准重整计划的申请。人民法院经审查认为符合企业破产法的规定的，应当自收到申请之日起30日内裁定批准，终止重整程序，并予以公告。

（2）部分表决组未通过重整计划草案的，债务人或者管理人可以同未通过重整计划草案的表决组协商。该表决组可以在协商后再表决一次。双方协商的结果不得损害其他表决组的利益。未通过重整计划草案的表决组拒绝再次表决或者再次表决仍未通过重整计划草案，但重整计划草案符合下列条件的，债务人或者管理人可以申请人民法院批准重整计划草案：1）按照重整计划草案，对债务人的特定财产享有担保权的债权，就该特定财产将获得全额清偿，其因延期清偿所受的损失将得到公平补偿，并且其担保权未受到实质性损害，或者该表决组已经通过重整计划草案。2）按照重整计划草案，债务人所欠职工的工资和医疗、伤残补助、抚恤费用，所欠的应当划入职工个人账户的基本养老保险、基本医疗保险费用，法律、行政法规规定应当支付给职工的补偿金，以及债务人所欠税款，将获得全额清偿，或者相应表决组已经通过重整计划草案。3）按照重整计划草案，普通债权所获得的清偿比例，不低于其在重整计划草案被提请批准时依照破产清算程序所能获得的清偿比例，或者该表决组已经通过重整计划草案。4）重整计划草案对出资人权益的调整公平、公正，或者出资人组已经通过重整计划草案。5）重整计划草案公平对待同一表决组的成员，并且所规定的债权清偿顺序不违反《企业破产法》第113条关于破产财产清偿顺序的规定。6）债务人的经营方案具有可行性。

人民法院经审查认为重整计划草案符合上述规定的，应当自收到申请之日起30日内裁定批准，终止重整程序，并予以公告。

（3）重整计划草案未获得通过且未获得人民法院批准，或者已通过的重整计划未获得批准的，人民法院应当裁定终止重整程序，并宣告债务人破产。

四、重整计划的执行、监督和重整计划执行的终止

（一）重整计划的执行和监督

重整计划由债务人负责执行。人民法院裁定批准重整计划后，已接管财产和营业事务的管理人应当向债务人移交财产和营业事务。自人民法院裁定批准重整计划之日起，在重整计划规定的监督期内，由管理人监督重整计划的执行。在监督期内，债务人应当向管理人报告重整计划执行情况和债务人的财务状况。

经人民法院裁定批准的重整计划，对债务人和全体债权人均有约束力。债权人未依照破产

法的规定申报债权的，在重整计划执行期间不得行使权利；在重整计划执行完毕后，可以按照重整计划规定的同类债权的清偿条件行使权利。债权人对债务人的保证人和其他连带债务人所享有的权利，不受重整计划的影响。按照重整计划减免的债务，自重整计划执行完毕时起，债务人不再承担清偿责任。

监督期届满时，管理人应当向人民法院提交监督报告。自监督报告提交之日起，管理人的监督职责终止。管理人向人民法院提交的监督报告，重整计划的利害关系人有权查阅。经管理人申请，人民法院可以裁定延长重整计划执行的监督期限。

（二）重整计划执行的终止

重整计划的执行可能产生两种截然相反的结局。如果重整计划执行顺利，使企业获得拯救，避免了破产清算，则重整计划因执行完毕而终止，债务人应及时提交执行报告，人民法院审查并确认后裁定终结破产程序。但如果债务人不能执行或者不执行重整计划，人民法院经管理人或者利害关系人请求，应当裁定终止重整计划的执行，并宣告债务人破产。人民法院裁定终止重整计划执行的，债权人在重整计划中作出的债权调整的承诺失去效力。债权人因执行重整计划所受的清偿仍然有效，债权未受清偿的部分作为破产债权。债权人只有在其他同顺位债权人同自己所受的清偿达到同一比例时，才能继续接受分配。

第八节 和 解

一、和解的概念和特征

债务人破产清算并不一定能使债权人获得比较理想的偿债效果，债务人的财产在优先扣除破产程序所需的庞大费用以及上缴债务人所欠的税款以后，对于普通债权人来讲，实际所得往往没有多少。为了弥补破产清算的不足，在解决债权人与债务人之间的债务纠纷的同时，给陷入困境的债务人以复苏机会的和解制度由此产生。和解是指具备破产原因的债务人，为避免破产清算，与债权人在互谅互让的基础上，就债务人延期清偿债务、减少债务数额等事项达成协议，使债务人恢复生机的法律制度。

破产和解制度具有以下基本特征：（1）破产和解适用于已具备破产原因的债务人，并且以避免破产清算为目的；（2）破产和解的内容一般为分期、延期以及减少偿还债务；（3）破产和解须由债务人与债权人团体达成协议，即债务人提出和解协议草案，经债权人会议表决通过；（4）和解协议一经债权人会议表决通过并经人民法院裁定认可，对债务人与全体和解债权人均有约束力。

二、和解的程序

（一）和解申请

债务人可以依照破产法的规定，直接向人民法院申请和解；也可以在人民法院受理破产申请后、宣告债务人破产前，向人民法院申请和解。债务人申请和解，应当提出和解协议草案。与破产清算及重整程序的申请不同，和解申请可以在破产宣告前的任何时间提出，但申请人只能是已经具备破产原因的债务人，且在提出和解申请时必须提交和解协议草案。

（二）和解协议的通过

人民法院经审查认为和解申请符合破产法的，应当裁定和解，予以公告，并召集债权人会议讨论和解协议草案。对债务人的特定财产享有担保权的权利人，自人民法院裁定和解之日起可以行使权利。债权人会议通过和解协议的决议，由出席会议的有表决权的债权人过半数同意，并且其所代表的债权额须占无财产担保债权总额的2/3以上。

债权人会议通过和解协议的，由人民法院裁定认可，终止和解程序，并予以公告。管理人应当向债务人移交财产和营业事务，并向人民法院提交执行职务的报告。和解协议草案经债权人会议表决未获通过，或者已经债权人会议通过但未获得人民法院认可的，人民法院应当裁定终止和解程序，并宣告债务人破产。

人民法院受理破产申请后，债务人与全体债权人就债权、债务的处理自行达成协议的，可以请求人民法院裁定认可，并终结破产程序。

三、和解协议的效力

（一）对债权人的效力

经人民法院裁定认可的和解协议，对债务人与全体和解债权人均有约束力。和解债权人是指人民法院受理破产申请时对债务人享有无财产担保债权的人。和解债权人未依照破产法申报债权的，在和解协议执行期间不得行使权利；在和解协议执行完毕后，可以按照和解协议规定的清偿条件行使权利。

（二）对债务人的效力

债务人应当按照和解协议规定的条件清偿债务。对于按照和解协议减免的债务，自和解协议执行完毕时起，债务人不再承担清偿责任。如果债务人不履行或不能履行和解协议，债权人不能请求人民法院强制执行，只能请求人民法院终止和解协议的执行，对债务人进行破产清算。对于因债务人的欺诈或者其他违法行为而成立的和解协议，人民法院应当裁定无效，并宣告债务人破产。和解债权人因执行和解协议所受的清偿，在其他债权人所受清偿同等比例的范围内，不予返还。

（三）对债务人的保证人和其他连带债务人的效力

和解债权人对债务人的保证人和其他连带债务人所享有的权利，不受和解协议的影响。和解债权人对债务人所作出的债务分期、延期及减免偿还的让步，效力不及于债务人的保证人或连带债务人，他们仍应承担原来约定或法定的保证责任或连带责任。

四、和解协议执行的终止

债务人不能执行或者不执行和解协议的，经和解债权人请求，人民法院应当裁定终止和解协议的执行，并宣告债务人破产。人民法院裁定终止和解协议的执行的，和解债权人在和解协议中作出的债权调整的承诺失去效力。和解债权人因和解协议所受的清偿仍然有效，和解债权未受清偿的部分作为破产债权。

第九节　破产清算

破产清算是指企业法人因不能清偿到期债务被依法宣告破产时，对企业法人的财产进行清理，并将破产财产公平地分配给债权人，最终消灭企业的法人资格的行为。

一、破产宣告

破产宣告是人民法院对债务人具备破产原因的事实作出的具有法律效力的裁定。人民法院依照企业破产法宣告债务人破产的，应当自裁定作出之日起 5 日内送达债务人和管理人，自裁定作出之日起 10 日内通知已知债权人，并予以公告。人民法院宣告企业破产的裁定自宣告之日起发生法律效力，破产企业自即日起应当停止生产经营活动，但人民法院或清算组认为确有必要继续生产经营的除外。债务人被宣告破产后，债务人称为破产人，债务人财产称为破产财产，人民法院受理破产申请时对债务人享有的债权称为破产债权。破产宣告后，破产案件进入清算程序。

《企业破产法》第 108 条规定，破产宣告前，有下列情形之一的，人民法院应当裁定终结破产程序，并予以公告：（1）第三人为债务人提供足额担保或者为债务人清偿全部到期债务的；（2）债务人已清偿全部到期债务的。

二、破产财产的变价和分配

（一）破产财产的变价

破产财产的变价是指管理人将非货币的破产财产予以出让，使之转化为货币形态的活动。

由于破产财产的分配以货币分配为其基本方式，因而破产宣告后，管理人应当及时拟订破产财产变价方案，提交债权人会议讨论，并应当按照债权人会议通过的或者人民法院裁定的破产财产变价方案，适时变价出售破产财产。变价出售破产财产应当通过拍卖进行，但是，债权人会议另有决议的除外。破产企业可以全部或者部分变价出售。破产企业变价出售时，可以将其中的无形资产和其他财产单独变价出售。按照国家规定不能拍卖或者限制转让的财产，应当按照国家规定的方式处理。

（二）破产财产的分配

1. 破产财产的分配方案

破产财产的分配应当以货币分配方式进行。管理人应当及时拟订破产财产分配方案，提交债权人会议讨论。管理人拟定的破产财产分配方案应当载明下列事项：（1）参加破产财产分配的债权人名称或者姓名、住所；（2）参加破产财产分配的债权额；（3）可供分配的破产财产数额；（4）破产财产分配的顺序、比例及数额；（5）实施破产财产分配的方法。

债权人会议通过破产财产分配方案后，由管理人将该方案提请人民法院裁定认可。破产财产分配方案经人民法院裁定认可后，由管理人执行。管理人按照破产财产分配方案实施多次分配的，应当公告本次分配的财产额和债权额。管理人实施最后分配的，应当在公告中指明，并载明附生效条件或者解除条件的债权的分配额的处理情况。

《企业破产法》第 109 条规定，对破产人的特定财产享有担保权的权利人，对该特定财产享有优先受偿的权利。担保权人优先受偿的权利，在破产法中一般称为别除权，是指在破产程序中，对破产人的特定财产享有担保物权的权利人，可以不依照破产程序而对该特定财产优先受偿。在债务人被宣告破产以后，债务人的所有财产都成为破产财产，由管理人占有和管理，并由管理人按照债权人会议通过的破产财产分配方案，将其分配给破产债权人。但是，对破产财产中的特定财产享有担保物权的权利人，可以不受破产程序的约束，在破产程序开始以后，直接向破产管理人请求就该特定财产行使优先受偿权，并在无担保的破产债权人按照破产财产分配方案受偿之前随时接受清偿。

别除权人行使优先受偿权利未能完全受偿的，其未受偿的债权为普通债权；放弃优先受偿权利的，其债权为普通债权。

2. 破产财产的分配顺序

破产财产在优先清偿破产费用和共益债务后，依照下列顺序清偿：（1）破产人所欠职工的工资和医疗、伤残补助、抚恤费用，所欠的应当划入职工个人账户的基本养老保险、基本医疗保险费用，以及法律、行政法规规定应当支付给职工的补偿金；（2）破产人欠缴的除前项规定以外的社会保险费用和破产人所欠税款；（3）普通破产债权。

破产财产不足以清偿同一顺序的债权的，按照比例分配。在清偿职工工资时，破产企业的董事、监事和高级管理人员的工资应作特殊处理，不得按照其以前的实际工资清偿，而应按照该企业职工的平均工资计算。

3. 破产财产分配的特殊规定

（1）对于附生效条件或者解除条件的债权，管理人应当将其分配额提存。管理人提存该分配额后，在最后分配公告日，生效条件未成就或者解除条件成就的，应当将该分配额分配给其他债权人；在最后分配公告日，生效条件成就或者解除条件未成就的，应当交付给债权人。

（2）债权人未受领的破产财产分配额，管理人应当提存。债权人自最后分配公告之日起满2个月仍不领取的，视为放弃受领分配的权利，管理人或者人民法院应当将提存的分配额分配给其他债权人。

（3）破产财产分配时，对于诉讼或者仲裁未决的债权，管理人应当将其分配额提存。自破产程序终结之日起满2年仍不能受领分配的，人民法院应当将提存的分配额分配给其他债权人。

（4）自破产程序或因破产财产不足以清偿破产费用而终结，或因破产财产分配完毕而终结之日起2年内，有下列情形之一的，债权人可以请求人民法院按照破产财产分配方案进行追加分配：1）发现因可撤销、无效行为而应当追回的财产，以及债务人的董事、监事和高级管理人员利用职权从企业获取了非正常收入和侵占了企业财产，应当追回的；2）发现破产人有应当供分配的其他财产的。出现上述情形，但财产数量不足以支付分配费用的，不再进行追加分配，由人民法院将其上交国库。

三、破产程序的终结

关于破产程序的终结即破产程序的结束，《企业破产法》主要规定了三种情况：（1）因和解或重整程序顺利完成而终结；（2）因破产财产不足以清偿破产费用而终结；（3）因破产财产分配完毕而终结。

管理人在最后分配完结后，应当及时向人民法院提交破产财产分配报告，并提请人民法院裁定终结破产程序。人民法院应当自收到管理人终结破产程序的请求之日起15日内作出是否终结破产程序的裁定，裁定终结的，应当予以公告。管理人应当自破产程序终结之日起10日内，持人民法院终结破产程序的裁定，向破产企业的原登记机关办理注销登记。管理人于办理注销登记完毕的次日终止执行职务，但是，存在诉讼或者仲裁未决情况的除外。

【案例 5-4】某市长峰机械厂因经营管理不善，无力偿还到期债务，该厂于某年 8 月 14 日向当地法院提交书面破产申请，法院于 8 月 20 日裁定受理，并于 8 月 23 日将裁定书面通知该厂，9 月 5 日通知已知债权人并发布公告，同时指定某会计师事务所作为管理人接管该厂。在 11 月 12 日召开的第一次债权人会议上，管理人将该厂的财产、债务等情况汇报如下：(1) 该厂机械设备总价 1 875 万元，其中价值 260 万元的机床抵押给银行借款 260 万元；该厂综合办公楼价值 800 万元，已用于对欠乙企业货款 500 万元的抵押担保，款项尚未支付。(2) 该厂全部债务为 7 246 万元，其中包括欠发职工工资、社会保险费用 240 万元，欠交税款 80 万元；管理人于 9 月 15 日解除了该厂与甲企业所签的一份合同，给甲企业造成了 120 万元的经济损失；诉讼费 20 万元，管理人报酬 20 万元，律师费等费用 30 万元，评估费 30 万元，为继续营业而支付的职工工资及社会保险费用 15 万元。

要求：根据以上资料，回答以下问题。

(1) 该厂的破产申请人、受理时间、宣告破产的条件、管理人的产生是否符合法律规定？

(2) 第一次债权人会议应如何召开？

(3) 本破产案件中哪些属于破产费用、哪些属于共益债务？如何清偿？

(4) 说明本破产案件的清偿顺序。

(5) 债权人甲企业的破产债权能获得清偿的数额是多少？

【解析】(1) 该厂的破产申请人、受理时间、宣告破产的条件、管理人的产生均符合法律规定。

依据《企业破产法》的规定，债务人有《企业破产法》规定的破产情形时，可以向人民法院提出重整、和解或者破产清算申请。债务人不能清偿到期债务，债权人可以向人民法院提出对债务人进行重整或者破产清算申请。因此，该厂在不能清偿到期债务并且资产不足以清偿全部债务的情况下提出破产申请，符合《企业破产法》的规定。

依据《企业破产法》的规定，债务人提出破产申请的或者依法负有清算义务的人向法院提出破产申请的，人民法院应当自收到破产申请之日起 15 日内裁定是否受理破产申请。人民法院受理破产案件的，应当自裁定作出之日起 5 日内送达申请人，25 日内通知已知的债权人并予以公告。该厂于某年 8 月 14 日向当地法院提交书面破产申请，法院于 8 月 20 日裁定受理，在法定的 15 日内，符合《企业破产法》的规定；8 月 23 日将裁定书面通知该厂，在法定的 5 日内，符合《企业破产法》的规定；9 月 5 日通知已知债权人并发布公告，在法定 25 日内，符合《企业破产法》的规定。

依据《企业破产法》的规定，人民法院裁定受理破产申请的，应当同时指定管理人，管理人可以由有关部门、机构的人员组成的清算组或者依法设立的律师事务所、会计师事务所、破产清算事务所等社会中介机构担任。人民法院在作出受理破产申请裁定时指定某会计师事务所作为管理人，符合《企业破产法》的规定。

(2) 第一次债权人会议应由人民法院召集主持，且自债权申报期限届满之日起 15 日内召开。关于具体的召开时间及地点应在法院受理破产申请裁定的公告中注明。第一次债权人会议一般包括以下内容：宣布债权人会议的职权和其他有关事项；宣布债权人的资格审查结果；指定并宣布债权人会议主席；由管理人通报债务人的生产经营、财产、债务的基本情况等。

(3) 本破产案件中属于破产费用的有诉讼费 20 万元、评估费 30 万元、管理人报酬 20 万元、律师费等费用 30 万元，共计 100 万元。本破产案件中属于共益债务的是为继续营业而支付的职工工资及社会保险费用 15 万元。

以上的 100 万元破产费用和 15 万元的共益债务应当先以该厂的变价财产清偿，剩余的再用于清偿其他债权。

(4) 依据《企业破产法》的规定，本破产案件的清偿顺序如下：

首先，该厂已作为银行贷款等值担保物的财产价值为 260 万元，先用来清偿银行贷款 260 万元，800 万元的综合办公楼先用来清偿乙企业的 500 万元货款，剩余的 300 万元用来清偿其他债权。

其次，银行和乙企业行使优先权后剩余破产财产 1 915 万元，先用来支付破产费用和共益债务 115 万元。

最后，支付破产费用和共益债务后破产财产剩余 1 800 万元清偿其他债权，清偿顺序为：支付欠发的职工工资、社会保险费用 240 万元；支付欠交的税款 80 万元；剩余 1 480 万元财产用于清偿其他债权 6 051 万元。

(5) 债权人甲企业的破产债权能获得清偿的数额是 29.35 万元：因为按《企业破产法》的规定，破产财产不足以清偿同一顺序的债权的，按照比例分配，即按照各债权人的债权额占该顺序中债权总额的比例进行清偿。剩余财产为 1 480 万元，在本顺序中的债权有 6 051 万元，因此清偿比例为 24.46％（1 480÷6 051×100％），甲公司的破产债权为 120 万元，按 24.46％的清偿比例能获得清偿的数额是 29.35 万元。

第十节　关联企业合并破产

一、关联企业合并破产概述

在市场经济中，企业以集团结构经营可以弥补不发达的市场制度，将外部的市场交易在一定程度上实质性地实现集团内部化，降低交易成本与商业风险，优化资源配置，从而获取最大经济收益，因而具有经济上充分的合理性。而跨国集团的结构更易满足所在国对企业设立与经营等的监管方面的要求，规避有关法律限制，减轻纳税等负担。

集团企业经营的一体化程度分为两种情况：其一是各关联企业规范独立经营，不存在资产、债务等方面的人格混同；其二是由于不规范、非市场化的运作，各关联企业在资产、债务、经营决策、企业管理、人事任免等方面严重混同，实际上失去独立的法人人格。由于控制关系的滥用，控制企业可能将资产、债务等在不同企业间不当转移，损害相关企业、股东及债权人的权益，并使多个关联企业均进入破产程序时，在债务清理、财产界定、资产追索、重整挽救等方面出现许多比独立企业破产情形下复杂得多的问题。在破产程序中这些问题影响对各企业债权人的公平清偿时，就需要考虑采用合并破产程序。

合并破产制度的作用在于：第一，可以保障不同关联企业在整体债权人间的清偿公平。第二，可以保障破产程序的顺利进行。第三，有利于企业重整挽救。各关联企业的生产经营相互交叉、上下衔接、严重混同，已经形成一个整体性的综合经营实体，各个企业实际上仅是集团的一个经营部门，这就使企业的重整在分别进行破产的模式下往往因运营资产不完整、企业单体经营效益低下等而无法实现，企业挽救难以进行。第四，可以维护破产法的立法价值。人格严重混同的关联企业分别破产或重整时存在的诸多弊端，对破产法有序公平清偿的立法价值以及重整挽救制度造成了严重损害。

关联企业在破产程序中的合并有实质合并与程序合并之区别。实质合并是对关联企业资产与负债的合并，即将多个关联企业视为一个单一企业。目前我国的实践中，实质合并主要以各关联企业的资产与负债严重混同，导致法人人格混同为适用条件。程序合并是指多个破产案件程序的合并审理，在《全国法院破产审判工作会议纪要》中被称为协调审理，体现为对不同法院管辖的多个企业破产案件的并案审理、整体重整或破产清算。但在程序合并中，各关联企业仍保持法人人格的独立，资产与债务清偿比例等分别确定。

二、关联企业实质合并破产

目前，依据《全国法院破产审判工作会议纪要》的规定，人民法院审理关联企业破产案件时，要立足于破产关联企业之间的具体关系模式，采取不同方式予以处理。既要通过实质合并审理方式处理法人人格高度混同的关联关系，确保全体债权人公平受偿，也要避免不当采用实质合并审理方式损害相关利益主体的合法权益。人民法院在审理企业破产案件时，应当尊重企业法人人格的独立性，以对关联企业的破产原因进行单独判断并适用单个破产程序为基本原则。

人民法院在审查实质合并申请过程中，可以综合考虑关联企业之间资产的混同程度及持续时间、各企业之间的利益关系、债权人整体清偿的利益、企业重整的可能性等因素，在收到申请之日起 30 日内作出是否实质合并审理的裁定。相关利害关系人对受理法院作出的实质合并审理裁定不服的，可以自裁定书送达之日起 15 日内向受理法院的上一级人民法院申请复议。

采用实质合并方式审理关联企业破产案件的，该案件应由关联企业中的核心控制企业住所地人民法院管辖；核心控制企业不明确的，由关联企业主要财产所在地人民法院管辖；多个法院之间就管辖权发生争议的，应当报请共同的上级人民法院指定管辖。

人民法院裁定采用实质合并方式审理破产案件的，各关联企业之间的债权债务归于消灭，各关联企业的财产作为合并后统一的破产财产，各关联企业的债权人在同一程序中按照法定顺序公平受偿。

采用实质合并方式进行重整的，重整计划草案中应当制订统一的债权分类、债权调整和债权受偿方案。

需要强调的是，实质合并破产中的“合并”，不是公司法、企业法上的组织合并，而只是在破产程序进行期间以将各关联企业的资产与负债统一处理为目的的法人人格模拟合并。其具有对各关联企业实行公司法上组织合并程序的效力。在公司法上，对“公司股东滥用公司法人独立地位和股东有限责任，逃避债务，严重损害公司债权人利益”的处理是，由股东而不是合并企业“对公司债务承担连带责任”。在破产法上，将法人人格混同的处置措施，旨在超越企业独立人格，纠正人格混同不当行为产生的各种不当法律后果，而不是强制进行组织合并；解决的主要是债务清偿的法律责任问题，而不是组织调整问题。

三、关联企业程序合并破产

当多个关联企业均存在破产原因但不符合实质合并条件时，人民法院可根据相关主体的申请对多个破产程序进行协调审理，考虑破产案件审理的效率、破产申请的先后顺序、各关联企业负债规模、核心控制企业住所地等因素，由共同的上级人民法院确定一个法院集中管辖。

程序合并破产不消灭关联企业之间的债权债务关系，不对关联企业的财产进行合并，各关联企业的债权人仍以该企业的财产为限依法获得清偿。在程序合并中，也要利用其他法律手段解决关联企业之间尚不构成法人人格严重混同的不当资源配置关系，如关联企业之间不当利用关联控制关系形成的债权，应当劣后于其他普通债权受偿，且该劣后债权的债权人不得就其他关联企业提供的特定财产优先受偿，即担保物权无效。

复习与思考

一、简答题

1. 人民法院受理破产案件的法律后果有哪些？
2. 管理人的职责有哪些？
3. 债权人会议的表决规则是什么？
4. 重整有哪几个步骤？
5. 破产和解制度的法律特征有哪些？
6. 破产宣告的法律后果有哪些？
7. 破产财产的清偿顺序是怎样的？

二、案例分析题

某企业法人被人民法院依法宣告破产。4 月 5 日，管理人查明：该企业在被受理破产时经营管理的全部财产价值为 250 万元，其中已作为银行贷款担保物的财产价值为 60 万元。债权人甲的破产债权为 56 万元，其他债权人的破产债权合计为 110 万元。管理人决定解除该企业与乙所签订的一份合同，给乙造成了 84 万元的经济损失。该企业欠发职工工资 55 万元，欠交税金 35 万元。4 月 10 日，管理人又查明在人民法院受理该企业破产案件前 3 个月内，该企业无偿转让作价为 80 万元的财产，遂向人民法院申请予以撤销，追回财产。4 月 25 日，该财产已全部被追回。该企业的破产费用共计 30 万元。

请计算该企业的破产财产、普通破产债权以及甲能获得清偿的数额。

第六章 证券法律制度

·学习目标·

通过本章的学习，掌握证券法的基本理论、基本原则、证券发行和交易的各项制度、上市公司收购和重组以及证券欺诈的法律责任制度等，并能够运用证券法的规定分析相关法律实务问题。

·引导案例·

某年4月1日，A上市公司（以下简称A公司）因在财务会计报告中作虚假记载，致使中小投资者在股票交易中遭受重大损失，被中国证券监督管理委员会（以下简称中国证监会）查处。中国证监会在对A公司的检查中还发现下列事实：(1) A公司多次以自己为交易对象，进行不转移所有权的自买自卖，影响A公司股票的交易价格和成交量。(2) 某年2月1日，A公司董事会讨论通过对B上市公司的收购方案，董事甲第二天将该收购方案透露给自己的亲属乙，乙根据该信息在对A公司股票的短线操作中获利30万元。(3) A公司在法定的会计账册以外另立账册。

某年6月3日，中国证监会对A公司作出罚款100万元的决定。6月10日，投资者丙在对A公司的诉讼中胜诉，人民法院判决A公司赔偿丙的证券交易损失400万元。因A公司的财产不足以同时支付罚款和承担民事赔偿责任，中国证监会向A公司提出应首先缴纳罚款。

·分析思考·

试分析上述案例中存在的不当之处，并说明理由。

第一节 证券法概述

一、证券的概念和种类

(一) 证券的概念

证券是指发行人依照法律、行政法规的规定，经有关机关批准发行的，表示一定财产权利的凭证。

（二）证券的种类

从总体上讲，证券可以分为有价证券和无价证券两大类。

无价证券是指其本身不能使持有者取得一定权益的所有权或者债权凭证。

有价证券又有广义和狭义之分。广义的有价证券包括财物证券、货币证券和资本证券。财物证券是证明持有人享有一定数量财物请求权的证券，如提货单、货运单等；货币证券是证明持有人享有一定数额货币请求权的证券，如本票、支票等；资本证券是证明持有人享有资本的所有权与收益权的证券，如股票、债券等。狭义的有价证券仅指资本证券。我国现行《证券法》中的证券是指股票、公司债券、存托凭证和国务院依法认定的其他证券。因此，《证券法》中的“证券”，目前主要可以分为股票、证券投资基金、混合型的可转换公司债券以及存托凭证。

1. 股票

股票是股份有限公司发行的，用以证明投资者的股东身份和权益并据以获得股息和红利的凭证。简言之，股票是股份有限公司发行的，证明股东按其所持股份享有权利和承担义务的凭证。

按股东承担风险程度和享有权利的不同，股份可分为普通股和优先股。

按投资主体及资金来源的不同，股份还可分为国有股、法人股、社会公众股。

按投资对象及定价币种的不同，股票可分为人民币普通股、境内上市外资股和境外上市外资股。(1) 人民币普通股又称A股或内资股，是由我国境内的公司发行，供境内机构、组织或个人（不含港、澳、台投资者）以人民币认购和交易的普通股股票。(2) 境内上市外资股又称为B股，是以人民币标明面值，以外币认购和买卖，在境内（上海、深圳）证券交易所上市交易的股票。其投资者限于外国的自然人、法人和非法人组织，我国港澳台地区的自然人、法人和非法人组织，定居在国外的中国公民，以及中国自然人、法人和非法人组织。(3) 境外上市外资股是指股份有限公司向境外投资者发行，以人民币标明面值，以外币认购，在境外的证券交易场所流通转让的股票。

2. 债券

债券是社会各类经济主体为筹集资金而发行的，承诺定期支付利息和到期偿还本金的证券。债券体现的是债权债务关系，债券持有人对债券发行人享有债权，债券发行人对债券持有人负有债务。债券的最大特点在于到期还本付息，因此，安全性较高而风险性较低。

(1) 公司债券。公司债券是指公司依照法定程序发行的，约定到一定期限还本付息的有价证券，是企业债券的一种。

(2) 可转换公司债券。可转换公司债券是指一种无担保、无追索权、信用级别较低、兼有债务性和股权性的中长期混合型融资和投资工具，由发行人依照法定程序发行，在一定期限内依据约定的条件可以转换成股份的公司债券。可转换公司债券是一种附认股权的债券，兼有债券和股票的双重法律特点。一旦持有人选择将可转换公司债券转换为股份，债权也转变成股权。

3. 证券投资基金

证券投资基金是通过向投资人发行股份或收益凭证募集资金，交由专业投资机构管理，以获取一定收益的投资工具。证券投资基金是专门投资证券市场的金融工具，是一种利益共享、风险共担的证券投资方式，即通过发行基金单位，集中投资者的资金，由基金托管人托管，由基金管理人管理和运作资金，从事股票、债券等金融工具投资。与其他投资工具相比较，基金具有专业化管理、分散风险、资产流动性高和收益稳定等特点。

《中华人民共和国证券投资基金法》（以下简称《证券投资基金法》）明确规定了封闭式基金和开放式基金两种基金。

4. 存托凭证

存托凭证（Depository Receipts，简称 DR），又称存券收据或存股证，是指在一国证券市场流通的代表外国公司有价证券的可转让凭证，属公司融资业务范畴的金融衍生工具。存托凭证一般代表公司股票，但有时也代表债券。

根据发行流通范围的不同，又可以将存托凭证细分为中国存托凭证（CDR）、美国存托凭证（ADR）、欧洲存托凭证（EDR）、全球存托凭证（GDR）、香港存托凭证（HDR）、新加坡存托凭证（SDR）等。

中国存托凭证（Chinese Depository Receipt，CDR），是指在境外（包括中国香港）上市公司将部分已发行上市的股票托管在当地保管银行，由中国境内的存托银行发行、在境内 A 股市场上市、以人民币交易结算、供境内投资者买卖的投资凭证，从而实现股票的异地买卖。

存托凭证发行法律关系的主体包括基础证券发行人、存托人和存托凭证持有人。

基础证券发行人在境外发行的基础证券由存托人持有，并由存托人在境内签发存托凭证。基础证券发行人应符合证券法关于股票等证券发行的基本条件，参与存托凭证发行，依法履行信息披露等义务，并按规定接受中国证监会及证券交易所监督管理。

存托人应按照存托协议的约定，根据存托凭证持有人意愿行使境外基础证券的相应权利，办理存托凭证分红、派息等业务。存托人的资质应符合中国证监会有关规定。

存托凭证持有人依法享有存托凭证代表的境外基础证券的权益，并按照存托协议的约定，通过存托人行使其权利。

二、证券市场

证券市场是股票、公司债券、金融债券、政府债券、外国债券等有价证券及其衍生产品发行和交易的场所，其实质是通过各类证券的发行和交易来募集、融通资金并取得预期利益。

证券市场分为发行市场和流通市场。发行市场又称一级市场，是发行新证券的市场。证券发行人通过证券发行市场将已获准公开发行的证券第一次销售给投资者，以获取资金。证券流通市场又称二级市场，是对已发行的证券进行买卖、转让交易的场所。就通过一级市场取得的证券可以到二级市场进行买卖，投资者可以在二级市场对证券进行不间断的交易。

证券市场的主体包括证券发行人、投资者、中介机构、交易场所，以及行业自律性组织和证券监管机构。

根据《证券法》第 37 条的规定，公开发行的证券，应当在依法设立的证券交易场所上市交易或者在国务院批准的其他全国性证券交易场所交易。非公开发行的证券，可以在证券交易所、国务院批准的其他全国性证券交易场所、按照国务院规定设立的区域性股权市场转让。

（1）主板市场。

《证券法》第 97 条规定："证券交易所、国务院批准的其他全国性证券交易场所可以根据证券种类、行业特点、公司规模等因素设立不同的市场层次。”

我国的交易所市场或场内市场，主要由三个交易所（上海证券交易所、深圳证券交易所和北京证券交易所）分别设立的板块共同构成。其中，上海证券交易所的主板和深圳证券交易所的主板被视为我国的主板市场。

（2）创业板和科创板。

创业板设立在深圳证券交易所。创业板是不同于主板的场内市场板块，俗称“二板市场”。由于交易所主板市场的上市条件比较高，不利于中小企业，特别是高新技术企业上市融资，因此，为了中小企业能够顺利获得资金，有必要分别开设专门的股票交易市场，即二板市场。2009 年 9 月 21 日，第一批创业板公司公开发行股票。同年 10 月 30 日，第一批 28 家公司的股票在创业板上市交易。创业板用了与主板市场不同的上市标准，主要表现为在具体盈利要求等方面有所放松。但由于创业板市场仍然属于交易所市场，在创业板挂牌交易属于证券上市，因此，仍然必须符合证券交易所对上市条件的规定。2023 年 2 月 17 日中国证券监督管理委员会第二次委务会议审议通过《首次公开发行股票注册管理办法》，对创业板开始实行注册制。创业板的公开发行申请须报深圳证券交易所审核并经中国证监会注册。

科创板设立在上海证券交易所。根据中国证监会 2019 年 1 月 28 日发布的《关于在上海证券交易所设立科创板并试点注册制的实施意见》，上海证券交易所设立科创板并试点注册制。科创板是我国最先适用注册制的市场板块。在科创板的公开发行申请须报上海证券交易所审核并经中国证监会注册。就上市标准而言，科创板注重企业的科技创新能力，允许符合科创板定位、尚未盈利或存在累计未弥补亏损的企业在科创板上市；综合考虑预计市值、收入、净利润、研发投入、现金流等，设置多元、包容的上市条件。因此，相比主板的上市条件，科创的上市条件更加精简、优化。同时，对于现行的发行条件中可以由投资者判断的事项，逐步转化为更加严格，更加全面、深入、精准的信息披露要求制度体系。由于科创板的上市标准和条件尤其适用于高新技术产业和战略性新兴产业，故其通常被归为二板市场的范畴。

三、我国证券立法概况

《证券法》是规范证券发行、交易及监管过程中产生的各种法律关系的基本法，是证券市场各类行为主体必须遵守的行为规范，由中央国家权力机关制定，以国家强制力保障实施。

1998 年 12 月 29 日，第九届全国人大常委会第六次会议通过了《证券法》(该法自 1999 年 7 月 1 日起施行)。后该法于 2004 年 8 月、2005 年 10 月、2013 年 6 月、2014 年 8 月、2019 年 12 月累计作了五次修改。最新修订的《证券法》自 2020 年 3 月 1 日起施行。

《证券法》第 2 条对其适用范围作出了明确规定：在中华人民共和国境内，股票、公司债券、存托凭证和国务院依法认定的其他证券的发行和交易，适用本法；本法未规定的，适用《中华人民共和国公司法》和其他法律、行政法规的规定。政府债券、证券投资基金份额的上市交易，适用本法；其他法律、行政法规另有规定的，适用其规定。资产支持证券、资产管理产品发行、交易的管理办法，由国务院依照本法的原则规定。2018 年 3 月 22 日，《国务院办公厅转发证监会关于开展创新企业境内发行股票或存托凭证试点若干意见的通知》（以下简称《关于开展创新企业境内发行股票或存托凭证试点的若干意见》）发布，规定：试点企业可根据相关规定和自身实际，选择申请发行股票或存托凭证上市。允许试点红筹企业按程序在境内资本市场发行存托凭证上市；具备股票发行上市条件的试点红筹企业可申请在境内发行股票上市；境内注册的试点企业可申请在境内发行股票上市。根据中国证监会 2018 年 6 月 6 日公布的《存托凭证发行与交易管理办法（试行）》，存托凭证的发行和交易，适用《证券法》《关于开展创新企业境内发行股票或存托免证试点的若干意见》《存托凭证发行与交易管理办法（试行）》，以及中国证监会的其他规定。依此规定，《证券法》调整的证券种类有股票、债券、证券投资基金份额、混合型的可转换公司债券以及存托凭证等。

四、证券法的基本原则

证券法的基本原则是指证券法所规定的证券发行和证券交易活动必须遵循的基本准则，是证券立法、司法和执法的出发点与指导思想，体现了证券法的基本精神。依据《证券法》的规定，在证券发行、交易及监管中应当坚持以下原则。

1. 公开、公平、公正原则

公开原则，是指有关证券发行、交易的信息要公开，让投资者在充分了解真实情况的基础上自行作出投资决策。贯彻公开原则的基本要求是，公开的信息必须真实、及时、准确、完整，不得有虚假记载、误导性陈述或者重大遗漏。

公平原则，是指证券市场的所有参与者在法律上都具有平等地位，在市场中机会平等。贯彻公平原则的基本要求是，投资者能够公平地参与竞争，公平地面对机会和风险。

公正原则，是指证券的发行、交易活动执行统一的规则，适用统一的规范。贯彻公正原则的基本要求是，证券市场参与者的合法权益同样受法律保护，违法行为同样受法律制裁。

2. 自愿、有偿、诚实信用原则

自愿原则，是指当事人有权按照自己的意愿参与证券发行和证券交易活动，任何机构、组织或个人都不得非法干预，任何一方都不得把自己的意志强加给对方。

有偿原则，是指在证券发行和交易活动中，一方当事人不得无偿占有他方当事人的财产和劳动。

诚实信用原则，是指有关各方当事人应当自觉遵守社会公德，参与民事活动要诚实守信、客观公正、信守承诺，不弄虚作假，不欺人骗人。

3. 守法原则

《证券法》规定：证券发行、交易活动，必须遵守法律、行政法规；禁止欺诈、内幕交易和操纵证券交易市场的行为。

4. 证券业与其他金融业分业经营、分业管理原则

《证券法》规定，证券业和银行业、信托业、保险业实行分业经营、分业管理，证券公司与银行、信托、保险业务机构分别设立；国家另有规定的除外。

5. 政府集中统一监管与行业自律相结合原则

现阶段，我国对证券行业的监管分为两个层次：一是政府监管，二是行业自律。政府监管主要体现在《证券法》授权国务院证券监督管理机构即中国证监会对全国证券市场实行集中、统一的监督管理。行业自律主要体现在《证券法》规定，在实行国家集中、统一监管的前提下，依法设立证券业协会，实行自律性管理。

第二节　证券的发行

一、证券发行概述

（一）证券发行的概念

证券发行，是指符合发行条件的商业组织或政府组织（发行人），以筹集资金为目的，依照法律规定的程序向公众投资者出售代表一定权利的资本证券的行为。

（二）证券发行的分类

1. 公开发行与非公开发行

依据发行对象的不同，可将证券的发行分为公开发行（也称公募发行）和非公开发行（也称私募发行）。

公开发行是发行人向不特定的多数投资者公开发售证券的方式。

《证券法》第 9 条第 2 款对公开发行的标准进行了规定，即有下列情形之一的，为公开发行：(1) 向不特定对象发行证券；(2) 向特定对象发行证券累计超过 200 人的，但依法实施员工持股计划的员工数不计算在内；(3) 法律、行政法规规定的其他发行行为。

非公开发行是指发行人发行证券时仅面向特定的少数投资者，一般包括三类对象：(1) 专业投资机构，如投资基金公司、保险公司等；(2) 与公司有密切关联的公司、金融机构；(3) 公司内部人员和与公司有业务联系的人员，如股东、职员、公司顾问等。《证券法》第 9 条第 3 款规定：非公开发行证券，不得采用广告、公开劝诱和变相公开方式。

依据《非上市公众公司监督管理办法》的规定，股票公开转让的公众公司向特定对象发行股票后股东累计超过 200 人的，应当持申请文件向全国中小企业股份转让系统（以下简称全国股转系统）申报，中国证监会基于全国股转系统的审核意见依法履行注册程序。股票公开转让的公众公司向特定对象发行股票后股东累计不超过 200 人的，中国证监会豁免注册，由全国股转系统自律管理。

股票未公开转让的公司向特定对象发行股票后股东累计超过 200 人的，应当持申请文件向中国证监会申报；中国证监会认为公司符合发行条件和信息披露要求的，依法作出同意注册的决定。

2. 直接发行与间接发行

根据是否借助证券承销机构的参与，证券发行可分为直接发行和间接发行。直接发行是发行人自行组织证券发行事务并承担发行风险的发行方式。间接发行是发行人通过证券承销机构作为中介人，利用中介机构的信息、人员、营业网络等优势来帮助其销售的发行方式，因而也称承销发行。《证券法》第 10 条第 1 款规定，发行人申请公开发行股票、可转换为股票的公司债券，依法采取承销方式的，或者公开发行法律、行政法规规定实行保荐制度的其他证券的，应当聘请证券公司担任保荐人。证券公开发行的，只能选择承销方式。

3. 设立发行与增资发行

根据发行目的的不同，证券发行可分为设立发行和增资发行。设立发行是指股份的发行与股份有限公司的设立同时进行，股份发行成功后，依照法定程序成立股份有限公司。增资发行，是指已成立的股份有限公司因生产经营需要，追加资本而发行股份的行为。

4. 国内发行与国外发行

依发行地点的不同，证券发行可分为国内发行和国外发行。国内发行是指发行人在本国境内发行有价证券，如我国的国库券、人民币普通股票（A 股）、公司债券的发行。国外发行是指一国政府、法人在本国境外发行有价证券，如我国的 H 股、S 股和 N 股的发行。

（三）证券发行的基本制度

1. 证券发行注册制度

证券发行全面推行注册制，并授权国务院根据不同的板块、证券品种的需要分步实施。《证券法》第 9 条第 1 款规定：公开发行证券，必须符合法律、行政法规规定的条件，并依法报经国务院证券监督管理机构或者国务院授权的部门注册。未经依法注册，任何单位和个人不得公开发行证券。证券发行注册制的具体范围、实施步骤，由国务院规定。

2. 证券发行信息公开制度

依据《证券法》第 20、23 条的规定，发行人申请首次公开发行股票的，在提交申请文件后，应当预先披露有关申请文件；在证券公开发行前，发行人应当公告公开发行募集文件。募集文件是指证券发行人发行证券时依法向社会公开的有关书面性的材料，主要包括招股说明书、配股说明书、公司债券募集办法等。募集文件必须公告并置备于指定的场所供公众查阅。

3. 证券发行承销制度

公开发行证券的发行人有权依法自主选择承销的证券公司。证券承销的方式有两种：代销和包销。依据《证券法》的规定，证券的代销、包销期最长不得超过 90 日。证券公司承销证券，应当对公开发行募集文件的真实性、准确性、完整性进行核查；发现含有虚假记载、误导性陈述或者重大遗漏的，不得进行销售活动；已经销售的，必须立即停止销售活动，并采取纠正措施。证券公司在代销、包销期内，对所代销、包销的证券应当保证先行出售给认购人，证券公司不得为本公司事先预留所代销的证券和预先购入并留存所包销的证券。

4. 证券发行上市保荐制度

《证券法》第 10 条第 1 款规定：发行人申请公开发行股票、可转换为股票的公司债券，依法采取承销方式的，或者公开发行法律、行政法规规定实行保荐制度的其他证券的，应当聘请证券公司担任保荐人。

二、股票的发行

股票的发行是指经批准拟成立或已成立的股份有限公司以募集资本为目的，分配或出售自己的股份，由投资人认购的行为。

股票的具体发行条件和程序因股票发行的情况而有所不同。

（一）首次公开发行股票

设立股份有限公司公开发行股票（以下简称首次公开发行股票），应当符合《证券法》《公司法》规定的发行条件，以及经国务院批准的国务院证券监督管理机构规定的其他发行条件。

1. 应报送的文件

设立股份有限公司公开发行股票，应当向国务院证券监督管理机构报送募股申请和下列文件：（1）公司章程；（2）发起人协议；（3）发起人姓名或者名称，发起人认购的股份数、出资种类及验资证明；（4）招股说明书；（5）代收股款银行的名称及地址；（6）承销机构名称及有关的协议。(7) 聘请保荐人的，还应当报送保荐人出具的发行保荐书。(8) 法律、行政法规规定设立公司必须报经批准的，还应当提交相应的批准文件。

2. 发行条件

设立股份有限公司首次公开发行新股，应当符合下列条件：(1) 具备健全且运行良好的组织机构；(2) 具有持续经营能力；(3) 最近三年财务会计报告被出具无保留意见审计报告；(4) 发行人及其控股股东、实际控制人最近三年不存在贪污、贿赂、侵占财产、挪用财产或者破坏社会主义市场经济秩序的刑事犯罪；(5) 经国务院批准的国务院证券监督管理机构规定的其他条件。

公司对公开发行股票所募集资金，必须按照招股说明书或者其他公开发行募集文件所列资金用途使用；改变资金用途，必须经股东会作出决议。擅自改变用途，未作纠正的，或者未经股东会认可的，不得公开发行新股。

3. 发行程序

(1) 决议。发行人董事会应当依法就本次股票发行的具体方案、本次募集资金使用的可行性及其他必须明确的事项作出决议，并提请股东会批准。

(2) 申请。发行人应当按照国务院证券监督管理机构的有关规定制作申请文件。其文件内容应当充分披露投资者作出价值判断和投资决策所必需的信息，内容应当真实、准确、完整；为证券发行出具有关文件的证券服务机构和人员，必须严格履行法定职责，保证所出具文件的真实性、准确性和完整性。

依法由保荐人保荐并向证券交易所申报。

(3) 受理。证券交易所收到注册申请文件后于5个工作日内作出是否受理的决定。证券交易所按照规定的条件和程序，形成发行人是否符合发行条件和信息披露要求的审核意见。认为发行人符合发行条件和信息披露要求的，将审核意见、发行人注册申请文件及相关审核资料报中国证监会注册；认为发行人不符合发行条件或者信息披露要求的，作出终止发行上市审核决定。

(4) 注册或者不予注册。中国证监会收到证券交易所审核意见及相关资料后，基于证券交易所审核意见，依法履行发行注册程序，在20个工作日内对发行人的注册申请作出予以注册或者不予注册的决定。中国证监会的予以注册决定，自作出之日起1年内有效，发行人应当在注册决定有效期内发行股票，发行时点由发行人自主选择。

证券发行申请经注册后，发行人应当依照法律、行政法规的规定，在证券公开发行前公告公开发行募集文件，并将该文件置备于指定场所供公众查阅。

国务院证券监督管理机构或者国务院授权的部门对于已作出的证券发行注册决定，发现不符合法定条件或者法定程序，尚未发行证券的，应当予以撤销，停止发行；已经发行、尚未上市的，撤销发行注册决定，发行人应当按照发行价并加算银行同期存款利息返还证券持有人；发行人的控股股东、实际控制人以及保荐人，应当与发行人承担连带责任，但是能够证明自己没有过错的除外。

股票的发行人在招股说明书等证券发行文件中隐瞒重要事实或者编造重大虚假内容，已经发行并上市的，国务院证券监督管理机构可以责令发行人回购证券，或者责令负有责任的控股股东、实际控制人买回证券。

（二）上市公司公开发行新股

在我国，由于公开发行股票的公司基本上都是上市公司，因而上市公司的新股发行是我国法律法规规范的重点。

1. 上市公司公开发行新股的条件

关于具体条件，《证券法》没有规定，而是授权国务院证券监督管理机构作出规定。依据《证券法》第12条第2款，上市公司发行新股，应当符合经国务院批准的国务院证券监督管理机构规定的条件，具体管理办法由国务院证券监督管理机构规定。

根据《上市公司证券发行注册管理办法》的规定，上市公司公开发行股票，应当符合下列规定：(1) 具备健全且运行良好的组织机构。(2) 现任董事、监事和高级管理人员符合法律、行政法规规定的任职要求。(3) 具有完整的业务体系和直接面向市场独立经营的能力，不存在对持续经营有重大不利影响的情形。(4) 会计基础工作规范，内部控制制度健全且有效执行，财务报表的编制和披露符合企业会计准则与相关信息披露规则的规定，在所有重大方面公允反映了上市公司的财务状况、经营成果和现金流量，最近三年财务会计报告被出具无保留意见审计报告。(5) 除金融类企业外，最近一期末不存在金额较大的财务性投资。(6) 证券交易所主板上市公司配股、增发的，应当最近三个会计年度盈利；增发还应当满足最近三个会计年度加权平均净资产收益率平均不低于6%；净利润以扣除非经常性损益前后孰低者为计算依据。

上市公司发行股票，募集资金使用应当符合下列规定：(1) 符合国家产业政策和有关环境保护、土地管理等法律、行政法规规定；(2) 除金融类企业外，本次募集资金使用不得为持有财务性投资，不得直接或者间接投资于以买卖有价证券为主要业务的公司；(3) 募集资金项目实施后，不会与控股股东、实际控制人及其控制的其他企业新增构成重大不利影响的同业竞争、显失公平的关联交易，或者严重影响公司生产经营的独立性；(4) 科创板上市公司发行股票募集的资金应当投资于科技创新领域的业务。

2. 上市公司公开发行新股应报送的文件

《证券法》第13条规定，公司公开发行新股，应当报送募股申请和下列文件：(1) 公司营业执照；(2) 公司章程；(3) 股东会决议；(4) 招股说明书或者其他公开发行募集文件；(5) 财务会计报告；(6) 代收股款银行的名称及地址。依法聘请保荐人的，还应当报送保荐人出具的发行保荐书。依法实行承销的，还应当报送承销机构名称及有关的协议。

3. 上市公司公开发行新股的程序

(1) 作出新股发行决议。发行人董事会应当依法就本次股票发行的具体方案、本次募集资金使用的可行性及其他必须明确的事项作出决议，并提请股东会批准。

(2) 申请。上市公司申请发行证券，应当按照中国证监会有关规定制作注册申请文件，依法由保荐人保荐并向证券交易所申报。

(3) 受理与注册。证券交易所收到注册申请文件后于5个工作日内作出是否受理的决定。证券交易所按照规定的条件和程序，形成发行人是否符合发行条件和信息披露要求的审核意见。认为符合发行条件和信息披露要求的，将审核意见、发行人注册申请文件及相关审核资料报中国证监会注册。中国证监会收到证券交易所审核意见及相关资料后，在15个工作日内对发行人的注册申请作出予以注册或者不予注册的决定。

中国证监会的予以注册决定，自作出之日起1年内有效，发行人应当在注册决定有效期内发行股票，发行时点由发行人自主选择。

（4）信息公开与发行。向不特定对象发行证券申请经注册后，上市公司应当在证券发行前2～5个工作日内将公司募集股份说明书刊登在证券交易所网站和符合中国证监会规定条件的报刊依法开办的网站，供公众查阅。向特定对象发行证券申请经注册后，上市公司应当在证券发行前将公司募集文件刊登在证券交易所网站和符合中国证监会规定条件的报刊依法开办的网站，供公众查阅。

发行人不得在公告公开发行募集文件前发行证券。

三、公司债券的发行

（一）公司债券发行的一般规定

债券的发行分为政府债券的发行、金融债券的发行和公司债券的发行。公司债券是指公司依照法定程序发行，约定到一定期限时还本付息的有价证券。

公司债券可以公开发行，也可以非公开发行。上市公司、股票公开转让的非上市公众公司发行的公司债券，可以附认股权、可转换成相关股票等条款。

公开发行公司债券，由证券交易所负责受理、审核，并报中国证监会注册。

发行公司债券应当由具有证券承销业务资格的证券公司承销。取得证券承销业务资格的证券公司、中国证券金融股份有限公司及中国证监会认可的其他机构，公开发行公司债券，可以自行销售。

公司债券的期限、面值和发行价格：公司债券的期限为1年以上，公司债券每张面值为100元，发行价格由发行人与保荐人通过市场询价确定。

（二）公司债券的公开发行

1. 公司债券公开发行的条件

《证券法》第15条规定，公司公开发行公司债券，应当符合下列条件：（1）具备健全且运行良好的组织机构；（2）最近三年平均可分配利润足以支付公司债券一年的利息；（3）国务院规定的其他条件。公开发行公司债券筹集的资金，必须按照公司债券募集办法所列资金用途使用；改变资金用途，必须经债券持有人会议作出决议。公开发行公司债券筹集的资金，不得用于弥补亏损和非生产性支出。上市公司发行可转换为股票的公司债券，应当同时符合债券公开发行以及上市公司增发新股的条件，但是通过收购本公司股份的方式进行公司债券转换的除外。

《证券法》第17条规定，有下列情形之一的，不得再次公开发行公司债券：（1）对已公开发行的公司债券或者其他债务有违约或者延迟支付本息的事实，仍处于继续状态；（2）违反本法规定，改变公开发行公司债券所募资金的用途。

2. 公司债券公开发行的程序

（1）申请发行公司债券，应当由公司董事会制订方案，由股东会作出决议。发行公司债券，发行人应当依照《公司法》或者公司章程的相关规定对以下事项作出决议：1）发行债券的数量；2）发行方式；3）债券期限；4）募集资金的用途；5）决议的有效期；6）其他按照法律法规及公司章程的规定需要明确的事项。发行公司债券，如果对增信机制、偿债保障措施作出安排，也应当在决议事项中载明。

(2) 发行人申报。发行人公开发行公司债券，应当按照中国证监会有关规定制作注册申请文件，由发行人向证券交易所申报。证券交易所收到注册申请文件后，在5个工作日内作出是否受理的决定。

(3) 报送的文件。《证券法》第16条规定，申请公开发行公司债券，应当向国务院授权的部门或者国务院证券监督管理机构报送下列文件：1) 公司营业执照；2) 公司章程；3) 公司债券募集办法；4) 国务院授权的部门或者国务院证券监督管理机构规定的其他文件。依照本法规定聘请保荐人的，还应当报送保荐人出具的发行保荐书。

(4) 审核与注册。证券交易所按照规定的条件和程序，提出审核意见。认为发行人符合发行条件和信息披露要求的，将审核意见、注册申请文件及相关审核资料报送中国证监会履行发行注册程序。认为发行人不符合发行条件或信息披露要求的，作出终止发行上市审核决定。

证券交易所应当自受理注册申请文件之日起2个月内出具审核意见，中国证监会应当自证券交易所受理注册申请文件之日起3个月内作出同意注册或者不予注册的决定。发行人根据中国证监会、证券交易所的要求补充、修改注册申请文件的时间不计算在内。

公开发行公司债券，可以申请一次注册、分期发行。中国证监会同意注册的决定自作出之日起两年内有效，发行人应当在注册决定有效期内发行公司债券，并自主选择发行时点。

证券发行申请经注册后，发行人应当依照法律、行政法规的规定，在证券公开发行前公告公开发行募集文件，并将该文件置备于指定场所供公众查阅。

发行人不得在公告公开发行募集文件前发行证券。

四、可转换公司债券的发行

(一) 可转换公司债券的发行的一般规定

依《可转换公司债券管理办法》第2条，可转换公司债券（简称可转债），是指公司依法发行、在一定期间内依据约定的条件可以转换成本公司股票的公司债券，属于《证券法》规定的具有股权性质的证券。

可转债作为一种兼具"股权性质"和"债权性质"的混合证券品种，为企业募集资金提供了多样化的选择，在提高直接融资比重、优化融资结构、增强金融服务实体经济能力等方面发挥了积极作用。

对于向不特定对象发行的可转债，应当在依法设立的证券交易所上市交易或者在国务院批准的其他全国性证券交易场所交易。

对于发行人向特定对象发行的可转债，不得采用公开的集中交易方式转让。

(二) 可转换公司债券公开发行的条件

根据《上市公司证券发行注册管理办法》的规定，上市公司发行可转债，应当符合以下条件：(1) 具备健全且运行良好的组织机构。(2) 最近三年平均可分配利润足以支付公司债券一年的利息。(3) 具有合理的资产负债结构和正常的现金流量。(4) 证券交易所主板上市公司向不特定对象发行可转债的，应当最近三个会计年度盈利，且最近三个会计年度加权平均净资产收益率平均不低于6%；净利润以扣除非经常性损益前后孰低者为计算依据。

上市公司向不特定对象发行可转债，还应当遵守以下规定：(1) 现任董事、监事和高级管理人员符合法律、行政法规规定的任职要求；(2) 具有完整的业务体系和直接面向市场独立经营的能力，不存在对持续经营有重大不利影响的情形；（3）会计基础工作规范，内部控制制度健全且有效执行，财务报表的编制和披露符合企业会计准则和相关信息披露规则的规定，在所有重大方面公允反映了上市公司的财务状况、经营成果和现金流量，最近三年财务会计报告被出具无保留意见审计报告；（4）除金融类企业外，最近一期末不存在金额较大的财务性投资。

同时，上市公司存在下列情形之一的，不得向不特定对象发行股票：（1）擅自改变前次募集资金用途未作纠正，或者未经股东会认可；（2）上市公司或者其现任董事、监事和高级管理人员最近三年受到中国证监会行政处罚，或者最近一年受到证券交易所公开谴责，或者因涉嫌犯罪正在被司法机关立案侦查或者涉嫌违法违规正在被中国证监会立案调查；（3）上市公司或者其控股股东、实际控制人最近一年存在未履行向投资者作出的公开承诺的情形；（4）上市公司或者其控股股东、实际控制人最近三年存在贪污、贿赂、侵占财产、挪用财产或者破坏社会主义市场经济秩序的刑事犯罪，或者存在严重损害上市公司利益、投资者合法权益、社会公共利益的重大违法行为。

向特定对象发行可转债时存在下列情形之一的，不得发行：（1）擅自改变前次募集资金用途未作纠正，或者未经股东会认可。（2）最近一年财务报表的编制和披露在重大方面不符合企业会计准则或者相关信息披露规则的规定；最近一年财务会计报告被出具否定意见或者无法表示意见的审计报告；最近一年财务会计报告被出具保留意见的审计报告，且保留意见所涉及事项对上市公司的重大不利影响尚未消除。本次发行涉及重大资产重组的除外。（3）现任董事、监事和高级管理人员最近三年受到中国证监会行政处罚，或者最近一年受到证券交易所公开谴责。（4）上市公司或者其现任董事、监事和高级管理人员因涉嫌犯罪正在被司法机关立案侦查或者涉嫌违法违规正在被中国证监会立案调查。（5）控股股东、实际控制人最近三年存在严重损害上市公司利益或者投资者合法权益的重大违法行为。（6）最近三年存在严重损害投资者合法权益或者社会公共利益的重大违法行为。但是，按照公司债券募集办法，上市公司通过收购本公司股份的方式进行公司债券转换的除外。

募集资金使用应当符合下列规定：（1）符合国家产业政策和有关环境保护、土地管理等法律、行政法规规定；（2）除金融类企业外，本次募集资金使用不得为持有财务性投资，不得直接或者间接投资于以买卖有价证券为主要业务的公司；（3）募集资金项目实施后，不会与控股股东、实际控制人及其控制的其他企业新增构成重大不利影响的同业竞争、显失公平的关联交易，或者严重影响公司生产经营的独立性；（4）科创板上市公司发行股票募集的资金应当投资于科技创新领域的业务，且不得用于弥补亏损和非生产性支出。

（三）可转换公司债券的期限、面值和利率

可转债应当具有期限、面值、利率、评级、债券持有人权利、转股价格及调整原则、赎回及回售、转股价格向下修正等要素。

向不特定对象发行的可转债的利率由上市公司与主承销商依法协商确定。

向特定对象发行的可转债应当采用竞价方式确定利率和发行对象。

向特定对象发行的可转债不得采用公开的集中交易方式转让。向特定对象发行的可转债转股的，所转股票自可转债发行结束之日起 18 个月内不得转让。

（四）可转换公司债券转换为股票

可转换公司债券自发行结束之日起 6 个月后方可转换为公司股票，转股期限由公司根据可

转换公司债券的存续期限及公司财务状况确定。债券持有人对转换股票或者不转换股票有选择权，转换股票的，于转股的次日成为发行公司的股东。

向不特定对象发行可转债的转股价格应当不低于募集说明书公告日前 20 个交易日上市公司股票交易均价和前一个交易日的均价，且不得向上修正。

向特定对象发行可转债的转股价格应当不低于认购邀请书发出前 20 个交易日上市公司股票交易均价和前一个交易日的均价，且不得向下修正。

(五) 可转换公司债券公开发行的程序

可转换公司债券公开发行的程序与新股公开发行的程序相同。

【案例 6－1】 某年 7 月，A 股份有限公司获准向社会公开发行公司债券，票面总值 8 000 万元。A 股份有限公司委托 B 证券公司及其他两家证券公司组成承销团发行债券，并签订了承销协议，约定由 B 证券公司担任主承销商。承销方式为包销，包销期为 60 日。此外，承销协议还就债券发行价格、包销起止日期、包销付款方式、包销费用和结算办法等作了约定。协议签订后，三家证券公司按期将资金划至 A 股份有限公司指定的账户。就在此时，国务院证券监督管理机构接到群众举报，称 A 股份有限公司为获准公开发行债券，在其申报文件中虚报了前 3 年的盈利情况；并查证情况属实。据此，国务院证券监督管理机构决定撤销对 A 股份有限公司发行债券的注册决定。

要求：根据上述资料，回答下列问题。

(1) 国务院证券监督管理机构决定撤销对 A 股份有限公司发行债券的注册决定是否符合法律规定？简要说明理由。

(2) 本案中公司债券承销协议约定的内容是否符合规定？

(3) 根据《证券法》的规定，本案应如何处理？

【解析】 (1) 国务院证券监督管理机构决定撤销对 A 股份有限公司发行债券的注册决定符合法律规定。根据《公司债券发行与交易管理办法》，发行人注册申请文件存在虚假记载、误导性陈述或重大遗漏情况的，证券交易所或者中国证监会应当终止相应发行上市审核程序或者发行注册程序，并向发行人说明理由。

(2) 本案中公司债券承销协议约定的内容符合规定。

(3) 本案中，由于 A 股份有限公司存在虚报盈利的行为，违反了《证券法》的有关规定，所以国务院证券监督管理机构可以依法采取以下措施：一是如果 A 股份有限公司的债券尚未发行的，应当撤销注册决定，责令其停止发行；二是如果 A 股份有限公司的债券已经发行但尚未上市，应当撤销发行注册决定，并要求 A 股份有限公司按照发行价并加算银行同期存款利息返还债券持有人。

【案例 6－2】 某年，A 股份有限公司（以下简称 A 公司）欲公开发行股票。在申请发行过程中，A 公司得知本公司的股票发行申请已通过国务院证券监督管理机构的注册。A 公司随即在公告公开发行募集文件之前，将拟发行股票总额的 15% 自行卖给当地投资者，将其余部分委托 B 证券公司代销，并确定代销期限为 4 个月。请问：A 公司的上述做法中有哪些违反规定？

【解析】 违规之处主要有：(1) A 公司不应在公告公开发行募集文件之前发行股票；(2) A 公司不应私自将拟发行股票总额的 15% 卖给投资者，而是应通过证券公司承销；(3) 代销证券的期限最长不应超过 90 日。

第三节 证券的交易

一、证券交易的概念

证券交易是指证券持有人依照一定的证券交易规则将证券转让给其他投资者的法律行为。已经依法发行的证券在不同的证券投资者之间进行有偿转让就构成证券交易。

《证券法》第37条规定：公开发行的证券，应当在依法设立的证券交易所上市交易或者在国务院批准的其他全国性证券交易场所交易。非公开发行的证券，可以在证券交易所、国务院批准的其他全国性证券交易场所、按照国务院规定设立的区域性股权市场转让。

证券在证券交易所上市交易，应当采用公开的集中交易方式或者国务院证券监督管理机构批准的其他方式。

证券交易当事人买卖的证券可以采用纸面形式或者国务院证券监督管理机构规定的其他形式。

二、证券交易的程序

目前在我国由于上海和深圳证券交易所实行会员制，所以，进入证券交易所参与集中竞价交易的，必须是具有证券交易所会员资格的证券公司。一般投资者参加场内交易，首先开设证券交易账户，包括证券专户和资金专户。然后，投资者以书面、电话以及其他方式，委托为其开户的证券公司代其买卖证券。投资者通过其开户的证券公司买卖证券的，应当采用市价委托或者限价委托的方式。接下来，证券公司根据投资者的委托，按照时间优先的规则提出交易申报，参与证券交易所场内的集中竞价交易，完成证券交易。最后，证券登记结算机构根据成交结果，按照清算交割规则，进行证券和资金的清算交割，办理证券的登记过户手续。

三、证券交易的限制

《证券法》第36条规定：依法发行的证券，《公司法》和其他法律对其转让期限有限制性规定的，在限定的期限内不得买卖。这主要是指股份转让的限制，这些限制包括以下内容。

（1）发起人持有的本公司股份，自公司成立之日起1年内不得转让。公司公开发行股份前已发行的股份，自公司股票在证券交易所上市交易之日起1年内不得转让。

（2）公司董事、监事、高级管理人员应当向公司申报所持有的本公司的股份及其变动情况，在就任时确定的任职期间每年转让的股份不得超过其所持有本公司股份总数的25%；所持本公司股份自公司股票上市交易之日起1年内不得转让；离职后半年内，不得转让其所持有的本公司股份。

（3）上市公司持有5%以上股份的股东、实际控制人、董事、监事、高级管理人员，以及其他持有发行人首次公开发行前发行的股份或者上市公司向特定对象发行的股份的股东，转让其持有的本公司股份的，不得违反法律、行政法规和国务院证券监督管理机构关于持有期限、卖出时间、卖出数量、卖出方式、信息披露等的规定，并应当遵守证券交易所的业务规则。公司持有5%以上股份的股东、董事、监事、高级管理人员，将其持有的该公司的股票或者其他具有股权性质的证券在买入后6个月内卖出，或者在卖出后6个月内又买入，由此所得收益归该公司所有，公司董事会应当收回其所得收益。但是，证券公司因购入包销后剩余股票而持有5%以上股份，以及有国务院证券监督管理机构规定的其他情形的除外。

上述所称董事、监事、高级管理人员、自然人股东持有的股票或者其他具有股权性质的证券，包括其配偶、父母、子女持有的及利用他人账户持有的股票或者其他具有股权性质的证券。

（4）证券交易场所、证券公司和证券登记结算机构的从业人员，国务院证券监督管理机构的工作人员，以及法律、行政法规规定禁止参与股票交易的其他人员，在任期或者法定限期内，不得直接或者以化名、借他人名义持有、买卖股票或者其他具有股权性质的证券，也不得收受他人赠送的股票或者其他具有股权性质的证券。

任何人在成为以上所列人员时，其原已持有的股票或者其他具有股权性质的证券，必须依法转让。

实施股权激励计划或者员工持股计划的证券公司的从业人员，可以按照国务院证券监督管理机构的规定持有、卖出本公司股票或者其他具有股权性质的证券。

（5）为证券发行出具审计报告或者法律意见书等文件的证券服务机构和人员，在该证券承销期内和期满后6个月内，不得买卖该证券。

为发行人及其控股股东、实际控制人，或者收购人、重大资产交易方出具审计报告或者法律意见书等文件的证券服务机构和人员，自接受委托之日起至上述文件公开后5日内，不得买卖该证券。实际开展上述有关工作之日早于接受委托之日的，自实际开展上述有关工作之日起至上述文件公开后5日内，不得买卖该证券。

四、禁止的证券交易行为及其法律责任

《证券法》明确规定：证券的发行、交易活动，必须遵守法律、行政法规；禁止欺诈、内幕交易和操纵证券市场的行为。这些被禁止的证券交易行为，不仅会侵害正当的证券投资者的利益，破坏正常的证券市场秩序，严重的还会影响国民经济的发展和社会秩序的稳定。

依据《证券法》的规定，禁止的证券交易违法行为主要有以下几种。

（一）内幕交易

内幕交易是指内幕人员和以不正当手段获取内幕信息的其他人员违反法律规定，泄露内幕信息、根据内幕信息买卖证券或者建议他人买卖证券的行为。《证券法》第50条明确规定，禁止证券交易内幕信息的知情人和非法获取内幕信息的人利用内幕信息从事证券交易活动。

依据《证券法》第52条的规定，证券交易活动中，涉及发行人的经营、财务或者对该发行人证券的市场价格有重大影响的尚未公开的信息，为内幕信息。

内幕信息包括《证券法》第80、81条所列的重大事件。

1. 发生可能对上市公司、股票在国务院批准的其他全国性证券交易场所交易的公司的股票交易价格产生较大影响的重大事件

重大事件包括：（1）公司的经营方针和经营范围的重大变化；（2）公司的重大投资行为，公司在一年内购买、出售重大资产超过公司资产总额30%，或者公司营业用主要资产的抵押、质押、出售或者报废一次超过该资产的30%；（3）公司订立重要合同、提供重大担保或者从事关联交易，可能对公司的资产、负债、权益和经营成果产生重要影响；（4）公司发生重大债

务和未能清偿到期重大债务的违约情况；(5) 公司发生重大亏损或者重大损失；(6) 公司生产经营的外部条件发生的重大变化；(7) 公司的董事、1/3 以上监事或者经理发生变动，董事长或者经理无法履行职责；(8) 持有公司 5%以上股份的股东或者实际控制人持有股份或者控制公司的情况发生较大变化，公司的实际控制人及其控制的其他企业从事与公司相同或者相似业务的情况发生较大变化；(9) 公司分配股利、增资的计划，公司股权结构的重要变化，公司减资、合并、分立、解散及申请破产的决定，或者依法进入破产程序、被责令关闭；(10) 涉及公司的重大诉讼、仲裁，股东会、董事会决议被依法撤销或者宣告无效；(11) 公司涉嫌犯罪被依法立案调查，公司的控股股东、实际控制人、董事、监事、高级管理人员涉嫌犯罪被依法采取强制措施；(12) 国务院证券监督管理机构规定的其他事项。

2. 发生可能对上市交易公司债券的交易价格产生较大影响的重大事件

重大事件包括：(1) 公司股权结构或者生产经营状况发生重大变化；(2) 公司债券信用评级发生变化；(3) 公司重大资产抵押、质押、出售、转让、报废；(4) 公司发生未能清偿到期债务的情况；(5) 公司新增借款或者对外提供担保超过上年末净资产的 20%；(6) 公司放弃债权或者财产超过上年末净资产的 10%；(7) 公司发生超过上年末净资产 10%的重大损失；(8) 公司分配股利，作出减资、合并、分立、解散及申请破产的决定，或者依法进入破产程序、被责令关闭；(9) 涉及公司的重大诉讼、仲裁；(10) 公司涉嫌犯罪被依法立案调查，公司的控股股东、实际控制人、董事、监事、高级管理人员涉嫌犯罪被依法采取强制措施；(11) 国务院证券监督管理机构规定的其他事项。

内幕人员包括内幕信息的知情人和非法获取内幕信息的人。《证券法》第 51 条规定，证券交易内幕信息的知情人包括：(1) 发行人及其董事、监事、高级管理人员；(2) 持有公司 5%以上股份的股东及其董事、监事、高级管理人员，公司的实际控制人及其董事、监事、高级管理人员；(3) 发行人控股或者实际控制的公司及其董事、监事、高级管理人员；(4) 由于所任公司职务或者因与公司业务往来可以获取公司有关内幕信息的人员；(5) 上市公司收购人或者重大资产交易方及其控股股东、实际控制人、董事、监事和高级管理人员；(6) 因职务、工作可以获取内幕信息的证券交易场所、证券公司、证券登记结算机构、证券服务机构的有关人员；(7) 因职责、工作可以获取内幕信息的证券监督管理机构工作人员；(8) 因法定职责对证券的发行、交易或者对上市公司及其收购、重大资产交易进行管理可以获取内幕信息的有关主管部门、监管机构的工作人员；(9) 国务院证券监督管理机构规定的可以获取内幕信息的其他人员。

内幕交易行为及利用未公开信息进行交易给投资者造成损失的，应当依法承担赔偿责任。

（二）操纵市场

《证券法》第 55 条规定，禁止任何人以下列手段操纵证券市场，影响或者意图影响证券交易价格或者证券交易量：(1) 单独或者通过合谋，集中资金优势、持股优势或者利用信息优势联合或者连续买卖；(2) 与他人串通，以事先约定的时间、价格和方式相互进行证券交易；(3) 在自己实际控制的账户之间进行证券交易；(4) 不以成交为目的，频繁或者大量申报并撤销申报；(5) 利用虚假或者不确定的重大信息，诱导投资者进行证券交易；(6) 对证券、发行人公开作出评价、预测或者投资建议，并进行反向证券交易；(7) 利用在其他相关市场的活动操纵证券市场；(8) 操纵证券市场的其他手段。

操纵证券市场行为给投资者造成损失的，应当依法承担赔偿责任。

（三）虚假陈述

《证券法》第 56 条规定：禁止任何单位和个人编造、传播虚假信息或者误导性信息，扰乱证券市场。禁止证券交易场所、证券公司、证券登记结算机构、证券服务机构及其从业人员，证券业协会、证券监督管理机构及其工作人员，在证券交易活动中作出虚假陈述或者信息误导。各种传播媒介传播证券市场信息必须真实、客观，禁止误导。传播媒介及其从事证券市场信息报道的工作人员不得从事与其工作职责发生利益冲突的证券买卖。编造、传播虚假信息或者误导性信息，扰乱证券市场，给投资者造成损失的，应当依法承担赔偿责任。

（四）欺诈客户

《证券法》第 57 条规定，禁止证券公司及其从业人员从事下列损害客户利益的行为：（1）违背客户的委托为其买卖证券；（2）不在规定时间内向客户提供交易的确认文件；（3）未经客户的委托，擅自为客户买卖证券，或者假借客户的名义买卖证券；（4）为牟取佣金收入，诱使客户进行不必要的证券买卖；（5）其他违背客户真实意思表示，损害客户利益的行为。

违反上述规定给客户造成损失的，应当依法承担赔偿责任。

第四节　证券的上市

一、证券上市概述

证券上市是指经证券交易所审核，证券发行人将已公开发行的证券在证券交易所挂牌进行集中竞价交易的行为。

《证券法》第 46 条规定：申请证券上市交易，应当向证券交易所提出申请，由证券交易所依法审核同意，并由双方签订上市协议。证券交易所根据国务院授权的部门的决定安排政府债券上市交易。

申请证券上市交易，应当符合证券交易所上市规则规定的上市条件。

二、首次发行股票上市

（一）股票上市条件

《首次公开发行股票注册管理办法》规定，发行人申请首次公开发行股票并上市应当符合相关板块定位。

主板突出“大盘蓝筹”特色，重点支持业务模式成熟、经营业绩稳定、规模较大、具有行业代表性的优质企业。

科创板面向世界科技前沿、面向经济主战场、面向国家重大需求，优先支持符合国家战略，拥有关键核心技术，科技创新能突出，主要依靠核心技术开展生产经营，具有稳定的商业模式，市场认可度高，社会形象良好，具有较强成长性的企业。

创业板深入贯彻创新驱动发展战略，适应发展更多依靠创新、创造、创意的大趋势，主要服务成长型创新创业企业，支持传统产业与新技术、新产业、新业态、新模式深度融合。

首次公开发行股票并上市，应当符合发行条件、上市条件以及相关信息披露要求，依法经证券交易所发行上市审核，并报中国证监会注册。

依据上海和深圳证券交易所的股票上市规则，发行人首次公开发行股票后申请其股票在证券交易所上市，应当符合下列条件：(1) 符合《证券法》、中国证监会规定的发行条件；(2) 公司股本总额不少于人民币 5 000 万元。(3) 公开发行的股份达到公司股份总数的 25%以上；公司股本总额超过人民币 4 亿元的，公开发行股份的比例为 10%以上。(4) 公司及其控股股东、实际控制人最近三年不存在贪污、贿赂、侵占财产、挪用财产或者破坏社会主义市场经济秩序的刑事犯罪。(5) 市值及财务指标符合股票上市规则规定的标准，应当至少符合下列中的一项：1) 最近三年净利润均为正，且最近三年净利润累计不低于 1.5 亿元，最近一年净利润不低于 6 000 万元，最近三年经营活动产生的现金流量净额累计不低于 1 亿元或者营业收入累计不低于 10 亿元；2) 预计市值不低于 50 亿元，且最近一年净利润为正，最近一年营业收入不低于 6 亿元，最近三年经营活动产生的现金流量净额累计不低于 1.5 亿元；3) 预计市值不低于 80 亿元，且最近一年净利润为正，最近一年营业收入不低于 8 亿元。(6) 交易所要求的其他条件。

(二) 股票上市程序

申请股票上市交易，应当向证券交易所提出申请，由证券交易所依法审核同意，并由双方签订上市协议。

发行人首次公开发行股票经中国证监会予以注册并完成股份公开发行后，向证券交易所提出股票上市申请，并提交相关文件，具体包括：(1) 上市申请书；(2) 中国证监会予以注册的决定；(3) 首次公开发行结束后发行人全部股票已经证券登记结算机构登记的证明文件；(4) 首次公开发行结束后会计师事务所出具的验资报告；(5) 发行人、控股股东、实际控制人、董事、监事和高级管理人员等根据证券交易所相关规定的要求出具的证明、声明及承诺；(6) 首次公开发行后至上市前，按规定新增的财务资料和有关重大事项的说明；(7) 证券交易所要求的其他文件。

证券交易所在收到发行人提交的全套上市申请文件后 5 个交易日内作出是否同意上市的决定并通知发行人。出现特殊情况时，证券交易所可以暂缓作出决定。

发行人应当于其股票上市前 5 个交易日内，在指定媒体或者证券交易所网站上披露下列文件：(1) 上市公告书；(2) 公司章程；(3) 证券交易所要求的其他文件。

上述文件应当备置于公司住所，供公众查阅。

(三) 股票退市与风险警示

依据《证券法》第 48 条，上市交易的证券，有证券交易所规定的终止上市情形的，由证券交易所按照业务规则终止其上市交易。也就是说暂停上市环节被取消了，触发条件的，直接退市。

根据证券交易所股票上市规则，上市公司触及该规则规定的退市情形，导致其股票存在被终止上市风险的，证券交易所对该公司股票启动退市程序。

退市包括强制终止上市（以下简称强制退市）和主动终止上市（以下简称主动退市）。

强制退市分为交易类强制退市、财务类强制退市、规范类强制退市和重大违法类强制退市等四类情形。

上市公司出现财务状况异常情况或者其他异常情况，导致其股票存在被强制终止上市的风险，或者投资者难以判断公司前景，投资者权益可能受到损害，存在其他重大风险的，证券交易所对该公司股票实施风险警示。

风险警示分为警示存在强制终止上市风险的风险警示（以下简称退市风险警示）和警示存在其他重大风险的其他风险警示。

上市公司股票被实施退市风险警示的，在公司股票简称前冠以“*ST”字样；上市公司股票被实施其他风险警示的，在公司股票简称前冠以“ST”字样。公司股票同时被实施退市风险警示和其他风险警示的，在公司股票简称前冠以“*ST”字样。上市公司股票被实施风险警示或者处于退市整理期的，进入证券交易所设立的风险警示板进行交易。

证券交易所上市委员会对股票是否终止上市事宜进行审议，作出独立的专业判断并形成审核意见。

证券交易所根据上市委员会的审核意见，作出是否终止股票上市的决定。

证券交易所决定终止股票上市交易的，应当及时公告，并报国务院证券监督管理机构备案。

对证券交易所作出的不予上市交易、终止上市交易决定不服的，可以向证券交易所设立的复核机构申请复核。

上市公司股票被强制终止上市后，应当聘请具有主办券商业务资格的证券公司，在证券交易所作出终止其股票上市决定后立即安排股票转入全国股转系统等证券交易场所进行股份转让相关事宜，保证公司股票在摘牌之日起 45 个交易日内可以转让。公司未聘请证券公司或者无证券公司接受其聘请的，证券交易所可以为其临时指定。主动终止上市公司可以选择在证券交易场所交易或转让其股票，或者依法作出其他安排。

三、可转换公司债券上市

（一）可转换公司债券上市条件

依据上海和深圳证券交易所的股票上市规则，上市公司申请可转换公司债券在证券交易所上市，应当符合股票、可转换债券发行条件。

（二）可转换公司债券上市程序

上市公司发行债券结束后，可以向证券交易所申请可转换公司债券上市。上市公司申请债券上市应当按照中国证监会有关规定，编制并披露涉及公开发行股票或可转换公司债券的相关公告。

上市公司向证券交易所申请可转换公司债券上市的，应当在可转换公司债券上市前 5 个交易日向证券交易所提交下列文件：（1）上市申请书；（2）按照有关规定编制的上市公告书；（3）发行结束后，会计师事务所出具的验资报告；（4）结算公司对可转换公司债券已登记托管的书面确认文件；（5）受托管理协议；（6）证券交易所要求的其他文件。

上市公司应当在可转换公司债券上市前 5 个交易日内，在指定媒体上披露下列文件和事项：（1）上市公告书；（2）证券交易所要求的其他文件和事项。

（三）可转换公司债券上市终止

可转换公司债券终止上市事宜，参照股票终止上市的有关规定执行。证券交易所对可转换公司债券及其他衍生品种的终止上市事宜另有规定的，从其规定。

四、持续信息公开制度

持续信息公开是信息披露制度在交易市场的反映，保证了交易市场的投资者在进行证券投资交易时以公开的信息作为判断依据。信息披露义务人为上市证券发行人，即上市公司或可转换公司债券上市交易的公司。持续信息公开的内容包括上市公告、定期报告和临时报告。

1. 上市公告

上市公告是指发行人将已在境内公开发行的证券申请在证券交易所挂牌交易，而依法在上市前进行的公告。

2. 定期报告

定期报告是指上市公司和可转换公司债券上市交易的公司在法定期限内制作并公告的公司文件。定期报告分为年度报告、中期报告和季度报告。股票或可转换公司债券已上市交易的公司应当在每一会计年度结束之日起4个月内编制年度报告书，向国务院证券监督管理机构和证券交易所提交，并予公告。中期报告书由上市公司和可转换公司债券上市交易的公司负责编制，并应当在每一会计年度的上半年结束之日起2个月内向国务院证券监督管理机构和证券交易所提交，并予公告。

3. 临时报告

临时报告的内容涉及《证券法》第80、81条所列的重大事件：一是发生可能对上市公司、股票在国务院批准的其他全国性证券交易场所交易的公司的股票交易价格产生较大影响的重大事件。二是发生可能对上市交易公司债券的交易价格产生较大影响的重大事件。

持续信息公开制度要求公司公开的信息，必须真实、准确、完整，不得有虚假记载、误导性陈述或重大遗漏。公开信息时应当同时采取公告和置备的方式，即公开的文件，应当在国家有关部门规定的报刊上或者在专项出版的公报上刊登，并同时置备于公司住所、证券交易所，供社会公众查阅。

第五节　上市公司收购

一、上市公司收购概述

上市公司收购是指投资者为达到对上市公司控股或者兼并的目的，而依法购买其已发行上市的股份的行为。依据《证券法》的规定，投资者可以采取要约收购、协议收购及以其他合法的方式收购上市公司。其他合法的收购方式，主要有集中竞价收购、无偿划转、继承、认购上市公司“定增”股份等。“宝万之争”就是通过集中竞价进行的。

上市公司收购具有以下特征：(1) 收购的对象是上市公司。上市公司是指经证券交易所批准，其股票在证券交易所上市交易的股份有限公司。(2) 收购的目标是上市公司的股份。(3) 收购的主体是收购人，包括投资者及其一致行动人。(4) 收购是一种投资者之间的股份转让行为。(5) 收购的目的是获得或者巩固对上市公司的控制权。

上市公司收购应遵循的原则：上市公司的收购及相关股份权益变动活动，必须遵守法律、行政法规及中国证监会的规定。当事人应当诚实守信，遵守社会公德、商业道德，自觉维护证券市场秩序，接受政府、社会公众的监督。必须遵循公开、公平、公正的原则。信息披露义务人，应当充分披露其在上市公司中的权益及变动情况，依法严格履行报告、公告和其他法定义务，在相关信息披露前负有保密义务。信息披露义务人报告、公告的信息必须真实、准确、完整，不得有虚假记载、误导性陈述或者重大遗漏。上市公司的收购及相关股份权益变动活动不得危害国家安全和社会公共利益。上市公司的收购及相关股份权益变动活动涉及国家产业政策、行业准入、国有股份转让等事项，需要取得国家相关部门批准的，应当在取得批准后进行。外国投资者进行上市公司的收购及相关股份权益变动活动的，应当取得国家相关部门的批准，适用中国法律，服从中国的司法、仲裁管辖。

二、要约收购

（一）要约收购的概念

要约收购是指收购人通过向目标公司的股东发出收购要约的方式收购股票的行为。由于要约收购需要大量资金进入股市，股价波动大，又易出现内幕交易、操纵市场等损害投资者利益和影响证券市场稳定的行为，所以各国证券立法都将要约收购作为公司收购制度重点规制的对象。

（二）要约收购的适用范围

依据证券法，投资者可以自愿选择通过向被收购公司的所有股东发出全面要约，或向被收购公司的部分股东发出要约的方式来收购上市公司的股份。但下列三种情形，属于《证券法》规定的强制要约收购：

（1）通过证券交易所的证券交易，投资者持有或者通过协议、其他安排与他人共同持有一个上市公司已发行的股份达到30%时，继续进行收购的，应当依法向该上市公司所有股东发出收购上市公司全部或者部分股份的要约。

（2）采用协议收购方式的，收购人收购或者通过协议、其他安排与他人共同持有一个上市公司已发行的股份达30%时，继续进行收购的，应向所有股东发出全面要约或部分要约，但经国务院证券监督管理机构免除发出要约的除外。

（3）采用间接收购方式的，收购人拥有权益的股份超过该公司已发行股份的30%的，应向该公司所有股东发出全面要约。间接收购是指上市公司的实际控制人通过其支配的股东或者其他安排对上市公司进行的收购。收购人预计无法在事实发生之日起30日内发出全面要约的，应在前述30日内促使其控制的股东将所持有的上市公司的股份减持至30%或者30%以下，并自减持之日起2个工作日内予以公告；其后收购人或者其控制的股东拟继续增持的，应当采取要约方式。收购人可以向国务院证券监督管理机构申请免除其要约收购义务。

收购人以要约方式收购一个上市公司股份的，其预定收购的股份比例均不得低于该上市公司已发行股份的5%。

（三）要约收购的程序

1. 聘请财务顾问并制作和报送要约收购报告书

收购人进行上市公司的收购，应当聘请在中国注册的具有从事财务顾问业务资格的专业机构担任财务顾问。财务顾问负责对收购人的主体资格、收购目的、实力、诚信记录、资金来源和履约能力进行调查，关注收购中收购人是否对上市公司有不当行为，并对收购人在收购完成后进行持续督导，防范收购人侵害上市公司和中小股东的合法权益。

收购人发出收购要约，必须事先向国务院证券监督管理机构、证券交易所提交要约收购报告书，并同时对要约收购报告书的摘要作出提示性公告。要约收购报告书的提交由收购人聘请的财务顾问完成。要约收购报告书应载明收购人的名称和住所、收购人关于收购的决定、被收购的上市公司的名称、收购目的等事项。收购要约约定的收购期限不得少于30日，并不得超过60日。在收购要约确定的承诺期限内，收购人不得撤销其收购要约。收购人需要变更收购要约的，必须事先向国务院证券监督管理机构及证券交易所提出报告，经批准后，予以公告。

2. 预受和收购

预受是指被收购公司股东同意接受要约的初步意思表示。预受股东应通过证券公司办理相关手续。在要约收购期限届满3个交易日前，预受股东可以委托证券公司办理撤回预受要约的手续，证券登记结算机构根据预受要约股东的撤回申请解除对预受要约股票的临时保管。在要约收购期限届满前3个交易日内，预受股东不得撤回其对要约的接受。为了使受要约人了解其他股东的情况，在要约收购期限内，收购人应当每天在证券交易所网站上公告已预受收购要约的股份数量。

收购期限届满，发出部分收购要约的收购人应按照约定的条件购买被收购公司股东预受的股份，预受要约股份的数量超过预定收购数量时，按同比例收购预受要约的股份。收购价格不得低于要约收购提示性公告日前6个月内收购人取得该种股票所支付的最高价格。收购人可以用现金、证券、现金与证券相结合等合法方式支付收购上市公司的价款。收购期限届满后3个交易日内，接受委托的证券公司应向证券登记结算机构申请办理股份转让结算、过户登记手续，解除对超过约定收购比例的股票的临时保管；收购人应公告本次要约收购的结果。

收购人在要约收购期限内不得卖出被收购公司的股票，也不得采用要约规定以外的形式和超过要约规定的条件买入被收购公司的股票。

3. 收购结束的报告与公告

收购行为完成后，收购人应当在15日内将收购情况报告国务院证券监督管理机构和证券交易所，并予以公告。

三、协议收购

（一）协议收购的概念

协议收购是指在证券交易所之外，收购人与特定的目标公司股东就股份转让事宜协商一致，受让其持有的股份而进行的收购行为。

协议收购具有如下特点：(1) 协议收购的相对人特定。要约收购必须面向目标公司的所有股东，协议收购仅针对目标公司的少数大股东，由收购人分析目标公司的股权结构后自行选择交易对象。(2) 协议收购中收购人与相对人签订股权转让协议，并且此协议是在场外签订的。(3) 协议收购采取面对面谈判方式完成，协议过程不公开。(4) 协议收购的交易程序和法律规定相对简单，交易费用相对低廉。

（二）协议收购的程序

1. 聘请财务顾问、协商并签订收购协议

收购人欲进行协议收购，首先应当聘请财务顾问，由财务顾问对收购人的资格进行把关，并对收购人最近3年的诚信记录、收购资金来源的合法性、收购人具备履行相关承诺的能力及相关信息披露内容的真实性、准确性、完整性进行核查。

收购人在决定收购一个上市公司之前，一般都会通过各种渠道对目标公司进行详细的调查。欲进行协议收购，一般先取得目标公司董事会的支持，然后收购人与目标公司的大股东就收购数量、价格等进行具体协商，达成一致并签订书面协议。欲收购上市公司中由国家授权投资的机构持有的股份，还应按照国务院的规定，经有关行政主管部门批准，获批准后才可以正式签订收购协议。

2. 报告并公告收购协议

收购人与目标公司的股东达成收购协议后，收购人必须在3日内将该收购协议向国务院证券监督管理机构及证券交易所作出书面报告，并予公告。在作出公告之前，不得履行收购协议。

3. 股票保存与资金存放

为了保证收购协议的顺利履行，协议双方可以临时委托证券登记结算机构保管协议转让的股票，并将资金存放在指定的银行。保存股票与存放资金只是一种选择性权利，而不是强制性规定。

4. 履行收购协议

协议收购的当事人在履行报告、公告义务后，应按证券交易所和证券登记结算机构的业务规则，申请办理股份转让和过户登记手续。

5. 收购结束的报告与公告

收购行为完成后，收购人应当在15日内将收购情况报告国务院证券监督管理机构和证券交易所，并予公告。

四、权益披露制度

权益披露制度是指投资者及其一致行动人拥有权益的股份达到一个上市公司已发行股份的法定比例，或达到此比例后拥有权益的股份发生法定的增减变化时，必须依法将其拥有权益的股份予以披露并在继续收购时遵循“爬坡规则”的制度。

《证券法》和《上市公司收购管理办法》规定：通过证券交易所的证券交易，投资者及其一致行动人拥有权益的股份达到一个上市公司已发行股份的5%时，应当在该事实发生之日起3日内编制权益变动报告书，向中国证监会、证券交易所提交书面报告，通知该上市公司，并予公告；在上述期限内，不得再行买卖该上市公司的股票，但中国证监会规定的情形除外。

前述投资者及其一致行动人拥有权益的股份达到一个上市公司已发行股份的5%后，通过证券交易所的证券交易，其拥有权益的股份占该上市公司已发行股份的比例每增加或者减少5%，应当依照前述规定进行报告和公告。在该事实发生之日起至公告后3日内，不得再行买卖该上市公司的股票，但中国证监会规定的情形除外。

前述投资者及其一致行动人拥有权益的股份达到一个上市公司已发行股份的5%后，其拥有权益的股份占该上市公司已发行股份的比例每增加或者减少1%，应当在该事实发生的次日通知该上市公司，并予公告。

依照上述规定所作的书面报告和公告，应当包括下列内容：（1）持股人的名称、住所；（2）所持有的股票的名称、数量；（3）持股达到法定比例或者持股增减变化达到法定比例的日期。

五、上市公司收购的后果

（一）收购人股份转让的时间限制

为了保持市场交易的秩序，维护中小股东的利益，防止投资者利用收购来操纵上市公司股票的行情，阻碍与其存在竞争关系的上市公司的正常经营，《证券法》规定，在上市公司收购中，收购人对所持有的被收购的上市公司的股票，在收购行为完成后的18个月内不得转让。

（二）目标公司的股票终止上市

依据《证券法》第74条的规定，收购期限届满，被收购公司股权分布不符合证券交易所规定的上市交易要求的，该上市公司的股票应当由证券交易所依法终止上市交易。

（三）股东享有强制性出售权

强制性出售权是指上市公司的收购导致被收购公司的股票终止上市交易时，法律赋予被收购公司的其余股东以收购要约的同等条件出售其所持有的被收购公司的股票给收购人的权利。强制性出售权是法律为了避免控股股东对少数股东可能的压榨与剥削，为少数股东提供的一条退出通道。

（四）变更企业形式

收购行为完成后，被收购公司不再具备股份有限公司条件的，应当依法变更其企业形式。变更后的企业形式，可以是有限责任公司，也可以是有限责任公司以外的企业形式。

（五）公司合并

收购人购入被收购的上市公司的具有控制权的股份后，通过股东会决议，可以将被收购的上市公司与收购人合并，解散被收购的上市公司。收购人应向被收购的上市公司的股东签发证明其对合并后企业出资的出资证明，并注销这部分人持有的被收购的上市公司的股票。

第六节　证券机构

一、证券交易所

（一）证券交易所的概念

证券交易所是为证券集中交易提供场所和设施，组织和监督证券交易，实行自律管理的法人。在世界范围内，证券交易所有公司制交易所和会员制交易所之分。我国目前有上海、深圳和北京三家证券交易所。上海、深圳证券交易所的组织形式是会员制；北京证券交易所的组织形式是公司制，设立股东会、董事会、总经理和监事会。会员制证券交易所章程的制定和修改经会员大会通过后，报中国证监会批准。公司制证券交易所的章程由股东共同制定，并报中国证监会批准；章程的修改由股东会通过后，报中国证监会批准。理事会和董事会分别是会员制证券交易所和公司制证券交易所的决策机构。

（二）证券交易所的组织机构

依据《证券交易所管理办法》的规定，证券交易所实行会员制的，设立会员大会、理事会、总经理和监事会；实行公司制的，设立股东会、董事会、总经理和监事会。

1. 最高权力机构

会员制证券交易所的最高权力机构会员大会行使以下职权：（1）制定和修改证券交易所章

程；(2) 选举和罢免会员理事、会员监事；(3) 审议和通过理事会、监事会和总经理的工作报告；(4) 审议和通过证券交易所的财务预算、决算报告；(5) 法律、行政法规、部门规章和证券交易所章程规定的其他重大事项。

公司制证券交易所的最高权力机构股东会行使下列职权：(1) 修改证券交易所章程；(2) 选举和更换非由职工代表担任的董事、监事；(3) 审议和通过董事会、监事会的工作报告；(4) 审议和通过证券交易所的财务预算、决算报告；(5) 法律、行政法规、部门规章和证券交易所章程规定的其他职权。

会员大会每年召开一次，由理事会召集，理事长主持。理事长因故不能履行职责时，由理事长指定的副理事长或者其他理事主持。有下列情形之一的，应当召开临时会员大会：(1) 理事人数不足《证券交易所管理办法》规定的最低人数；(2) 1/3 以上会员提议；(3) 理事会或者监事会认为必要。会员大会应当有 2/3 以上的会员出席，其决议须经出席会议的会员过半数表决通过。会员大会结束后 10 个工作日内，证券交易所应当将大会全部文件及有关情况向中国证监会报告。

股东会会议由董事会召集。股东会会议的召开、议事规则应当符合证券交易所章程的规定。

会员大会或者股东会会议结束后 10 个工作日内，证券交易所应当将大会全部文件及有关情况向中国证监会报告。

2. 决策机构

理事会是会员制证券交易所的决策机构，行使以下职权：(1) 召集会员大会，并向会员大会报告工作；(2) 执行会员大会的决议；(3) 审定总经理提出的工作计划；(4) 审定总经理提出的年度财务预算、决算方案；(5) 审定对会员的接纳和退出；(6) 审定取消会员资格的纪律处分；(7) 审定证券交易所业务规则；(8) 审定证券交易所上市新的证券交易品种或者对现有上市证券交易品种作出较大调整；(9) 审定证券交易所收费项目、收费标准及收费调整程序；(10) 审定证券交易所重大财务管理事项；(11) 审定证券交易所重大风险管理和处置事项，管理证券交易所风险基金；(12) 审定重大投资者教育和保护工作事项；(13) 决定高级管理人员的聘任、解聘及薪酬事项，但中国证监会任免的除外；(14) 会员大会授予和证券交易所章程规定的其他职权。

董事会是公司制证券交易所的决策机构，行使下列职权：(1) 召集股东会会议，并向股东会报告工作；(2) 执行股东会的决议；(3) 制订年度财务预算、决算方案；(4) 审定总经理提出的工作计划；(5) 审定对会员的接纳和退出；(6) 审定取消会员资格的纪律处分；(7) 审定证券交易所业务规则；(8) 审定证券交易所上市新的证券交易品种或者对现有上市证券交易品种作出较大调整；(9) 审定证券交易所收费项目、收费标准及收费调整程序；(10) 审定证券交易所重大财务管理事项；(11) 审定证券交易所重大风险管理和处置事项，管理证券交易所风险基金；(12) 审定重大投资者教育和保护工作事项；(13) 决定高级管理人员的聘任、解聘及薪酬事项，但中国证监会任免的除外；(14) 股东会授予和证券交易所章程规定的其他职权。

理事会由 7 至 13 人组成，其中非会员理事人数不少于理事会成员总数的 1/3、不超过理事会成员总数的 1/2。理事每届任期 3 年。会员理事由会员大会选举产生，非会员理事由中国证监会委派。

董事会由 3 人以上组成。董事每届任期不得超过 3 年。

理事会会议至少每季度召开一次。会议须有 2/3 以上理事出席，其决议应当经出席会议的 2/3 以上理事表决同意方为有效。理事会决议应当在会议结束后两个工作日内向中国证监会报告。

董事会会议的召开和议事规则应当符合证券交易所章程的规定。董事会决议应当在会议结束后两个工作日内向中国证监会报告。

理事会设理事长 1 人、副理事长 1 至 2 人。

董事会设董事长 1 人，可以设副董事长 1 至 2 人。总经理应当是董事会成员。董事长、副董事长的任免，由中国证监会提名，董事会通过。

理事长负责召集和主持理事会会议。理事长因故临时不能履行职责时，由理事长指定的副理事长或者其他理事代其履行职责。

董事长负责召集和主持董事会会议。董事长因故临时不能履行职责时，由副董事长代为履行职责；副董事长不能履行职责时，由半数以上董事共同推举一名董事召集和主持。

理事长、董事长是证券交易所的法定代表人。理事长、董事长不得兼任证券交易所总经理。

3. 总经理

总经理、副总经理、首席专业技术管理人员每届任期 3 年。总经理由中国证监会任免。副总经理按照中国证监会相关规定任免或者聘任。

总经理因故临时不能履行职责时，由总经理指定的副总经理代其履行职责。

总经理行使下列职权：(1) 执行会员大会和理事会决议，并向其报告工作；(2) 主持证券交易所的日常工作；(3) 拟订并组织实施证券交易所工作计划；(4) 拟订证券交易所年度财务预算、决算方案；(5) 审定业务细则及其他制度性规定；(6) 审定除取消会员资格以外的其他纪律处分；(7) 审定除应当由理事会审定外的其他财务管理事项；(8) 理事会授予的和证券交易所章程规定的其他职权。

4. 监事会

监事会是证券交易所的监督机构，行使下列职权：(1) 检查证券交易所财务；(2) 检查证券交易所风险基金的使用和管理；(3) 监督证券交易所理事、高级管理人员执行职务行为；(4) 监督证券交易所遵守法律、行政法规、部门规章和证券交易所章程、协议、业务规则以及风险预防与控制的情况；(5) 当理事、高级管理人员的行为损害证券交易所利益时，要求理事、高级管理人员予以纠正；(6) 提议召开临时会员大会或者股东会会议；(7) 提议召开临时理事会；(8) 向会员大会或者股东会会议提出提案；(9) 会员大会或者股东会会议授予和证券交易所章程规定的其他职权。

监事会人员不得少于 5 人，其中会员监事不得少于 2 名，职工监事不得少于 2 名，专职监事不得少于 1 名。

监事每届任期 3 年。会员监事由会员大会选举产生，职工监事由职工大会、职工代表大会或者其他形式民主选举产生，专职监事由中国证监会委派。证券交易所理事、高级管理人员不得兼任监事。

监事会设监事长一人。监事长负责召集和主持监事会会议。监事长因故不能履行职责时，由监事长指定的专职监事或者其他监事代为履行职务。

监事会至少每 6 个月召开一次会议。监事长、1/3 以上监事可以提议召开临时监事会会议。监事会决议应当经半数以上监事通过。监事会决议应当在会议结束后两个工作日内向中国证监会报告。

公司制证券交易所监事会会议的召开和议事规则应当符合《公司法》及证券交易所章程的规定。

(三) 证券交易所的职能和交易规则

1. 证券交易所的职能

证券交易所组织和监督证券交易，实施自律管理，应当遵循社会公共利益优先原则，维护市场的公平、有序、透明。

证券交易所的职能包括：(1) 提供证券交易的场所、设施和服务；(2) 制定和修改证券交易所的业务规则；(3) 依法审核公开发行证券申请；(4) 审核、安排证券上市交易，决定证券终止上市和重新上市；(5) 提供非公开发行证券转让服务；(6) 组织和监督证券交易；(7) 对会员进行监管；(8) 对证券上市交易公司及相关信息披露义务人进行监管；(9) 对证券服务机构为证券上市、交易等提供服务的行为进行监管；(10) 管理和公布市场信息；(11) 开展投资者教育和保护；(12) 法律、行政法规规定的以及中国证监会许可、授权或者委托的其他职能。

证券交易所应当按照章程、协议以及业务规则的规定，对违法违规行为采取自律监管措施或者纪律处分，履行自律管理职责。

2. 证券交易所的交易规则

证券交易所应当制定具体的交易规则，其内容包括：(1) 证券交易的基本原则；(2) 证券交易的场所、品种和时间；(3) 证券交易方式、交易流程、风险控制和规范事项；(4) 证券交易监督；(5) 清算交收事项；(6) 交易纠纷的解决；(7) 暂停、恢复与取消交易；(8) 交易异常情况的认定和处理；(9) 投资者准入和适当性管理的基本要求；(10) 对违反交易规则行为的处理规定；(11) 证券交易信息的提供和管理；(12) 指数的编制方法和公布方式；(13) 其他需要在交易规则中规定的事项。

二、证券公司

(一) 证券公司的概念和业务范围

证券公司是指依照公司法的规定设立的并经国务院证券监督管理机构审查批准，可以从事证券经营业务的有限责任公司或股份有限公司。

针对我国证券市场发展的现状，《证券法》第 120 条规定，经国务院证券监督管理机构批准，证券公司可以经营下列部分或者全部业务：(1) 证券经纪；(2) 证券投资咨询；(3) 与证券交易、证券投资活动有关的财务顾问；(4) 证券承销与保荐；(5) 证券融资融券；(6) 证券做市交易；(7) 证券自营；(8) 其他证券业务。证券公司必须将其证券经纪业务、证券承销业务、证券自营业务、证券做市业务和证券资产管理业务分开办理，不得混合操作。

(二) 证券公司的设立和变更

1. 证券公司的设立

依据《证券法》的有关规定，设立证券公司应当具备下列条件：(1) 有符合法律、行政法规规定的公司章程。(2) 主要股东及公司的实际控制人具有良好的财务状况和诚信记录，最近 3 年无重大违法违规记录。(3) 有符合法律规定的注册资本。证券公司经营证券经纪、证券投资咨询以及与证券交易、证券投资活动有关的财务顾问这三项业务的，注册资本最低限额为人民币 5 000 万元；经营证券承销与保荐、证券自营、证券融资融券以及证券做市交易业务之一的，注册资本最低限额为人民币 1 亿元；经营证券承销与保荐、证券自营、证券融资融券以及证券做市交易业务中两项以上的，注册资本最低限额为人民币 5 亿元。国务院证券监督管理机构根据审慎监管原则和各项业务的风险程度，可以调整注册资本最低限额，但不得少于上述规定的限额。证券公司的注册资本应当是实缴资本。(4) 董事、监事、高级管理人员、从业人员符合《证券法》规定的条件。(5) 有完善的风险管理与内部控制制度。(6) 有合格的经营场所和业务设施和信息技术系统。(7) 法律、行政法规和经国务院批准的国务院证券监督管理机构规定的其他条件。

我国对证券公司设立审批、登记和申领经营许可证的程序作了如下规定：(1) 国务院证券监督管理机构应当自受理证券公司设立申请之日起 6 个月内，依照法定条件和法定程序并根据审慎监管原则进行审查，作出批准或者不予批准的决定，并通知申请人；不予批准的，应当说明理由。(2) 证券公司设立申请获得批准的，申请人应当在规定的期限内向公司登记机关申请设立登记，领取营业执照。(3) 证券公司应当自领取营业执照之日起 15 日内，向国务院证券监督管理机构申请经营证券业务许可证。未取得经营证券业务许可证，证券公司不得经营证券业务。

2. 证券公司的变更

证券公司设立、收购或者撤销分支机构，变更业务范围或者注册资本，变更持有 5%以上股权的股东、实际控制人，变更公司章程中的重要条款，合并、分立、变更公司形式、停业、解散、破产，必须经国务院证券监督管理机构批准。证券公司在境外设立、收购或者参股证券经营机构，必须经国务院证券监督管理机构批准。

(三) 证券公司的管理制度

1. 风险管理制度

证券公司自营业务必须以自己的名义进行，不得假借他人名义或者以个人名义进行。证券公司的自营业务必须使用自有资金和依法筹集的资金。证券公司不得将其自营账户借给他人使用。同时，为了保障证券市场的稳健运营，防范证券市场可能发生的风险，《证券法》特别规定依法拓宽资金入市渠道，禁止资金违规流入证券市场。

2. 内部控制制度

内部控制制度旨在通过健全证券公司的内部治理结构，达到证券公司的内部激励和内部约束的目标。证券公司落实内部控制制度，除按《公司法》的规定健全公司“四会三权”的制衡机制外，还要有符合法定最低人数的独立董事。当证券公司董事长和总经理由同一人担任，或者内部董事占董事人数 1/5 以上时，独立董事人数不能少于董事人数的 1/4。证券公司应当做到投资银行业务、经纪业务、自营业务、受托投资管理业务、证券研究和证券投资咨询业务等的人员、信息、账户严格分开管理，以防止利益冲突。证券公司应建立内部稽查部门，对公司内部控制进行定期评审并聘请会计师事务所对公司内部控制进行年度评审。

三、证券登记结算机构

(一) 证券登记结算机构的概念

证券登记结算机构是指经国务院证券监督管理机构批准设立的，为证券交易提供集中的登记、存管与结算服务的机构；是不以营利为目的的法人。

（二）证券登记结算机构的设立与解散

设立证券登记结算机构必须经国务院证券监督管理机构批准，应当具备下列条件：(1) 自有资金不少于人民币2亿元；(2) 具有证券登记、存管和结算服务所必需的场所和设施；(3) 国务院证券监督管理机构规定的其他条件。

证券登记结算机构的名称中应当标明“证券登记结算”字样。证券登记结算机构申请解散，应当经国务院证券监督管理机构批准。

（三）证券登记结算机构的职能

证券登记结算机构应当履行的职能包括：(1) 证券账户、结算账户的设立；(2) 证券的存管和过户；(3) 证券持有人名册登记及权益登记；(4) 证券和资金的清算交收及相关管理；(5) 受证券发行人的委托派发证券权益等业务；(6) 依法提供与证券登记结算业务有关的查询、信息咨询和培训服务；(7) 国务院证券监督管理机构批准的其他业务。

（四）证券登记结算机构的管理制度

证券登记结算采取全国集中统一的运营方式。证券登记结算机构章程、业务规则应当依法制定，并经国务院证券监督管理机构批准。

证券登记结算机构应当向证券发行人提供证券持有人名册及其有关资料。证券登记结算机构应当根据证券登记结算的结果，确认证券持有人持有证券的事实，提供证券持有人登记资料。证券登记结算机构应当保证证券持有人名册和登记过户记录真实、准确、完整，不得隐匿、伪造、篡改或者毁损。证券登记结算机构应当妥善保存登记、存管和结算的原始凭证及有关文件和资料，其保存期限不得少于20年。

证券登记结算机构应当采取下列措施保证业务的正常进行：(1) 具有必备的服务设备和完善的数据安全保护措施；(2) 建立完善的业务、财务和安全防范等管理制度；(3) 建立完善的风险管理系统。

证券登记结算机构应当设立证券结算风险基金，用于垫付或者弥补因违约交收、技术故障、操作失误、不可抗力造成的证券登记结算机构的损失。证券结算风险基金从证券登记结算机构的业务收入和收益中提取，并可以由结算参与人按照证券交易业务量的一定比例缴纳。证券结算风险基金的筹集、管理办法，由国务院证券监督管理机构会同国务院财政部门规定。

四、证券服务机构

证券服务机构是指根据证券投资和证券交易业务的需要，依法设立的从事证券投资咨询、财务顾问、资信评级、资产评估以及会计服务等证券交易服务业务的专业机构。

为了强化对证券交易服务机构的管理和保护投资者的合法权益，《证券法》规定，投资咨询机构及其从业人员从事证券服务业务不得有下列行为：(1) 代理委托人从事证券投资；(2) 与委托人约定分享证券投资收益或者分担证券投资损失；(3) 买卖本证券投资咨询机构提供服务的证券；(4) 法律、行政法规禁止的其他行为。有前述所列行为之一，给投资者造成损失的，依法承担赔偿责任。

证券服务机构为证券的发行、上市、交易等证券业务活动制作、出具审计报告及其他鉴证、资产评估报告、财务顾问报告、资信评级报告或者法律意见书等文件，应当勤勉尽责，对所依据的文件资料内容的真实性、准确性、完整性进行核查和验证。其制作、出具的文件有虚假记载、误导性陈述或者重大遗漏，给他人造成损失的，应当与委托人承担连带赔偿责任，但是能够证明自己没有过错的除外。

第七节　证券监督管理制度

一、证券监督管理概述

证券监督管理是指证券监督管理机构根据证券法规对证券发行和交易实施的监督管理。证券监督管理的目的是确保证券市场公正、透明、有序地运行，保护投资者的利益。我国证券监督管理的主要内容是对上市公司以及证券公司、会计师事务所、律师事务所、资产评估事务所等证券中介机构的监督管理以及对特殊交易的监督管理。

依据《证券法》的规定，国务院证券监督管理机构对证券市场实施监督管理，在国家对证券发行、交易活动实行集中、统一监督管理的前提下，依法设立证券业协会，实行自律管理。

二、国家集中统一监督管理制度

（一）国务院证券监督管理机构的职责

在我国，国务院证券监督管理机构是全国证券市场的监督管理机构。国务院证券监督管理机构在对证券市场实施监督管理中履行下列职责：（1）依法制定有关证券市场监督管理的规章、规则，并依法进行审批、核准、注册，办理备案；（2）依法对证券的发行、上市、交易、登记、存管、结算等行为，进行监督管理；（3）依法对证券发行人、证券公司、证券服务机构、证券交易场所、证券登记结算机构的证券业务活动，进行监督管理；（4）依法制定从事证券业务人员的行为准则，并监督实施；（5）依法监督检查证券发行、上市、交易的信息披露；（6）依法对证券业协会的自律管理活动进行指导和监督；（7）依法监测并防范、处置证券市场风险；（8）依法开展投资者教育；（9）依法对证券违法行为进行查处；（10）法律、行政法规规定的其他职责。

（二）国务院证券监督管理机构的具体措施

国务院证券监督管理机构在依法履行职责过程中，有权采取下列措施：（1）对证券发行人、证券公司、证券服务机构、证券交易场所、证券登记结算机构进行现场检查。（2）进入涉嫌违法行为发生场所调查取证。（3）询问当事人和与被调查事件有关的单位和个人，要求其对与被调查事件有关的事项作出说明；或者要求其按照指定的方式报送与被调查事件有关的文件和资料。（4）查阅、复制与被调查事件有关的财产权登记、通讯记录等文件和资料。（5）查阅、复制当事人和与被调查事件有关的单位和个人的证券交易记录、登记过户记录、财务会计资料及其他相关文件和资料；对可能被转移、隐匿或者毁损的文件和资料，可以予以封存、扣押。（6）查询当事人和与被调查事件有关的单位和个人的资金账户、证券账户、银行账户以及其他具有支付、托管、结算等功能的账户信息，可以对有关文件和资料进行复制；对有证据证明已经或者可能转移或隐匿违法资金、证券等涉案财产或者隐匿、伪造、毁损重要证据的，经国务院证券监督管理机构主要负责人或者其授权的其他负责人批准，可以冻结或者查封，期限为 6 个月；因特殊原因需要延长的，每次延长期限不得超过 3 个月，冻结、查封期限最长不得超过 2 年。(7) 在调查操纵证券市场、内幕交易等重大证券违法行为时，经国务院证券监督管理机构主要负责人或者其授权的其他负责人批准，可以限制被调查的当事人的证券买卖，但限制的期限不得超过 3 个月；案情复杂的，可以延长 3 个月。(8) 通知出境入境管理机关依法阻止涉嫌违法人员、涉嫌违法单位的主管人员和其他直接责任人员出境。

(三) 国务院证券监督管理机构监督检查和调查的规则

国务院证券监督管理机构依法履行职责，进行监督检查或者调查，其监督检查、调查的人员不得少于 2 人，并应当出示合法证件和监督检查、调查通知书。监督检查、调查的人员少于 2 人或者未出示合法证件和监督检查、调查通知书的，被检查、调查的单位有权拒绝。国务院证券监督管理机构工作人员必须忠于职守、依法办事、公正廉洁，不得利用职务便利牟取不正当利益，不得泄露所知悉的有关单位和个人的商业秘密。国务院证券监督管理机构依法履行职责，被检查、调查的单位和个人应当配合，如实提供有关文件和资料，不得拒绝、阻碍和隐瞒。

国务院证券监督管理机构依法制定的规章、规则和监督管理工作制度应当公开，依据调查结果对证券违法行为作出的处罚决定应当公开。国务院证券监督管理机构依法履行职责，发现证券违法行为涉嫌犯罪的，应当将案件移送司法机关处理。

国务院证券监督管理机构的人员不得在被监管的机构中任职。

三、证券业自律管理制度

证券业协会是在国家对证券发行、交易活动实行统一监督管理的前提下依法设立的证券行业的自律性组织，是社会团体法人。我国的证券业协会已经于 1991 年 8 月 28 日成立。根据《证券法》的规定，证券公司应当加入证券业协会。证券业协会的权力机构为由全体会员组成的会员大会。证券业协会设理事会，理事会成员依章程的规定由选举产生。证券业协会的章程由会员大会制定，并报国务院证券监督管理机构备案。

依据《证券法》的规定，证券业协会的职责为：(1) 教育和组织会员及其从业人员遵守证券法律、行政法规，组织开展证券行业诚信建设，督促证券行业履行社会责任；(2) 依法维护会员的合法权益，向证券监督管理机构反映会员的建议和要求；(3) 督促会员开展投资者教育和保护活动，维护投资者合法权益；(4) 制定和实施证券行业自律规则，监督、检查会员及其从业人员的行为，对违反法律、行政法规、自律规则或者协会章程的，按照规定给予纪律处分或者实施其他自律管理措施；(5) 制定证券行业业务规范，组织从业人员的业务培训；(6) 组织会员就证券行业的发展、运作及有关内容进行研究，收集整理、发布证券相关信息，提供会员服务，组织行业交流，引导行业创新发展；(7) 对会员之间、会员与客户之间发生的证券业务纠纷进行调解；(8) 证券业协会章程规定的其他职责。

复习与思考

一、简答题

1. 公司债券发行的条件有哪些？
2. 禁止的证券交易行为有哪些？

3. 股票上市的条件有哪些？

4. 公司债券上市的条件有哪些？

5. 上市公司收购有哪些法律后果？

6. 我国证券监督管理制度主要包括哪些内容？

二、案例分析题

某轻骑集团公司是“××轻骑”上市公司的控股股东。某轻骑集团公司证券部部长张某及其工作人员于某年 11 月至第二年 1 月间，购买“××轻骑”股票达 580 余万股。到第二年 2 月，“××轻骑”前一年度报告公布了公司实现的主营业务收入和净利润有较大幅度的增长后，其股票价格上升。该证券部遂将其股票悉数抛出，获利 2 542 万元。

请问：张某及其工作人员的交易行为是否符合法律规定？为什么？

第七章
票据与支付结算法律制度

· 学习目标 ·

本章重点要求学生理解票据关系、票据行为、票据权利、票据抗辩、票据的伪造与变造、支付结算工具、支付结算的基本要求的法律规定，掌握汇票的出票、背书、承兑、保证、付款及汇票的追索权的规则，熟悉汇票、本票、支票的概念及规则、《支付结算办法》，了解票据丧失的权利补救程序和各类银行结算账户的开立和使用。

· 引导案例 ·

2024 年 1 月 18 日，天时商贸有限责任公司（以下简称天时公司）从宏达公司购进一批货物，同时向宏达公司开具一张商业承兑汇票，用于货款结算。天时公司开具商业承兑汇票时，将付款人填写为“天实商贸有限责任公司”，出票日期填写为“贰零贰肆年壹月拾捌日”，收款人未填写。后经财务部小李核对，发现付款人名称填写有误，于是小李将“天实”改为“天时”，交给了宏达公司。

· 分析思考 ·

这张商业承兑汇票的效力如何？简要说明理由。

第一节　支付结算概述

一、支付结算的概念与方式

支付结算，是指单位、个人在社会经济活动中使用票据、银行卡、汇兑、托收承付、委托收款、信用证、电子支付等结算工具或方式进行货币给付及资金清算的行为。

支付结算作为社会经济金融活动的重要组成部分，其主要功能是完成资金从一方当事人向另一方当事人的转移。

结算方式是指汇兑、托收承付和委托收款。我国已形成了以票据和银行卡为主体、以电子支付为发展方向的非现金支付工具体系。票据和汇兑是我国经济活动中不可或缺的重要支付工具及方式，被广大单位和个人广泛使用，并在大额支付中占据主导地位。银行卡收单、网络支付、预付卡、条码支付等在小额支付中占据主导地位。托收承付、国内信用证使用较少。

从支付结算方式的法律特征考虑，可将其分为票据结算方式和非票据结算方式。

二、支付结算的原则与要求

（一）支付结算的原则

支付结算工作的任务，是根据经济往来组织支付结算，准确、及时、安全办理支付结算，依法管理支付结算，保障支付结算活动的正常进行。《支付结算办法》第 16 条规定，单位、个人和银行在办理支付结算时，应当遵守下列原则：

1. 恪守信用，履约付款

承担付款义务的一方当事人，应当按照约定的付款金额、时间和方式进行支付。对于银行来说，一方面，银行应当依照客户的委托妥善办理支付结算；另一方面，作为中介机构，银行应以善意且符合规定的正常操作程序审查票据和结算凭证，对票据和结算凭证上的签章以及需要交验的相关证件未发现异常而支付金额，对出票人或付款人不再承担接受委托付款的责任，对持票人或收款人不再承担付款的责任。

2. 谁的钱进谁的账，由谁支配

委托人是支付结算的发起人，对其账户中的资金具有自主的处分权。银行应当遵循委托人的意志，按支付结算凭证的内容，准确、及时办理支付结算，尊重和维护客户的合法权益。银行应当依法为单位、个人在银行所开立的存款账户的信息保密，维护其资金的自主支配权。对于单位、个人在银行开立上述存款账户的存款，除法律、行政法规另有规定外，银行不得为任何单位或者个人查询；除法律另有规定外，银行不代任何单位或者个人冻结、扣款，不得停止单位、个人存款的正常支付。

3. 银行不垫款

银行在办理支付结算业务时，只是作为中介机构，接受客户的委托，办理结算当事人之间的资金转移，不承担垫付款项的责任。在银行开立存款账户的单位和个人办理支付结算，除非《支付结算办法》另有规定，账户内须有足够的资金保证支付。没有开立存款账户的个人向银行交付款项后，也可以通过银行办理支付结算。客户只能在存款余额范围内签发支款凭证；委托银行代收款项的，只有在款项收妥后，收款人才能使用。

（二）支付结算的要求

关于支付结算，在具体支付结算中，有以下基本要求：

（1）单位、个人和银行办理支付结算，必须使用按中国人民银行统一规定印制的票据凭证和结算凭证。

（2）票据和结算凭证上的签章和其他记载事项应当真实，不得伪造、变造。伪造是指无权限人假冒他人或者虚构他人名义签章的行为，例如伪造出票签章、背书签章、承兑签章和保证签章等。变造是指无权更改票据内容的人，对票据上签章以外的记载事项加以改变的行为。对

出票金额、出票日期、收款人名称不得更改，更改的票据无效；对更改的结算凭证，银行不予受理。对票据和结算凭证上的其他记载事项，原记载人可以更改，更改时应当由原记载人在更改处签章证明。票据和结算凭证上的签章，为签名、盖章或者签名加盖章。单位、银行在票据上的签章，单位在结算凭证上的签章，为该单位、银行的盖章加其法定代表人或其授权的代理人的签名或盖章。个人在票据和结算凭证上的签章，应为该个人本人的签名或盖章。

(3) 填写各种票据和结算凭证应当规范。

1）基本规范要求。填写票据和结算凭证，必须做到要素齐全、数字正确、字迹清晰、不错漏、不潦草，防止涂改。

2）收款人名称。单位和银行的名称应当记载全称或者规范化简称。规范化简称应当具有排他性，与全称在实质上具有同一性，例如“国家金融监督管理总局”的规范化简称为“金融监管总局”。

3）出票日期。票据的出票日期必须使用中文大写。为防止变造票据的出票日期，在填写月、日时月为“壹”“贰”“壹拾”的，日为“壹”至“玖”和“壹拾”、“贰拾”、“叁拾”的，应在其前加“零”；日为“拾壹”至“拾玖”的，应在其前加“壹”。如1月15日，应写成“零壹月壹拾伍日”；再如10月20日，应写成“零壹拾月零贰拾日”。

4）金额。票据和结算凭证金额以中文大写和阿拉伯数码同时记载，二者必须一致，二者不一致的票据无效，二者不一致的结算凭证银行不予受理。

三、银行结算账户

根据中国人民银行《人民币银行结算账户管理办法》的规定，银行结算账户是指银行为存款人开立的办理资金收付结算的人民币活期存款账户。这里的“银行”是指在中国境内经中国人民银行批准经营支付结算业务的银行业经营机构。“存款人”是指在中国境内开立银行结算账户的机关、团体、部队、企业、事业单位、其他组织、个体工商户和自然人。

(一) 银行结算账户的种类

按存款人不同，银行结算账户可分为单位银行结算账户和个人银行结算账户。

1. 单位银行结算账户

存款人以单位名称开立的银行结算账户为单位银行结算账户。个体工商户凭营业执照以字号或经营者姓名开立的银行结算账户被纳入单位银行结算账户管理。单位银行结算账户按用途可分为基本存款账户、一般存款账户、专用存款账户和临时存款账户。

2. 个人银行结算账户

存款人因投资、消费、结算等凭个人身份证件，以自然人名称开立的可办理支付结算的银行结算账户，为个人银行结算账户。

(二) 银行结算账户的开立和使用

1. 基本存款账户的开立和使用

基本存款账户是指存款人因办理日常转账结算和现金收付需要而开立的银行账户，是其主办账户。

下列存款人可以申请开立基本存款账户：(1) 企业法人；(2) 非法人企业；(3) 机关、事业单位；(4) 团级（含）以上军队、武警部队及分散执勤的支（分）队；(5) 社会团体；

(6) 民办非企业组织；(7) 异地常设机构；(8) 外国驻华机构；(9) 个体工商户；(10) 居民委员会、村民委员会、社区委员会；(11) 单位设立的独立核算的附属机构；(12) 其他组织。可见，具备申请资格者并不限于具有独立法人资格的单位。

存款人申请开立基本存款账户，应向银行出具法律规定的证明文件。单位银行结算账户的存款人只能在银行开立一个基本存款账户。存款人日常经营活动的资金收付及其工资、奖金和现金的支取，应通过基本存款账户办理。

2. 一般存款账户的开立和使用

一般存款账户是指存款人在基本存款账户开户银行以外的银行营业机构开立的用于办理借款转存、借款归还和其他结算的银行结算账户。通过该账户可以办理现金缴存，但不得办理现金支取。

开立基本存款账户的存款人都可以开立一般存款账户。

3. 专用存款账户的开立和使用

专用存款账户是指存款人按照法律、行政法规和部门规章，为对其特定资金进行专项管理和使用而开立的银行结算账户。对下列资金的管理与使用，存款人可以申请开立专用存款账户：(1) 基本建设资金；(2) 更新改造资金；(3) 财政预算外资金；(4) 粮、棉、油收购资金；(5) 证券交易结算资金；(6) 期货交易保证金；(7) 信托基金；(8) 金融机构存放同业资金；(9) 政策性房地产开发资金；(10) 单位银行卡备用金；(11) 住房基金；(12) 社会保障基金；(13) 收入汇缴资金和业务支出资金；(14) 党、团、工会设在单位的组织机构经费；(15) 其他需要专项管理和使用的资金。

合格境外机构投资者（QFII）在境内从事证券投资开立的人民币特殊账户和人民币结算资金账户（简称“QFII专用存款账户”）被纳入专用存款账户管理。

存款人申请开立专用存款账户，应按规定向银行出具其开立基本存款账户所需的证明文件、基本存款账户开户许可证和法律规定的其他相关证明文件。

4. 临时存款账户的开立和使用

临时存款账户是指存款人因临时需要并在规定期限内使用而开立的银行结算账户。存款人有下列情况的，可以申请开立临时存款账户：(1) 设立临时机构；(2) 异地临时经营活动；(3) 注册验资；(4) 境外（含港澳台地区）机构在境内从事经营活动。

存款人为临时机构的，只能在其驻在地开立一个临时存款账户，不得开立其他银行结算账户；存款人在异地从事临时活动的，只能在其临时活动地开立一个临时存款账户；建筑施工及安装单位在异地同时承建多个项目的，可以根据建筑施工及安装合同开立不超过项目合同个数的临时存款账户。

临时存款账户应根据有关开户证明文件确定的期限或存款人的需要确定其有效期限。临时存款账户的有效期最长不得超过2年。

5. 个人银行结算账户的开立和使用

个人银行结算账户是自然人因投资、消费、结算等而开立的可办理支付结算业务的存款账户。

自然人可根据需要申请开立个人银行结算账户，也可以在已开立的储蓄账户中选择并向开户银行申请确认为个人银行结算账户。个人银行账户分为Ⅰ类银行账户、Ⅱ类银行账户和Ⅲ类银行账户。银行可通过Ⅰ类银行账户为存款人提供存款、购买投资理财产品等金融产品、转账、消费和缴费支付、支取现金等服务。银行可通过Ⅱ类银行账户为存款人提供存款、购买投资理财产品等金融产品、限定金额的消费和缴费支付等服务。银行可通过Ⅲ类银行账户为存款人提供限定金额的消费和缴费支付服务。银行不得通过Ⅱ类银行账户和Ⅲ类银行账户为存款人提供存取现金服务，不得为Ⅱ类银行账户和Ⅲ类银行账户发放实体介质。

个人银行结算账户用于办理个人转账收付和现金存取。下列款项可以转入个人银行结算账户：(1) 工资、奖金收入；(2) 稿费、演出费等劳务收入；(3) 债券、期货、信托等投资的本金和收益；(4) 个人债权或产权转让收益；(5) 个人贷款转存；(6) 证券交易结算资金和期货交易保证金；(7) 继承、赠与款项；(8) 保险理赔、保费退还等款项；(9) 纳税退还；(10) 农、副、矿产品销售收入；(11) 其他合法款项。

6. 异地存款账户的开立和使用

存款人一般应在注册地（指存款人的营业执照等开户证明文件记载的住所地）或住所地开立银行结算账户。依《人民币银行结算账户管理办法》的规定，存款人有下列情形之一的，可以在异地开立有关银行结算账户：(1) 营业执照注册地与经营地不在同一行政区域（跨省、市、县或区）需要开立基本存款账户的；(2) 办理异地借款和其他结算需要开立一般存款账户的；(3) 存款人因附属的非独立核算单位或派出机构发生的收入汇缴或业务支出需要开立专用存款账户的；(4) 异地临时经营活动需要开立临时存款账户的；(5) 自然人根据需要在异地开立个人银行结算账户的。

(三) 银行结算账户的撤销

银行结算账户的撤销是指存款人因开户资格或其他原因终止银行结算账户使用的行为。发生下列事由之一的，存款人应向开户银行提出撤销银行结算账户的申请：(1) 被撤并、解散、宣告破产或关闭的；(2) 注销、被吊销营业执照的；(3) 因迁址需要变更开户银行的；(4) 其他原因需要撤销银行结算账户的。

存款人因主体资格终止而撤销银行结算账户的，应先撤销一般存款账户、专用存款账户、临时存款账户，将账户资金转入基本存款账户后，方可办理基本存款账户的撤销。

银行得知存款人主体资格终止情况，存款人超过规定期限未主动办理撤销银行结算账户手续的，银行有权停止其银行结算账户的对外支付。

存款人撤销银行结算账户，必须与开户银行核对银行结算账户存款余额，交回各种重要空白票据及结算凭证和开户许可证，银行核对无误后方可办理销户手续。存款人未按规定交回各种重要空白票据及结算凭证的，应出具有关证明，造成损失的，由其自行承担。

银行撤销单位银行结算账户时应在其基本存款账户开户登记证上注明销户日期并签章，同时于撤销银行结算账户之日起 2 个工作日内，向中国人民银行报告。

对于存款人应撤销而未办理销户手续的单位银行结算账户，或 1 年内未发生收付活动且未欠开户银行债务的单位银行结算账户，银行应通知单位自发出通知之日起 30 日内办理销户手续，逾期视同自愿销户，未划转款项列入久悬未取专户管理。

第二节　票据法律制度

一、票据与票据法概述

（一）票据概述

1. 票据的概念与种类

票据有广义和狭义之分。广义的票据泛指商业活动中的一切票证，包括各种有价证券和凭证，如股票、债券、本票、提货单、车船票、借据等。狭义的票据是指出票人依法签发，约定由自己无条件支付或委托他人无条件支付一定金额的有价证券。根据《中华人民共和国票据法》（以下简称《票据法》）的规定，票据包括汇票、本票、支票。本章所指的票据仅指狭义的票据。

2. 票据的法律特征

（1）票据是完全有价证券。

票据与一定的财产权利或价值结合在一起，并以一定货币金额表示其价值。票据的权利与票据不可分开：票据的权利随票据的制作而发生，随票据的出让而转移。占有票据是主张票据权利的前提。

（2）票据是设权证券。

票据权利的产生，必须由当事人作成票据。出票行为是在创设权利，而不是证明已经存在的权利。票据一经作成，票据上的权利便随之而确立。

（3）票据是要式证券。

票据的格式是由法律规定的，票据必须具备法定的形式、款式和内容，才能有效。如《票据法》规定了汇票、本票、支票必须记载的事项，若缺失这些事项，票据无效。

（4）票据是文义证券。

票据上的权利和义务，完全根据票据上所记载的文字来确定。票据当事人不得以票据以外的事实来变更或补充票据文义。凡在票据上依法签名者，都要按照票据上所记载的文义承担责任。

（5）票据是一种无因证券。

票据的持票人行使票据权利时，无须说明其取得票据的原因，只要占有票据就可以行使票据权利。对于取得票据的原因，持票人无说明的义务，债务人也无审查的权利，即使取得票据的原因关系无效，票据关系也不受影响。票据的无因性，有利于保障持票人的权利和票据的顺利流通。

（6）票据是可流通的债权证券。

票据所创设的权利是以获得金钱为目的的请求权。除不可转让的票据以外，票据可以流通。对票据可通过背书或其他方式将权利转让给他人，不需要通知债务人，就可对债务人发生效力。

3. 票据的分类

（1）汇票、本票、支票。

1）汇票是指由出票人签发的，委托付款人在见票时或在指定日期无条件支付确定的金额给收款人或持票人的票据。依据出票人不同，汇票可分为银行汇票和商业汇票。

A. 银行汇票是出票银行签发的，由其在见票时按照实际结算金额支付给收款人或者持票人的票据。依据用途不同，银行汇票可分为银行现金汇票和银行转账汇票。银行现金汇票既可用于支取现金，也可用于转账；银行转账汇票只能用于转账。

B. 商业汇票是银行以外的法人或其他经济组织签发的，委托付款人在指定日期无条件支付确定的金额给收款人或者持票人的票据。依据承兑人的不同，商业汇票可分为银行承兑汇票和商业承兑汇票。

2）本票是出票人签发的，承诺自己在见票时无条件支付确定的金额给收款人或者持票人的票据。

根据出票人身份的不同，本票可以分为银行本票和商业本票。银行本票是由银行作为出票人签发的本票，商业本票是由银行以外的其他企业作为出票人签发的本票。《票据法》对本票的使用作了较严格的限制，不仅规定本票的使用仅限于银行本票，而且规定银行本票必须是见票即付的。银行本票分为定额银行本票和不定额银行本票两种。定额银行本票的金额已印在本票正面，面额有 1 000 元、5 000 元、1 万元、5 万元四种。不定额银行本票的金额由出票银行在签发时填写。

3）支票是出票人签发的，委托办理支票存款业务的银行或者其他金融机构在见票时无条件支付确定的金额给收款人或者持票人的票据。根据付款方式的不同，支票可分为现金支票、转账支票和普通支票。现金支票只能用于支取现金，它可以由存款人签发用于到银行为本单位提取现金，也可以签发给其他单位和个人用来办理结算或者委托银行代为支付现金给收款人；转账支票只能用于转账；支票上未印有“现金”或“转账”字样的为普通支票，普通支票既可用于支取现金，也可用于转账；在普通支票左上角划两条平行线的，为划线支票，划线支票只能用于转账，不能用于支取现金。

（2）即期票据和远期票据。

根据付款期限不同，票据可分为即期票据和远期票据。即期票据是指见票即付的票据，如银行汇票、本票和支票。远期票据是指以出票日后某个日期为付款到期日，付款人在到期后付款的票据，如商业汇票。依据票据的到期日的记载方式不同，又可将远期票据分为出票后定日付款的票据、出票后定期付款的票据和见票后定期付款的票据三种。

（3）记名票据、无记名票据和指示票据。

根据票据对权利人的记载方式不同，票据可以分为记名票据、无记名票据和指示票据。记名票据是指票据上记载权利人的姓名或名称的票据；无记名票据是指票据上不记载权利人的姓名或者名称的票据；指示票据是指在票据上记载权利人名称之后，还附加记载“或其指定之人”的票据。这种分类的意义在于对记名票据和指示票据必须依背书转让，对无记名票据依交付转让。我国的汇票、本票、支票都是记名票据，我国不承认无记名票据和指示票据。记名票据的出票人可以在票据上记载“不得转让”字样，而无记名票据和指示票据的出票人不得作此记载。

（4）自付票据和委付票据。

根据票据出票人是否也是付款人，票据分为自付票据和委付票据。自付票据是指出票人承诺由自己支付票据金额的票据，本票是自付票据；委付票据是指出票人委托他人支付票据金额的票据，汇票和支票是委付票据。

（5）承兑票据和非承兑票据。

根据票据付款是否须以事先承兑为前提，票据可以分为承兑票据和非承兑票据。承兑票据是指根据法律和票据记载，付款人须在承兑提示期间合法进行承兑后，方能依法负有确定的付款义务的票据。非承兑票据是指根据法律和票面记载，付款人无须进行承兑即依法负有付款义务的票据。即期票据无须承兑，属于非承兑票据；而远期票据必须承兑，属于承兑票据。

4. 票据的作用

（1）支付功能。

票据的最原始、最简单的作用是作为支付手段，代替了现金支付和以现金为内容的结算。在现代贸易和日常生活中，异地支付通常由汇款人将款项交存银行，由银行作为出票人将签发的汇票寄往异地或交予持票人持往异地，持票人向异地银行兑取现金或凭此办理转账结算。这比使用现金汇兑方便、安全、节省费用。总之，在金钱的债权债务关系中，不论是债权人行使权利还是债务人履行债务，都可以利用票据进行。

（2）信用功能。

这是票据作为商业信用工具的体现。当事人进行贸易时，可以使用票据进行结算，并约定一定期限付款。在票据到期之前，票据的持有人可以利用出票人和承兑人的信用转让票据。实际上，持票人取得了一定时期的信用关系，他既可以向银行办理票据贴现，也可以通过背书将票据转让他人。另外，使用票据对债务进行担保也属于票据的信用功能。

（3）结算功能。

利用票据进行债权、债务的结算，也是票据的一种作用。在经济交往中，当双方当事人互为债权人与债务人时，可运用票据进行结算，以抵销债务。这样做既手续简便，又迅速和安全。

（4）融资功能。

票据的融资作用主要是通过票据贴现来实现的。所谓票据贴现，是指未到期票据的买卖行为，持有未到期票据的人通过卖出票据得到现款。现多由商业银行经营票据贴现业务，中央银行经营再贴现业务。银行经营贴现业务，实际上就是向需要资金的公司提供资金。如果需要资金的人为了调度资金而专门发行远期票据向银行贴现，这种票据就不是支付工具而成为单纯的融资手段了。在现代票据市场一方面买卖到期票据，另一方面买卖未到期票据（贴现），这样，资金周转灵活，商品经济更为发达。

（二）票据法概述

1. 票据法的概念

广义的票据法即实质意义的票据法，是指调整票据关系的各种法律规范，即各种法律中有关票据规定的法律规范的总称，包括专门的票据法律以及其他法律中有关票据的规定，如民法中有关法律行为、代理、票据设置的规定等，刑法中有关伪造有价证券罪的规定，民事诉讼法中有关票据诉讼、公示催告等的规定。狭义的票据法即形式意义的票据法，是指以部门法形式存在的专门的票据法，它是规定票据的种类、形式和内容，明确票据当事人之间的权利义务关系，调整因票据而发生的社会关系的法律规范的总称。《票据法》没有规定的，应当适用《民法典》的相关规定。此外，《民事诉讼法》中的公示催告程序也是票据法的重要组成部分。

2. 我国的票据立法

我国的票据法律制度主要包括：1995 年 5 月 10 日通过、自 1996 年 1 月 1 日起施行、2004 年 8 月修正的《票据法》；1997 年 6 月 23 日经国务院批准，中国人民银行于 1997 年 8 月 21 日发布、于 2011 年 1 月修改的《票据管理实施办法》；1997 年 9 月 19 日中国人民银行发布的《支付结算办法》；2000 年 2 月 24 日通过、2008 年 12 月调整、2020 年修正的最高人民法院《关于审理票据纠纷案件若干问题的规定》等。

二、票据法上的关系和票据基础关系

(一) 票据法上的关系

票据法上的关系是指因票据行为及与票据行为有关的行为而产生的票据当事人之间的法律关系。票据法上的关系可分为票据法上的票据关系和票据法上的非票据关系。

1. 票据法上的票据关系

票据法上的票据关系，是指当事人基于票据行为而产生的票据权利义务关系。其中，票据的持有人（持票人）享有票据权利，对于在票据上签名的票据债务人可以主张行使票据法规定的相关权利。票据上签名的票据债务人负担票据责任（票据义务），依自己在票据上的签名按照票据上记载的文义承担相应的义务。

票据关系当事人一般包括出票人、持票人、付款人、背书人、保证人等。出票人，也称发票人，是指依法定方式作成票据并在票据上签名、盖章，并将票据交付给收款人的人。收款人，是指票据到期并经提示后收取票款的人（收款人有时又是持票人）。付款人，是指根据出票人的命令支付票款的人。持票人，即持有票据的人。承兑人，是指接受汇票出票人的付款委托，同意承担支付票款义务的人。背书人，是指在转让票据时，在票据背面签字或盖章，并将该票据交付给受让人的票据收款人或持有人。被背书人，是指被记名受让票据或接受票据转让的人。保证人，是指为票据债务提供担保的人。

票据关系在不同的当事人间基于不同的票据行为而不同，如因出票行为而产生出票人与受款人间的关系、受款人与付款人间的关系，因汇票的承兑行为而产生持票人与承兑人间的关系，因背书行为而产生背书人与被背书人间的关系，因保证行为而产生保证人与持票人间的关系以及保证人与被保证人及其前手间的关系等。

在各种票据关系中，出票人、持票人、付款人三者之间的关系是票据的基本关系。

2. 票据法上的非票据关系

票据法上的非票据关系，是指由票据法直接规定的不基于票据行为而发生的票据当事人之间与票据有关的法律关系，如票据上正当权利人对于法律规定不得享有票据权利的人行使票据返还请求权而发生的关系，因时效届满或手续欠缺而丧失票据上的权利的持票人对出票人或承兑人行使利益偿还请求权而发生的关系，票据付款人付款后请求持票人交还票据而发生的关系等。

(二) 票据基础关系

票据基础关系，是指作为产生票据关系的事实和前提存在于票据关系之外，而由民法规定的非基于票据行为产生的法律关系。票据基础关系主要有三种：票据原因关系、票据资金关系和票据预约关系。

1. 票据原因关系

票据原因关系，是指票据当事人之间授受票据的理由，如出票人与收款人之间签发和接受票据的理由等。原因关系只存在于授受票据的直接当事人之间，票据一经转让，其原因关系对票据效力的影响力即被切断。

票据关系与票据原因关系的分离表现在：

(1) 票据行为已经完成，即与原因关系相分离，即使原因关系不存在、无效、被撤销，票据关系的效力也不受影响。

(2) 票据背书转让时，受让人无须了解转让人取得票据的原因。

(3) 持票人行使票据权利时，以持有票据为前提条件，不负取得票据原因关系的举证责任。只要票据符合法定形式要件，即生效力，而不受取得票据的原因影响。

(4) 票据债务人在履行债务时，无须实质审查持票人取得票据的原因。

2. 票据资金关系

票据资金关系，是指存在于汇票的发票人和付款人之间、支票的发票人和银行之间的票据基础关系。票据资金关系不以金钱为限，债权、信用等也可以构成资金关系。

票据关系与票据资金关系的分离表现在：

(1) 基于票据关系产生的票据权利不受资金关系的影响，是独立的票据权利——付款请求权和追索权。

(2) 汇票付款人的承兑行为与票据资金关系并无当然联系。付款人即使从出票人处得到资金，也不因此成为当然的票据债务人，因为其可以拒绝承兑；而付款人一旦承兑，即使其没有从出票人处获得资金，也必须承担付款责任。

(3) 出票人不得以票据资金关系存在（资金已被划拨给付款人）为由拒绝其后手的追索权。但支票不同于汇票，支票的付款人仅为关系人，非债务人，故支票付款人因出票人存款不足而退票时符合法律规定。

3. 票据预约关系

票据预约关系，是指票据当事人在授受票据之前，就票据的种类、金额、到期日、付款地等事项达成协议而产生的法律关系。它是沟通票据原因和票据行为的桥梁。

票据关系与票据预约关系的分离表现在：(1) 票据关系效力独立，不受票据预约关系的影响。即使票据上的文义与票据预约合同中规定的不一致，该票据仍依票据文义发生法律效力。(2) 票据当事人违反票据预约合同，并不影响其票据债权、债务，只能要求其承担民法上的违约责任。

但是，票据的无因性不是绝对的，票据的无因只是“相对无因”。在票据的基础关系当事人与票据关系当事人重合时，票据关系受票据的基础关系影响。以欺诈、偷盗或者胁迫等手段取得票据的，或者明知有前列情形，出于恶意取得票据的，不得享有票据权利。持票人因重大过失取得不符合票据法规定的票据的，也不得享有票据权利。

三、票据行为

（一）票据行为的概念和特征

1. 票据行为的概念

票据行为是指票据当事人以发生票据债权债务关系为目的的法律行为。《票据法》规定的票据行为有出票、承兑、背书、保证四种。

根据票据行为的性质，票据行为还可以分为基本的票据行为和附属的票据行为。基本的票据行为是创设票据的行为，即出票行为。出票行为有效成立后，票据才可以有效存在。票据上的权利义务关系都是由出票行为引起的。附属的票据行为是指以出票为前提，在已经成立的票据上所为的行为。基本票据行为的效力，直接影响附属票据行为的效力，即基本票据行为因形式要件有欠缺而无效时，在票据上所为的附属票据行为也随之无效。

2. 票据行为的特征

票据行为与一般的法律行为相比，具有以下特点。

（1）要式性。要式性是指票据行为是一种严格的书面行为，应当依据票据法的规定，在票据上记载法定事项，票据行为人必须在票据上签章，其票据行为才能产生法律效力。票据行为的要式性有利于使票据款式统一、明确，便于当事人在票据流通中清晰地辨认票据上的权利和义务。

（2）文义性。文义性是指票据行为的内容均依票据上所载的文义而定。票据文义直接决定票据的权利和票据义务的范围与最高限度。票据行为的文义性，有利于保障票据受让人的权利，进而有利于票据的流通。

（3）无因性。无因性是指票据行为只要具备法定形式要件，便产生法律效力。即使其基础关系因有缺陷而无效，票据行为的效力仍不受影响。票据行为的无因性，使持票人在请求付款时，只需对票据行为本身的有效性提出证据。票据债务人不得以自己与出票人或持票人的前手间存在的抗辩事由对抗持票人，但票据授受的直接当事人和出于恶意而取得票据的持票人除外。

（4）独立性。独立性是指在同一票据上所作的各种票据行为互不影响，各自独立发生其法律效力。一种票据行为被认为无效或者被撤销，不影响其他票据行为的效力。许多国家的票据法都确立了票据行为的独立原则，目的是保证票据的流通和社会交易的安全。

（5）连带性。连带性是指同一票据上的各种票据行为人均对持票人承担连带责任。票据行为具有独立性和无因性，这就使持票人的权利实现受到影响，因此，票据法规定了连带原则，以保护持票人的票据权利。《票据法》第 68 条规定，汇票的出票人、背书人、承兑人和保证人对持票人承担连带责任。

（二）票据行为的有效要件

1. 票据行为的实质要件

（1）票据行为人必须具备票据行为能力。自然人只有具备完全民事行为能力才具备票据行为能力。《票据法》第 6 条规定，“无民事行为能力人或者限制民事行为能力人在票据上签章的，其签章无效”。法人和其他单位依法享有票据行为能力。

例如，甲是限制民事行为能力人，在某张票据上进行了签章，同时在票据上签章的还有完全民事行为能力人乙、丙、丁、戊，等等。关于此张票据上所载的责任的承担，由于甲的记载是无效的，因此甲无须承担票据上的责任，但是在甲以后签章的乙、丙、丁、戊等人应当履行自己的票据责任，同时不能够提出抗辩——甲是限制民事行为能力人。但是，此时甲并不是不用承担所有的责任，甲还是应当承担相应的民法上的责任的。

（2）票据行为人意思表示真实。《票据法》第 12 条规定：“以欺诈、偷盗或者胁迫等手段取得票据的，或者明知有前列情形，出于恶意取得票据的，不得享有票据权利。”“持票人因重大过失取得不符合本法规定的票据的，也不得享有票据权利。”

2. 票据行为的形式要件

（1）书面形式。《票据法》要求票据行为采用书面方式。票据当事人应当使用中国人民银行规定的统一格式的票据。未使用按中国人民银行统一规定印制的票据，票据无效。

（2）记载事项。票据上的记载事项，依记载后的法律效力可细分为五类：1）绝对应记载事项，是指如果记载有欠缺，将导致票据无效或者票据行为无效的事项。2）相对应记载事项，是指如果记载有欠缺，法律对该欠缺事项另行推定，票据或者票据行为依然有效。3）可以记载事项，是指记载与否由行为人自主决定，但一经记载，即具有票据法上的效力的事项。4）不得记载事项。对此类事项不应记载，如有记载，则该记载无效或者票据归于无效。5）记载后不具有票据法上效力的事项。将这类事项记载后虽不发生票据法上的效力，但可能发生其他法上的效力。

（3）签章。签章一般由行为人亲自进行，也可以委托代理人在票据上签章；由代理人签章的，应当在票据上表明其代理关系。依据《票据法》的规定，票据上的签章，为签名、盖章或者签名加盖章。在票据上的签名，应当为该当事人的本名，即符合法律、法规以及国家有关规定的身份证件上的姓名。法人和其他使用票据的单位在票据上的签章，为该法人或者该单位的盖章加其法定代表人或者其授权的代理人的签章。

（4）交付。票据在依法记载完成后，必须由票据行为人将票据交付于持票人，票据行为才完成。如果票据被盗、遗失或其他非基于出票人的真实意思而为第三人取得，不属于交付，但此时票据行为人对善意持票人仍应负责。

（三）票据的伪造、变造和更改

1. 票据的伪造

票据的伪造，是指无权限人假冒他人或虚构他人名义签章的行为。票据签名的伪造是假借他人名义而为的票据行为，如背书签名的伪造、承兑签名的伪造等。票据的伪造必须是无权限之人假冒他人签名。如果在票据上表明为本人代理之旨而将本人的姓名记载在票据上的，属无权代理而不是伪造。

对伪造人而言，票据外观上没有自己的签名，故不承担票据上的责任，但应根据其他法律的规定负法律责任；对被伪造人而言，尽管票据外观上有被伪造人的签名，但实质上并非其自签，故不应依票据文义负责；由于票据行为具有独立性，在伪造的票据上进行真正签名的其他人必须负担票据责任。

2. 票据的变造

票据的变造，是指没有合法更改权的人在已成立的票据上变更签章以外的记载事项的行为。票据变造属于一种违法行为，其实施主体应是没有合法更改权的人。变造的内容应是票据上签章以外的记载事项。票据被变造的，不影响票据上真实签章的效力。在变造之前签章的人，对原记载事项负责；在变造之后签章的人，对变造之后的记载事项负责；不能辨别是在票据被变造之前或者之后签章的，视同在变造之前签章。

【案例 7-1】甲签发一张本票交受款人乙，金额为 2 万元。乙将本票背书转让给丙，丙取得本票后将金额改为 5 万元，然后转让给丁，丁又背书转让给戊。因甲、乙签章在变造之前，故其应就2万元负责；丙为变造人，应对其所变造的文义负责，即对5万元负责；丁签章在变造之后，其应对5万元负责。如果戊向甲请求付款，甲只负责付给2万元。戊已付给丁5万元，就其所受损失3万元应向丁和丙请求赔偿。请问：上述有关甲、乙、丙、丁承担责任的表述是否正确?

【解析】正确。《票据法》规定，票据上其他记载事项被变造的，在变造之前签章的人，对原记载事项负责；在变造之后签章的人，对变造之后的记载事项负责。

3. 票据的更改

票据的更改，是指享有变更权的人更改票据所记载的事项的行为。票据行为人为票据行为后，由于某种特殊原因，需要将票据上记载的事项予以变更。规定票据的更改就是为适应这一特别需要，而又区别于票据的变造。

票据的更改必须符合下列条件：(1) 更改人必须是有权更改人。(2) 不是对票据上记载的任何事项都可以更改的。票据金额、日期、收款人名称不得更改，即使是原记载人也无权更改，更改后的票据无效。(3) 更改票据应符合一定的时间条件。原记载人只有在票据交付他人之前才有权依法更改，如票据已交付他人，则应征得持票人和其他票据债务人的同意才可更改，否则，就构成变造票据。(4) 更改票据应符合法律规定的形式，即更改时应当由原记载人签章证明。

四、票据权利

(一) 票据权利的概念

票据权利，是指持票人向票据债务人请求支付票据金额的权利，包括付款请求权和追索权。付款请求权，又称第一次请求权，是指持票人对票据主债务人行使请求其支付票据金额的权利。追索权是指持票人在第一次请求权没有或者无法实现的情况下，对其前手请求偿还票据金额的权利。也就是说，持票人首先有权要求票据的主债务人向其偿付票据金额，如果主债务人没有或无法偿付票据金额，持票人有权要求其他付款义务人向其偿付票据金额。

(二) 票据权利的取得与消灭

1. 票据权利的取得

票据权利的取得可以分为原始取得和继受取得。

(1) 原始取得。

原始取得是指因出票行为创设票据而取得，或从无处分权人处以相当对价受让票据，且受让票据时无恶意或重大过失。票据权利的原始取得具体可以分为出票取得和善意取得两种方式。出票是创设票据权利的票据行为，持票人因出票人的出票行为而取得票据权利，即属于出票取得。善意取得又称“善意受让”，是指持票人从无票据处分权人手中无过失地受让票据，依法定条件取得票据权利的法律事实。善意取得应具备四个条件：1) 票据是从无处分权人手中取得的；2) 持票人在受让取得票据时属于善意，无恶意及重大过失；3) 依票据法规定的转让规则受让票据；4) 持票人在取得票据时给付了相应的对价。

(2) 继受取得。

继受取得，是指持票人从有票据处分权的前手权利人手中受让票据，从而取得票据权利。它具体可以分为票据法上的继受取得和非票据法上的继受取得两种情形。票据法上的继受取得包括因背书转让而取得、因清偿而取得。非票据法上的继受取得主要包括因税收、继承、赠与、公司合并、分立而取得。

2. 票据权利的消灭

票据权利的消灭，是指因发生一定的法律事实票据权利不复存在。票据权利消灭之后，票据上的债权债务关系随之消灭。

票据权利有如下消灭事由：

（1）付款。付款人依法足额付款后，全体票据债务人的责任解除。

（2）票据时效期限届满。《票据法》规定，票据权利在下列期限内不行使而消灭：1）持票人对票据的出票人和承兑人的权利，自票据到期日起2年。见票即付的汇票、本票，自出票日起2年。2）持票人对支票出票人的权利，自出票日起6个月。3）持票人对前手的追索权，自被拒绝承兑或者被拒绝付款之日起6个月。4）持票人对前手的再追索权，自清偿日或者被提起诉讼之日起3个月。票据的出票日、到期日由票据当事人依法确定。

此外，票据权利可因民事债权的消灭事由如免除、抵销等的发生而消灭。

（三）票据权利的行使与保全

票据权利的行使，是指票据权利人向票据债务人提示票据，请求履行票据债务的行为。票据权利的行使包括请求付款、进行追索和请求承兑。

票据权利属于债权，适用诉讼时效制度：票据权利人在一定期间内不行使权利，将会导致权利消灭。票据权利人为防止票据权利消灭可以进行票据权利的保全。

票据权利的保全，是指票据权利人为防止票据权利消灭所进行的行为。票据权利的保全主要有以下行为：（1）持票人在规定期限内向主债务人提示承兑或者请求付款，以保全付款请求权和追索权；（2）当被拒绝承兑或付款，或者有其他原因不能实现付款请求权时，持票人依法取得拒绝证明、退票理由书或者其他有效证明，以保全追索权。

《票据法》第66条第1、2款规定：持票人应当自收到被拒绝承兑或者被拒绝付款的有关证明之日起3日内，将被拒绝事由书面通知其前手；其前手应当自收到通知之日起3日内书面通知其再前手。持票人也可以同时向各汇票债务人发出书面通知。未按照前述规定期限通知的，持票人仍可以行使追索权。因延期通知给其前手或者出票人造成损失的，由没有按照规定期限通知的汇票当事人，承担对该损失的赔偿责任，但是所赔偿的金额以汇票金额为限。

《票据法》第16条规定：持票人对票据债务人行使票据权利，或者保全票据权利，应当在票据当事人的营业场所和营业时间内进行，票据当事人无营业场所的，应当在其住所进行。

（四）票据抗辩及其限制

1. 票据抗辩的概念和种类

票据抗辩是指票据债务人根据票据法的规定对票据债权人拒绝履行义务的行为。票据抗辩所依据的事由，称为抗辩事由。票据债务人享有的拒绝票据债权人行使票据权利的权利，称为抗辩权。

票据抗辩分为“对物的抗辩”和“对人的抗辩”两大类。

（1）对物的抗辩也称绝对抗辩，是指基于票据本身的事由发生的抗辩，它可以对所有持票人行使。对物的抗辩主要包括因欠缺法定要件而票据无效的抗辩，票据债权已消灭的抗辩，票据系伪造、变造或更改的抗辩，欠缺票据行为能力的抗辩等。

（2）对人的抗辩也称相对抗辩，是指基于票据之外的特定票据当事人的原因而发生的票据上的抗辩。对人的抗辩包括直接当事人之间的原因关系无效或不成立的抗辩、直接当事人之间欠缺对价的抗辩等。

2. 票据抗辩的限制

《票据法》规定，票据债务人不得以自己与出票人或者与持票人的前手之间的抗辩事由，对抗持票人，但是，持票人明知存在抗辩事由而取得票据的除外。

《票据法》中对票据抗辩的限制主要表现在以下方面：

（1）票据债务人不得以自己与出票人之间的抗辩事由对抗持票人。如果票据债务人（如承兑人、付款人）与出票人之间存在抗辩事由（如出票人与票据债务人之间存在合同纠纷，出票人存入票据债务人的资金不够等），该票据债务人不得以此抗辩事由对抗善意持票人。

（2）票据债务人不得以自己与持票人的前手之间的抗辩事由对抗持票人。如果票据债务人与持票人的前手（如背书人、保证人等）存在抵销关系，而持票人的前手将票据转让给了持票人，票据债务人就不能以其与持票人的前手存在抗辩事由而拒绝向持票人付款。

（3）凡是善意的、已付对价的正当持票人可以向票据上的一切债务人请求付款，不受前手权利瑕疵和前手相互间抗辩的影响。如果持票人不知道其前手取得票据存在欺诈、偷盗、胁迫、重大过失等情形，并已为取得票据支付了相应的代价，那么票据债务人不能以持票人的前手存在权利瑕疵而对抗持票人。

（4）如果持票人取得的票据是无对价或不相当对价的，由于其享有的权利不能优于其前手的权利，故票据债务人可以对抗持票人前手的抗辩事由对抗该持票人。

（五）票据丧失的补救

票据丧失，是指持票人并非出于自己的本意而丧失对票据的占有。票据是完全有价证券，票据的占有与票据权利的行使有着不可分离的关系，持票人所持票据一经丧失，其行使票据权利便失去了依据。

我国票据法规定了票据权利人丧失票据后，可依挂失止付、公示催告、普通诉讼这些救济措施行使票据权利。

1. 挂失止付

挂失止付，是指失票人将丧失票据的情况通知付款人或代理付款人，并由接受通知的付款人或代理付款人依法决定暂停支付，以防止票据金额被他人取得的一种补救措施。失票人应当在通知挂失止付后 3 日内，也可以在票据丧失后，依法向人民法院申请公示催告，或者向人民法院提起诉讼。收到挂失止付通知的付款人，应当暂停支付。挂失止付并非适用于所有的票据，根据《支付结算办法》第 48 条的规定，已承兑的商业汇票、支票、填明“现金”字样和代理付款人的银行汇票以及填明“现金”字样的银行本票丧失，可以挂失止付；未填明“现金”字样和代理付款人的银行汇票以及未填明“现金”字样的银行本票丧失，不得挂失止付。

2. 公示催告

公示催告，是指人民法院根据票据权利人的申请，以向社会公示的方式，将丧失的票据告知各界，催促不明利害关系的有关当事人在一定的期限向法院申报票据权利，如不在规定的期间内申报，就不能依有关的票据权利请求法律保护。

票据丧失后，失票人无法确定谁持有票据的，应当在失票后或挂失止付后 3 日内，向人民法院申请公示催告。人民法院受理后，应向付款人发出停止支付令，并发出公告。在公示催告期间，无利害关系人申报权利的，人民法院应当根据申请人的申请，判决宣告该票据无效，所有的票据权利宣告结束。

3. 普通诉讼

普通诉讼，是指票据丧失后或挂失止付后 3 日内，失票人直接向人民法院提起民事诉讼，要求法院判令票据债务人向其支付票据金额的行为。对失票人提起的诉讼适用一般民事诉讼程序。

根据《票据法》第 15 条、《票据管理实施办法》第 20 条的规定，申请挂失止付的当事人，必须在申请之前已经向法院申请公示催告或者起诉，或者应当在通知挂失止付后的 3 日内向法院申请公示催告或者起诉，否则，挂失止付失去效力。

五、汇　票

（一）汇票的概念和特征

《票据法》第 19 条规定：汇票是出票人签发的，委托付款人在见票时或者在指定日期无条件支付确定的金额给收款人或者持票人的票据。汇票分为银行汇票和商业汇票。

汇票有如下特征：（1）汇票有三个基本当事人，即出票人、付款人和收款人。但随着票据的背书转让和设立保证，汇票将存在被背书人、保证人等非基本当事人；（2）汇票是由出票人委托他人支付的票据，是一种委付证券；（3）汇票中的商业汇票独有承兑制度，付款人须在承兑提示期间合法进行承兑后，方能依法负有确定的付款义务。

（二）出票

1. 出票的概念

出票是指出票人签发票据并将其交付给收款人的票据行为。它由作成票据和交付票据两种行为构成。

票据的签发、取得和转让，应当遵循诚实信用的原则，具有真实的交易关系和债权债务关系。汇票的出票人必须与付款人具有真实的委托付款关系，具有支付汇票金额的可靠资金来源；汇票的出票人不得签发无对价的汇票来骗取银行或者其他票据当事人的资金。

2. 汇票的记载事项

（1）汇票的绝对应记载事项。

《票据法》规定，汇票必须记载下列事项，未记载下列事项之一的，汇票无效：表明“汇票”的字样；无条件支付的委托；确定的金额；付款人名称；收款人名称；出票日期；出票人签章。

（2）汇票的相对应记载事项。

汇票上记载付款日期、付款地、出票地等事项的，应当清楚、明确。汇票上未记载付款日期的，为见票即付。汇票上未记载付款地的，依据《最高人民法院关于审理票据纠纷案件若干问题的规定》（2020 年修正），为汇票付款人或者代理付款人的营业场所、住所或者经常居住地。代理付款人即付款人的委托代理人，是指根据付款人的委托代为支付票据金额的银行等金融机构。汇票上未记载出票地的，出票人的营业场所、住所或者经常居住地为出票地。

3. 出票的效力

汇票出票人委托他人付款，其本身不负付款责任，只负偿还义务，为第二债务人。但各国票据法都把依照汇票文义担保承兑和担保付款作为出票人的法定责任，以保护持票人的利益。

担保承兑是指出票人有使票据获得付款人承兑的义务，如不获承兑，持票人可于拒绝承兑证书作成后，在到期日之前向出票人行使追索权，请求其偿还票据金额，出票人不得以汇票资金已交付给付款人为由对抗持票人。担保付款是指票据到期不获付款时，出票人必须承担付款责任。此种责任是绝对的，不管付款人是否承兑。

（三）背书

1. 汇票背书概述

背书是指持票人以转让汇票权利或授予他人一定的汇票权利为目的，按法定的事项和方式在汇票背面或者粘单上记载有关事项并签章的票据行为。《票据法》规定，持票人可以将汇票权利转让给他人或者将一定的汇票权利授予他人行使，持票人行使此项权利时，应当背书并交付汇票。

如果出票人在汇票上记载“不得转让”字样，该汇票不得转让。对于记载“不得转让”字样的票据，其后手以此票据进行贴现、质押的，通过贴现、质押取得票据的持票人主张票据权利的，人民法院不予支持。也就是说，如果收款人或持票人将出票人作禁止背书的汇票转让的，该转让不发生票据法上的效力，出票人和承兑人对受让人不承担票据责任。

2. 背书的形式

（1）背书签章和背书日期的记载。

背书由背书人签章并记载背书日期。背书未记载日期的，视为在汇票到期日前背书。

（2）被背书人名称的记载。

汇票以背书转让或者以背书将一定的汇票权利授予他人行使时，必须记载被背书人名称。如果背书人未记载被背书人名称而将票据交付他人的，持票人在票据被背书人栏内记载自己的名称与背书人记载具有同等法律效力。

（3）禁止背书的记载。

背书人在票据上记载“不得转让”“委托收款”“质押”字样，其后手再背书转让、委托收款或者质押的，原背书人对后手的被背书人不承担票据责任，但不影响出票人、承兑人以及原背书人之前手的票据责任。背书人的禁止背书是背书行为的一项任意记载事项，如果背书人不愿意对其后手以后的当事人承担票据责任，即可在背书时记载禁止背书。

（4）粘单的使用。

票据凭证不能满足背书人记载事项的需要时，可以加附粘单，黏附于票据凭证上。粘单上的第一记载人，应当在汇票和粘单的粘接处签章。

（5）背书不得记载的内容。

背书不得记载的内容有两项：一是附有条件的背书，二是部分背书。背书时附有条件的，所附条件不具有汇票上的效力，即不影响背书行为本身的效力，被背书人仍可依该背书取得票据权利。部分背书是指背书人在背书时，将汇票金额的一部分或者将汇票金额分别转让给二人以上的背书。将汇票金额的一部分转让的背书或者将汇票金额分别转让给二人以上的背书无效。

【案例 7－2】 甲将某张票据背书转让给乙，此票据的金额为 20 万元。甲欠乙 18 万元，则甲将该张票据上的 18 万元转让给乙，自己留下 2 万元的行为是无效的。

甲有一张50万元的汇票，同时，甲欠丙15万元、欠丁35万元，则甲不能将此张票据中的15万元背书给丙，同时将35万元背书给丁。这种背书是无效的。

3. 背书连续

背书连续是指在票据转让中，转让汇票的背书人与受让汇票的被背书人在汇票上的签章依次前后衔接。以背书转让的汇票，背书应当连续。如果背书不连续的，付款人可以拒绝向持票人付款，否则，付款人自行承担责任。

背书连续主要是指背书在形式上连续，如果背书在实质上不连续，如有伪造签章等，付款人仍应对持票人付款。但是，如果付款人明知持票人不是真正的票据权利人，则不得向持票人付款，否则，应自行承担责任。

4. 委托收款背书和质押背书

委托收款背书和质押背书属非转让背书，具有自己的特殊性。

(1) 委托收款背书。

委托收款背书是指持票人以行使票据上的权利为目的，而授予被背书人以代理权的背书。被背书人只是代理人，而未取得票据权利，背书人仍是票据权利人。

《票据法》规定，背书记载“委托收款”字样的，被背书人有权代背书人行使被委托的汇票权利，但是，被背书人不得再以背书转让汇票权利。被背书人因委托收款背书而取得代理权后，可以代为行使付款请求权和追索权，在具体行使这些权利的过程中，还可以请求作成拒绝证明、发出拒绝事由通知、行使利益偿还请求权等，但不能行使转让票据等处分权利，否则，原背书人对后手的被背书人不承担票据责任，但不影响出票人、承兑人以及原背书人的前手的票据责任。

委托收款背书与其他背书一样，持票人依据法律规定的记载事项作成背书并交付，才能生效。

(2) 质押背书。

质押背书是指持票人出于以票据权利设定质权的目的而在票据上作成的背书。背书人是原持票人，也是出质人，被背书人则是质权人。质押背书确立的是一种担保关系，即在背书人(原持票人)与被背书人之间产生一种质押关系，而不是一种票据权利的转让与被转让关系。因此，质押背书成立后，即背书人作成背书并交付，背书人仍然是票据权利人，被背书人并不因此而取得票据权利。但是，被背书人取得质权人地位后，在背书人不履行其债务的情况下，可以行使票据权利，并从票据金额中按担保债权的数额优先得到偿还。如果背书人履行了所担保的债务，则被背书人必须将票据返还背书人。

质押背书与其他背书一样，也必须依照法定的形式作成背书并交付。《票据法》规定，质押时应当以背书记载“质押”字样。

以汇票设定质押时，出质人在汇票上只记载了“质押”字样而未在票据上签章的，或者出质人未在汇票、粘单上记载“质押”字样而另行签订质押合同、质押条款的，不构成票据质押。此外，贷款人恶意或者有重大过失从事票据质押贷款的，质押行为无效。

5. 法定禁止背书

《票据法》规定，汇票被拒绝承兑、被拒绝付款或者超过付款提示期限的，不得背书转让；背书转让的，背书人应当承担汇票责任。

（1）被拒绝承兑的汇票。被拒绝承兑的汇票是指持票人在汇票到期日前，向付款人提示承兑而遭拒绝的汇票。汇票上的付款人只有在汇票承兑后，才是汇票上的主债务人。如果付款人对汇票拒绝承兑，就不具有汇票上债务人的地位，不承担支付票据金额的责任，因此，收款人或持票人虽然在汇票成立时即已取得付款请求权，但因付款人拒绝承兑，该付款请求权也就无法确定，当然也就不能将这种付款请求权再背书转让。在付款人拒绝承兑的情况下，收款人或持票人只能向其前手行使追索权，取得票据金额；如果其将这种票据转让，则受让人取得该汇票时，也只能通过向其前手行使追索权，取得票据金额。

（2）被拒绝付款的汇票。被拒绝付款的汇票是指对于不需承兑的汇票或者已经付款人承兑的汇票，持票人于汇票到期日向付款人提示付款而被拒绝的汇票。付款人对汇票已经承兑的，负有于汇票到期日无条件付款的责任，但是，付款人在汇票到期日拒绝付款的，收款人或者持票人的付款请求权也不能得到实现。如果持票人将该种汇票再行转让，受让人尽管也可以取得付款请求权，但实现的可能性极小。因此，《票据法》禁止将该种票据再行背书转让，如果背书转让，背书人应承担汇票责任，受让人有权向其前手行使追索权。

（3）超过付款提示期限的汇票。超过付款提示期限的汇票是指持票人未在法定的付款提示期限内向付款人提示付款的汇票。法定付款提示期限是法律规定的由收款人或者持票人行使付款请求权的期限，收款人或者持票人应当在汇票到期日起至法定提示期限届满前行使付款请求权，收款人或持票人如果未在此期限内行使付款请求权，即丧失对其前手的追索权。因此，《票据法》不允许将该种汇票再行转让，否则，受让人的利益就可能受到损害。背书人以背书将该种票据进行转让，应该承担汇票责任。

（四）承兑

1. 票据承兑的概念和特征

承兑是指汇票付款人承诺在汇票到期日支付汇票金额的票据行为。

2. 承兑的格式

承兑人应当自收到付款人提示承兑的汇票之日起 3 日内承兑或者拒绝承兑。

付款人承兑汇票的，应当在汇票正面记载“承兑”字样和承兑日期并签章；见票后定期付款的汇票，应当在承兑时记载付款日期；汇票上未记载承兑日期的，以承兑期限的最后一日为承兑日期。

付款人承兑汇票，不得附有条件。承兑附有条件的，视为拒绝承兑。

提示承兑，是指持票人向付款人出示汇票，并要求付款人承诺付款的行为。因汇票付款日期不同，提示承兑的期限也不一样。

（1）定日付款或者出票后定期付款的汇票，持票人应当在汇票到期日前向付款人提示承兑，否则，丧失对其前手的追索权。

（2）见票后定期付款的汇票，持票人应当自出票日起 1 个月内向付款人提示承兑。未按照规定期限提示承兑的，持票人丧失对其前手的追索权。该种汇票属于必须提示承兑的汇票。

（3）于见票即付的汇票无须提示承兑。这种汇票主要包括两种：一是汇票上明确记载“见票即付”的汇票；二是汇票上没有记载付款日期，根据法律规定视为见票即付的汇票。我国的银行汇票，未记载付款日期，属于见票即付的汇票，无须提示承兑。

3. 承兑的效力

（1）对付款人的效力。汇票一经承兑，承兑人即成为汇票的主债务人，承兑人于汇票到期日必须向持票人无条件地“当日足额”付款，否则，应承担延迟付款的法律责任。即使付款人与出票人在事实上不存在资金关系，付款人也不能以此为由对抗持票人。承兑人的票据责任也不因持票人未在法定期限内提示付款而解除，承兑人仍要对持票人承担票据责任。

（2）对持票人的效力。付款人承兑后，持票人所享有的付款请求权从不确定的权利转变为确定的权利。

（3）对出票人和背书人的效力。付款人承兑后，出票人和背书人可依法免于受到由于票据被拒绝承兑而引发的期前追索。但持票人超过法定期限提示承兑的，即丧失对其前手的追索权，但持票人对出票人的权利，自汇票到期日起2年内有效。

（五）保证

1. 票据保证的概念

票据保证是指票据债务人以外的第三人担保票据债务人履行票据债务的票据行为。票据保证的行为人为保证人；国家机关、以公益为目的的事业单位、社会团体作为票据保证人的，票据保证无效，但经国务院批准为使用外国政府或者国际经济组织贷款进行转贷，国家机关提供票据保证的除外。其所保证的票据债务人为被保证人。票据保证制度只适用于汇票和本票，不适用于支票。

2. 保证的格式

在票据上设定保证时，保证人必须在票据或者粘单上记载下列事项：（1）表明“保证”的字样；（2）保证人的名称和住所；（3）被保证人的名称；（4）保证日期；（5）保证人签章。保证人在票据或者粘单上未记载被保证人名称的，对于已承兑的汇票，承兑人为被保证人；对于未承兑的汇票，出票人为被保证人。保证人在票据或者粘单上未记载保证日期的，出票日为保证日期。保证不得附有条件，附有条件的，不影响对票据的保证责任。保证人未在票据或者粘单上记载“保证”字样而另行签订保证合同或者保证条款的，不属于票据保证，人民法院应当适用《民法典》的有关规定。

3. 保证的效力

（1）保证人的责任。

保证人对于合法取得汇票的持票人所享有的汇票权利承担保证责任，但是，被保证人的债务因汇票记载事项欠缺而无效的除外。对于被保证的汇票，保证人应当与被保证人对持票人承担连带责任。汇票到期后得不到付款的，持票人有权向保证人请求付款，保证人应当足额付款。保证人为2人以上的，保证人之间承担连带责任。

（2）保证人的权利。

保证人清偿票据债务后，依票据法取得票据权利。由于保证人是代替被保证人承担票据债务的人，因此，保证人清偿票据债务后，依法可以行使持票人对被保证人及其前手的追索权。保证人的保证行为是独立的票据行为，被保证人及其前手不能以对持票人的抗辩事由对抗保证人。

（六）付款

1. 付款的概念和特征

票据付款是指特定的票据债务人向持票人支付票据金额，以消灭票据关系的行为。付款的基本特征是：（1）付款是付款人或者代理付款人的行为；（2）付款是依照票据文义支付票据金额的行为，其法律后果是消灭票据关系；（3）付款行为是一种附属法律行为。

2. 付款的期限

持票人应按下列期限提示付款：（1）见票即付的汇票，自出票日起1个月内向付款人提示付款；（2）定日付款、出票后定期付款或见票后定期付款的汇票，自到期日起10日内向承兑人提示付款。

持票人未按照前述规定期限提示付款的，持票人丧失对前手的追索权；在持票人作出说明后，承兑人或者付款人仍应当继续对持票人承担付款责任。

3. 付款的规则

付款人及其代理付款人付款时，应当审查汇票背书的连续，并审查提示付款人的合法身份证明或者有效证件。

付款人必须在持票人提示付款的当日足额付款。持票人获得付款的，应当在汇票上签收，并将汇票交给付款人。

4. 付款的法律效力

付款人依法足额付款后，全体汇票债务人的责任解除。对于定日付款、出票后定期付款或者见票后定期付款的汇票，付款人在到期日前付款的，由付款人自行承担所产生的责任。付款人及其代理付款人以恶意或者有重大过失付款的，应当自行承担责任。这里的“恶意或者有重大过失”是指：（1）未对提示付款人的合法身份证明或者有效证件以及汇票背书的连续性履行审查义务而错误付款的；（2）在公示催告期间对公示催告的票据付款的；（3）收到人民法院的止付通知后付款的；（4）其他以恶意或有重大过失付款的。

（七）追索权

追索权是指票据到期被拒绝付款或到期前不获承兑或有其他法定原因，持票人在保全票据权利的基础上，向其前手请求偿还票据金额、利息及其他法定款项的一种票据权利。

1. 追索权发生的原因

（1）汇票到期被拒绝付款的，持票人可以对背书人、出票人以及汇票的其他债务人行使追索权。

（2）汇票到期日前，有下列情形之一的，持票人也可以行使追索权：1）汇票被拒绝承兑；2）承兑人或者付款人死亡、逃匿；3）承兑人或者付款人被依法宣告破产，或者因违法被责令终止业务活动。

2. 追索权的行使

（1）持票人行使追索权时，应当提供被拒绝承兑或者被拒绝付款的有关证明。持票人不能出示拒绝证明、退票理由书或者未按照规定期限提供其他合法证明的，丧失对其前手的追索权。但是，承兑人或者付款人仍应当对持票人承担责任。

（2）持票人应当自收到被拒绝承兑或者被拒绝付款的有关证明之日起3日内，将被拒绝事由书面通知其前手；其前手应当自收到通知之日起3日内书面通知其再前手。持票人也可以同时向各汇票债务人发出书面通知。未按照前述规定期限通知的，持票人仍可以行使追索权。因延期通知给其前手或者出票人造成损失的，由没有按照规定期限通知的汇票当事人，承担对该损失的赔偿责任，但是所赔偿的金额以汇票金额为限。

（3）汇票的出票人、背书人、承兑人和保证人对持票人承担连带责任。持票人可以不按照汇票债务人的先后顺序，对其中任何一人、数人或者全体行使追索权。持票人对汇票债务人中的一人或者数人已经进行追索的，对其他汇票债务人仍可以行使追索权。被追索人清偿债务后，与持票人享有同一权利，持票人应当交出汇票和有关拒绝证明，并出具所收到利息和费用的收据。

（4）持票人为出票人的，对其前手无追索权。持票人为背书人的，对其后手无追索权。

3. 追索权的效力

被追索人依照上述规定清偿后，可以向其他汇票债务人行使再追索权。行使再追索权的被追索人获得清偿时，应当交出汇票和有关拒绝证明，并出具所收到利息和费用的收据。被追索人清偿债务后，其责任解除。

六、本　票

（一）本票的概念

本票是出票人签发，承诺自己在见票时无条件支付确定的金额给收款人或者持票人的票据。依据《票据法》的规定，我国法律只承认银行本票。目前商业本票还不能使用。

本票的背书、保证、付款和追索权的行使，除法律有特殊规定外，适用有关汇票的规定。

（二）出票

1. 本票的绝对应记载事项

本票上未记载下列规定事项之一的，本票无效：（1）表明“本票”字样；（2）无条件支付的承诺；（3）确定的金额；（4）收款人名称；（5）出票日期；（6）出票人签章。

2. 本票的相对应记载事项

（1）付款地；（2）出票地。

本票上记载付款地、出票地等事项的，应当清楚、明确。本票上未记载付款地的，出票人的营业场所为付款地。本票上未记载出票地的，出票人的营业场所为出票地。

3. 付款

银行本票是见票付款的票据，收款人或持票人在取得银行本票后，随时可以向出票人请示付款。但本票自出票日起，付款期限最长不得超过2个月。如果持票人未按照上述法定期限提示本票的，则丧失对出票人以外的前手的追索权。

七、支　票

（一）支票的概念

支票是出票人签发的，委托办理支票存款业务的银行或者其他金融机构在见票时无条件支付确定的金额给收款人或者持票人的票据。支票属于见票即付的委付票据，付款人仅限于银行及其他金融机构。

支票的背书、付款行为和追索权的行使，除法律有特殊规定外，适用有关汇票的规定。

（二）出票

1. 出票人的条件

出票人必须是在经中国人民银行当地分支行批准办理支票业务的银行开立可以使用支票的存款账户的单位和个人。

2. 支票的记载事项

（1）绝对应记载事项。

支票上未记载下列规定事项之一的，支票无效：表明“支票”的字样；无条件支付的委托；确定的金额；付款人名称；出票日期；出票人签章。

支票上的金额可以由出票人授权补记，未补记前的支票，不得使用。收款人名称不是绝对应记载事项。支票上未记载收款人名称的，经出票人授权，可以补记。出票人可以在支票上记载自己为收款人。

（2）相对应记载事项。

1）付款地；2）出票地。

支票上未记载付款地的，依据《最高人民法院关于审理票据纠纷案件若干问题的规定》（2020 年修正），支票付款人或者代理付款人的营业场所所在地为票据付款地。代理付款人即付款人的委托代理人，是指根据付款人的委托代为支付票据金额的银行等金融机构。支票上未记载出票地的，出票人的营业场所、住所或者经常居住地为出票地。

（3）出票的其他法定条件。

支票的出票人所签发的支票金额不得超过其付款时在付款人处实有的存款金额，否则，为空头支票。签发空头支票属违法行为，须承担法律责任。

支票的出票人不得签发与其预留本名的签名式样或者印鉴不符的支票。

八、付款

支票仅限于见票即付，不得另行记载付款日期。另行记载付款日期的，该记载无效。支票的持票人应当自出票日起 10 日内提示付款；超过提示付款期限的，付款人可以不予付款，但是出票人仍应当对持票人承担票据责任。付款人依法支付支票金额的，对出票人不再承担受委托付款的责任，对持票人不再承担付款的责任，但是，付款人以恶意或者有重大过失付款的除外。

第三节　非票据结算方式

一、汇　兑

（一）汇兑概述

汇兑是汇款人委托银行将其款项支付给收款人的结算方式。汇兑适用于单位和个人的各种款项的结算，且不受金额起点的限制。汇兑分为信汇和电汇两种。信汇是以邮寄方式将汇款凭证转给外地收款人指定的汇入行，电汇则是以电报方式将汇款凭证转发给收款人指定的汇入行。

（二）汇兑的基本流程

汇兑业务的基本流程如图 7－1 所示。

（1）汇款人按要求签发汇兑凭证。汇款人签发汇兑凭证时，必须记载相关事项有：表明“信汇”或“电汇”；无条件支付的委托；确定的金额；汇款人名称；收款人名称；汇入地点、汇入行名称；汇出地点、汇出行名称；委托日期；汇款人签章。汇兑凭证记载的汇款人、收款人名称，其在银行开立了存款账户的，必须记载其账号。汇兑凭证上记载收款人为个人的，收款人需要到汇入银行领取汇款，汇款人应在汇兑凭证上注明“留行待取”字样。

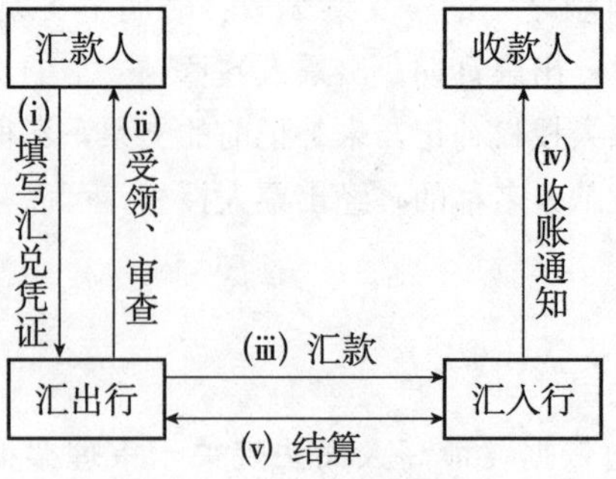

图7-1 汇兑业务基本流程

（2）汇出银行受理、审查汇款人签发的汇兑凭证。经审查无误后，应及时向汇入银行办理汇款，并向汇款人签发汇款回单。汇款回单只能作为汇出银行受理汇款的依据，不能作为该笔汇款已转入收款人账户的证明。

（3）汇入银行接收汇出银行的汇兑凭证，经审核无误后，根据收款人的不同情况进行审查并办理付款手续。

1）汇入银行对开立存款账户的收款人，应将汇给他的款项直接转入收款人账户，并向其发出收账通知。收账通知是银行将款项确已收入收款人账户的凭据。

2）未在银行开立存款账户的收款人，凭信汇、电汇的取款通知或“留行待取”的，向汇入银行支取款项，必须交验本人的身份证件，在信汇、电汇凭证上注明证件名称、号码及发证机关，并在“收款人签盖章”处签章；信汇凭签章支取的，收款人的签章必须与预留信汇凭证上的签章相符。银行审查无误后，以收款人的姓名开立应解汇款及临时存款账户，该账户只付不收，付完清户，不计付利息。

3）支取现金的，信汇、电汇凭证上必须有按规定填明的“现金”字样，才能办理。未填明“现金”字样，需要支取现金的，由汇入银行按照国家现金管理规定审查支付。

4）收款人还可以委托他人向汇入银行支取款项，或者转账支付到单位或个体工商户的存款账户（严禁转入储蓄和信用卡账户），或者办理转汇。

（三）汇兑的撤销和退汇

1. 撤销

汇款人对汇出银行尚未汇出的款项可以申请撤销。汇出银行查明确未汇出款项的，收回原信汇、电汇回单，方可办理撤销。

2. 退汇

汇款人对汇出银行已经汇出的款项可以申请退汇。对于收款人在汇入银行开立了存款账户的，由汇款人与收款人自行联系退汇；对于收款人未在汇入银行开立存款账户的，汇款人应出具正式函件或本人身份证件以及原信汇、电汇回单，由汇出银行通知汇入银行，经汇入银行核实汇款确未支付，并将款项汇回汇出银行，方可办理退汇。

汇入银行对于收款人拒绝接受的汇款，应立即办理退汇。汇入银行对于向收款人发出取款通知，经过2个月无法交付的汇款，应主动办理退汇。

二、托收承付

(一) 托收承付概述

托收承付，是指根据买卖合同由收款人发货后委托银行向异地付款人收取款项，由付款人向银行承认付款的结算方式。托收承付结算款项的划回方法，分邮寄和电报两种，由收款人选用。托收承付结算每笔的金额起点为1万元（新华书店系统为1 000元）。

《支付结算办法》对托收承付的适用规定了较为严格的条件：（1）使用托收承付结算方式的收款单位和付款单位，必须是国有企业、供销合作社以及经营管理较好，并经开户银行审查同意的城乡集体所有制工业企业。（2）办理托收承付结算的款项，必须是商品交易，以及因商品交易而产生的劳务供应的款项。代销、寄销、赊销商品的款项，不得办理托收承付结算。（3）收付双方使用托收承付结算必须签有符合法律规定的买卖合同，并在合同上订明使用异地托收承付结算方式。（4）收款人办理托收，必须具有商品确已发运的证件（包括铁路、航运、公路等运输部门签发的运单、运单副本和邮局包裹回执）。没有发运证件，可凭其他有关证件办理。（5）收付双方办理托收承付结算，必须重合同、守信用。收款人对同一付款人发货托收累计三次收不回货款的，收款人开户银行应暂停收款人向付款人办理托收；付款人累计三次提出无理拒付的，付款人开户银行应暂停其向外办理托收。

(二) 托收承付的基本流程

托收承付业务的基本流程如图7－2所示。

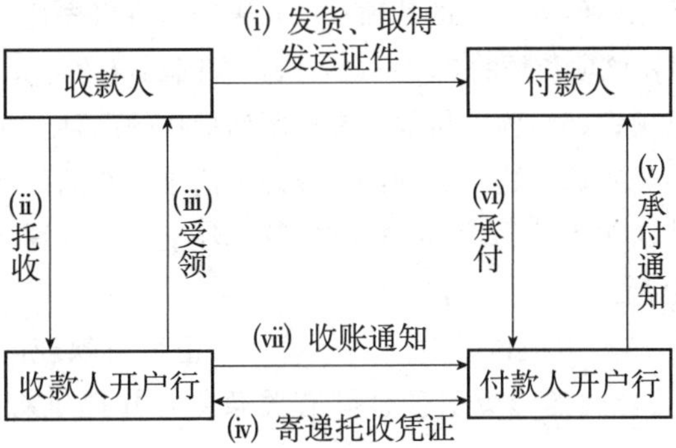

图7－2　托收承付业务基本流程

1. 托收

托收是指收款人根据买卖合同发货后，委托银行向付款人收取款项。

收款人办理托收，应填制托收凭证，盖章后并附发运证件或其他符合托收承付结算的有关证明和交易单证送交银行。

收款人开户银行接到托收凭证及其附件后，应当按照托收范围、条件和托收凭证填写的要求认真进行审查。经审查无误的，将有关托收凭证连同交易单证，一并寄交付款人开户行。

2. 承付

承付是指由付款人向银行承认付款的行为。

付款人开户银行收到托收凭证及其附件后，应当及时通知付款人。付款人在承付期内审查核对，安排资金。

承付货款分为验单付款和验货付款两种，由收付双方商量选用，并在合同中明确规定。

验单付款的承付期为3日，从付款人开户银行发出承付通知的次日算起（承付期内遇法定节假日顺延）。付款人在承付期内，未向银行表示拒绝付款，银行即视为承付，并在承付期满的次日（遇法定节假日顺延）上午银行开始营业时，将款项主动从付款人的账户内付出，划给收款人。

验货付款的承付期为10日，从运输部门向付款人发出提货通知的次日算起。收付双方在合同中明确约定，并在托收凭证上注明验货付款期限的，银行从其约定。付款人收到提货通知后，应立即向银行交验提货通知，付款人在银行发出承付通知后（次日算起）的10日内，未收到提货通知，应在第十日将货物尚未到达的情况通知银行。在第十日付款人不通知银行的，银行即视同已验货，于10日期满的次日上午银行开始营业时，将款项划给收款人；在第十日付款人通知银行货物未到，而以后收到提货通知没有及时送交银行，银行仍以10日期满的次日作为划款日期，并按超过天数计扣逾期付款赔偿金。收款人则必须在托收凭证上加盖明显的“验货付款”字样戳记。

无论是验单付款还是验货付款，付款人都可以在承付期内提前向银行表示承付，并通知银行提前付款，银行应立即办理划款。因商品的价格、数量或金额变动，付款人应多承付款项的，付款人须在承付期内向银行提出书面通知，银行据此随同当次托收款项划给收款人。

（三）拒绝付款的处理

付款人在承付期内，对于如下情况，可向银行提出全部或部分拒绝付款：(1) 没有签订买卖合同或合同未订明托收承付结算方式的款项；(2) 未经双方事先达成协议，收款人提前交货或逾期交货，付款人不需要该项货物的款项；(3) 未按合同约定的到货地址发货的款项；(4) 代销、寄销、赊销商品的款项；(5) 验单付款，发现所列货物的品种、规格、数量、价格与合同约定不符，或货物已到，经查验货物与合同约定或发货清单不符的款项；(6) 验货付款，经查验货物与合同约定或发货清单不符的款项；(7) 货款已经支付或计算有错误的款项。不属上述情况的，付款人不得向银行提出拒绝付款。

付款人基于以上情况提出拒绝付款时，必须填写“拒绝付款理由书”，并加盖单位公章，注明拒绝付款理由，涉及合同的，应引证合同有关条款，并提供有关证明，一并送交开户银行。

开户银行经审查，认为拒付理由不成立，应不受理，并实行强制扣款。银行同意部分或全部拒付的，应在“拒绝付款理由书”上签注意见。部分拒绝付款的，除办理部分付款外，应将“拒绝付款理由书”连同拒付证明和拒付商品清单邮寄收款人开户银行转交收款人。全部拒绝付款的，应将“拒绝付款理由书”连同拒付证明和有关单证邮寄收款人开户银行转交收款人。

三、委托收款

（一）委托收款概述

委托收款是收款人委托银行向付款人收取款项的结算方式。委托收款结算款项的划回方式，分邮寄和电报两种，由收款人选用。委托收款的适用范围十分广泛，无论是同城还是异地，都可办理。单位和个人凭已承兑商业汇票、债券、存单等付款人债务证明办理款项的结算，均可以使用委托收款的结算方式。在同城范围内，收款人收取公用事业费或根据国务院的规定，可以使用同城特约委托收款。收取公用事业费，必须具有收付双方事先签订的合同，由付款人向开户银行授权，并经开户银行同意，报经中国人民银行当地分支行批准。

（二）委托收款的基本流程

委托收款业务的基本流程如图 7－3 所示。

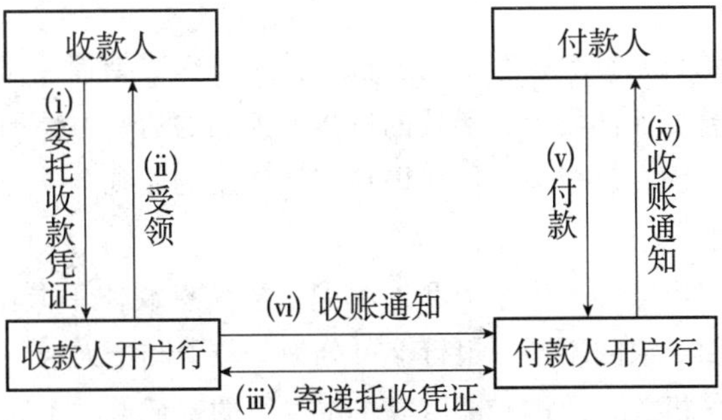

图 7－3　委托收款业务基本流程

1. 委托

收款人办理委托收款，应当向银行提交所填写的委托收款凭证和有关债务证明。有关债务证明是指能够证明付款人到期并应向收款人支付一定款项的证明，如水电费单、电话费单、已承兑的商业汇票、债券、存单等。

委托收款以银行以外的单位为付款人的，委托收款凭证必须记载付款人开户银行名称；以银行以外的单位或在银行开立存款账户的个人为收款人的，委托收款凭证必须记载收款人开户银行名称；以未在银行开立存款账户的个人为收款人的，委托收款凭证必须记载受托银行名称。欠缺上述记载的，银行不予受理。

2. 付款

银行在接到寄来的委托收款凭证及债务证明，并经审查无误之后应向收款人办理付款：（1）以银行为付款人的，银行应在当日将款项主动支付给收款人；（2）以单位为付款人的，银行应及时通知付款人，按照有关办法的规定，需要将有关债务证明交给付款人的应交给付款人，并签收。付款人应于接到通知的当日书面通知银行付款。付款人未在接到通知日的次日起 3 日内通知银行付款的，视同付款人同意付款，银行应于付款人接到通知日的次日起第四日上午开始营业时，将款项划给收款人。

付款人提前收到由其付款的债务证明，应通知银行于债务证明的到期日付款。付款人未于接到通知日的次日起 3 日内通知银行付款，付款人接到通知日的次日起第四日在债务证明到期日之前的，银行应于债务证明到期日将款项划给收款人。

银行在办理划款时，发现付款人存款账户不足支付的，应通过受托银行向收款人发出未付款通知书。债务证明留存付款人开户银行的，应将其债务证明连同未付款项通知书邮寄受托银行转交收款人。

（三）拒绝付款的处理

付款人在审查有关债务证明后，对收款人委托收取的款项需要拒绝付款的，可以办理拒绝付款：（1）以银行为付款人的，应自收到委托收款及债务证明的次日起 3 日内出具拒绝证明，连同有关债务证明、凭证寄给受托银行，转交收款人；（2）以单位为付款人的，应在付款人接到通知日的次日起3日内出具拒绝证明，持有债务证明的，应将其送交开户银行。银行将拒绝证明、债务证明和有关凭证一并寄给受托银行，转交收款人。

四、银行卡

（一）银行卡概述

银行卡是指由商业银行向社会发行的具有消费信用、转账结算、存取现金等全部或部分功能的信用支付工具。随着商业的发展、科技的进步、人们的消费习惯和用卡习惯的变化，银行卡的功能也越来越丰富，现在已成为我国居民最广泛使用的非现金支付工具。

（二）银行卡的种类

按币种不同，银行卡可分为人民币卡和外币卡。按信息载体不同，银行卡可分为磁条卡、芯片（IC）卡等。按使用对象的不同，银行卡可分为单位卡和个人卡：单位卡是指商业银行向企业、事业单位、学校、机关、团体、部队等单位发行的银行卡，个人卡是指商业银行向个人发行的银行卡。

从结算方式的特点来说，银行卡可分为信用卡和借记卡。

（1）信用卡。信用卡是指记录持卡人账户相关信息，具备银行授信额度和透支功能，并为持卡人提供相关银行服务的各类介质。

信用卡按是否向发卡银行交存备用金，又可分为贷记卡、准贷记卡两类：1）贷记卡是指发卡银行给予持卡人一定的信用额度，持卡人可在信用额度内先消费、后还款的信用卡。2）准贷记卡是指持卡人须先按发卡银行要求交存一定金额的备用金，当备用金账户余额不足支付时，可在发卡银行规定的信用额度内透支的信用卡。

（2）借记卡。借记卡是指持卡人先将款项存入卡内账户，然后进行消费的银行卡。借记卡不具备透支功能，结算也比较简单。借记卡按功能不同分为转账卡（含储蓄卡）、专用卡、储值卡。

1）转账卡是实时扣账的借记卡，具有转账结算、存取现金和消费功能。2）专用卡是具有专门用途、在特定区域使用的借记卡，具有转账结算、存取现金功能。“专门用途”是指在百货、餐饮、饭店、娱乐行业以外的用途。3）储值卡是发卡银行根据持卡人要求将其资金转至卡内储存，交易时直接从卡内扣款的预付钱包式借记卡。

（三）银行卡的发行

商业银行（包括外资银行、合资银行）开办银行卡业务，应满足严格的基本条件，并经中国人民银行批准。

发卡银行各类银行卡章程应载明下列事项：（1）卡的名称、种类、功能、用途；（2）卡的发行对象、申领条件、申领手续；（3）卡的使用范围（包括使用方面的限制）及使用方法；（4）卡的账户适用的利率，面向持卡人的收费项目及标准；（5）发卡银行、持卡人及其他有关当事人的权利、义务；（6）中国人民银行要求的其他事项。

（四）银行卡的申领、挂失与销户

1. 申领

（1）单位卡。凡在中国境内金融机构开立基本存款账户的单位，应当凭中国人民银行核发的开户许可证申领单位卡。单位人民币卡账户的资金一律从其基本存款账户转账存入，不得存取现金，不得将销货收入存入单位卡账户。单位外币卡账户的资金应从其单位的外汇账户转账存入，不得在境内存取外币现钞。

（2）个人卡。个人申领银行卡（储值卡除外），应当向发卡银行提供公安机关规定的本人有效身份证件，经发卡银行审查合格后，为其开立记名账户。个人人民币卡账户的资金以其持有的现金存入，或以其工资性款项、属于个人的合法的劳务报酬、投资回报等收入转账存入。个人外币卡账户的资金以其个人持有的外币现钞存入或从其外汇账户（含外钞账户）转账存入。该账户的转账及存款均按中国人民银行《个人外汇管理办法》及国家外汇管理局的实施细则办理。

2. 挂失

发卡银行应当提供24小时挂失服务，通过营业网点、客户服务电话或电子银行等渠道及时受理持卡人挂失申请并采取相应的风险管控措施。借记卡的挂失手续办妥后，持卡人不再承担相应卡账户资金变动的责任，司法机关、仲裁机构另有判决、裁决的除外。发卡银行对储值卡和IC卡内的电子钱包可不予挂失。

3. 销户

持卡人在还清全部交易款项、透支本息和有关费用后，可申请办理销户。销户时，单位人民币卡账户的资金应当转入其基本存款账户，单位外币卡账户的资金应当转回相应的外汇账户，不得提取现金。个人卡账户可以转账结清，也可以提取现金。

（五）银行卡的计息和收费

银行卡的计息包括计收利息和计付利息。

发卡银行对准贷记卡及借记卡（不含储值卡）账户内的存款，按照中国人民银行规定的同期同档次存款利率及计息办法计付利息。

贷记卡持卡人非现金交易可享受免息还款期待遇、最低还款额待遇等优惠条件。根据自2017年1月1日起实施的《中国人民银行关于信用卡业务有关事项的通知》，信用卡持卡人透支消费享受免息还款期和最低还款额待遇的条件和标准等，由发卡机构自主确定。信用卡透支的计结息方式，以及对信用卡溢缴款是否计付利息及其利率标准，由发卡机构自主确定。取消信用卡滞纳金，对于持卡人违约逾期未还款的行为，发卡机构应与持卡人通过协议约定是否收取违约金，以及相关收取方式和标准。发卡机构向持卡人提供超过授信额度用卡服务的，不得收取超限费。发卡机构对向持卡人收取的违约金和年费、取现手续费、货币兑换费等服务费用不得计收利息。根据《中国人民银行关于推进信用卡透支利率市场化改革的通知》，自2021年1月1日起，信用卡透支利率由发卡机构与持卡人自主协商确定，取消信用卡透支利率上限和下限管理（上限为日利率万分之五，下限为日利率万分之五的0.7倍）。

（六）银行卡的使用

1. 提取现金

持卡人可以通过借记卡存取现金。中国人民银行2007年5月11日发布《关于改进个人支付结算服务的通知》，将借记卡在自动柜员机（ATM）取款的交易上限由原来的每卡每日累计5 000元提高至2万元。各银行可在2万元的限度内综合考虑客户需要、服务能力和安全控制水平等因素，确定本行每卡单笔和每日累计提现金额。

信用卡也可用于办理预借现金业务，包括现金提取、现金转账和现金充值，其中：现金提取，是指持卡人通过柜面和ATM等自助机具，以现钞形式获得信用卡预借现金额度内资金；现金转账，是指持卡人将信用卡预借现金额度内资金划转到本人银行结算账户；现金充值，是指持卡人将信用卡预借现金额度内资金划转到本人在非银行支付机构开立的支付账户。持卡人通过ATM等自助机具办理现金提取业务，每卡每日累计不得超过人民币1万元；持卡人通过柜面办理现金提取业务、通过各类渠道办理现金转账业务的每卡每日限额，由发卡机构与持卡人通过协议约定；发卡机构可自主确定是否提供现金充值服务，并与持卡人协议约定每卡每日限额。发卡机构不得将持卡人信用卡预借现金额度内资金划转至其他信用卡，以及非持卡人的银行结算账户或支付账户。

2. 购物消费

持卡人可持银行卡在特约商户购物、消费。特约商户，是指与收单机构签订银行卡受理协议、按约定受理银行卡并委托收单机构为其完成交易资金结算的企事业单位、个体工商户或其他组织，以及按照国家市场监督管理机关有关规定，开展网络商品交易等经营活动的自然人。

特约商户不得拒绝受理持卡人合法持有的签约银行发行的有效银行卡，不得因持卡人使用银行卡而向其收取附加费用。持卡人不得以和商户发生纠纷为由拒绝支付所欠银行款项。

为规范银行卡收单业务，保障各参与方的合法权益，防范支付风险，中国人民银行在2013年制定了《银行卡收单业务管理办法》。

五、预付卡

支付机构可以在境内从事预付业务。根据《非金融机构支付服务管理办法》《非金融机构支付服务管理办法实施细则》《支付机构预付卡业务管理办法》等的规定，“预付卡”是指发卡机构以特定载体和形式发行的、可在发卡机构之外购买商品或服务的预付价值，但不包括：(1) 仅限于发放社会保障金的预付卡；(2) 仅限于乘坐公共交通工具的预付卡；(3) 仅限于缴纳电话费等通信费用的预付卡；(4) 发行机构与特约商户为同一法人的预付卡。“支付机构”是指取得“支付业务许可证”，获准办理“预付卡发行与受理”业务的发卡机构，以及获准办理“预付卡受理”业务的受理机构。

预付卡分为记名预付卡和不记名预付卡。记名预付卡是指预付卡业务处理系统中记载持卡人身份信息的预付卡。不记名预付卡是指预付卡业务处理系统中不记载持卡人身份信息的预付卡。记名预付卡可挂失、可赎回，不得设置有效期。不记名预付卡一般不可挂失、不可赎回。不记名预付卡有效期不得低于3年。预付卡不得具有透支功能。

此外，根据商务部《单用途商业预付卡管理办法（试行）》的规定，从事零售业、住宿和餐饮业、居民服务业的企业法人也可以在境内开展单用途商业预付卡业务。单用途商业预付卡是指企业发行的，仅限于在本企业或本企业所属集团或同一品牌特许经营体系内兑付货物或服务的预付凭证。

六、电子支付

（一）电子支付概述

电子支付是指单位、个人直接或授权他人通过电子终端发出支付指令，实现货币支付与资金转移的行为。与传统支付方式相比，电子支付更加方便、高效，但同时也带来了风险，电子支付的安全问题一直是社会关注的焦点。

近些年来我国的电子支付持续保持迅速发展态势。为规范和引导电子支付的健康发展，保障当事人的合法权益，防范支付风险，确保银行和客户资金的安全，中国人民银行于2005年10月26日发布了《电子支付指引（第一号）》，以规范银行和客户之间的电子支付行为。2010年中国人民银行发布《非金融机构支付服务管理办法》（2020年修正）及其实施细则，以规范非金融机构的支付服务行为（包括网络支付）。2015年12月28日中国人民银行发布专门的《非银行支付机构网络支付业务管理办法》，以规范非银行支付机构的网络支付业务。2017年12月25日，中国人民银行又发布《条码支付业务规范（试行）》，以规范条码（二维码）支付业务（银行业金融机构、非银行支付机构应用条码技术，实现收、付款人之间货币资金转移的业务活动）。此外，《电子签名法》对电子签名的法律效力问题进行了规范。

（二）电子支付的类型

电子支付的应用极为广泛，支付方式也不断创新。根据发起电子支付指令的电子终端不同，电子支付可以分为网上支付、电话支付、移动支付、销售点终端交易、自动柜员机交易和其他电子支付等类型。依托公共网络或专用网络在收、付款人之间转移货币资金的支付方式，包括互联网支付（网上支付）、移动电话支付、固定电话支付、数字电视支付等，也被合称为网络支付，其中，使用最为广泛的是网上支付和移动支付。

网上支付是指通过互联网进行货币支付、现金流转、资金清算等行为，通常仍以银行为中介。在典型的网上支付模式中，银行建立支付网关和网上支付系统，为客户提供网上支付服务。网上支付指令由银行后台处理，并通过传统支付系统完成跨行交易的清算与结算。与传统支付方式相比，在网上支付的过程中，客户成了支付系统的主动参与者。

移动支付是指依托移动互联网或专用网络，通过移动终端（通常是手机）实现收、付款人之间货币、资金转移的支付服务，包括但不限于近场支付（通过具有近距离无线通信技术的移动终端实现本地化通信进行货币、资金的转移）和远程支付（通过移动网络与后台支付系统建立连接，尤其是利用“网银”、第三方支付平台等互联网支付工具，实现各科转账、消费等）等业务。

2010年，中国人民银行网上支付跨行清算系统建成运行，可以处理“网银”贷记业务（付款人通过付款行向收款行主动发起的付款业务）、“网银”借记业务（收款人根据事先签订的协议，通过收款行向付款行发起的收款业务）、第三方贷记业务（第三方机构接受付款人或收款人委托，通过网上支付跨行清算系统通知付款行向收款行付款的业务），以及跨行账户信息查询等业务。

（三）电子支付的基本流程

电子支付的当事人一般包括发出电子支付指令的客户、接受电子支付指令的客户、提供电子支付网络环境服务或移动通信服务的经营商、银行、支付机构等。

电子支付的基本流程是：

（1）电子支付指令的发起，即客户根据需要就货币支付和资金转移通过电子终端，根据其与发起行签订的协议，发出电子支付指令。接受客户委托发出电子支付指令的发起银行称为发起行。

（2）电子支付指令的确认，在客户发出电子支付指令前，发起行应建立必要的安全程序，在提示客户对指令的准确性和完整性进行确认的前提下，对客户身份和电子支付指令再次进行确认，并应能够向客户提供纸质或电子交易回单，同时形成日志文件等记录，保存至交易后5年。

(3) 电子支付指令的执行。发起行在确认客户电子支付指令完整和准确后，通过安全程序执行电子支付指令。发起行执行该指令后，客户不得要求变更或撤销电子支付指令。

如果银行自身提供了电子支付的网络环境，一般就不涉及提供该项服务的经营商，否则，银行只有与提供电子支付网络环境的经营商合作，才能完成电子支付行为。

(4) 电子支付指令的接收。电子支付指令接收人的开户银行或接收人未在银行开立账户而电子支付指令确定的资金汇入银行被称为接收行。接收行收到电子支付指令后，应按照协议，及时回复确认。

【案例7-3】甲公司向乙公司购买价值10万元的货物并开具银行承兑汇票。乙公司收到汇票后，将该汇票作为向个体户丙购买原材料的预付款先行支付。丙收到该汇票后，将其赠与丁。丁于2021年5月1日持票向银行请求付款时，银行拒绝付款。丁考虑到乙公司效益较好，遂向乙公司行使追索权。

请综合分析并回答本案涉及的下列法律问题。

(1) 丁的付款请求权得不到实现，(　　)。

A. 可以不按照银行、丙、乙公司和甲公司的先后顺序行使追索权

B. 必须按照银行、丙、乙公司和甲公司的先后顺序行使追索权

C. 在对乙公司进行追索的同时，对丙、银行和甲公司仍然可以行使追索权

D. 在对乙公司进行追索后，对丙、银行和甲公司就不能行使追索权

(2) 下列关于丁的票据权利的表述中，正确的是（　　）。

A. 丁无偿取得票据，不享受背书转让权

B. 丁因赠与而继受取得票据权利，其享有的票据权利与前手相同

C. 丁所享有的票据权利不能优于其前手的权利

D. 丁所享有的票据权利可以优于其前手的权利

(3) 丁行使追索权时，可以请求被追索人支付的法定金额和费用包括（　　）。

A. 被拒绝付款的汇票金额

B. 汇票到期日起至清偿日止汇票金额的利息

C. 取得有关拒绝证明的费用

D. 因行使追索权产生的误工费

(4) 丁对前手的追索权应当在（　　）前行使。

A. 2021年8月1日　　B. 2021年11月1日

C. 2022年6月1日　　D. 2023年5月1日

【解析】(1)《票据法》规定，持票人可以不按照汇票债务人的先后顺序，对其中任何一人、数人或者全体行使追索权。持票人对汇票债务人中的一人或者数人已经进行追索的，对其他汇票债务人仍可以行使追索权。因此，正确答案为AC。

(2)《票据法》规定，经赠与可以依法无偿取得票据，但所享有的票据权利不得优于其前手的权利。因此，正确答案为BC。

(3)《票据法》规定，持票人行使追索权，可以请求被追索人支付被拒绝付款的汇票金额、汇票金额自到期日或者提示付款日起至清偿日止按照中国人民银行规定的利率计算的利息和取得有关拒绝证明和发出通知书的费用。因此，正确答案为ABC。

(4)《票据法》规定，持票人对前手的追索权，自被拒绝承兑或者被拒绝付款之日起6个月不行使而消灭。因此，丁对前手的追索权应当在2021年11月1日前行使。因此，正确答案为B。

复习与思考

一、简答题

1. 什么是票据？票据可分为哪几种？
2. 票据行为包含哪些基本内容？
3. 汇票、本票和支票的记载事项有哪些？
4. 票据权利的取得与行使的具体内容有哪些？
5. 票据丧失的补救措施有哪些？

二、案例分析题

1. 2023年9月1日，某市甲公司与该市乙公司订立了一份购销合同，合同约定：由甲公司供给乙公司煤炭一批，价值人民币128万元。9月2日，乙公司签发了一张以其开户银行为付款人、以甲公司为收款人、票面金额为128万元、见票后30天付款的商业汇票，并将汇票交付给甲公司。9月27日，甲公司持该汇票向乙公司的开户银行提示承兑，该银行经审查后同意承兑，在汇票上作了相应的记载后，交还甲公司。10月3日，甲公司财务室被盗，由于当日为节假日，财务室无人值班，故直至10月8日财务室工作人员上班时，才发现财务室被盗，并向公安机关报案。经查明，除被盗走现金5万余元外，另有汇票、支票13张失窃，票面总金额约396万元，其中包括该已经承兑的汇票。10月8日下午，甲公司将汇票被盗的情况通知乙公司的开户行。开户行告知甲公司，该汇票已于上午经人向其提示付款，并已足额支付，对此银行不承担责任。经多次交涉无果，甲公司以该银行为被告向法院起诉，以银行审查有过错为由要求其承担付款责任。

请认真分析本案并谈谈你的看法。

2. A公司向B公司购买货物，于2023年5月20日签发一张转账支票给B公司用于支付货款，但A公司在支票上未记载收款人名称，约定由B公司自行填写，B公司取得支票后，在支票收款人处填写上B公司名称，并于5月22日将该支票背书转让给C公司。C公司于6月5日向付款银行提示付款。A公司在付款银行的存款足以支付支票金额。

根据上述情况和《票据法》的有关规定，请回答下列问题，并简要说明理由：

(1) A公司签发的未记载收款人名称的支票是否有效？

(2) A公司签发的支票能否向付款银行支取现金？

(3) 付款银行能否拒绝向C公司付款？

3. 甲公司从乙公司购进一批设备，价款为80万元。甲公司开出一张付款期限为6个月的商业承兑汇票给乙公司，丙公司在该汇票的正面记载了保证事项。乙公司取得汇票后，将该汇票背书转让给了丁公司。汇票到期，丁公司委托银行收款时，才得知甲公司的存款账户不足以支付。银行将付款人未付票款通知书和该商业承兑汇票一同交给丁公司。丁公司遂向乙公司要求付款。

根据上述情况和票据法律制度的有关规定，请回答下列问题：

（1）丁公司在票据未获付款的情况下是否有权向乙公司要求付款？为什么？

（2）丁公司在乙公司拒绝付款的情况下是否可向甲公司、丙公司要求付款？为什么？

（3）如果丙公司代为履行票据付款义务，则丙公司可向谁行使追索权？

4. 为向A公司支付购买产品的货款，B公司向自己开户的C银行申请开具银行承兑汇票。C银行审核同意后，B公司依约存入C银行300万元保证金，并签发了以自己为出票人、以A公司为收款人、以C银行为承兑人、金额为1 000万元的银行承兑汇票，C银行在该汇票上作为承兑人签章。B公司将上述汇票交付A公司以支付货款。A公司收到汇票后，在约定的期限向B公司交付完毕产品。为向D公司支付采购原材料价款，A公司又将该汇票背书转让给D公司。

B公司收到A公司交付的产品后，经过检验，发现产品存在重大质量问题，在与A公司多次交涉无果后，解除了合同，并将收到的产品全部退还A公司。A公司承诺向B公司返还货款，但未能履行。B公司在解除合同后，立即将该事实通知C银行，要求该银行不得对其开出的汇票付款。直到该汇票到期日，B公司也未依约定将剩余汇票金额存入C银行。

D公司在该汇票到期时，持票请求C银行付款，C银行以B公司已经解除与A公司的合同以及B公司未将剩余汇票金额存入账户为由，拒绝了D公司的付款请求。

根据本题所述内容和票据法律制度的有关规定，请回答下列问题并说明理由：

（1）C银行拒绝D公司付款请求的两个理由是否能够成立？

（2）D公司是否有权向B公司追索？

（3）如果A公司应D公司的要求，支付了全部被追索金额，转而作为持票人向B公司再追索，B公司是否有权拒绝其请求？

5. A公司为支付货款，2024年3月1日向B公司签发一张金额为50万元、见票后1个月付款的银行承兑汇票。B公司取得汇票后，将汇票背书转让给C公司。C公司在汇票的背面记载“不得转让”字样后，将汇票背书转让给D公司。其后，D公司将汇票背书转让给E公司，但D公司在汇票粘单上记载“只有E公司交货后，该汇票才发生背书转让效力”。后E公司又将汇票背书转让给F公司。2024年3月25日，F公司持有汇票向承兑人甲银行提示承兑，甲银行以A公司未足额交存票款为由拒绝承兑，且于当日签发拒绝证明。

2024年3月27日，F公司向A、B、C、E公司同时发出追索通知。B公司以F公司应先向C、D、E公司追索为由拒绝承担担保责任；C公司以自己在背书时记载“不得转让”字样为由拒绝承担担保责任。

根据上述情况和票据法律制度的有关规定，请回答下列问题，并需要说明理由：

（1）D公司背书所附条件是否具有票据上的效力？

（2）B公司拒绝承担担保责任的主张是否符合法律规定？

（3）C公司拒绝承担担保责任的主张是否符合法律规定？

第八章
劳动合同与社会保险法律制度

□ • 学习目标 • □

通过本章的学习与技能训练，要求了解劳动合同法的主要内容，掌握劳动合同的含义、特征，了解劳动合同的订立原则，掌握劳动合同的履行、变更、解除与终止过程，理解社会保险法的立法过程及背景，并能够判断社会保险的种类和主要内容，熟知社会保险基金的特征。

□ • 引导案例 • □

2021 年 4 月，上海某科技公司设立研发部，并招聘了一位研发部经理。由于公司以前没有这个岗位，公司薪资制度也未作出相关规定，人事经理在代表公司与该研发部经理订立劳动合同时，并没有特别约定薪资一项，只是口头上说明根据工作绩效具体确定，但双方最后还是签署了这份为期 3 年的劳动合同。此后，其薪资按照研发部每月业务对公司的具体效益给付。6 个月后，公司对该研发部经理的表现不满意，意欲解除与该研发部经理的劳动合同。在征求研发部经理本人意见时，研发部经理表示不愿与公司协商解除合同，希望继续工作直至劳动合同期满。公司总经理向人事经理征询意见，人事经理突然想到双方劳动合同中没有约定薪资，而薪资属于劳动合同法定必备条款，没有法定条款的劳动合同无效，所以双方存在的是事实劳动关系，公司终止事实劳动关系只需要提前 30 天即可，无须找出其他的理由。

□ • 分析思考 • □

该公司人事经理认为劳动合同因缺乏对薪资事项的规定而属于无效合同的辩解成立吗？为什么？

第一节　劳动合同法律制度

一、劳动关系与劳动合同

（一）劳动关系与劳动合同的概念

劳动关系是指劳动者与用人单位（包括企业、个体经济组织等）依法签订劳动合同，而在劳动者与用人单位之间产生的法律关系。劳动者接受用人单位的管理，从事用人单位安排的工作，成为用人单位的成员，从用人单位领取劳动报酬和受劳动保护。

《中华人民共和国劳动法》（以下简称《劳动法》）第16条规定：劳动合同是劳动者与用人单位确立劳动关系，明确双方权利、义务的协议。

（二）劳动合同法

为规范劳动关系，国家陆续颁布了一系列相关法律、法规和规章，如1994年7月5日第八届全国人大常委会第八次会议通过、2018年12月29日第十三届全国人大常委会第七次会议第二次修正的《劳动法》，2007年6月29日第十届全国人大常委会第二十八次会议通过、2012年12月28日修正的《中华人民共和国劳动合同法》（以下简称《劳动合同法》），2007年12月29日第十届全国人大常委会第三十一次会议通过的《中华人民共和国劳动争议调解仲裁法》（以下简称《劳动争议调解仲裁法》），以及2008年9月18日国务院令第535号公布的《中华人民共和国劳动合同法实施条例》（以下简称《劳动合同法实施条例》），2007年12月14日国务院令第514号公布的《职工带薪年休假条例》，2020年12月25日最高人民法院审判委员会第1825次会议通过、自2021年1月1日起施行的《关于审理劳动争议案件适用法律问题的解释（一）》等。这些法律、法规、规章、司法解释构成了我国劳动法或称劳动合同法律制度的主要内容。《民法典》第11条规定，其他法律对民事关系有特别规定的，依照其规定。劳动法和民法是融合与分立并存的关系。在劳动关系处理中，应当优先适用劳动法的规定；当劳动法无规定时，需要结合劳动法的精神，适用《民法典》的有关规则。

二、劳动合同法的适用范围

根据《劳动合同法》的有关规定，中华人民共和国境内的企业、个体经济组织、民办非企业单位等组织（以下简称用人单位），与劳动者建立劳动关系，订立、履行、变更、解除或者终止劳动合同，适用劳动合同法。

国家机关、事业单位、社会团体和与其建立劳动关系的劳动者，订立、履行、变更、解除或者终止劳动合同，依照劳动合同法执行。

事业单位与实行聘用制的工作人员订立、履行、变更、解除或者终止劳动合同，法律、行政法规或者国务院另有规定的，依照其规定；未作规定的，依照劳动合同法有关规定执行。地方各级人民政府及县级以上人民政府有关部门为安置就业困难人员提供的给予岗位补贴和社会保险补贴的公益性岗位，其劳动合同不适用《劳动合同法》有关无固定期限劳动合同的规定以及支付经济补偿的规定。

民办非企业是指企业、事业单位、社会团体和其他社会力量以及公民个人利用非国有资产举办的，从事非营利性社会服务活动的组织。

《民法典》第101条第1款规定："居民委员会、村民委员会具有基层群众性自治组织法人资格，可以从事为履行职能所需要的民事活动。"据此，居民委员会、村民委员会招用人员如果具备劳动关系特征，也属于劳动法的调整范围，其应当与自己所招用的劳动者订立书面劳动合同，并为劳动者提供法律规定的劳动保障、承担相应的法律责任。

三、劳动合同的订立

劳动合同的订立是指劳动者和用人单位经过相互选择与平等协商，就劳动合同的各项条款协商一致，并以书面形式明确规定双方的权利、义务，从而确立劳动关系的法律行为。

《民法典》第469条规定："当事人订立合同，可以采用书面形式、口头形式或者其他形式。""书面形式是合同书、信件、电报、电传、传真等可以有形地表现所载内容的形式。""以电子数据交换、电子邮件等方式能够有形地表现所载内容，并可以随时调取查用的数据电文，视为书面形式。"据此，用人单位与劳动者签订的电子劳动合同应当认定为书面劳动合同。

（一）劳动合同订立的原则

订立劳动合同，应当遵循合法、公平、平等自愿、协商一致、诚实信用的原则。

（1）合法原则。所谓合法就是劳动合同的形式和内容必须符合法律、法规的规定。合法是劳动合同有效的前提条件。

（2）公平原则。公平原则是指劳动合同的内容应当公平、合理，就是在符合法律规定的前提下，劳动合同双方公正、合理地确立双方的权利和义务。

（3）平等自愿。所谓平等原则是指劳动者和用人单位在订立劳动合同时在法律地位上是平等的，没有高低、从属之分，不存在命令和服从、管理和被管理的关系。

（4）协商一致。合同是双方意思表示一致的结果，劳动合同也是一种合同，也需要劳动者和用人单位双方协商一致，达成合意；一方不能凌驾于另一方之上，不得把自己的意志强加给对方，也不能强迫命令、胁迫对方订立劳动合同。

（5）诚实信用。在订立劳动合同时要诚实、讲信用，如在订立劳动合同时，双方都不得有欺诈行为。

（二）劳动合同订立的主体

依据《劳动法》的相关规定，劳动合同的签订主体是劳动者与用人单位。

1. 劳动合同订立主体的资格要求

（1）劳动者需有劳动权利能力和行为能力。

所谓劳动权利能力，是指公民依法享受劳动权利和承担劳动义务的资格或能力。劳动行为能力则是指公民通过自己的行为依法行使劳动权利和履行劳动义务的资格或能力。依照《劳动法》的规定，公民只要年满16周岁，身体健康并且具有相当文化水平就可以享受劳动就业权利，与用人单位通过签订劳动合同的形式确立双方的劳动关系，依法建立具有劳动权利和劳动义务内容的法律关系。而《劳动法》及相关法规要求，劳动者参与用人单位工作，必须由本人亲自直接参加生产或工作，不得由他人代替尽其所应承担的劳动义务。

禁止用人单位招用未满16周岁的未成年人。文艺、体育和特种工艺单位招用未满16周岁的未成年人，必须遵守国家有关规定，并保障其接受义务教育的权利。

（2）用人单位有用人权利能力和行为能力。

《劳动法》第2条规定，在我国境内的企业、个体经济组织，以及国家机关、事业单位、社会团体均可称为"用人单位"。用人单位作为劳动法律关系的主体也必须具备一定的条件，即必须具备用人的权利能力和用人的行为能力。法律赋予用人单位的用人资格或可能性称为用人单位权利能力；用人单位以其行为依法行使招收职工、变更和解除及终止劳动合同关系的资格或能力称为用人单位行为能力。

用人单位设立的分支机构，依法取得营业执照或者登记证书的，可以作为用人单位与劳动者订立劳动合同；未依法取得营业执照或者登记证书的，受用人单位委托可以与劳动者订立劳动合同。

劳动者就业，不因民族、种族、性别、宗教信仰不同而受歧视，妇女享有与男子平等的就业权利。在录用职工时，除国家规定的不适合妇女的工种或者岗位外，不得以性别为由拒绝录用妇女或者提高对妇女的录用标准。

2. 劳动合同订立主体的义务

《劳动合同法》对于订立劳动合同作出了明确规定。

（1）劳动关系建立的时间。

用人单位自用工之日起即与劳动者建立劳动关系。用人单位与劳动者在用工前订立劳动合同的，劳动关系自用工之日起建立。用人单位应当建立职工名册备查。职工名册应当包括劳动者姓名、性别、居民身份证号码、户籍地址及现住址、联系方式，以及用工形式、用工起始时间、劳动合同期限等内容。

（2）用人单位的义务和责任。

用人单位招用劳动者时，应当如实告知劳动者工作内容、工作条件、工作地点、职业危害、安全生产状况、劳动报酬，以及劳动者要求了解的其他情况；用人单位有权了解劳动者与劳动合同直接相关的基本情况，劳动者应当如实说明。

用人单位招用劳动者，不得扣押劳动者的居民身份证和其他证件，不得要求劳动者提供担保或者以其他名义向劳动者收取财物。

建立劳动关系，应当订立书面劳动合同。已建立劳动关系，未同时订立书面劳动合同的，应当自用工之日起 1 个月内订立书面劳动合同。

用人单位未在用工的同时订立书面劳动合同，与劳动者约定的劳动报酬不明确的，新招用的劳动者的劳动报酬按照集体合同规定的标准执行；没有集体合同或者集体合同未规定的，实行同工同酬。

（3）劳动者的义务。

用人单位有权了解劳动者与劳动合同直接相关的基本情况，劳动者应当如实说明。

【案例 8－1】某公司招聘 10 名销售人员，向每人收取了 1 000 元押金以提供统一的公司制服。分析该公司这种做法的法律后果。

【解析】根据劳动法律制度的规定，用人单位不得要求劳动者提供担保或者以其他名义向劳动者收取财物。该公司以提供公司制服的名义收取押金的做法违反法律规定，劳动行政部门可以责令该公司限期将押金退给员工，并可以根据实际收取押金的员工人数按每人 500 元以上、2 000 元以下的标准对公司处以罚款。如果按每人 500 元的标准对公司处以罚款，则该公司应承担的罚款额为（500×10＝）5 000 元。

（三）劳动合同订立的形式

劳动合同订立的形式分为书面和口头两种。

建立劳动关系，应当订立劳动合同。已建立劳动关系，未同时订立书面劳动合同的，应当自用工之日起 1 个月内订立书面劳动合同。用人单位与劳动者在用工前订立劳动合同的，劳动关系自用工之日起建立。

非全日制用工双方当事人可以订立口头协议。《劳动合同法》第 68 条规定：非全日制用工，是指以小时计酬为主，劳动者在同一用人单位一般平均每日工作时间不超过 4 小时，每周工作时间累计不超过24小时的用工形式。

（四）劳动合同的效力

1. 劳动合同的生效

劳动合同由用人单位与劳动者协商一致，并经用人单位与劳动者在劳动合同文本上签字或者盖章生效。劳动合同文本由用人单位和劳动者各执一份。

如果用人单位不履行劳动合同，没有给劳动者提供约定的工作岗位，劳动者可以要求用人单位提供约定的工作岗位或者承担违约责任；如果劳动者不履行劳动合同，用人单位可以要求劳动者提供约定的劳动或者承担违约责任。如果因一方不履行劳动合同，造成另一方损失的，违约方还应赔偿对方相应的损失。

2. 无效劳动合同

无效劳动合同，是指因违反法律、行政法规或违背自愿协商原则，从合同订立时起就不具有法律效力的劳动合同。它包括全部无效和部分无效两种情况。

依据《劳动法》和《劳动合同法》的规定，下列劳动合同无效或者部分无效：（1）以欺诈、胁迫的手段或者乘人之危，使对方在违背真实意思的情况下订立或者变更的劳动合同；（2）用人单位免除自己的法定责任、排除劳动者权利的劳动合同；（3）违反法律、行政法规强制性规定的劳动合同。

对于劳动合同的无效或者部分无效有争议的，由劳动争议仲裁机构或者人民法院确认。

无效劳动合同，从订立时起就没有法律约束力。劳动合同部分无效，不影响其他部分效力的，其他部分仍然有效。劳动合同被确认无效，劳动者已付出劳动的，用人单位应当向劳动者支付劳动报酬。劳动报酬的数额，参照本单位相同或者相近岗位劳动者的劳动报酬确定。劳动合同被确认无效，给对方造成损害的，有过错的一方应当承担赔偿责任。

四、劳动合同的主要内容

（一）劳动合同必备条款

劳动合同应当具备以下条款。

1. 用人单位的名称、住所和法定代表人或者主要负责人

用人单位的名称是指该单位注册登记时所登记的名称。用人单位的住所是该单位发生法律关系的中心区域。劳动合同文本中要标明该单位的具体地址；有两个以上办事机构的，以主要办事机构所在地为住所。单位具有法人资格的，要注明该单位的法定代表人；单位不具有法人资格的，必须在劳动合同中写明该单位的主要负责人。

2. 劳动者的姓名、住址和居民身份证或者其他有效身份证件号码

劳动者的姓名以户籍登记、身份证上所载为准。劳动者的住址，以其户籍所在的居住地为住址，其经常居住地与户籍所在地不一致的，以经常居住地为住址。居民身份证编号是每个公民唯一的终生不变的身份代码，由公安机关按照居民身份证号码国家标准编制。

3. 劳动合同期限

劳动合同分为固定期限劳动合同、无固定期限劳动合同和以完成一定工作任务为期限的劳动合同。

劳动合同期限是指劳动合同的有效时间，是劳动关系当事人双方享有权利和履行义务的时

间。它一般始于劳动合同的生效之日，终于劳动合同的终止之时。如果双方协商一致，还可以续订劳动合同。

无固定期限劳动合同，是指用人单位与劳动者约定无确定终止时间的劳动合同。用人单位与劳动者协商一致，可以订立无固定期限劳动合同。有下列情形之一，劳动者提出或者同意续订、订立劳动合同的，除劳动者提出订立固定期限劳动合同外，应当订立无固定期限劳动合同：（1）劳动者在该用人单位连续工作满 10 年的；（2）用人单位初次实行劳动合同制度或者国有企业改制重新订立劳动合同时，劳动者在该用人单位连续工作满 10 年且距法定退休年龄不足 10 年的；（3）连续订立 2 次固定期限劳动合同，且劳动者没有《劳动合同法》第 39 条和第 40 条第 1 项、第 2 项规定的情形，续订劳动合同的。《劳动合同法》第 39 条和第 40 条第 1 项、第 2 项规定的情形有：1）严重违反用人单位的规章制度；2）严重失职，营私舞弊，给用人单位造成重大损害；3）劳动者同时与其他用人单位建立劳动关系，对完成本单位的工作任务造成严重影响，或者经用人单位提出，拒不改正；4）以欺诈、胁迫的手段或者乘人之危，使用人单位在违背真实意思的情况下订立或者变更劳动合同，致使劳动合同无效；5）被依法追究刑事责任；6）劳动者患病或者非因工负伤，在规定的医疗期满后不能从事原工作，也不能从事由用人单位另行安排的工作；7）劳动者不能胜任工作，经过培训或者调整工作岗位，仍不能胜任工作。

用人单位自用工之日起满 1 年不与劳动者订立书面劳动合同的，视为用人单位与劳动者已订立无固定期限劳动合同。

无固定期限劳动合同就是长期合同，如果不发生可以解除劳动合同的法定事由，用人单位不能单方解除劳动合同；如果单方解除，要承担《劳动合同法》第 87 条规定的法律责任。

4. 工作内容和工作地点

工作内容是指用人单位安排劳动者从事劳动的工种、岗位和劳动定额、产品质量标准的主要内容。工作地点是指劳动者在用人单位从事劳动合同约定工作的地点。工作地点决定着劳动者上下班所需时间，进而影响劳动者的生活，关系到劳动者的切身利益。

5. 工作时间和休息休假

（1）工作时间。

工作时间直接关系到劳动者的工资报酬的计算和劳动权益的保护。目前，我国的工时制度主要有三种：一是标准工时制度，二是综合计算工时制度，三是不定时工时制度。每一种工时制度，在工时的计算、加班的计算等方面均有不同。标准工时制度是最主要的工时制度，普遍适用于企事业单位。

国家实行劳动者每日工作 8 小时、每周工作 40 小时的标准工时制度。有些企业因工作性质和生产特点不能实行标准工时制度，应保证劳动者每天工作不超过 8 小时，每周工作不超过 40 小时，每周至少休息 1 天。

用人单位由于生产经营需要，经与工会和劳动者协商后可以延长工作时间，一般每日不得超过 1 小时；因特殊原因需要延长工作时间的，在保障劳动者身体健康的条件下延长工作时间，每日不得超过 3 小时，每月不得超过 36 小时。但特殊情况下，延长工作时间不受上述规定的限制。

综合计算工时制，也称综合计算工作日，是指用人单位根据生产和工作的特点，分别以周、月、季、年等为周期，综合计算劳动者工作时间，但其平均日工作时间和平均周工作时间仍与法定标准工作时间基本相同的一种工时形式。

不定时工作制，也称无定时工作制、不定时工作日，是指没有固定工作时间限制的工作制度，主要适用于一些因工作性质或工作条件不受标准工作时间限制的工作岗位。

(2) 休息休假。

休息是指劳动者在任职期间，在国家规定的法定工作时间以外，无须履行劳动义务而自行支配的时间，包括工作日内的间歇时间、工作日之间的休息时间和公休假日（周休息日，是职工工作满一个工作周以后的休息时间）。

休假是指劳动者无须履行劳动义务且一般有工资保障的法定休息时间，如：(1) 法定假日，是指由国家法律统一规定的用以开展纪念、庆祝活动的休息时间，包括元旦、春节、清明节、劳动节、端午节、中秋节、国庆节等。(2) 年休假，是指职工工作满一定年限后每年可享有的保留工作岗位、带薪连续休息的时间。

在法定休假日和婚丧假期间以及劳动者依法参加社会活动期间，用人单位应当依法支付工资。用人单位在劳动者完成劳动定额或规定的工作任务后，根据实际需要安排劳动者在法定标准工作时间以外工作的，应当按照国家标准支付加班加点工资。

6. 劳动报酬

劳动报酬是指用人单位根据劳动者劳动的数量和质量，以货币形式支付给劳动者的工资。工资应当以法定货币支付，不得以实物及有价证券替代货币支付。工资必须在用人单位与劳动者约定的日期支付。

国家实行最低工资保障制度，以确保公平分配、保障劳动者及其家庭成员的最低生活，保障劳动力市场健康、有序地运行。最低工资的具体标准由各省、自治区、直辖市人民政府综合考虑本地区劳动者本人及平均赡养人口的最低生活费用、社会平均工资水平、劳动生产率、就业状况和地区之间经济发展水平的差异等因素规定，报国务院备案。

劳动合同履行地与用人单位注册地不一致的，有关劳动者的最低工资标准、劳动保护、劳动条件、职业危害防护和本地区上年度职工月平均工资标准等事项，按照劳动合同履行地的有关规定执行；用人单位注册地的有关标准高于劳动合同履行地的有关标准，且用人单位与劳动者约定按照用人单位注册地的有关规定执行的，从其约定。

因劳动者本人原因给用人单位造成经济损失的，用人单位可按照劳动合同的约定要求其赔偿经济损失。经济损失的赔偿，可从劳动者本人的工资中扣除，但每月扣除的部分不得超过劳动者当月工资的20%。若扣除后的剩余工资部分低于当地月最低工资标准，则按月最低工资标准支付。

用人单位低于当地月最低工资标准支付劳动者工资的，由劳动行政部门责令限期支付其差额部分；逾期不支付的，责令用人单位按应付金额的50%以上、100%以下的标准向劳动者加付赔偿金。

【案例 8-2】 工人李某在加工一批零件时因疏忽致使所加工产品全部报废，给工厂造成经济损失 6 000 元。工厂要求李某赔偿经济损失，从其每月工资中扣除。已知李某每月工资收入 1 500 元，当地月最低工资标准为 1 270 元。请问：该工厂可从李某每月工资中扣除的最高限额为多少？

【解析】 因为 1 500×20%＝300（元），1 500－300＝1 200（元），低于当地月最低工资 1 270 元的标准，所以该工厂每月最多可从李某的工资中扣除（1 500－1 270＝）230 元。

7. 社会保险

国家建立基本养老保险、基本医疗保险、工伤保险、失业保险、生育保险等社会保险制度，保障公民在年老、疾病、工伤、失业、生育等情况下依法从国家和社会获得物质帮助的权利。

8. 劳动保护、劳动条件和职业危害防护

劳动保护是指劳动中对劳动者的必要保护条件，如工作服、安全帽、口罩、手套、工作环境等。劳动条件是指劳动者在工作中的必备条件，如工作台、安全防护网、设备、工具及工作环境等。

9. 法律、法规规定应当纳入劳动合同的其他事项

我国的法律、法规中还规定了一些应当写入劳动合同的事项。如《职业病防治法》（2018 年修正）第 33 条第 1 款规定，用人单位与劳动者订立劳动合同时，应当将工作过程中可能产生的职业病危害及其后果、职业病防护措施和待遇等如实告知劳动者，并在劳动合同中写明，不得隐瞒或者欺骗。再如《使用有毒物品作业场所劳动保护条例》第 18 条第 1 款规定，用人单位应当与劳动者订立劳动合同，将工作过程中可能产生的职业中毒危害及其后果、职业中毒危害防护措施和待遇等如实告知劳动者，并在劳动合同中写明，不得隐瞒或者欺骗。

（二）劳动合同约定条款

约定条款包括试用期、培训服务期、保守商业秘密以及竞业限制、补充保险、福利待遇等。

1. 试用期的约定

试用期是指对新录用的劳动者进行试用的期限。用人单位与劳动者可以在劳动合同中就试用期的期限和试用期的工资等事项作出约定，但不得违反《劳动合同法》有关试用期的规定。

试用期属于劳动合同的约定条款，双方可以约定，也可以不约定。试用期包含在劳动合同期限内。同一用人单位与同一劳动者只能约定一次试用期。

《劳动合同法》第 19 条规定：劳动合同期限 3 个月以上、不满 1 年的，试用期不得超过 1 个月；劳动合同期限 1 年以上、不满 3 年的，试用期不得超过 2 个月；3 年以上固定期限和无固定期限的劳动合同，试用期不得超过 6 个月。以完成一定工作任务为期限的劳动合同或者劳动合同期限不满 3 个月的，不得约定试用期。劳动合同仅约定试用期的，试用期不成立，该期限为劳动合同期限。

劳动者在试用期的工资不得低于本单位相同岗位最低档工资或者劳动合同约定工资的 80%，并不得低于用人单位所在地的最低工资标准。

用人单位违反规定与劳动者约定试用期的，由劳动行政部门责令改正；违法约定的试用期已经履行的，由用人单位以劳动者试用期满月工资为标准，按已经履行的超过法定试用期的期限向劳动者支付赔偿金。

【案例 8－3】 某用人单位与某劳动者之间的劳动合同期限为 2 年，该用人单位与该劳动者约定的试用期是 6 个月，试用期内的月工资为 1 200 元，试用期满后的月工资为 1 500 元。如果该劳动者在该单位按照合同约定完成了 6 个月的试用期工作，而且该单位按照合同规定支付

了试用期的全部工资，那么该单位与该劳动者约定的试用期期限是否合法？如果违法，该单位与该劳动者最多可以约定试用期的期限为多长？该单位实际应当承担的成本为多少？

【解析】该单位与该劳动者约定的试用期违反《劳动合同法》的规定。按照《劳动合同法》第 19 条，劳动合同期限为 1 年以上、不满 3 年的，试用期不得超过 2 个月。因此，该用人单位与该劳动者最多可以约定 2 个月的试用期。

劳动者按照合同约定履行了 6 个月的试用期，其中 4 个月是违法试用期，那么该单位除了不能索回该劳动者已经获得的 6 个月的试用期工资 7 200 元外，还必须按照试用期满后的月工资标准 1 500 元，再向劳动者赔偿这 4 个月的工资 6 000 元。

2. 培训服务期的约定

用人单位为劳动者提供专项培训费用，对其进行专业技术培训的，可以与该劳动者订立协议，约定服务期。

劳动合同期满，但是用人单位与劳动者依照劳动合同法约定的服务期尚未到期的，劳动合同应当续延至服务期满；双方另有约定的，从其约定。

劳动者违反服务期约定的，应当按照约定向用人单位支付违约金。约定违反服务期违约金的数额不得超过用人单位提供的培训费用。违约时，劳动者所支付的违约金不得超过服务期尚未履行部分所应分摊的培训费用。

培训费用，包括用人单位为了对劳动者进行专业技术培训而支付的有凭证的培训费用、培训期间的差旅费用以及因培训而产生的用于该劳动者的其他直接费用。

【案例 8－4】公司派王某到美国接受为期 6 个月的专业技术培训，培训费用为 3.6 万元。公司和王某签订一个服务期协议，王某接受培训后必须为公司服务 3 年，否则，要向公司支付违约金。请问：如果王某培训后在公司工作满 2 年后想解除合同，那么王某应该支付多少违约金？

【解析】依据《劳动合同法》第 22 条的规定，用人单位为劳动者提供专项培训费用，对其进行专业技术培训的，可以与该劳动者订立协议，约定服务期。劳动者违反服务期约定的，应当按照约定向用人单位支付违约金，违约金的数额不得超过用人单位提供的培训费用。用人单位要求劳动者支付的违约金不得超过服务期尚未履行部分所应分摊的培训费用。在本案例中王某违反服务期协议，应当赔偿公司 1.2 万元（3.6 万元违约金分摊到 3 年的服务期，每年为 1.2 万元），而不需要全部赔偿。

3. 保密义务与竞业限制的约定

用人单位与劳动者可以在劳动合同中约定保守单位商业秘密和与知识产权相关的保密事项。

在劳动合同中用人单位可与负有保密义务的劳动者约定竞业限制条款。竞业限制的人员限于用人单位的高级管理人员、高级技术人员和其他知悉用人单位商业秘密的人员。竞业限制的范围、地域、期限由用人单位与劳动者约定，竞业限制的约定不得违反法律、法规的规定。

在解除或者终止劳动合同后，受竞业限制条款约束的人员禁止到与本单位生产或者经营的同类产品、业务有竞争关系的其他用人单位，或者自己开业生产或者经营与本单位有竞争关系的同类产品、业务的期限不得超过 2 年。

五、休息、休假与报酬支付

国务院于2007年12月14日以国务院令第514号公布《职工带薪年休假条例》（该条例自2008年1月1日起施行）。该条例规定：机关、团体、企业、事业单位、民办非企业单位、有雇工的个体工商户等单位的职工连续工作1年以上的，享受带薪年休假（以下简称年休假）。职工在年休假期间享受与正常工作期间相同的工资收入。职工累计工作已满1年、不满10年的，年休假5天：已满10年、不满20年的，年休假10天：已满20年的，年休假15天。国家法定休假日、休息日不计入年休假的假期。单位应根据生产、工作的具体情况，并考虑职工本人意愿，统筹安排职工年休假。年休假在1个年度内可以集中安排，也可以分段安排，一般不跨年度安排。单位因生产、工作特点确有必要跨年度安排职工年休假的，可以跨1个年度安排。

但当职工有下列情形之一时，不享受当年的年休假：（1）职工依法享受寒暑假，其休假天数多于年休假天数的；（2）职工请事假累计20天以上且单位按照规定不扣工资的；（3）累计工作满1年、不满10年的职工，请病假累计2个月以上的；（4）累计工作满10年、不满20年的职工，请病假累计3个月以上的；（5）累计工作满20年以上的职工，请病假累计4个月以上的。

劳动者在法定休假日和婚丧假期间以及依法参加社会活动期间，用人单位应当依法支付工资。在部分公民放假的节日（妇女节、青年节）期间，对于参加社会活动或单位组织庆祝活动和照常工作的职工，单位应支付工资报酬，但不支付加班工资。如果该节日恰逢星期六、星期日，单位安排职工加班工作，则应当依法支付休息日的加班工资。

用人单位在劳动者完成劳动定额或规定的工作任务后，根据实际需要安排劳动者在法定标准工作时间以外工作的，应当按照下列标准支付高于劳动者正常工作时间工资的工资报酬：（1）用人单位依法安排劳动者在日标准工作时间以外延长工作时间的，按照不低于劳动合同规定的劳动者本人小时工资标准的150%支付劳动者工资；（2）用人单位依法安排劳动者在休息日工作，不能安排补休的，按照不低于劳动合同规定的劳动者本人日或小时工资标准的200%支付劳动者工资；（3）用人单位依法安排劳动者在法定休假日工作的，按照不低于劳动合同规定的劳动者本人日或小时工资标准的300%支付劳动者工资。

实行计件工资的劳动者，在完成计件定额任务后，由用人单位安排延长工作时间的，根据上述原则，分别按照不低于其本人法定工作时间计件单价的150%、200%、300%支付其工资。

用人单位安排加班不支付加班费的，由劳动行政部门责令限期支付加班费；逾期不支付的，责令用人单位按应付金额50%以上、100%以下的标准向劳动者加付赔偿金。

经劳动行政部门批准实行综合计算工时工作制的，其综合计算工作时间超过法定标准工作时间的部分，视为延长工作时间，按上述规定支付劳动者延长工作时间的工资。

实行不定时工时制度的劳动者，不执行上述规定。

【案例8-5】钱某的工作为标准工时制，日工资为160元。由于工作需要，单位安排她在2023年“十一”国庆长假期间加班3天，其中占用法定国庆节假期1天、占用周末休息日2天，没有安排补休。请计算钱某2023年10月可以获得多少加班工资。如果公司拒绝支付加班工资，钱某可以得到什么救济？

【解析】 钱某法定假日加班至少应获得3倍工资：160×3×1=480（元）。休息日加班，至少应获得2倍工资：160×2×2=640（元）。一共是（480+640=）1 120元。扣除她本人工资（160元/天×3天=）480元，钱某本月加班费应不少于（1 120－480=）640元。如果公司不同意支付，钱某可向劳动行政部门反映，由劳动行政部门责令公司限期支付；公司逾期仍不支付的，由劳动行政部门责令公司支付，并按应付金额的50%以上、100%以下的标准（320元以上、640元以下）向钱某加付赔偿金。

六、劳动合同的履行、变更、解除与终止

（一）劳动合同的履行

劳动合同的履行是指劳动合同双方当事人按照劳动合同的约定履行各自义务、实现各自权益的行为。用人单位与劳动者应当按照劳动合同的约定，全面履行各自的义务。

1. 用人单位的义务

用人单位应当按照劳动合同的约定和国家的规定，向劳动者及时足额支付劳动报酬。用人单位拖欠或者未足额支付劳动报酬的，劳动者可以依法向当地人民法院申请支付令，人民法院应当依法发出支付令。

劳动者拒绝用人单位管理人员违章指挥、强令冒险作业的，不视为违反劳动合同。

劳动者对于危害生命安全和身体健康的劳动条件，有权对用人单位提出批评、检举和控告。

用人单位变更名称、法定代表人、主要负责人或者投资人等事项，不影响劳动合同的履行。用人单位发生合并或者分立等情况，劳动合同继续有效，由承继其权利和义务的用人单位继续履行。

2. 劳动者的义务

劳动者而言，必须遵守用人单位的规章制度和劳动纪律，认真履行自己的劳动职责，并且亲自完成劳动合同约定的工作任务。

（二）劳动合同的变更

劳动合同的变更是指劳动合同双方当事人依据法律规定或约定，对劳动合同的内容进行修改或者补充的法律行为。

用人单位与劳动者协商一致，可以变更劳动合同约定的内容。变更劳动合同，应当采用书面形式。变更后的劳动合同文本由用人单位和劳动者各执一份。

劳动合同的变更是对原合同内容的修改、补充或者废止，而不是签订新的劳动合同。同订立劳动合同一样，变更劳动合同也应当遵循平等自愿、协商一致的原则，不得违反法律、行政法规的规定。对于变更劳动合同未达成一致意见的，任何一方都不得擅自变更劳动合同。用人单位与劳动者协商一致变更劳动合同，虽未采用书面形式，但已经实际履行了口头变更的劳动合同超过1个月，变更后的劳动合同内容不违反法律、行政法规且不违背公序良俗，当事人以未采用书面形式为由主张劳动合同变更无效的，人民法院不予支持。

（三）劳动合同的解除

劳动合同解除是指在劳动合同订立后、劳动合同期限届满之前，因双方协商提前结束劳动关系，或因出现法定的情形，一方单方通知对方结束劳动关系的法律行为。

劳动合同解除分为协商解除和法定解除两种情况。

1. 协商解除

用人单位与劳动者协商一致，可以解除劳动合同。

协商解除，又称合意解除、意定解除，是指劳动合同订立后，双方当事人因某种原因，在完全自愿的基础上协商一致，提前终止劳动合同，结束劳动关系。

用人单位提出解除劳动合同而与劳动者协商一致的，必须依法向劳动者支付经济补偿；劳动者主动辞职而与用人单位协商一致解除劳动合同的，用人单位无须向劳动者支付经济补偿。

2. 法定解除

法定解除是指在出现国家法律、法规规定的或劳动合同约定的可以解除劳动合同的情形时，不需当事人协商一致，一方当事人即可决定解除劳动合同，劳动合同效力可以自然终止或由单方提前终止。

（1）劳动者单方解除。

劳动者可以提出解除劳动合同的情形有：1）劳动者在试用期内提前 3 日通知用人单位的；2）劳动者提前 30 日以书面形式通知用人单位的（在以上两种情形下，劳动者不能获得经济补偿。如果劳动者没有履行通知程序，则属于违法解除，因此，给用人单位造成损失的，劳动者应对用人单位的损失承担赔偿责任）；3）用人单位未按照劳动合同的约定提供劳动保护或者劳动条件的；4）用人单位未及时足额支付劳动报酬的；5）用人单位未依法为劳动者缴纳社会保险费的；6）用人单位的规章制度违反法律、法规的规定，损害劳动者权益的；7）用人单位以欺诈、胁迫的手段或者乘人之危，使劳动者在违背真实意思的情况下订立或者变更劳动合同；8）用人单位在劳动合同中免除自己的法定责任、排除劳动者的权利的；9）用人单位违反法律、行政法规的强制性规定的；10）用人单位以暴力、威胁或者非法限制人身自由的手段强迫劳动者劳动的；11）用人单位违章指挥、强令冒险作业，危及劳动者人身安全的。12）法律、行政法规规定劳动者可以解除劳动合同的其他情形。

《劳动法》第 31 条规定：劳动者解除劳动合同，应当提前 30 日以书面形式通知用人单位。在以下情况下，劳动者可随时通知用人单位解除劳动合同：1）在试用期内的；2）用人单位以暴力、威胁或者非法限制人身自由的手段强迫劳动的；3）用人单位未按照劳动合同约定支付劳动报酬或者提供劳动条件的。

（2）用人单位单方解除。

用人单位单方解除又可分为过错解除、无过错解除和经济性裁员。

1）过错解除。

过错解除，是指用人单位因劳动者的过错而解除劳动合同。依据《劳动合同法》第 39 条的规定，在劳动者有过错的六种情形下，用人单位可以解除劳动合同：A. 劳动者在试用期间被证明不符合录用条件的；B. 劳动者严重违反用人单位的规章制度的；C. 劳动者严重失职，营私舞弊，给用人单位造成重大损害的；D. 劳动者同时与其他用人单位建立劳动关系，对完成本单位的工作任务造成严重影响，或者经用人单位提出拒不改正的；E. 劳动者以欺诈、胁迫的手段或者乘人之危，使用人单位在违背其真实意思的情况下订立或变更劳动合同，致使劳动合同无效的；F. 劳动者被依法追究刑事责任的。

在上述情形下解除劳动合同的，用人单位可随时通知劳动者解除劳动关系，不需向劳动者支付经济补偿。

2）无过错解除。

无过错解除，是指劳动者无过错，用人单位依法解除劳动合同。依据《劳动合同法》第40条的规定，有下列三种情形之一的，可以解除劳动合同：A. 劳动者患病或者非因工负伤，在规定的医疗期满后不能从事原工作，也不能从事由用人单位另行安排的工作的；B. 劳动者不能胜任工作，经过培训或者调整工作岗位，仍不能胜任工作的；C. 劳动合同订立时所依据的客观情况发生重大变化，致使劳动合同无法履行，经用人单位与劳动者协商，未能就变更劳动合同的内容达成协议的。

在上述情形下解除劳动合同的，用人单位在提前30日以书面形式通知劳动者本人或者额外支付劳动者1个月工资后，可以解除劳动合同。

3）经济性裁员。

经济性裁员，是用人单位行使解除劳动合同权的主要方式之一。凡是实行劳动合同制的国家，都或多或少允许用人单位在一定条件下解除劳动合同。其原因是法律赋予了企业经营自主权。《劳动合同法》规定，有下列情形之一，可以裁减人员：A. 依照《企业破产法》的规定进行重整的；B. 生产经营发生严重困难的；C. 企业转产、重大技术革新或者经营方式调整，经变更劳动合同后，仍需裁减人员的；D. 其他因劳动合同订立时所依据的客观经济情况发生重大变化，致使劳动合同无法履行的。

裁减人员时，应当优先留用下列劳动者：A. 与本单位订立较长期限的固定期限劳动合同的；B. 与单位订立无固定期限劳动合同的；C. 家庭无其他就业人员，有需要扶养的老人或者未成年人的。

需要裁减人员20人以上或者裁减不足20人但占企业职工总数10%以上的，用人单位应当提前30日向工会或者全体职工说明情况，听取工会或者职工的意见后，将裁减人员方案向劳动行政部门报告。

用人单位在6个月内重新招用人员的，应当通知被裁减的人员，并在同等条件下优先招用被裁减的人员。

（四）劳动合同的终止

劳动合同终止是指劳动合同订立后，出现某种法定的事实，导致用人单位与劳动者之间形成的劳动关系自动归于消灭，或导致双方劳动关系的继续履行成为不可能而不得不消灭的情形。劳动合同终止一般不涉及用人单位与劳动者的意思表示，只要法定事实出现，一般情况下，都会导致双方劳动关系的消灭。

1. 劳动合同终止的情形

依据《劳动合同法》的规定，有下列情形之一的，劳动合同终止：（1）劳动合同期满的；（2）劳动者开始依法享受基本养老保险待遇的；（3）劳动者死亡，或者被人民法院宣告死亡或者宣告失踪的；（4）用人单位被依法宣告破产的；（5）用人单位被吊销营业执照、责令关闭、撤销或者用人单位决定提前解散的；（6）法律、行政法规规定的其他情形。

2. 解除和终止的限制性规定

一般情况下，劳动合同期满就应终止，劳动关系因此结束，但为了保障某些特殊人群的权益，平衡劳动关系双方的权利义务关系，更大限度地体现法律的公平、公正，在某些特定的情况下，尽管劳动合同已经届满，但法律仍然禁止即行终止劳动合同，而应等到上述特殊情况消失时才可以终止劳动合同。这就是通常所说的例外情形。具有《劳动合同法》规定的情形之一的，应当续延至相应的情形消失时终止：(1) 从事接触职业病危害作业的劳动者未进行离岗前职业病健康检查，或者疑似职业病病人在诊断或者医学观察期间的；(2) 在本单位患职业病或者因工负伤并被确认丧失或者部分丧失劳动能力的；(3) 患病或者非因工负伤，在规定的医疗期内的；(4) 女职工在孕期、产期、哺乳期的；(5) 在本单位连续工作满 15 年，且距法定退休年龄不足 5 年的；(6) 法律、行政法规规定的其他情形。

工伤职工伤残等级为一至四级的，应当保留劳动关系，退出工作岗位，享受相关待遇；伤残等级为五到六级的，原则上保留劳动关系，由用人单位安排适当工作，但是，如果工伤职工本人提出终止劳动关系的，由用人单位支付一次性工伤医疗补助金和伤残就业补助金；伤残等级为七到十级的，劳动合同期满终止，由用人单位支付一次性工伤医疗补助金和伤残就业补助金。

（五）合同解除和终止的经济补偿

经济补偿是劳动合同依法解除或者终止后，用人单位依法向劳动者支付的补偿劳动者因失去就业岗位所遭受的经济损失的费用。

1. 经济补偿的范围

《劳动合同法》规定，有下列情形之一的，用人单位应当向劳动者支付经济补偿：(1) 劳动者依照该法第 38 条规定解除劳动合同的；(2) 用人单位依照该法第 36 条规定向劳动者提出解除劳动合同并与劳动者协商一致解除劳动合同的；(3) 用人单位依照该法第 40 条规定解除劳动合同的；(4) 用人单位依照该法第 41 条第 1 款规定解除劳动合同的；(5) 除用人单位维持或者提高劳动合同约定条件续订劳动合同，劳动者不同意续订的情形外，依照该法第 44 条第 1 项规定终止固定期限劳动合同的；(6) 依照该法第 44 条第 4 项、第 5 项规定终止劳动合同的；(7) 法律、行政法规规定的其他情形。

2. 经济补偿的计算

经济补偿按照劳动者在本单位工作的年限，每满 1 年支付 1 个月工资的标准向劳动者支付。6 个月以上、不满 1 年的，按 1 年计算；不满 6 个月的，向劳动者支付半个月工资的经济补偿。

《劳动合同法》规定，劳动者月工资高于用人单位所在直辖市、设区的市级人民政府公布的本地区上年度职工月平均工资 3 倍的，向其支付经济补偿的标准按职工月平均工资 3 倍的数额支付，向其支付经济补偿的年限最高不超过 12 年。

这里所说的月工资是指劳动者在劳动合同解除或终止前 12 个月的平均工资。

【案例 8-6】 张某于 2020 年 7 月 1 日到甲公司工作。2024 年 4 月 30 日，公司与其协商解除劳动合同。已知张某劳动合同解除前 12 个月的月平均工资为 5 000 元。请问：公司应如何支付经济补偿？

【解析】 从 2020 年 7 月 1 日至 2024 年 4 月 30 日，工作年限为 3 年 10 个月，按 4 年计算，公司应当支付的经济补偿为（5 000×4＝）20 000 元。

（六）劳动合同解除和终止的法律后果及双方义务

(1) 劳动合同解除或终止后，用人单位和劳动者双方不再履行劳动合同，劳动关系消灭。

劳动者应当按照双方约定，办理工作交接。

（2）劳动合同解除或终止的，用人单位应当在解除或者终止劳动合同时出具解除或者终止劳动合同的证明，并在15日内为劳动者办理档案和社会保险关系转移手续。

（3）用人单位应当在解除或者终止劳动合同时向劳动者支付经济补偿的，在办结工作交接时支付。

（4）用人单位违反规定解除或者终止劳动合同，劳动者要求继续履行劳动合同的，用人单位应当继续履行；劳动者不要求继续履行劳动合同或者劳动合同已经不能继续履行的，用人单位应当依照《劳动合同法》规定的经济补偿标准的2倍向劳动者支付赔偿金。用人单位支付了赔偿金的，不再支付经济补偿。赔偿金的计算年限自用工之日起计算。

（5）劳动者违反《劳动合同法》的规定解除劳动合同，给用人单位造成损失的，应当承担赔偿责任。

七、集体合同与劳务派遣

（一）集体合同

集体合同是工会代表企业职工一方与企业签订的，以劳动报酬、工作时间、休息休假、劳动安全卫生、保险福利等为主要内容的书面协议。在尚未建立工会的用人单位，可以由上级工会指导劳动者推举的代表与用人单位订立集体合同。

企业职工一方也可以与用人单位就劳动安全卫生、女职工权益保护、工资调整机制等订立专项集体合同。

在县级以下区域内，在建筑业、采矿业、餐饮服务业等行业，可以由工会与企业方面代表订立行业性集体合同，或者订立区域性集体合同。

集体合同草案应当提交职工代表大会或者全体职工讨论通过。集体合同订立后，应当报送劳动行政部门；劳动行政部门自收到集体合同文本之日起15日内未提出异议的，集体合同即行生效。

集体合同中劳动报酬和劳动条件等标准不得低于当地人民政府规定的最低标准，用人单位与劳动者订立的劳动合同中劳动报酬和劳动条件等标准不得低于集体合同规定的标准。

用人单位违反集体合同，侵犯职工劳动权益的，工会可以依法要求用人单位承担责任。因履行集体合同发生争议，经协商解决不成的，工会可以依法申请仲裁、提起诉讼。

（二）劳务派遣

劳务派遣是指由劳务派遣单位与劳动者订立劳动合同，与用工单位订立劳务派遣协议，由被派遣劳动者向用工单位给付劳务。在劳务派遣关系中，劳动合同关系存在于劳务派遣单位与被派遣劳动者之间，但劳动力给付的事实发生于被派遣劳动者与用工单位之间，也即劳动力的雇佣和使用相分离。

劳务派遣用工是补充形式，只能在临时性、辅助性或者替代性的工作岗位上实施。

所谓临时性工作岗位是指存续时间不超过6个月的岗位；所谓辅助性工作岗位是指为主营业务岗位提供服务的非主营业务岗位；所谓替代性工作岗位是指用工单位的劳动者因脱产学习、休假等原因无法工作的一定期间内，可以由其他劳动者替代工作的岗位。

劳务派遣单位是劳动合同法所称的用人单位，应当履行用人单位对劳动者的义务。

劳务派遣单位与被派遣劳动者订立的劳动合同，除应当载明劳动合同必备的条款外，还应当载明被派遣劳动者的用工单位以及派遣期限、工作岗位等情况。

劳务派遣单位应当与被派遣劳动者订立2年以上的固定期限劳动合同，按月支付劳动报酬；在被派遣劳动者无工作期间，劳务派遣单位应当按照所在地人民政府规定的最低工资标准，向其按月支付报酬。

用人单位不得设立劳务派遣单位以向本单位或者下属单位派遣劳动者，不得将被派遣劳动者再派遣到其他用人单位。

接受以劳务派遣形式用工的单位是用工单位。劳务派遣单位派遣劳动者应当与用工单位订立劳务派遣协议。劳务派遣协议应当约定派遣岗位和人员数量、派遣期限、劳动报酬和社会保险费的数额与支付方式以及违反协议的责任。劳务派遣单位应当将劳务派遣协议的内容告知被派遣劳动者，不得克扣用工单位按照劳务派遣协议支付给被派遣劳动者的劳动报酬。劳务派遣单位和用工单位不得向被派遣劳动者收取费用。

用工单位应当根据工作岗位的实际需要与劳务派遣单位确定派遣期限，不得将连续用工期限分割，订立数个短期劳务派遣协议。用工单位应当严格控制劳务派遣用工数量，不得超过其用工总量的一定比例，具体比例由国务院劳动行政部门规定。

用工单位应当履行下列义务：(1) 执行国家劳动标准，提供相应的劳动条件和劳动保护；(2) 告知被派遣劳动者的工作要求和劳动报酬：(3) 支付加班费、绩效奖金，提供与工作岗位相关的福利待遇；(4) 对在岗被派遣劳动者进行工作岗位所必需的培训；(5) 连续用工的，实行正常的工资调整机制。

被派遣劳动者享有与用工单位的劳动者同工同酬的权利。用工单位应当按照同工同酬原则，对被派遣劳动者与本单位同类岗位的劳动者实行相同的劳动报酬分配办法。用工单位无同类岗位劳动者的，参照用工单位所在地相同或者相近岗位劳动者的劳动报酬确定。

劳务派遣单位与被派遣劳动者订立的劳动合同和与用工单位订立的劳务派遣协议，载明或者约定的向被派遣劳动者支付的劳动报酬，应当符合上述规定。

劳务派遣单位跨地区派遣劳动者的，被派遣劳动者享有的劳动报酬和劳动条件，按照用工单位所在地的标准执行。

被派遣劳动者有权在劳务派遣单位或者用工单位依法参加或者组织工会，维护自身的合法权益。

八、劳动争议的解决

随着我国市场经济的不断发展，新的用工形式和分配制度逐渐增多，劳动关系日趋复杂，相应而来的是劳动争议越来越多。由于劳动争议本身反映的是劳动者与用人单位之间劳动关系的不协调，因此，不妥善解决劳动争议，劳动者的合法权益就得不到保障，用人单位的生产经营也势必受影响。因此，妥善处理各种劳动纠纷，完善我国的劳动争议处理制度具有重要的意义。

劳动争议的解决主要包括以下几种方式。

1. 调解

劳动争议调解委员会的组成是员工代表、公司代表、工会代表。与员工达成的调解协议必须自愿执行。这个协议没有法律强制力，不可以向法院申请强制执行。

2. 仲裁

对于仲裁裁决，当事方均没有反对的，应执行。如有一方不服裁决，应在收到裁决书后15日内向法院提出诉讼。仲裁裁决在作出后15日开始生效。对于仲裁裁决可以向法院申请强制执行。

3. 诉讼

劳动争议产生后，劳动者不能直接向法院提出诉讼，必须先经过劳动争议仲裁程序。

九、违反劳动合同法的法律责任

1. 用人单位违反劳动合同法的法律责任

用人单位的规章制度违法，或者订立、履行、解除和终止劳动合同违法，用人单位应承担法律责任。

(1) 用人单位“订立劳动合同”违法的法律责任。

用人单位提供的劳动合同文本未载明劳动合同必备条款或者用人单位未将劳动合同文本交付劳动者的，由劳动行政部门责令改正；给劳动者造成损害的，应当承担赔偿责任。

用人单位自用工之日起超过1个月、不满1年未与劳动者订立书面劳动合同的，应当向劳动者每月支付2倍的工资。

用人单位违反规定不与劳动者订立无固定期限的劳动合同的，自应当订立无固定期限劳动合同之日起向劳动者每月支付2倍的工资。

用人单位违反法律规定与劳动者约定试用期的，由劳动行政部门责令改正；违法约定的试用期已经履行的，由用人单位以劳动者试用期满月工资为标准，按已经履行的超过法定试用期的期间向劳动者支付赔偿金。

用人单位违反法律规定，扣押劳动者居民身份证等证件的，由劳动行政部门责令限期退还劳动者本人，并依照有关法律规定给予处罚。

用人单位违反规定，以担保或者其他名义向劳动者收取财物的，由劳动行政部门责令限期退还劳动者本人，并以每人500元以上、2 000元以下的标准处以罚款；给劳动者造成损害的，应当承担赔偿责任。

(2) 用人单位“履行劳动合同”违法的法律责任。

用人单位有下列情形之一的，由劳动行政部门责令限期支付劳动报酬、加班费或者经济补偿金。劳动报酬低于当地最低工资标准的，应当支付其差额部分；逾期不支付的，责令用人单位按应支付金额的50%以上、100%以下的标准向劳动者加付赔偿金：1) 未按照劳动合同的约定或者国家规定及时足额支付劳动者劳动报酬的；2) 低于当地最低工资标准支付劳动者工资的；3) 安排加班不支付加班费的；4) 解除或者终止劳动合同，未按照法律规定向劳动者支付经济补偿的。

(3) 用人单位“违法解除和终止劳动合同”的法律责任。

用人单位违反《劳动合同法》的规定解除或者终止劳动合同的，应当依照《劳动合同法》规定的经济补偿标准的2倍向劳动者支付赔偿金。

用人单位违反劳动合同法的规定，未向劳动者出具解除或者终止劳动合同的书面证明的，由劳动行政部门责令改正；给劳动者造成损害的，用人单位应当承担赔偿责任。

劳动者依法解除或者终止劳动合同，用人单位扣押劳动者档案或者其他物品的，由劳动行政部门责令限期退还劳动者本人，并以每人500元以上、2 000元以下的标准处以罚款；给劳动者造成损害的，用人单位应当承担赔偿责任。

（4）其他法律责任。

用人单位招用与其他用人单位尚未解除或者终止劳动合同的劳动者，给其他用人单位造成损失的，应当承担“连带赔偿责任”。

个人承包经营者违反劳动合同法的规定招用劳动者，给劳动者造成损害的，发包的组织与个人承包经营者承担“连带赔偿责任”。

2. 劳动者违反劳动合同法的法律责任

劳动者违法解除劳动合同，违反保密协议和竞业限制，违反培训协议，或者系劳动者过错导致劳动合同无效的，应承担法律责任。

（1）劳动者违反劳动合同中约定的保密义务或者竞业限制的，劳动者应当按照劳动合同的约定，向用人单位支付违约金。给用人单位造成损失的，劳动者应承担赔偿责任。

（2）劳动者违反培训协议，未满服务期解除或者终止劳动合同的，或者因劳动者严重违纪，用人单位与劳动者解除约定了服务期的劳动合同的，劳动者应当按照劳动合同的约定，向用人单位支付违约金。

第二节　社会保险法律制度

一、社会保险的概念、种类与基本原则

（一）社会保险的概念

社会保险，是指国家依法建立的，由国家、用人单位和个人共同筹集资金建立基金，使个人在年老（退休）、患病、工伤（因工伤残或者患职业病）、失业、生育等情况下获得物质帮助和补偿的一种社会保障制度。国务院人力资源社会保障行政部门主管全国基本养老保险、工伤保险、失业保险等社会保险经办工作。国务院医疗保障行政部门主管全国基本医疗保险、生育保险等社会保险经办工作。县级以上地方人民政府人力资源社会保障行政部门按照统筹层次主管基本养老保险、工伤保险、失业保险等社会保险经办工作。县级以上地方人民政府医疗保障行政部门按照统筹层次主管基本医疗保险、生育保险等社会保险经办工作。

1994年7月5日第八届全国人大常委会第八次会议通过、自1995年1月1日起施行、2009年8月27日第一次修正、2018年12月29日第二次修正的《劳动法》规定，国家发展社会保险事业，建立社会保险制度，设立社会保险基金。2010年10月28日第十一届全国人大常委会第十七次会议审议通过了《中华人民共和国社会保险法》（自2011年7月1日起施行，2018年12月29日修正，以下简称《社会保险法》）。此外，国务院、人力资源和社会保障部陆续发布了一系列单行条例和规定，如1999年1月22日国务院令第258号发布的《失业保险条例》，2003年4月27日国务院令第375号发布、2010年12月20日修订的《工伤保险条例》和2023年12月1日起实施的《社会保险经办条例》等，都是社会保险法律制度的组成部分。

(二) 社会保险的种类

目前我国的社会保险项目主要有五项，统称为“五险”。2019 年 3 月 6 日，国务院办公厅印发了《关于全面推进生育保险和职工基本医疗保险合并实施的意见》，全面推进两项保险合并实施。

1. 基本养老保险

基本养老保险制度，是指缴费达到法定期限且个人达到法定退休年龄后，国家和社会提供物质帮助以保证年老者稳定、可靠的生活来源的社会保险制度。其目标是实现“老有所养”。基本养老保险制度由三部分组成，即职工基本养老保险制度、城乡居民社会养老保险制度。

2. 基本医疗保险

基本医疗保险制度，是指按照国家规定缴纳一定比例的医疗保险费，在参保人因患病和意外伤害而发生医疗费用后，由医疗保险基金支付其医疗保险待遇的社会保险制度。其目标是实现“病有所医”。基本医疗保险制度由两部分组成，即职工基本医疗保险制度、城乡居民基本医疗保险制度。

3. 工伤保险

工伤保险制度，是指由用人单位缴纳工伤保险费，当劳动者因工作原因遭受意外伤害或者职业病，从而死亡、暂时或者永久丧失劳动能力时，给予职工及其相关人员工伤保险待遇的一项社会保险制度。

4. 失业保险

失业保险制度，是指国家为失业而暂时失去工资收入的社会成员提供物质帮助，以保障失业人员的基本生活，维持劳动力的再生产，为失业人员重新就业创造条件的一项社会保险制度。

5. 生育保险制度

生育保险制度是指由用人单位缴纳保险费，其职工或者职工未就业配偶按照国家规定享受生育保险待遇的一项社会保险制度。

(三) 社会保险制度的基本原则

1. 广覆盖

广覆盖是指社会保险制度的覆盖面要广，将尽可能多的人纳入社会保险制度覆盖范围。

2. 保基本

保基本是指我国社会保险待遇以保障公民基本生活和基本需要为原则。

3. 多层次

多层次是指社会保险除了基本保险，还可以建立补充保险。

4. 可持续

可持续是指社会保险制度应是能够长期稳定、发展的。

二、基本养老保险

(一) 基本养老保险的概念

基本养老保险是对于达到法定退休年龄或因年老而丧失劳动能力的老年人予以基本生活保障的社会保险制度。

（二）基本养老保险的覆盖范围

1. 职工基本养老保险

职工基本养老保险费的征缴范围包括国有企业、城镇集体企业、外商投资企业、城镇私营企业和其他城镇企业及其职工，企业化改制的事业单位及其职工，民办非企业单位及其职工。

无雇工的个体工商户、未在用人单位参加基本养老保险的非全日制从业人员以及其他灵活就业人员可以参加基本养老保险，由个人缴纳基本养老保险费。

公务员和参照公务员管理的工作人员养老保险的办法由国务院规定。

2. 城乡居民基本养老保险

依据《社会保险法》有关规定，在总结新型农村社会养老保险和城镇居民社会养老保险试点经验的基础上，根据《国务院关于建立统一的城乡居民基本养老保险制度的意见》，国务院决定，将新型农村社会养老保险和城镇居民社会养老保险两项制度合并实施，在全国范围内建立统一的城乡居民基本养老保险（以下简称城乡居民养老保险）制度。

城乡居民养老保险是覆盖年满 16 周岁（不含在校学生）、非国家机关和事业单位工作人员及不属于职工基本养老保险制度覆盖范围的城乡居民的养老保险制度。城乡居民可以在户籍地参加城乡居民养老保险。

城乡居民养老保险基金由个人缴费、集体补助、政府补贴构成。

（三）职工基本养老保险费的缴纳与计算

1. 单位缴费

用人单位按照国家规定的本单位职工工资总额的比例缴纳基本养老保险费，记入基本养老保险统筹基金。根据《国务院办公厅关于印发降低社会保险费率综合方案的通知》，自 2019 年 5 月 1 日起，降低城镇职工基本养老保险（包括企业和机关事业单位基本养老保险）单位缴费比例。各省、自治区、直辖市及新疆生产建设兵团养老保险单位缴费比例高于 16%的，可降至 16%；目前低于 16%的，要研究提出过渡办法。

2. 个人缴费

（1）缴费基数与比例。

从 2006 年 1 月 1 日起，个人账户的规模统一由本人缴费工资的 11%调整为 8%，全部由个人缴费形成。企业缴费不再被划入个人账户。也即：个人养老账户月存储额=本人月缴费工资×8%。

缴费工资基数，一般为职工本人上一年度月平均工资（在有条件的地区也可以本人上月工资收入为个人缴费工资基数）。月平均工资按照国家统计局规定列入工资总额统计的项目计算，包括工资、奖金、津贴、补贴等收入，不包括用人单位承担或者支付给员工的社会保险费、劳动保护费、福利费，用人单位与员工解除劳动关系时支付的一次性补偿，以及计划生育费用等其他不属于工资的费用。

新招职工（包括研究生毕业生、大学毕业生、大中专毕业生等）以起薪当月工资收入作为缴费工资基数；从第二年起，以上一年实发工资的月平均工资作为缴费工资基数。

本人月平均工资低于当地职工月平均工资的 60%的，以当地职工月平均工资的 60%作为缴费基数。本人月平均工资高于当地职工月平均工资的 300%的，以当地职工月平均工资的 300%作为缴费基数，超过部分不计入缴费工资基数，也不计入计发养老金的基数。

对个人缴费不计征个人所得税，在计算个人所得税的应税收入时，应当扣除个人缴纳的养老保险费。

【案例8-7】 某企业职工王某的月工资为8 500元，当地职工月平均工资为2 400元。计算该职工每月应缴纳的基本养老保险费。

【解析】 当地职工月平均工资的3倍为（2 400×3＝）7 200元。王某个人每月应缴纳的基本养老保险费数额为（7 200×8%＝）576元。

（2）个人账户累计储存额。

个人账户的储蓄额按“养老保险基金记账利率”计算利息。

在每个缴费年度末个人账户累计储存额的计算方法有按年度计算的“年度计算法”和按月计算的“月积数计算法”两种方法。

3. 政府公共财政补贴

政府公共财政补贴包括两种情况：一是国有企业、事业单位职工参加基本养老保险前，视同缴费年限期间应当缴纳的基本养老保险费，由政府承担；二是基本养老保险基金出现支付不足时，政府给予补贴。

（四）职工基本养老保险的享受条件与待遇

1. 职工基本养老保险的享受条件

（1）年龄条件：达到法定退休年龄。

国家实行的法定的企业职工退休年龄是：男年满60周岁，女工人年满50周岁，女干部年满55周岁；从事井下、高温、高空、特别繁重体力劳动或其他有害身体健康工作的，退休年龄为男年满55周岁、女年满45周岁；因病或非因工致残，由医院证明并经劳动鉴定委员会确认完全丧失劳动能力的，退休年龄为男年满50周岁、女年满45周岁。

（2）缴费条件：累计缴费满15年。

参加职工基本养老保险的个人，达到法定退休年龄时累计缴费满15年的，按月领取基本养老金。若累计缴费不足15年，可以缴费至满15年，按月领取基本养老金；也可以转入城乡居民养老保险，按照国务院的规定享受相应的养老保险的待遇。

2. 职工基本养老保险的待遇

（1）支付职工基本养老金。

对于符合职工基本养老保险享受条件的人员，国家按月支付基本养老金。基本养老金由统筹养老金和个人账户养老金组成。

基本养老金根据个人累计缴费年限、缴费工资、当地职工月平均工资、个人账户金额、城镇人口平均预期寿命等因素确定，按职工退休时个人账户养老金和基础养老金各占基本养老金的比例，分别从个人账户储存余额和社会统筹基金中支付。

（2）丧葬补助金和遗属抚恤金。

参加基本养老保险的个人，因病或者非因工而死亡的，其遗属可以领取丧葬补助金和抚恤金，所需资金从基本养老保险基金中支付。

但如果个人死亡同时符合领取基本养老保险丧葬补助金、工伤保险丧葬补助金和失业保险丧葬补助金的条件，其遗属只能选择领取其中的一项。

参加职工基本养老保险的个人死亡后，对其个人账户中的余额可以全部依法继承。

（3）病残津贴。

参加职工基本养老保险的个人，在未达到法定退休年龄时因病或者非因工而残，完全丧失劳动能力的，可以领取病残津贴，所需资金从基本养老保险基金中支付。

（五）城乡居民养老保险费的缴纳与计算

1. 个人缴费

参加城乡居民养老保险的人员应当按规定缴纳养老保险费，缴费标准目前设为每年100元、200元、300元、400元、500元、600元、700元、800元、900元、1 000元、1 500元、2 000元12个档次，省（区、市）人民政府可以根据实际情况增设缴费档次，最高缴费档次标准原则上不超过当地灵活就业人员参加职工基本养老保险的年缴费额，并报人力资源和社会保障部备案。人力资源和社会保障部会同财政部依据城乡居民收入增长等情况适时调整缴费档次标准。参保人自主选择档次缴费，多缴多得。

2. 集体补助

有条件的村集体经济组织应当对参保人缴费给予补助，补助标准由村民委员会召开村民会议民主确定。鼓励有条件的社区将集体补助纳入社区公益事业资金筹集范围。鼓励其他社会经济组织、公益慈善组织、个人为参保人缴费提供资助。补助、资助金额不超过当地设定的最高缴费档次标准。

3. 政府补贴

政府对符合领取城乡居民养老保险待遇条件的参保人全额支付基础养老金，其中，中央财政对中西部地区按中央确定的基础养老金标准给予全额补助，对东部地区给予50%的补助。

地方人民政府应当对参保人缴费给予补贴，对选择最低档次标准缴费的，补贴标准不低于每人每年30元；对选择较高档次标准缴费的，适当增加补贴金额；对选择500元及以上档次标准缴费的，补贴标准不低于每人每年60元。具体标准和办法由省（区、市）人民政府确定。对重度残疾人等缴费困难群体，地方人民政府为其代缴部分或全部最低档次标准的养老保险费。

国家为每个参保人员建立终身记录的养老保险个人账户，个人缴费、地方人民政府对参保人的缴费补贴、集体补助，以及其他社会经济组织、公益慈善组织、个人对参保人的缴费资助，全部记入个人账户。个人账户储存额按国家规定计息。

（六）城乡居民养老保险待遇及调整

1. 城乡居民养老保险待遇享受条件

参加城乡居民养老保险的个人，年满60周岁，累计缴费满15年，且未领取国家规定的基本养老保障待遇的，可以按月领取城乡居民养老保险待遇。

新型农村社会养老保险或城镇居民社会养老保险制度实施时已年满60周岁，在《国务院关于建立统一的城乡居民基本养老保险制度的意见》印发之日前未领取国家规定的基本养老保障待遇的，不用缴费，自该意见实施之月起，可以按月领取城乡居民养老保险基础养老金；距规定领取年龄不足15年的，应逐年缴费，也允许补缴，累计缴费不超过15年；距规定领取年龄超过15年的，应按年缴费，累计缴费不少于15年。

2. 城乡居民养老保险待遇

城乡居民养老保险待遇由基础养老金和个人账户养老金构成，支付终生。

（1）基础养老金。中央确定基础养老金最低标准，建立基础养老金最低标准正常调整机制，根据经济发展和物价变动等情况，适时调整全国基础养老金最低标准。地方人民政府可以根据实际情况适当提高基础养老金标准；对长期缴费的，可适当加发基础养老金，提高和加发部分的资金由地方人民政府支出，具体办法由省（区、市）人民政府规定，并报人力资源和社会保障部备案。

（2）个人账户养老金。个人账户养老金的月计发标准，目前为个人账户全部储存额除以139（与现行职工基本养老保险个人账户养老金计发系数相同）。参保人死亡的，对个人账户资金余额可以依法继承。

（3）城乡居民养老保险待遇领取人员死亡的，从次月起停止支付其养老金。有条件的地方人民政府可以结合本地实际探索建立丧葬补助金制度。

例如：2021年哈尔滨市年缴费100元每人每年补贴30元；年缴费200元补贴40元；年缴费300元补贴50元；年缴费400元补贴60元；年缴费500元及以上档次的，均按70元标准进行补贴。只有当年缴费的，才能享受政府补贴；也可以补缴以往所欠年度的保费，但不享受政府补贴。

2016年哈尔滨市还实行了城乡居民养老保险丧葬补助金制度，对于参保人员死亡的，从财政资金中向指定受益人或法定继承人一次性给付丧葬补助，补助标准为3个月的基础养老金。按照目前标准，哈尔滨市辖八区（不含双城区）的丧葬补助金为270元。

计算公式：（个人缴费档次＋政府补贴）×缴费年限÷139＋基础养老金＝月领取标准。（目前最新基础养老金标准为128元）

如：选择100元档次缴纳15年，则月领金额为：

(100＋30)×15÷139＋128＝142.03（元）

选择500元档次缴纳15年，则月领金额为：

(500＋70)×15÷139＋120＝189.51（元）

选择1 000元档次缴纳15年，则月领金额为：

(1 000＋70)×15÷139＋120＝243.47（元）

选择2 000元档次缴纳15年，则月领金额为：

(2 000＋70)×15÷139＋120＝351.38（元）

3. 转移接续与制度衔接

参加城乡居民养老保险的人员，在缴费期间户籍迁移，需要跨地区转移城乡居民养老保险关系的，可在迁入地申请转移养老保险关系，一次性转移个人账户全部储存额，并按迁入地规定继续参保缴费，缴费年限累计计算；已经按规定领取城乡居民养老保险待遇的，无论户籍是否迁移，其养老保险关系不转移。

将城乡居民养老保险基金纳入社会保障基金财政专户，实行收支两条线管理，单独记账，独立核算，任何地区、部门、单位和个人均不得挤占挪用、虚报冒领。各地要在整合城乡居民养老保险制度的基础上，逐步推进城乡居民养老保险基金省级管理。

城乡居民养老保险基金按照国家统一规定投资运营，实现保值增值。

三、基本医疗保险

（一）基本医疗保险的概念

基本医疗保险是指人们生病或受到伤害后，由国家或社会提供医疗服务或经济补偿的一种社会保障制度，一般包括提供医疗服务（治疗疾病）和分担医疗成本（报销医疗费用）两个方面。

（二）基本医疗保险的覆盖范围

1. 职工基本医疗保险

《国务院办公厅关于全面推进生育保险和职工基本医疗保险合并实施的意见》（国办发〔2019〕10号）规定，参加职工基本医疗保险的在职职工同步参加生育保险，由用人单位和职工按照国家规定共同缴纳基本医疗保险费。职工基本医疗保险费的征缴范围包括国有企业、城镇集体企业、外商投资企业、城镇私营企业和其他城镇企业及其职工，国家机关及其工作人员，事业单位及其职工，民办非企业单位及其职工，社会团体及其专职人员。

无雇工的个体工商户、未在用人单位参加基本医疗保险的非全日制从业人员以及其他灵活就业人员可以参加职工基本医疗保险，由个人按照国家规定缴纳基本医疗保险费。

2. 城乡居民基本医疗保险

《国务院关于整合城乡居民基本医疗保险制度的意见》（国发〔2016〕3号）规定：整合城镇居民基本医疗保险和新型农村合作医疗两项制度，建立统一的城乡居民基本医疗保险制度，以推进医药卫生体制改革，实现城乡居民公平享有基本医疗保险权益，促进社会公平正义。目前全国已经建立了城乡居民基本医疗保险（以下简称城乡居民医保）制度。

（1）参保范围。

参保范围覆盖除职工基本医疗保险应参保人员以外的其他所有城乡居民，包括城镇非从业居民、农村居民、各类全日制学校在校学生、学龄前儿童、新生儿等。

在统筹地区取得居住证的常住人口，未在原籍参加基本医疗保险的，可在居住地选择参加城乡居民医保。参保地所在的市（地）、县（市）财政应按照本地参保人员标准给予补助。

（2）基金筹集。

城乡居民医保基金以个人缴费、政府补助相结合为主的筹资方式筹集，鼓励集体、单位或其他社会经济组织给予扶持或资助。城乡居民医保的最低个人缴费标准和财政补贴标准按照国家每年确定的标准执行。

（3）保障待遇。

基本医保门诊统筹保障：各市（地）要建立城乡居民医保门诊统筹制度，立足于保障参保人员的基本医疗需求，主要支付在基层医疗卫生机构发生的符合规定的门诊医疗费用（含一般诊疗费），重点保障群众负担较重的多发病、慢性病。按照城乡居民医保人均筹资标准不低于15%的比例，建立门诊统筹基金，对在基层医疗卫生机构发生的符合规定的医疗费用，支付比例原则上不低于50%。

基本医保住院保障：参保居民在定点医疗机构发生的政策范围内的住院医疗费用，使用统筹基金支付时，应设置起付标准，起付标准以下由个人自付，起付标准以上由统筹基金按比例支付，并设置统筹基金年度最高支付限额。关于具体标准各市（地）可按照有利于引导分级诊疗和合理利用医疗资源的原则，根据基金收支状况和医疗消费水平结合实际合理确定。

参保居民应当在基本医疗保险定点医疗机构就医。

参保居民生育医疗保障：参加城乡居民医保的孕产妇住院分娩发生的符合规定的医疗费用，由城乡居民医保统筹基金支付，实行定额直接结算。

大病保险：建立健全城乡居民大病保险制度，参保居民在一个保险年度内发生的住院医疗费用，经城乡居民医保基金按规定支付后，个人累计负担的政策范围内医疗费用超过当地上年度农村居民年人均可支配收入的，由城乡居民大病保险基金按规定支付，支付比例不低于50%。

(4) 基金管理和监督。

城乡居民医保基金管理严格执行国家统一的财务制度、会计制度。城乡居民医保基金收入包括城乡居民缴费收入、财政补贴收入、社会捐助资金收入、利息收入、其他收入等。将基金纳入财政专户，专户储存、独立核算、专款专用，实行“收支两条线”管理，任何单位和个人不得挤占挪用。

(三) 职工基本医疗保险费的缴纳

根据《国务院关于建立城镇职工基本医疗保险制度的决定》(国发〔1998〕44号)，基本医疗费用全部由用人单位和职工共同承担。

1. 单位缴费

由统筹地区统一确定适合当地经济发展水平的职工基本医疗保险单位缴费率，一般为职工工资总额的6%左右。将生育保险基金并入职工基本医疗保险基金，统一征缴，统筹层次一致。按照用人单位参加生育保险和职工基本医疗保险的缴费比例之和，确定新的用人单位职工基本医疗保险费率，个人不缴纳生育保险费。

2. 个人缴费账户

由统筹地区统一确定适合当地职工负担水平的基本医疗保险个人缴费率，一般为本人工资收入的2%。

用人单位所缴基本医疗保险费划入个人医疗账户的具体比例，一般为30%左右。

个人跨统筹地区就业的，其基本医疗保险关系随本人转移，缴费年限累计计算。

例如，某企业职工的月工资为4 000元，计算该职工医疗保险个人账户每月的储存额。每月从该职工工资中扣除(4 000×2%=)80元，存入其医疗保险个人账户；单位每月缴费中转入其个人账户额为(4 000×6%×30%=)72元。该职工医疗保险个人账户每月的储存额为(80+72=)152元。

3. 退休人员基本医疗保险费的缴纳

参加职工基本医疗保险的个人，达到法定退休年龄时累计缴费达到国家规定年限的，退休后不再缴纳基本医疗保险费；未达到国家规定缴费年限的，可以缴费至国家规定年限。

(四) 职工基本医疗费用的结算与支付

参保人员在协议医疗机构发生的医疗费用，符合基本医疗保险药品目录、诊疗项目、医疗服务设施标准的，按照国家规定从基本医疗保险基金中支付。

要享受基本医疗保险待遇，一般要符合以下条件：(1) 参保人员必须到基本医疗保险的定点医疗机构就医、购药或定点零售药店购买药品。(2) 参保人员在看病就医过程中所发生的医疗费用必须符合基本医疗保险药品目录、诊疗项目、医疗服务设施标准的范围和给付标准。

参保人员符合职工基本医疗保险支付范围的医疗费用中，在社会医疗统筹基金起付标准以上、最高支付限额以下的费用部分，由社会医疗统筹基金按一定比例支付。职工基本医疗保险基金严格执行社会保险基金财务制度，不再单列生育保险基金收入，在职工基本医疗保险统筹基金待遇支出中设置生育待遇支出项目。

起付标准，一般为当地职工年平均工资的10%左右。最高支付限额，一般为当地职工年平均工资的6倍左右。支付比例一般为90%。

在社会医疗统筹基金起付标准以下的费用部分，由个人账户资金支付或个人自付。对于统筹基金起付标准以上至封顶线以下的费用部分，个人也要承担一定比例的费用，一般为10%，可由个人账户支付，也可自付。对该部分医疗费用，可以通过单位补充医疗保险或参加商业保险等途径解决。

对下列医疗费用不纳入职工基本医疗保险基金支付范围：(1) 应当从工伤保险基金中支付的；(2) 应当由第三人负担的；(3) 应当由公共卫生负担的；(4) 在境外就医的。

医疗费用应当由第三人负担，第三人不支付或者无法确定第三人的，由职工基本医疗保险基金先行支付，然后向第三人追偿。

【案例8-8】某参保职工在定点医院就医，共发生医疗费用18万元，其中，在规定医疗目录内的费用为15万元，在目录以外的费用为3万元。当地职工平均工资水平为2 000元/月。分析、计算：应如何处理这些费用？

【解析】医疗报销起付标准（起付线）为（2 000×12×10%=）2 400元，最高支付限额（封顶线）为（2 000×12×6=）144 000元，故该医疗费用中在2 400元以上、144 000元以下的部分可以由统筹账户予以报销。

报销比例为90%，可以报销的费用为［(144 000－2 400)×90%=］127 440元。

本人负担（180 000－127 440=）52 560元，其中：起付线以下部分为2 400元；起付线以上、封顶线以下自费部分为［(144 000－2 400)×10%=］14 160元；目录内封顶线以上部分为（150 000－144 000=）6 000元；目录外部分为（180 000－150 000=）30 000元。

（五）医疗期

医疗期是指企业职工因患病或非因工负伤而停止工作，治病休息，但不得解除劳动合同的期限。

1. 医疗期期间

(1) 实际工作年限在10年以下，在本单位工作年限在5年以下的为3个月，在5年以上的为6个月。

(2) 实际工作年限在10年以上，在本单位工作年限在5年以下的为6个月，在5年以上、10年以下的为9个月，在10年以上15年以下的为12个月，在15年以上、20年以下的为18个月，在20年以上的为24个月。

2. 医疗期的计算与待遇

医疗期为3个月的，按6个月内累计病休时间计算；医疗期为6个月的，按12个月内累计病休时间计算；医疗期为9个月的，按15个月内累计病休时间计算：医疗期为12个月的，按18个月内累计病休时间计算；医疗期为18个月的，按24个月内累计病休时间计算；医疗期为24个月的，按30个月内累计病休时间计算。医疗期的计算从病休第一天开始，累计计算。

病休期间包括公休、假日和法定节日在内。某些职工患特殊疾病（如癌症、精神病、瘫痪等)，在24个月内尚不能痊愈的，经企业和劳动部门批准，可以适当延长医疗期。

企业职工在医疗期内的，其病假工资、疾病救济费和医疗待遇按照有关规定执行。病假工资或疾病救济费可以低于当地最低工资标准支付，但最低不能低于最低工资标准的80%。医疗期内不得解除劳动合同，如医疗期内遇合同期满，则合同必须续延至医疗期满，职工在此期间仍然享受医疗期内待遇。对于医疗期满尚未痊愈，或者医疗期满后，不能从事原工作，也不能从事用人单位另行安排的工作，被解除劳动合同的，用人单位需按经济补偿规定给予其经济补偿。

【案例8-9】2019年5月1日，王某到某企业工作，双方签订为期3年的劳动合同。2022年5月20日，王某患病住院。王某住院期间，该单位停发王某工资，并以不能适应工作为由，解除与王某的劳动合同。请问：该单位的做法是否符合法律规定？王某应享有的权益有哪些？

【解析】依据《劳动合同法》的规定，劳动者患病或者非因工负伤，在规定的医疗期内，用人单位不得解除劳动合同，并且应给予医疗待遇。若医疗期内劳动合同期满，则劳动合同应续延至医疗期满。因此，用人单位在王某因患病住院而依规定应享有的医疗期内，解除与王某的劳动合同，不符合法律规定。王某可以要求该单位继续履行合同，补发其病假工资，报销其医疗费用。

四、工伤保险

（一）工伤保险的含义

工伤保险，是指劳动者在职业工作中或规定的特殊情况下遭遇意外伤害或职业病，导致暂时或永久丧失劳动能力或者死亡时，劳动者或其遗属能够从国家和社会获得物质帮助的社会保险制度。

（二）工伤保险费的缴纳和工伤保险基金

1. 工伤保险费的缴纳

职工应当参加工伤保险，由用人单位缴纳工伤保险费，职工不缴纳工伤保险费。

中华人民共和国境内的企业、事业单位、社会团体、民办非企业单位、基金会、律师事务所、会计师事务所等组织和有雇工的个体工商户，应当依照《工伤保险条例》的规定参加工伤保险，为本单位全部职工或者雇工（以下简称职工）缴纳工伤保险费。

用人单位应当按照本单位职工工资总额，根据社会保险经办机构确定的费率，按时足额缴纳工伤保险费。

2. 工伤保险基金

工伤保险基金由用人单位缴纳的工伤保险费、工伤保险基金的利息和依法纳入工伤保险基金的其他资金构成。

工伤保险基金存入社会保障基金财政专户，用于规定的工伤保险待遇，劳动能力鉴定，工伤预防的宣传、培训等费用，以及法律、法规规定的其他费用。

工伤预防费用的提取比例、使用和管理的具体办法，由国务院社会保险行政部门会同国务院财政、卫生行政、安全生产监督管理等部门规定。

（三）工伤保险待遇

（1）职工因工作遭受事故伤害或者患职业病进行治疗，享受工伤医疗待遇，包括：1）治疗工伤的医疗费用（诊疗费、药费、住院费）。2）住院伙食补助费、交通食宿费。3）康复性治疗费。4）辅助器具装配费。5）停工留薪期工资福利待遇。

（2）经劳动能力鉴定委员会鉴定，评定伤残等级的工伤职工，享受伤残待遇，包括：

1）生活护理费。

2）一次性伤残补助金。一级伤残的，为27个月的本人工资；二级伤残的，为25个月的本人工资；三级伤残的，为23个月的本人工资；四级伤残的，为21个月的本人工资；五级伤残的，为18个月的本人工资；六级伤残的，为16个月的本人工资；七级伤残的，为13个月的本人工资；八级伤残的，为11个月的本人工资；九级伤残的，为9个月的本人工资；十级伤残的，为7个月的本人工资。

3）伤残津贴。职工因工致残被鉴定为一级至四级伤残的，保留劳动关系，退出工作岗位，由工伤保险基金按月支付伤残津贴，标准为：一级伤残的，为本人工资的90%；二级伤残的，为本人工资的85%；三级伤残的，为本人工资的80%；四级伤残的，为本人工资的75%。职工因工致残被鉴定为五级、六级伤残的，保留与用人单位的劳动关系，由用人单位安排适当工作；难以安排工作的，由用人单位按月发给伤残津贴，标准为：五级伤残的，为本人工资的70%；六级伤残的，为本人工资的60%。伤残津贴实际金额低于当地最低工资标准的，由工伤保险基金补足差额。

4）一次性工伤医疗补助金和一次性伤残就业补助金。五级、六级伤残的，工伤职工本人可以提出，与用人单位解除或者终止劳动关系；七级至十级伤残的，劳动、聘用合同期满终止，或者职工本人提出解除劳动、聘用合同的，由工伤保险基金支付一次性工伤医疗补助金，由用人单位支付一次性伤残就业补助金（一次性工伤医疗补助金和一次性伤残就业补助金的具体标准由省、自治区、直辖市人民政府规定）。

（3）遗属待遇。职工因工死亡，或者伤残职工在停工留薪期内因工伤而死亡的，其近亲属享受从工伤保险基金领取丧葬补助金、供养亲属抚恤金和一次性因工死亡补助金的待遇。

（四）工伤保险费用支付途径

1. 由工伤保险基金支付的费用

（1）治疗工伤的医疗费用和康复费用；（2）住院伙食补助费；（3）到统筹地区以外就医的交通食宿费；（4）安装、配置伤残辅助器具所需费用；（5）生活不能自理的，经劳动能力鉴定委员会确认的生活护理费；（6）一次性伤残补助金和一至四级伤残职工按月领取的伤残津贴；（7）终止或者解除劳动合同时应当享受的一次性医疗补助金；（8）因工死亡的，其遗属领取的丧葬补助金、供养亲属抚恤金和因工死亡补助金；（9）劳动能力鉴定费。

2. 由用人单位支付的费用

（1）治疗工伤期间的工资福利；（2）五级、六级伤残职工按月领取的伤残津贴；（3）终止或者解除劳动合同时应当享受的一次性伤残就业补助金。

五、失业保险

（一）失业保险的含义

失业是指处于法定劳动年龄阶段的劳动者，有劳动能力和劳动愿望，但没有劳动岗位的一种状态。失业保险是指国家通过立法强制实行的，由社会集中建立基金，对因失业而暂时中断生活来源的劳动者提供物质帮助的制度。它是社会保障体系的重要组成部分，是社会保险的主要项目之一。

（二）失业保险费的缴纳

社会保险法规定，国有企业、城镇集体企业、外商投资企业、城镇私营企业和其他城镇企业及其职工，事业单位及其职工，应当参加失业保险，由用人单位和职工按照国家规定共同缴纳失业保险费。

依据《失业保险条例》的规定，城镇企业事业单位按照本单位工资总额的2%缴纳失业保险费，职工按照本人工资的1%缴纳失业保险费。

省、自治区、直辖市人民政府根据本行政区域失业人员数量和失业保险金数额，报经国务院批准，可以适当调整本行政区域失业保险费的费率。

职工跨统筹地区就业的，其失业保险关系随本人转移，缴费年限累计计算。

（三）失业保险待遇

1. 享受失业保险待遇的条件

失业人员符合下列条件的，可以申请领取失业保险金并享受其他失业保险待遇：

(1) 失业前用人单位和本人已经缴纳失业保险费满1年。

(2) 非因本人意愿中断就业，包括劳动合同终止，用人单位解除劳动合同，被用人单位开除、除名和辞退，因用人单位过错由劳动者解除劳动合同，法律、法规、规章规定的其他情形。

(3) 已经进行失业登记，并有求职要求。

2. 失业保险金的领取期限

失业保险金领取期限自办理失业登记之日起计算。

失业人员失业前用人单位和本人累计缴费满1年、不足5年的，领取失业保险金的期限最长为12个月；累计缴费满5年、不足10年的，领取失业保险金的期限最长为18个月；累计缴费10年以上的，领取失业保险金的期限最长为24个月。重新就业后，再次失业的，缴费时间重新计算，领取失业保险金的期限与前次失业应当领取而尚未领取的失业保险金的期限合并计算，最长不超过24个月。失业人员因当期不符合失业保险金领取条件的，原有缴费时间予以保留，重新就业并参保的，缴费时间累计计算。

3. 失业保险金的发放标准与待遇

失业保险金的发放标准，不得低于城市居民最低生活保障标准，一般也不高于当地工资标准，具体数额由省、自治区、直辖市人民政府确定。

失业人员在领取失业保险金期间，参加职工基本医疗保险，享受职工基本医疗保险待遇。失业人员应当缴纳的职工基本医疗保险费从失业保险基金中支付，个人不缴纳职工基本医疗保险费。

失业人员在领取失业保险金期间死亡的，参照当地关于在职职工死亡的规定，向其遗属发给一次性丧葬补助金和抚恤金。所需资金从失业保险基金中支付。

个人死亡同时符合领取基本养老保险丧葬补助金、工伤保险丧葬补助金和失业保险丧葬补助金条件的，其遗属只能选择领取其中的一项。

失业人员在领取失业保险金期间，应当积极求职，接受职业介绍和职业培训。

失业人员接受职业介绍、职业培训的补贴由失业保险基金按照规定支付。补贴的发放办法和标准由省、自治区、直辖市人民政府规定。

失业人员在领取失业保险金期间有下列情形之一的，停止领取失业保险金，并同时停止享受其他失业保险待遇：（1）重新就业的；（2）应征服兵役的；（3）移居境外的；（4）享受基本养老保险待遇的；（5）无正当理由，拒不接受当地人民政府指定部门或者机构介绍的适当工作或者提供的培训的。

【案例 8-10】 孙某大学毕业后到甲公司工作。公司与其签订了 2021 年 7 月 1 日至 2024 年 6 月 30 日的 3 年期合同，并为其办理了失业保险。因孙某严重违反单位规章制度，公司于 2023 年 12 月 31 日解除了劳动合同。此后，孙某一直未能找到工作，遂于 2024 年 4 月 1 日办理了失业登记。分析孙某领取失业保险金的期限。

【解析】 孙某和公司累计缴纳的社会保险费的时间为两年半，满 1 年、不足 5 年，故领取失业保险金的期限最长为 12 个月；又因失业保险金领取期限自办理失业登记之日起计算，所以孙某领取失业保险金的期限最长为 2024 年 4 月 1 日至 2025 年 3 月 31 日。

【案例 8-11】 某企业职工郑某月工资 5 000 元，计算郑某和单位每月应为其缴纳多少社会保险费。已知该企业适用的职工基本养老保险费率为职工工资总额的 20%、职工基本医疗保险费率为 6%、工伤保险费率为 0.8%、失业保险费率为 2%、生育保险费率为 0.5%。

【解析】 郑某应缴纳社会保险费：养老保险费（5 000×8%＝）400 元，医疗保险费（5 000×2%＝）100 元，失业保险费（5 000×1%＝）50 元，共交社会保险费（400＋100＋50＝）550 元。

单位应为其缴纳的社会保险费：养老保险费（5 000×20%＝）1 000 元，医疗保险费（5 000×6%＋5 000×0.5%＝）325 元，失业保险费（5 000×2%＝）100 元，工伤保险费（5 000×0.8%＝）40 元，共交社会保险费（1 000＋325＋100＋40＝）1 465 元，或者 [5 000×(20%＋6%＋2%＋0.8%＋0.5%)＝] 1 465 元。

六、社会保险费征缴

《社会保险费征缴暂行条例》（2019 年修订）第 6 条规定：社会保险费实行三项社会保险费集中、统一征收。社会保险费的征收机构由省、自治区、直辖市人民政府规定，可以由税务机关征收，也可以由社会保险经办机构征收。

（一）社会保险登记

依据《社会保险经办条例》，用人单位在登记管理机关办理登记时同步办理社会保险登记。个人申请办理社会保险登记，以居民身份证号码作为社会保障号码，取得社会保障卡和医保电子凭证。社会保险经办机构应当自收到申请之日起 10 个工作日内办理完毕。

用人单位和个人申请变更、注销社会保险登记，社会保险经办机构应当自收到申请之日起 10 个工作日内办理完毕。用人单位注销社会保险登记的，应当先结清欠缴的社会保险费、滞纳金、罚款。

社会保险经办机构，是指人力资源社会保障行政部门所属的经办基本养老保险、工伤保险、失业保险等社会保险的机构，医疗保障行政部门所属的经办基本医疗保险、生育保险等社会保险的机构。

（二）社会保险费的征收

县级以上人民政府加强社会保险费的征收工作，社会保险费实行统一征收，实施步骤和具体办法由国务院规定。

缴费单位必须按月向社会保险经办机构申报应缴纳的社会保险费数额，经社会保险经办机构核定后，在规定的期限内缴纳社会保险费。

用人单位（缴费单位）应当自行申报、按时足额缴纳社会保险费，非因不可抗力等法定事由不得缓缴、减免。职工应当缴纳的社会保险费由用人单位代扣代缴，用人单位应当按月将缴纳社会保险费的明细情况告知本人。

无雇工的个体工商户、未在用人单位参加社会保险的非全日制从业人员以及其他灵活就业人员，可以直接向社会保险费征收机构缴纳社会保险费。

社会保险费征收机构应当依法按时足额征收社会保险费，并将缴费情况定期告知用人单位和个人。

社会保险费的征收机构由省、自治区、直辖市人民政府规定，可以是税务机关征收，也可以是社会保险经办机构征收。

七、法律责任

（一）用人单位违反社会保险法的法律责任

用人单位不办理社会保险登记的，由社会保险行政部门责令限期改正；逾期不改正的，对用人单位处应缴社会保险费数额 1 倍以上 3 倍以下的罚款，对其直接负责的主管人员和其他直接责任人员处 500 元以上 3 000 元以下的罚款。

用人单位拒不出具终止或者解除劳动关系证明的，依照《劳动合同法》的规定处理。

用人单位未按时足额缴纳社会保险费的，由社会保险费征收机构责令限期缴纳或者补足，并自欠缴之日起，按日加收万分之五的滞纳金；逾期仍不缴纳的，由有关行政主管部门处欠缴数额 1 倍以上 3 倍以下的罚款。

（二）缴费单位违反社会保险法的法律责任

缴费单位未按规定缴纳和代扣代缴社会保险费的，由劳动保障行政部门或者税务机关责令限期缴纳；逾期仍不缴纳的，除补缴欠缴数额外，从欠缴之日起，按日加收千分之二的滞纳金。滞纳金并入社会保险基金。

缴费单位未按照规定办理社会保险登记、变更登记或者注销登记，或者未按照规定申报应缴纳的社会保险费数额的，由劳动保障行政部门责令限期改正；情节严重的，对直接负责的主管人员和其他直接责任人员可以处 1 000 元以上 5 000 元以下的罚款；情节特别严重的，对直接负责的主管人员和其他直接责任人员可以处 5 000 元以上 10 000 元以下的罚款。

缴费单位违反有关财务、会计、统计的法律、行政法规和国家有关规定，伪造、变造、故意毁灭有关账册、材料，或者不设账册，致使社会保险费缴费基数无法确定的，除依照有关法律、行政法规的规定给予行政处罚、纪律处分、刑事处罚外，依照《社会保险费征缴暂行条例》第 10 条的规定征缴；迟延缴纳的，由劳动保障行政部门或者税务机关依照该条例第 13 条的规定决定加收滞纳金，并对直接负责的主管人员和其他直接责任人员处 5 000 元以上 20 000 元以下的罚款。

缴费单位逾期拒不缴纳社会保险费、滞纳金的，由劳动保障行政部门或者税务机关申请人民法院依法强制征缴。

缴费单位和缴费个人对劳动保障行政部门或者税务机关的处罚决定不服的，可以依法申请复议；对复议决定不服的，可以依法提起诉讼。

（三）骗保行为的法律责任

社会保险经办机构以及医疗机构、药品经营单位等社会保险服务机构以欺诈、伪造证明材料或者其他手段骗取社会保险基金支出的，由社会保险行政部门责令退回骗取的社会保险金，处骗取金额2倍以上5倍以下的罚款；属于社会保险服务机构的，解除服务协议；直接负责的主管人员和其他直接责任人员有执业资格的，依法吊销其执业资格。

以欺诈、伪造证明材料或者其他手段骗取社会保险待遇的，由社会保险行政部门责令退回骗取的社会保险金，处骗取金额2倍以上5倍以下的罚款。

（四）管理机构和人员违反社会保险法的法律责任

社会保险费征收机构擅自更改社会保险费缴费基数、费率，导致少收或者多收社会保险费的，由有关行政主管部门责令其追缴应当缴纳的社会保险费或者退还不应当缴纳的社会保险费，对直接负责的主管人员和其他直接责任人员依法给予处分。

劳动保障行政部门、社会保险经办机构或者税务机关的工作人员滥用职权、徇私舞弊、玩忽职守，致使社会保险费流失的，由劳动保障行政部门或者税务机关追回流失的社会保险费；构成犯罪的，依法追究刑事责任；尚不构成犯罪的，依法给予行政处分。

任何单位、个人挪用社会保险基金的，追回被挪用的社会保险基金；有违法所得的，没收违法所得，并入社会保险基金；构成犯罪的，依法追究刑事责任；尚不构成犯罪的，对直接负责的主管人员和其他直接责任人员依法给予行政处分。

社会保险行政部门和其他有关行政主管部门、社会保险费征收机构及其工作人员泄露用人单位和个人信息的，对直接负责的主管人员和其他直接责任人员依法给予处分；给用人单位或者个人造成损失的，应当承担赔偿责任。

国家工作人员在社会保险管理、监督工作中滥用职权、玩忽职守、徇私舞弊的，依法给予处分。

复习与思考

一、简答题

1. 劳动合同的特征主要包括哪些方面？
2. 社会保险的种类包括哪些内容？
3. 劳动合同的订立原则是什么？

二、案例分析题

王某到某公司应聘，在填写录用人员情况登记表时，隐瞒了自己曾先后2次受行政、刑事处分的事实，与公司签订了3年期限的劳动合同。事隔3日，该公司收到当地检察机关对王某不起诉决定书。公司经进一步调查得知，王某曾因在原单位盗窃电缆受到严重警告处分，又盗窃原单位苫布被查获。因王某认罪态度较好。故检察机关不起诉。

问题：该公司在调查之后，以王某隐瞒受过处分、不符合本单位录用条件为由，在试用期内解除与王某的劳动关系，是否合理？

《　　　　　　　　》※任课教师调查问卷

为了能更好地为您提供优秀的教材及良好的服务，也为了进一步提高我社法学教材出版的质量，希望您能协助我们完成本次小问卷，完成后您可以在我社网站中选择与您教学相关的1本教材作为今后的备选教材，我们会及时为您邮寄送达！如果您不方便邮寄，也可以申请加入我社的**法学教师QQ群：436438859（申请时请注明法学教师）**，然后下载本问卷填写，并发往我们指定的邮箱（cruplaw@163.com）。

邮寄地址：北京市海淀区中关村大街甲59号文化大厦1202室收

邮　　编：100080

再次感谢您在百忙中抽出时间为我们填写这份调查问卷，您的举手之劳，将使我们获益匪浅！

基本信息及联系方式：※

姓名：______________ 性别：______________ 课程：______________________________

任教学校：______________________________ 院系（所）：________________________

邮寄地址：______________________________ 邮编：______________________________

电话（办公）：______________ 手机：______________ 电子邮件：________________

调查问卷：※

1. 您认为图书的哪类特性对您使用教材最有影响力？（　　）（可多选，按重要性排序）

   A. 各级规划教材、获奖教材　　B. 知名作者教材

   C. 完善的配套资源　　D. 自编教材

   E. 行政命令

2. 在教材配套资源中，您最需要哪些？（　　）（可多选，按重要性排序）

   A. 电子教案　　B. 教学案例

   C. 教学视频　　D. 配套习题、模拟试卷

3. 您对于本书的评价如何？（　　）

   A. 该书目前仍符合教学要求，表现不错将继续采用。

   B. 该书的配套资源需要改进，才会继续使用。

   C. 该书需要在内容或实例更新再版后才能满足我的教学，才会继续使用。

   D. 该书与同类教材差距很大，不准备继续采用了。

4. 从您的教学出发，谈谈对本书的改进建议：__________________________________

____

____

选题征集：如果您有好的选题或出版需求，欢迎您联系我们：

联系人：黄　强　联系电话：010-62515955

索取样书：书名：____

书号：____

备注：※ 为必填项。